Der Anteilserwerb am Kapitalmarkt nach der Schuldrechtsreform

Frankfurter wirtschaftsrechtliche Studien

Herausgegeben von
Theodor Baums, Andreas Cahn, Friedrich Kübler,
Hans-Joachim Mertens, Eckard Rehbinder
und Gunther Teubner

Band 68

PETER LANG
Frankfurt am Main · Berlin · Bern · Bruxelles · New York · Oxford · Wien

Ole Ziegler

Der Anteilserwerb am Kapitalmarkt nach der Schuldrechtsreform

PETER LANG
Europäischer Verlag der Wissenschaften

Bibliografische Information Der Deutschen Bibliothek
Die Deutsche Bibliothek verzeichnet diese Publikation in der Deutschen Nationalbibliografie; detaillierte bibliografische Daten sind im Internet über <http://dnb.ddb.de> abrufbar.

Zugl.: Frankfurt (Main), Univ., Diss., 2004

D 30
ISSN 0723-0427
ISBN 3-631-53849-9

www.peterlang.de

Vorwort

„We are still confused, but on a higher level."
(Florian Ilies, Generation Golf zwei, 2003)

Der Fachbereich Rechtswissenschaft der Johann Wolfgang Goethe-Universität in Frankfurt am Main nahm diese Arbeit im Wintersemester 2002/2003 als Dissertation an.

Die bis zum 10.01.2005 veröffentlichte Rechtsprechung und Literatur habe ich berücksichtigt.

Herrn Professor Dr. Helmut Kohl, meinem verehrten Doktorvater, bin ich sowohl für die äußerst rasche Erstellung des Erstgutachtens als auch für die langjährige freundliche Förderung sehr zu Dank verpflichtet.

Herrn Professor Dr. Eckard Rehbinder schulde ich ebenfalls großen Dank für die zügige Zweitbegutachtung sowie die Aufnahme meiner Arbeit in die Reihe „Frankfurter wirtschaftsrechtliche Studien". Dafür danke ich auch den übrigen Herausgebern.

Schließlich, aber nicht zuletzt haben meine Eltern und meine Schwester großen Anteil daran, daß diese Arbeit überhaupt entstanden ist. Ihnen widme ich meine Dissertation.

Frankfurt am Main im Januar 2005.

Inhalt

Literatur

Abram, Nils — Ansprüche von Anlegern wegen Verstoßes gegen Publizitätspflichten oder den Deutschen Corporate Governance Kodex?;
in: ZBB 2003, S. 41-58.

Abram, Nils — Ansprüche von Anlegern wegen Verstoßes gegen Publizitätspflichten oder den Deutschen Corporate Governance Kodex?;
in: NZG 2003, S. 307-313.

Amann, Hermann/ Brambring, Günter/ Hertel, Christian (Hrsg.) — Vertragspraxis nach neuem Schuldrecht, 2. Auflage, München 2003,
zit.: Amann/Brambring/Hertel-Bearbeiter.

Armbrüster, Christian — Die treuhänderische Beteiligung an Gesellschaften; Köln 2001; zugl. Berlin Habil. 2000.

Arnold, Arnd — Diskussionsbericht zum Vortrag Büdenbender; in: Unternehmenskauf und Schuldrechtsmodernisierung, Fachtagung der Bayer-Stiftung für deutsches und internationales Arbeits- und Wirtschaftsrecht am 06. und 07.Juni 2002, Wissenschaftliche Leitung: Barbara Dauner-Lieb/Martin Henssler, München 2003, S. 51-55; zit.: Diskutant, wiedergegeben bei Arnold, Diskussionsbericht.

Assmann, Heinz-Dieter — Das künftige deutsche Insiderrecht (II);
in: AG 1994, S. 237-258.

Assmann, Heinz-Dieter — Der Inhalt des Schadensersatzanspruchs fehlerhaft informierter Kapitalanleger, in: Festschrift für Hermann Lange, Hrsg. von Dieter Medicus/Hans-Joachim Mertens/Knut Wolfgang Nörr/Wolfgang Zöllner, Stuttgart 1992, S. 345-372; zit.: Assmann, FS Lange.

Assmann, Heinz-Dieter — Die Prospekthaftung beruflicher Sachkenner de lege lata und de lege ferenda; in: AG 2004, S. 435-448.

Assmann, Heinz-Dieter — Entwicklungslinien und Entwicklungsperspektiven der Prospekthaftung; in: Wirtschafts- und Medienrecht in der offenen Demokratie, Freundesgabe für Friedrich Kübler, Hrsg. von Heinz-Dieter Assmann/Tomas Brinkmann/Georgios Gounalakis/Helmut Kohl/Rainer Walz, Heidelberg 1997, S. 317-354;
zit.: Assmann, FG Kübler.

Assmann, Heinz-Dieter — Prospekthaftung als Haftung für die Verletzung kapitalmarktbezogener Informationsverkehrspflichten nach deutschem und US-amerikanischem Recht, Köln 1985, zugl. Habil. Frankfurt am Main 1985;
zit.: Assmann, Prospekthaftung.

Assmann, Heinz-Dieter — Referat und Thesen zum Referat, Abteilung Wirtschaftsrecht, in: Verhandlungen des 64. Deutschen Juristentages 2002, Hrsg. von der Ständigen Deputation des Deutschen Juristentages, München 2002, Bd. II/1 (Sitzungsberichte – Referate und Beschlüsse), P 11-P 38.

Assmann, Heinz-Dieter/ Lenz, Jörg/Ritz, Corinna	Verkaufsprospektgesetz, Kommentar, Köln 2001; zit.: Assmann/Lenz/Ritz-Bearbeiter.
Assmann, Heinz-Dieter/ Schneider, Uwe H. (Hrsg.)	Wertpapierhandelsgesetz, Kommentar, 3. Auflage 2003, Köln 2003; zit.: A/S-Bearbeiter.
Assmann, Heinz-Dieter/ Schütze, Rolf A. (Hrsg.)	Handbuch des Kapitalanlagerechts, 2. Auflage, München 1997; zit.: Assmann/Schütze-Bearbeiter.
Augenhofer, Susanne	Bedeutung von Werbeaussagen – sowohl des Verkäufers als auch des Herstellers – für die Begründung von Gewährleistungsrechten; in: JBl. 2001, S. 82-90.
Augenhofer, Susanne	Gewährleistung und Werbung: Das neue Gewährleistungsrecht für Werbeaussagen, Wien 2002, zugleich Wien Diss. 2001.
Bärenz, Christian	Die Auslegung der überschießenden Umsetzung von Richtlinien am Beispiel des Gesetzes zur Modernisierung des Schuldrechts; in: DB 2003, S. 375-376.
Bamberger, Heinz Georg/ Roth, Herbert (Hrsg.)	Kommentar zum Bürgerlichen Gesetzbuch, Bde. 1 und 2, München 2003; zit.: Bamberger/Roth-Bearbeiter.
Bankrecht und Bankpraxis	Hrsg. von Thorwald Hellner/Jürgen Schröter/Stephan Steuer/Ahrend Weber, Band 5; zit.: BuB-Bearbeiter.

Barnert, Thomas	Deliktischer Schadensersatz bei Kursmanipulation de lege lata und de lege ferenda; in: WM 2002, S. 1473-1483.
Barnert, Thomas	Mängelhaftung beim Unternehmenskauf zwischen Sachgewährleistung und Verschulden bei Vertragsschluß im neuen Schuldrecht; in: WM 2003, S. 416-425.
Barth, Hans J./Eckerle, Konrad	PROGNOS-Studie: Ein Szenario; in: Deutsches Institut für Altersvorsorge GmbH (Hrsg.), Lebenswelten 2020, Köln 2000, S. 17-54.
Baumbach/Hopt/Merkt	Handelsgesetzbuch, Kommentar, 31. Auflage 2003; zit.: B/H-Bearbeiter.
Baums, Theodor	Anlegerschutz und Neuer Markt; in: ZHR 166 (2002), S. 375-382.
Baums, Theodor (Hrsg.)	Bericht der Regierungskommission Corporate Governance, Köln 2001; zit.: Bericht der Regierungskommission Corporate Governance.
Baums, Theodor	Empfiehlt sich eine Neuregelung des aktienrechtlichen Anfechtungs- und Organhaftungsrechts, insbesondere der Klagemöglichkeiten von Aktionären? Gutachten F für den 63. Deutschen Juristentag 2000; in: Verhandlungen des 63. Deutschen Juristentages 2000, Hrsg. von der Ständigen Deputation des Deutschen Juristentages, Band I (Gutachten), F 1 – F 263; zit.: Baums, Gutachten.

Baums, Theodor — Haftung wegen Falschinformation des Sekundärmarktes; in: ZHR 167 (2003), S. 139-192.

Bayer, Walter — Aktionärsrecht und Anlegerschutz – Kritische Betrachtung der lex lata und Überlegungen de lege ferenda vor dem Hintergrund des Berichts der Regierungskommission Corporate Governance und des Entwurfs eines 4. Finanzmarktförderungsgesetzes-; in: Corporate Governance, Beiheft 71 zur ZHR, Hrsg. von Hommelhoff/Lutter/Schmidt/Schön/Ulmer, S. 137-163; zit.: Bayer, Beiheft 71 zur ZHR.

Berg, Stefan/Stöcker, Mathias — Anwendungs- und Haftungsfragen zum Deutschen Corporate Governance Kodex; in: WM 2002, S. 1569-1582.

Berger, Christian — Der Beschaffenheitsbegriff des § 434 Abs. 1 BGB; in: JZ 2004, S. 276-283.

Berger, Matthias/Möller, Andreas — „Grauer Kapitalmarkt“: Initiativen zur Verbesserung des Anlegerschutzes; in: Die Bank 2000, S. 382-389.

Bergh, Roger van den — Wer schützt die europäischen Verbraucher vor dem Brüsseler Verbraucherschutz? Zu den möglichen adversen Effekten der europäischen Richtlinien zum Schutze des Verbrauchers; in: Effiziente Verhaltenssteuerung und Kooperation im Zivilrecht, Hrsg. von Claus Ott/Hans-Bernd Schäfer, Tübingen 1997, S. 77-102.

Bergjan, Ralf	Die Auswirkungen der Schuldrechtsreform 2002 auf den Unternehmenskauf, Berlin 2003, zugl. Münster Diss. 2002
Bernreuther, Friedrich	Sachmangelhaftung durch Werbung; in: WRP 2002, S. 368-388.
Bernreuther, Friedrich	Sachmangelhaftung und Werbung; in: MDR 2003, S. 63-68.
Bertram, Rainer	Die Anwendung des Einwendungsdurchgriffs gem. § 359 BGB auf den Beitritt zu einer Publikumsgesellschaft, Berlin 2004, zugl. Münster Diss. 2002.
Beuthien, Volker	Treuhand an Gesellschaftsanteilen; in: ZGR 1974, S. 26-85.
Binz, Mark K./Sorg, Martin H.	Die GmbH & Co. KG, 9. Auflage, München 2003.
Boerner, Dietmar	Kaufrechtliche Sachmängelhaftung und Schuldrechtsreform; in: ZIP 2001, S. 2264-2273.
Borges, Georg	Selbstregulierung im Gesellschaftsrecht – zur Bindung an Corporate Governance-Kodizes; in: ZGR 2003, S. 508-540.
Braun, Franz/Rotter, Klaus	Der Diskussionsentwurf zum KapMuG – Verbesserter Anlegerschutz?; in: BKR 2004, S. 296-301.
Braun, Franz/Rotter, Klaus	Können Ad-hoc-Mitteilungen Schadensersatzansprüche im Sinne der allgemeinen zivilrechtlichen Prospekthaftung auslösen?; in: BKR 2003, S. 918-926.

Brink, Ulrich	Forfaitierung und Factoring im Licht der Schuldrechtsreform; in: WM 2003, 1355-1363.
Brondics, Klaus/ Mark, Jürgen	Die Verletzung von Informationspflichten im amtlichen Markt nach der Reform des Börsengesetzes; in: AG 1989, S. 339-347.
Brors, Christiane	Zu den Konkurrenzen im neuen Kaufgewährleistungsrecht; in: WM 2002, S. 1780-1784.
Brüggemeier, Gert	Das neue Kaufrecht des Bürgerlichen Gesetzbuches; in: WM 2002, S. 1376-1387.
Buchwaldt, Ekkehard	Bilanz und Beteiligungserwerb; in: NJW 1994, S. 153-158.
Büdenbender, Ulrich	Grundlagen der Gewährleistung beim Unternehmenskauf; in: Unternehmenskauf und Schuldrechtsmodernisierung, Fachtagung der Bayer-Stiftung für deutsches und internationales Arbeits- und Wirtschaftsrecht am 06. und 07.Juni 2002, Wissenschaftliche Leitung: Barbara Dauner-Lieb/Martin Henssler, München 2003, S. 5-50.
Bürgers, Tobias	Das Anlegerschutzverbesserungsgesetz; in: BKR 2004, S. 424-432.
Büschgen, Hans E.	Das kleine Börsenlexikon, 22. Auflage, Düsseldorf 2001; zit.: Büschgen, Eintrag „...“.

Bundesanstalt für Finanzdienstleistungsaufsicht (Hrsg.)	Jahresbericht der Bundesanstalt für Finanzdienstleistungsaufsicht 2003, Frankfurt am Main 2004; zit.: BaFin, Jahresbericht 2003.
Bydlinski, Franz	Juristische Methodenlehre und Rechtsbegriff, 2. Auflage, Wien 1991.
Canaris, Claus-Wilhelm	Bankvertragsrecht, 2. Auflage, Berlin 1981; zit.: Canaris, Bankvertragsrecht.
Canaris, Claus-Wilhelm	Die Reform des Rechts der Leistungsstörungen; in: JZ 2001, S. 499-524.
Canaris, Claus-Wilhelm	Die Neuregelung des Leistungsstörungs- und des Kaufrechts – Grundstrukturen und Problemschwerpunkte –; in: Karlsruher Forum 2002: Schuldrechtsmodernisierung, Hrsg. von Egon Lorenz, Karlsruhe 2003, S. 5-100.
Claussen, Carsten Peter	Bank- und Börsenrecht, 3. Auflage, München 2003.
Dauner-Lieb, Barbara/ Heidel, Thomas/Lepa, Manfred/Ring, Gerhard (Hrsg.)	Anwaltskommentar, Schuldrecht, Köln 2002; zit.: Anwaltskommentar-Bearbeiter.
Dauner-Lieb, Barbara/ Thiessen, Jan	Garantiebeschränkungen in Unternehmenskaufverträgen nach der Schuldrechtsreform; in: ZIP 2002, S. 108-114.
Derleder, Peter	Das ius variandi des Käufers bei Sach- und Rechtsmängeln; in: Das neue Schuldrecht in der Praxis, Hrsg. von Barbara Dauner-Lieb/Horst Konzen/Karsten Schmidt, Köln 2003, S. 411-426.

Derleder, Peter/Knops, Kai-Oliver/Bamberger, Heinz Georg (Hrsg.) — Handbuch zum deutschen und europäischen Bankrecht, Berlin 2004; zit.: Bankrecht-Handbuch-Bearbeiter.

Drinkuth, Henrik — Die Kapitalrichtlinie – Mindest- oder Höchstnorm?, Köln 1998, zugl. Bielefeld Diss. 1997.

Deutsches Aktieninstitut e.V. (Hrsg.) — DAI-Factbook 2003, Frankfurt am Main 2003; zit.: DAI-Factbook 2003.

Deutsches Aktieninstitut e.V. — Stellungnahme für das Bundesministerium der Finanzen zu dem Diskussionsentwurf eines Gesetzes zur Verbesserung der Haftung für fehlerhafte Kapitalmarktinformationen (Kapitalmarktinformationshaftungsgesetz-KapInHaG), 26.10.2004; zit.: Stellungnahme des Deutschen Aktieninstitutes vom 26.10.2004.

Deutsche Bundesbank (Hrsg.) — Ergebnisse der Gesamtwirtschaftlichen Finanzierungsrechnung für Deutschland 1991 bis 2002, Statistische Sonderveröffentlichung 4, Frankfurt am Main 2003; zit.: Deutsche Bundesbank, Gesamtwirtschaftliche Finanzierungsrechnung.

Deutscher Juristentag — Beschlüsse der Abteilung Wirtschaftsrecht des 64. Deutschen Juristentages 2002, in: Verhandlungen des 64. Deutschen Juristentages, Hrsg. von der Ständigen Deputation des Deutschen Juristentages, München 2002, Bd. II/1 (Sitzungsberichte – Referate und Beschlüsse), P 87-P 94; zugleich in: NJW 2002, S. 3073-3083.

Diekmann, Hans/Sustmann, Marco	Gesetz zur Verbesserung des Anlegerschutzes (Anlegerschutzverbesserungsgesetz-AnSVG); in: NZG 2004, S. 929-939.
Doehner, Rupert/Hoffmann, Jochen	Kreditfinanzierter Fondsbeitritt und Anlegerschutz; in: ZIP 2004, S. 1884-1893.
Drygala, Tim	Stand und Entwicklung des europäischen Gesellschaftsrechts; in: ZEuP 2004, S. 337-365.
Duden	Deutsches Universalwörterbuch, Hrsg. vom Wissenschaftlichen Rat und den Mitarbeitern der Dudenreaktion unter der Leitung von Günther Drosdowski, 2. Auflage, Mannheim 1989.
Dühn, Matthias	Schadensersatzhaftung börsennotierter Aktiengesellschaften für fehlerhafte Kapitalmarktinformationen de lege lata und de lege ferenda, Frankfurt am Main 2003, zugl. Osnabrück Diss. 2003.
Edelmann, Hervé	Haftung von Vorstandsmitgliedern für fehlerhafte Ad-hoc-Mitteilungen – Besprechung der Infomatec-Urteile des BGH; in: BB 2004, S. 2031-2033.
Eden, Siegfried	Treuhandschaft an Unternehmen und Unternehmensanteilen, 2. Auflage, Bielefeld 1989.
Eidenmüller, Horst	Rechtskauf und Unternehmenskauf; in: ZGS 2002, S. 290-296.

Ekkenga, Jens	Anlegerschutz, Rechnungslegung und Kapitalmarkt, Tübingen 1998, zugl. Frankfurt am Main Habil. 1994/95.
Ekkenga, Jens	Die Ad hoc-Publizität im System der Marktordnungen, in: ZGR 1999, S. 165-201.
Ekkenga, Jens	Fragen der deliktischen Haftungsbegründung bei Kursmanipulationen und Insidergeschäften; in: ZIP 2004, S. 781-793.
Ekkenga, Jens	Kapitalmarktrechtliche Aspekte der „Investor Relations"; in: NZG 2001, S. 1-8.
Ellenberger, Jürgen	Prospekthaftung im Wertpapierhandel, Berlin 2001, zugl. Marburg Diss. 2000.
Emmerich, Volker	Das Verhältnis der Gewährleistungsregeln bei Kauf und Miete zur c.i.c.; in: Festschrift für Heinrich Honsell, Hrsg. von Friedrich Harrer/Wolfgang Portmann/Roger Zäch, Zürich 2002, S. 209-221; zit.: Emmerich, FS Honsell.
Engler, Hartmut	Die Haftung des kapitalanlegenden Kommanditisten einer Publikums-KG unter den Aspekten des Anleger- und Gläubigerschutzes, Bielefeld Diss. 1997.
Erman, Walter (Begr.)	Bürgerliches Gesetzbuch, Band I, Hrsg. von Harm Peter Westermann, 11. Auflage, Köln 2004; zit.: Erman-Bearbeiter.
Erman, Walter	Zur Prospekthaftung aus § 45 Börsen-Gesetz; in: AG 1964, S. 327-332.

Escher-Weingart, Christina	Reform durch Deregulierung im Kapitalgesellschaftsrecht, Tübingen 2000, zugl. Frankfurt Habil. 1999.
Escher-Weingart, Christina/ Lägeler, Alexander/ Eppinger, Christoph	Schadensersatzanspruch, Schadensart und Schadensberechnung gem. der §§ 37 b, 37 c WpHG; in: WM 2004, S. 1845-1856.
Ettinger, Jochen/Grützediek, Elke	Haftungsrisiken im Zusammenhang mit der Abgabe der Corporate Governance Entsprechenserklärung gemäß § 161 AktG; in: AG 2003, S. 353-366.
Feldhaus, Heiner	Die Eignung zur erheblichen Kursbeeinflussung bei der Ad-hoc-Publizität, Frankfurt am Main 2003, zugl. Bonn Diss. 2002.
Finanzplatz e.V. (Hrsg.)	Grauer Kapitalmarkt und unseriöse Geschäftspraktiken, Frankfurt am Main 1999; zit.: Finanzplatz.
Fischer, Michael	Die Haftung des Unternehmensverkäufers nach neuem Schuldrecht; in: DStR 2004, S. 276-282.
Fleischer, Holger	Das Vierte Finanzmarktförderungsgesetz; in: NJW 2002, S. 2977-2983.
Fleischer, Holger	Der Inhalt des Schadensersatzanspruchs wegen unwahrer oder unterlassener unverzüglicher Ad hoc-Mitteilungen; in: BB 2002, S. 1869-1874.

Fleischer, Holger | Die persönliche Haftung der Organmitglieder für kapitalmarktbezogene Falschinformationen; in: BKR 2003, S. 608-616.

Fleischer, Holger | Empfiehlt es sich, im Interesse des Anlegerschutzes und zur Förderung des Finanzplatzes Deutschland das Kapitalmarkt- und Börsenrecht neu zu regeln? Kapitalmarktrechtliches Teilgutachten, Gutachten F für den 64. Deutschen Juristentag 2002; in: Verhandlungen des 64. Deutschen Juristentages 2002, Hrsg. von der Ständigen Deputation des Deutschen Juristentages, Bd. I (Gutachten), F 1 – F 144; zit.: Fleischer, Gutachten.

Fleischer, Holger | Erweiterte Außenhaftung der Organmitglieder im Europäischen Gesellschafts- und Kapitalmarktrecht; in: ZGR 2004, S. 437-479.

Fleischer, Holger | Prospektpflicht und Prospekthaftung für Vermögensanlagen des Grauen Kapitalmarkts nach dem Anlegerschutzverbesserungsgesetz; in: BKR 2004, S. 339-347.

Fleischer, Holger | Zur deliktsrechtlichen Haftung der Vorstandsmitglieder für falsche Ad-hoc-Mitteilungen; in: DB 2004, S. 2031-2036.

Fleischer, Holger | Zur Haftung bei fehlendem Verkaufsprospekt im deutschen und US-amerikanischen Kapitalmarktrecht; in: WM 2004, S. 1897-1903.

Fleischer, Holger/ Kalss, Susanne	Kapitalmarktrechtliche Schadensersatzhaftung und Kurseinbrüche an der Börse; in: AG 2002, S. 329-336.
Flume, Werner	Eigenschaftsirrtum und Kauf, Regensberg-Münster 1948.
Förster, Heinrich H.	Die Prospekthaftung der organisierten und grauen Kapitalmärkte, Frankfurt am Main 2002, zugl. Gießen Diss. 2002.
Franke, Günter/Hax, Wolfgang	Finanzwirtschaft des Unternehmens und Kapitalmarkt, 5. Auflage, Berlin 2004.
Fritzen, Roland	Unternehmenskauf, Due Diligence und Garantien nach der Schuldrechtsreform, München 2004, zugl. Bonn Diss. 2004.
Fuchs, Andreas/Dühn, Matthias	Deliktische Schadensersatzhaftung für falsche Ad-hoc-Mitteilungen; in: BKR 2002, S. 1063-1071.
Gaul, Björn	Schuldrechtsmodernisierung und Unternehmenskauf; in: ZHR 166 (2002), S. 35-71.
Gebauer, Stefan	Börsenprospekthaftung und Kapitalerhaltungsgrundsatz in der Aktiengesellschaft, Frankfurt am Main 1999, zugl. Berlin Diss. 1999.
Geibel, Stefan J.	Der Kapitalanlegerschaden, Tübingen 2002, zugl. Tübingen Diss. 2001.
Gerber, Olaf	Die Haftung für unrichtige Kapitalmarktinformationen; in: DStR 2004, S. 1793-1798.
Gerke, Wolfgang	Börsenlexikon, Wiesbaden 2002; zit.: Gerke, Eintrag „…“.

Gierke, Klaus von/ Paschen, Uwe	Mängelgewährleistung beim Unternehmenskauf; in: GmbHR 2002, S. 457-464.
Götze, Cornelius	Auskunftserteilung durch GmbH-Geschäftsführer im Rahmen der Due Diligence beim Beteiligungserwerb; in: ZGR 1999, S. 202-233.
Graf von Westphalen, Friedrich	Wenn das „wenn“ zum „soweit“ wird; in: ZGS 2004, S. 281.
Graf von Westphalen, Friedrich/Meier-Göring, Anne	Neues Schuldrecht, Köln 2004.
Grigoleit, Hans Christoph/ Herresthal, Carsten	Die Beschaffenheitsvereinbarung und ihre Typisierungen in § 434 I BGB; in: JZ 2003, S. 233-239.
Grigoleit, Hans Christoph/ Herresthal, Carsten	Grundlagen der Sachmängelhaftung im Kaufrecht; in: JZ 2003, S. 118-127.
Gronstedt, Sebastian/ Jörgens, Stefan	Die Gewährleistungshaftung bei Unternehmensverkäufen nach dem neuen Schuldrecht; in: ZIP 2002, S. 52-65.
Groß, Wolfgang	Die börsengesetzliche Prospekthaftung; in: AG 1999, S. 199-209.
Groß, Wolfgang	Haftung für fehlerhafte oder fehlende Regel- oder ad-hoc-Publizität; in: WM 2002, S. 477-485.

Großkommentar zum Aktiengesetz	Hrsg. von Klaus J. Hopt/Herbert Wiedemann, 1. Lieferung: Einleitung, 4. Auflage, Berlin 1992; 15. Lieferung: §§ 54-66 AktG, 4. Auflage, Berlin 2001; 19. Lieferung: §§ 76-83 AktG, 4. Auflage, Berlin 2003; zit.: GK-Bearbeiter.
Gruber, Urs Peter	Neues Kaufrecht – Umsatz- und Ertragsangaben beim Unternehmenskauf; in: MDR 2002, S. 433-437.
Grumann, Marc-Olaf	Prospektbegriff, - pflicht und –verantwortlichkeit im Rahmen der allgemeinen bürgerlich-rechtlichen Prospekthaftung im engeren Sinne; in: BKR 2002, S. 310-316.
Grundmann, Stefan	Der Treuhandvertrag insbesondere die werbende Treuhand, München 1997, zugl. München Habil. 1995.
Grundmann, Stefan	Deutsches Anlegerschutzrecht in internationalen Sachverhalten; in: RabelsZ 1990, S. 283-322.
Grundmann, Stefan/ Selbherr, Benedikt	Börsenprospekthaftung in der Reform; in: WM 1996, S. 985-993.
Grundmann, Stefan/ Bianca, Cesare Massimo	EU-Kaufrechts-Richtlinie, Köln 2002; zit.: Kaufrechtsrichtlinie-Bearbeiter.
Grunewald, Barbara	Rechts- und Sachmängelhaftung beim Kauf vom Unternehmensanteilen; in: NZG 2003, S. 372-374.

Gsell, Beate	Aufwendungsersatz nach § 284 BGB; in: Das neue Schuldrecht in der Praxis, Hrsg. von Barbara Dauner-Lieb/Horst Konzen/Karsten Schmidt, Köln 2003, S. 321-346.
Gsell, Beate	Das Verhältnis von Rücktritt und Schadensersatz; in: JZ 2004, S. 643-649.
Gummert, Hans/Riegger, Bodo/Weipert, Lutz (Hrsg.)	Münchener Handbuch des Gesellschaftsrechts, Band 1: BGB-Gesellschaft, Offene Handelsgesellschaft, Partnerschafts-Gesellschaft, Partenreederei, EWIV, 2. Auflage, München 2004; zit.: Handbuch GbR-Bearbeiter.
Haas, Lothar/Medicus, Dieter/Rolland, Walter/ Schäfer, Carsten/ Wendtland, Holger	Das neue Schuldrecht, München 2002; zit.: Neues Schuldrecht-Bearbeiter.
Habersack/Mathias/Mayer, Christian	Die überschießende Umsetzung von Richtlinien, in: JZ 1999, S. 913-921.
Habersack, Mathias/Mayer, Christian	Globalverbriefte Aktien als Gegenstand sachenrechtlicher Verfügungen?; in: WM 2000, S. 1678-1684.
Häublein, Martin	Der Beschaffenheitsbegriff und seine Bedeutung für das Verhältnis der Haftung aus culpa in contrahendo zum Kaufrecht; in: NJW 2003, S. 388-393.
Hahn, Stefan	Neue Ansätze im Anlegerschutz durch die Ad-hoc-Publizität des § 15 WpHG, Frankfurt am Main 2004, zugl. Saarbrücken Diss. 2004.

Hahn, Volker — Die zivilrechtliche Prospekthaftung bei der Emission von geschlossenen Immobilienfonds – Grundlagen und aktuelle Probleme; in: Verantwortlichkeit im Wirtschaftsrecht – Beiträge zum Versicherungs- und Wirtschaftsrecht der Schüler von Ulrich Hübner, Hrsg. von Annemarie Matusche-Beckmann und Roland Michael Beckmann, Karlsruhe 2002, S. 77-94; zit.: Hahn, Prospekthaftung.

Handelsrechtsausschuß des Deutschen Anwaltsvereins — Stellungnahme zum Diskussionsentwurf eines Kapitalmarktinformationshaftungsgesetzes (KapInHaG); in: NZG 2004, 1099-1104; zit.: Handelsrechtsausschuß.

Handelsrechtsausschuß des Deutschen Anwaltsvereins — Stellungnahme zum Regierungsentwurf eines Gesetzes zur Verbesserung des Anlegerschutzes (Anlegerschutz – AnSVG); in: NZG 2004, S. 703-710; zit.: Handelsrechtsausschuß.

Happ, Wilhelm — Aktienrecht, 2. Auflage 2004; zit.: Happ-Bearbeiter.

Hasenkamp, Annabel — Die formularvertragliche Haftungsbeschränkung bei der Gesellschaft bürgerlichen Rechts; in: BB 2004, S. 230-237.

Heerstraßen, Frank/ Reinhard, Thorsten — Die Verjährung von Rechtsmängelansprüchen beim Beteiligungskauf nach der Schuldrechtsreform; in: BB 2002, S. 1429-1437.

Hegmanns, Ekkehard — Die Sicherung des Treugebers bei Treuhandverträgen für Gesellschaftsanteile; in: ZIP 1989, S. 900-902.

Heidel, Thomas (Hrsg.) — Aktienrecht, Anwaltskommentar, Bonn 2003; zit.: Heidel-Bearbeiter.

Heine, Melanie	Die Zusicherung im kaufrechtlichen Gewährleistungssystem, Münster Diss. 2002.
Heisterhagen, Christoph	Die gesetzliche Prospektpflicht für geschlossene Fonds nach dem Regierungsentwurf des Anlegerschutzverbesserungsgesetzes; in: DStR 2004, S. 1089-1094.
Hellwig, Hans-Jürgen	Diskussion, Abteilung Wirtschaftsrecht; in: Verhandlungen des 64. Deutschen Juristentages 2002, Hrsg. von der Ständigen Deputation des Deutschen Juristentages, Bd. II/1 (Sitzungsberichte- Referate und Beschlüsse), München 2002, P 176-182; zit.: Hellwig, Diskussion.
Hellwig, Hans-Jürgen	Referat und Thesen zum Referat, Abteilung Wirtschaftsrecht, in: Verhandlungen des 64. Deutschen Juristentages 2002, Hrsg. von der Ständigen Deputation des Deutschen Juristentages, München 2002, Bd. II/1 (Sitzungsberichte – Referate und Beschlüsse), P 59-P 85.
Hennrichs, Joachim	Haftung für falsche Ad-hoc-Mitteilungen und Bilanzen; in: Recht und Risiko, Band II Zivilrecht, Festschrift für Helmut Kollhosser, Hrsg. von Reinhard Bork/Thomas Hoeren/Petra Pohlmann, Karlsruhe 2004, S. 201-215.
Henssler, Martin/ Westphalen, Friedrich Graf von (Hrsg.)	Praxis der Schuldrechtsreform, 2. Auflage, Köln 2003; zit.: Henssler/Graf von Westphalen-Bearbeiter.

Heß, Burkhard	Der Regierungsentwurf für ein Kapitalanlegermusterverfahrensgesetz – eine kritische Bestandsaufnahme; in: WM 2004, S. 2329-2334.
Heß, Burkhard	Sammelklagen im Kapitalmarktrecht; in: AG 2003, S. 113-125.
Heß, Burkhard/Michailidou, Chrisoula	Das Gesetz über Musterverfahren zu Schadensersatzklagen von Kapitalanlegern; in: ZIP 2004, S. 1381-1387.
Heß, Burkhard/Michailidou, Chrisoula	Die kollektive Durchsetzung von Schadensersatzansprüchen im Kapitalmarktrecht; in: WM 2003, S. 2318-2325.
Hettler, Stephan/Stratz, Rolf-Christian/Hörtnagel, Robert (Hrsg.)	Beck´sches Mandats Handbuch Unternehmenskauf, München 2004; zit.: Mandatshandbuch-Bearbeiter.
Hiddemann, Hans-Joachim	Leistungsstörungen beim Unternehmenskauf aus der Sicht der Rechtsprechung; in: ZGR 1982, S. 435-451.
Hielscher, Udo/Stenzel, Stefan K.	Umfang und Ursachen des außerbörslichen Aktienhandels; in: DBW 56 (1996), S. 523-540.
Hild, Thilo Lars	Grenzen einer strafrechtlichen Regulierung des Kapitalmarktes, Frankfurt am Main 2004, zugl. Frankfurt Diss. 2003.
Hilgard, Mark C./ Kraayvanger, Jan	Unternehmenskauf – Rechtsfolgen eines selbständigen Garantieversprechens nach der Reform; in: MDR 2002, S. 678-682.

Hirte, Heribert	Ad-hoc-Publizität in der Krise; in: Insolvenzrecht im Wandel der Zeit, Festschrift für Hans-Peter Kirchhof, Hrsg. von Gerhardt/Haarmeyer/Kreft, 2003, S. 223-245; zit.: Hirte, FS Kirchhof.
Hölters (Hrsg.)	Handbuch des Unternehmens- und Beteiligungskaufs, 5. Auflage, München 2002; zit.: Hölters-Bearbeiter.
Hoffmann-Becking, Michael	Organe: Strukturen und Verantwortlichkeiten, insbesondere im monistischen System; in: ZGR 2004, S. 355-382.
Holzapfel, Hans-Joachim	Die Behandlung des share deal; in: Unternehmenskauf und Schuldrechtsmodernisierung, Fachtagung der Bayer-Stiftung für deutsches und internationales Arbeits- und Wirtschaftsrecht am 06. und 07.Juni 2002, Wissenschaftliche Leitung: Barbara Dauner-Lieb/Martin Henssler, München 2003, S. 87-102.
Holzapfel, Hans-Joachim/ Pöllath, Reinhard	Unternehmenskauf in Recht und Praxis, 11. Auflage, Köln 2003.
Holzborn, Timo/Foelsch, Martin Eberhard	Schadensersatzpflichten von Aktiengesellschaften und deren Management bei Anlegerverlusten – Ein Überblick; in: NJW 2003, S. 932-940.
Holzborn, Timo/Israel, Alexander	Das Anlegerschutzverbesserungsgesetz; in: WM 2004, S. 1948-1956.
Homann, Jens	Werbeaussagen und Käufererwartungen, Köln 2004, zugl. Halle Diss. 2003.

Hommelhoff, Peter — Die Rolle der nationalen Gerichte bei der Europäisierung des Privatrechts, in: 50 Jahre Bundesgerichtshof, Bd. 2, Festgabe aus der Wissenschaft, Hrsg. von Claus-Wilhelm Canaris/Andreas Heldrich/Klaus J. Hopt/Claus Roxin/Karsten Schmidt/Gunter Widmaier, München 2000, S. 889-925; zit.: Hommelhoff, 50 Jahre BGH.

Hommelhoff, Peter — Die Sachmängelhaftung beim Unternehmenskauf durch Anteilserwerb; in: ZHR 140 (1976), S. 271-300.

Hommelhoff, Peter/ Aerssen, Rick van — Anm. zu LG Frankfurt EWiR § 57 AktG 1/98, S. 579-580.

Hopt, Klaus J. — Der Kapitalanlegerschutz im Recht der Banken, München 1975, zugl. München Habil. 1973; zit.: Hopt, Anlegerschutz.

Hopt, Klaus J. — Die Verantwortlichkeit der Banken bei Emissionen, München 1991; zit.: Hopt, Banken.

Hopt, Klaus J. — Grundsatz- und Praxisprobleme nach dem Wertpapierhandelsgesetz – insbesondere Insidergeschäfte und Ad-hoc-Publizität; in: ZHR 159 (1995), S. 135-163.

Hopt, Klaus J. — Inwieweit empfiehlt sich eine allgemeine gesetzliche Regelung des Anlegerschutzes? Gutachten G für den 51. Deutschen Juristentag 1976; in: Verhandlungen des 51. Deutschen Juristentages 1976, Hrsg. von der Ständigen Deputation des Deutschen Juristentages, Band I (Gutachten), G 1 – G 133; zit.: Hopt, Gutachten.

Hopt, Klaus J.	Kapitalmarktrecht (mit Prospekthaftung) in der Rechtsprechung des Bundesgerichtshofes; in: 50 Jahre Bundesgerichtshof, Festgabe aus der Wissenschaft, Bd. II, Hrsg. von Claus-Wilhelm Canaris/Andreas Heldrich/Klaus J. Hopt/Claus Roxin/Karsten Schmidt/Gunter Widmaier, München 2000, S. 497-547; zit.: Hopt, 50 Jahre BGH.
Hopt, Klaus J. (Hrsg.)	Vertrags- und Formularbuch zum Handels-, Gesellschafts-, Bank- und Transportrecht, 2. Auflage, München 2000; zit.: Formularbuch-Bearbeiter.
Hopt, Klaus J./Voigt, Hans Christoph	Prospekt- und Kapitalmarktinformationshaftung – Recht und Reform in der Europäischen Union, der Schweiz und den USA –; in: WM 2004, S. 1801-1804.
Horn, Norbert	Die Erfüllung von Wertpapiergeschäften unter Einbeziehung eines Zentralen Kontrahenten an der Börse – Sachenrechtliche Aspekte -; WM Sonderbeilage Nr. 2/2002 zu Nr. 20 vom 18.05.2002; zit.: Horn, WM 2002, Sonderbeilage.
Horn, Norbert	Zur Haftung der AG und ihrer Organmitglieder für unrichtige oder unterlassene Ad-hoc-Informationen; in: Festschrift für Peter Ulmer, Hrsg. von Mathias Habersack/Peter Hommelhoff/Uwe Hüffer/Karsten Schmidt, Berlin 2003, S. 817-828; zit.: Horn, FS Ulmer.

Huber, Peter	Kaufrecht – made in Europe! Die EG-Richtlinie über den Verbrauchsgüterkauf und ihre Folgen für das deutsche Gewährleistungsrecht; in: Festschrift für Dieter Henrich, Hrsg. von Peter Gottwald, Erik Jayme, Dieter Schwab, Bielefeld 2000, S. 297-321; zit.: Huber, FS Henrich.
Huber, Ulrich	Die Praxis des Unternehmenskaufs im System des Kaufrechts; in: AcP 202 (2002), S. 179-242.
Hüffer, Uwe	Aktiengesetz, 6. Auflage, München 2004.
Hüffer, Uwe	Die Publikumspersonengesellschaft und das Problem des Anlegerschutzes; in: JuS 1979, S. 457-465.
Hulle, Karel van/ Maul, Silja	Aktionsplan zur Modernisierung des Gesellschaftsrechts und Stärkung der Corporate Governance; in: ZGR 2004, S. 484-505.
Hutter, Stephan/ Leppert, Michael	Das 4. Finanzmarktförderungsgesetz aus Unternehmenssicht; in: NZG 2002, S. 649-657.
Jahn, Joachim	UMAG: Das Aus für „räuberische Aktionäre“ oder neues Erpressungspotential?; in: BB 2005, S. 5-13.
Jauernig, Othmar (Hrsg.)	Bürgerliches Gesetzbuch, Kommentar, 11. Auflage, München 2004; zit.: Jauernig-Bearbeiter.

Jaques, Henning	Haftung des Verkäufers für arglistiges Verhalten beim Unternehmenskauf – zugleich eine Stellungnahme zu § 444 BGB n.F.; in: BB 2002, S. 417-423.
Jorden, Simone/ Lehmann, Michael	Verbrauchsgüterkauf und Schuldrechtsmodernisierung – Zur geplanten Umsetzung der Richtlinie 1999/44/EG im Rahmen eines Gesetzes zur Modernisierung des Schuldrechts; in: JZ 2002, S. 952-965.
Kästner, Karin	Aktienrechtliche Probleme der D & O-Versicherung; in: AG 2000, S. 113-122.
Kaiser, Jürgen	Banken und Institutionelle Investoren: Grundlagen, Rahmenbedingungen, Erfolgsfaktoren und bankbetriebliche Gestaltungskonsequenzen, Bern 1990; zugl. St. Gallen Diss. 1990.
Kalss, Susanne	Anlegerinteressen: Der Anleger im Handlungsdreieck von Vertrag, Verband und Markt, Wien 2001, zugl. Wien Habil. 2000.
Kandler, Mandy	Kauf und Nacherfüllung, Bielefeld 2004, zugl. Regensburg Diss. 2003.
Kellermann, Alfred/ Stodolkowitz, Heinz Dieter	Höchstrichterliche Rechtsprechung zum Personengesellschaftsrecht, 4. Auflage, Köln 1994.

Keßler, Jürgen	Anlegerschutz und Kapitalmarkteffizienz – eine ökonomische Analyse; in: Anlegerschutz in Deutschland, Schweiz, Großbritannien, USA und der Europäischen Gemeinschaft, Hrsg. von Jürgen Keßler/Hans-W. Micklitz, Baden-Baden 2004, S. 11-52.
Keusch, Sven/Wankerl, Kerstin	Die Haftung der Aktiengesellschaft für fehlerhafte Kapitalmarktinformationen im Spannungsfeld zum Gebot der Kapitalerhaltung; in: BKR 2003, S. 744-747.
Kiethe, Kurt	Falsche Erklärung nach § 161 AktG – Haftungsverschärfung für Vorstand und Aufsichtsrat?; in: NZG 2003, S. 559-567.
Kiethe, Kurt	Immobilienkapitalanlagen: Verjährung der Prospekthaftungsansprüche; in: BB 1999, S. 2253-2259.
Kiethe, Kurt	Persönliche Haftung von Organen der AG und der GmbH – Risikovermeidung durch D & O-Versicherung?; in: BB 2003, S. 537-542.
Kiethe, Kurt	Persönliche Organhaftung für Falschinformation des Kapitalmarkts – Anlegerschutz durch Systembruch?; in: DStR 2003, S. 1982-1990.
Kiethe, Kurt	Prospekthaftung und grauer Kapitalmarkt; in: ZIP 2000, S. 216-224.
Kiethe, Kurt	Strafrechtlicher Anlegerschutz durch § 400 I Nr. 1 AktG; in: NStZ 2004, S. 73-77.

Kindl, Johann — Unternehmenskauf und Schuldrechtsmodernisierung; in: WM 2003, S. 409-415.

Kirchhof, Paul (Hrsg.) — EStG Kompaktkommentar, Einkommenssteuergesetz, 3. Auflage, Heidelberg 2003; zit.: Kirchhof-Bearbeiter.

Kissner, Wolfgang — Die zivilrechtliche Verantwortung für Adhoc-Mitteilungen, Hamburg 2003, zugl. Augsburg Diss. 2002.

Klaffke, Martin — Anlagebetrug am Grauen Kapitalmarkt, Wiesbaden 2002, zugl. Bamberg Diss. 2002.

Knott, Hermann J. — Unternehmenskauf nach der Schuldrechtsreform; in: NZG 2002, S. 249-256.

Koch, Peer — Die Haftung des Anlagevermittlers beim Vertrieb von geschlossenen Fonds und anderen Finanzanlagen des Nebenkapitalmarktes, Frankfurt am Main 2003, zugl. Bremen Diss. 2003.

Köhler, Annette/Meyer, Stephanie/Mauelshagen, Jan — BB-Gesetzgebungsreport: Umsetzungsstand des 10-Punkte-Plans der Bundesregierung zur Stärkung des Anlegerschutzes und der Unternehmensintegrität; in: BB 2004, S. 2623-2631.

Kölner Kommentar zum Aktiengesetz — Hrsg. von Wolfgang Zöllner, Band 1 (§§ 1-75), 2. Auflage 1988; Band 5/1 (§§ 179-240 AktG), 2. Auflage 1994; zit.: KK-Bearbeiter.

Köndgen, Johannes	Die Ad hoc-Publizität als Prüfstein informationsrechtlicher Prinzipien; in: Festschrift für Jean Nicolas Druey, Hrsg. von Rainer J. Schweizer/Herbert Burkert/Urs Gasser, Zürich 2002, S. 791-815; zit.: Köndgen, FS Druey.
Köndgen, Johannes	Zur Theorie der Prospekthaftung (I); in: AG 1983, S. 85-99.
Köndgen, Johannes	Zur Theorie der Prospekthaftung (II); in: AG 1983, S. 120-132.
Körner, Marita	Infomatec und die Haftung von Vorstandsmitgliedern für falsche ad hoc-Mitteilungen; in: NJW 2004, S. 3386-3388.
Kohl, Helmut/Kübler, Friedrich/Walz, Rainer/ Wüstrich, Wolfgang	Abschreibungsgesellschaften, Kapitalmarkteffizienz und Publizitätszwang – Plädoyer für ein Vermögensanlagegesetz -; in: ZHR 138 (1974), S. 1-49.
Kohte, Wolfgang/Micklitz, Hans-W./Rott, Peter/Tonner,, Klaus/Willingmann, Armin (Hrsg.)	Das neue Schuldrecht, Kompaktkommentar, Neuwied 2003; zit.: Kompaktkommentar-Bearbeiter.
Kollmann, Katharina	Der Diskussionsentwurf zum Kapitalmarktinformationshaftungsgesetz; in: AG 2004, R 463 f.
Kollmann, Katharina	Initiative der Bundesregierung für ein Kapitalmarktinformationshaftungsgesetz – KapInHaG; in: AG 2004, R 391 f.

Kornblum, Udo	Aktuelle bundesweite Rechtstatsachen zum Unternehmens- und Gesellschaftsrecht; in: GmbHR 2003, S. 1157-1173.
Kornblum, Udo/Hampf, Thorsten/Naß, Nicole	Neue württembergische Rechtstatsachen zum Unternehmens- und Gesellschaftsrecht; in: GmbHR 2000, S. 1240-1251.
Kort, Michael	Die Haftung von Vorstandsmitgliedern für falsche Ad-hoc-Mitteilungen; in: AG 2005, S. 21-26.
Kort, Michael	Die Verjährung von Prospekthaftungsansprüchen beim Bauherrenmodell; in: DB 1991, S. 1057-1059.
Kort, Michael	Neuere Entwicklungen im Recht der Börsenprospekthaftung (§§ 45 ff. BörsG) und der Unternehmensberichtshaftung (§ 77 BörsG); in: AG 1999, S. 9-21.
Krämer, Lutz/Baudisch, Matthias	Neues zur Börsenprospekthaftung und zu den Sorgfaltsanforderungen beim Unternehmenskauf; in: WM 1998, S. 1161-1174.
Krause, Rüdiger	Ad-hoc-Publizität und haftungsrechtlicher Anlegerschutz; in: ZGR 2002, S. 799-841.
Krenzel, Joachim	Treuhand an Kommanditanteilen, Frankfurt am Main 1991; zugl. Köln Diss. 1991.
Kroiß, Ludwig (Hrsg.)	Klauselbuch Schuldrecht, Bonn 2003; zit: Klauselbuch-Bearbeiter.

Kübler, Friedrich — Aktienrechtsreform und Unternehmensverfassung;
in: AG 1994, S. 141-148.

Kübler, Friedrich — Gesellschaftsrecht, 5. Auflage, Taschenbuchausgabe, Heidelberg 1999.

Kübler, Friedrich — Transparenz am Kapitalmarkt;
in: AG 1977, S. 85-92.

Kümpel, Siegfried — Bank- und Kapitalmarktrecht, 3. Auflage, Köln 2004.

Kuthe, Thorsten — Änderungen des Kapitalmarktrechts durch das Anlegerschutzverbesserungsgesetz;
in: ZIP 2004, S. 883-888.

Lange, Oliver — Ungelöste Rechtsfragen der gesetzlichen Unternehmensmangelgewährleistung;
in: ZGS 2003, S. 300-306.

Larenz, Karl/Canaris, Claus-Wilhelm — Methodenlehre der Rechtswissenschaft, 3. Auflage, Berlin 1995.

Larisch, Tobias — Gewährleistungshaftung beim Unternehmens- und Beteiligungskauf, Köln 2004, zugl. Münster Diss. 2003.

Laudenklos, Frank — Methode und Zivilrecht in der ökonomischen Analyse des Rechts, in: Fälle und Fallen in der neueren Methodik des Zivilrechts seit Savigny, Hrsg. von Joachim Rückert, Baden-Baden 1997, S. 289-313.

Lehmann, Michael — Die Haftung für Werbeangaben nach neuem Schuldrecht;
in: DB 2002, S. 1090-1094.

Lehmann, Michael	Informationsverantwortung und Gewährleistung für Werbeangaben beim Verbrauchsgüterkauf; in: JZ 2000, S. 280-293.
Lehmann, Michael	Vertragsanbahnung durch Werbung, München 1981, zugl München Habil. 1980.
Leis, Josef/Nowak, Eric	Ad-hoc-Publizität nach § 15 WpHG, Stuttgart 2001.
Leisch, Franz Clemens	Vorstandshaftung für falsche Ad-hoc-Mitteilungen - ein höchstrichterlicher Beitrag zur Stärkung des Finanzplatzes Deutschland; in: ZIP 2004, S. 1573-1580.
Lenenbach, Markus	Kapitalmarkt- und Börsenrecht, Köln 2002.
Lieb, Manfred	Gewährleistung beim Unternehmenskauf; in: Festschrift für Joachim Gernhuber, Hrsg. von Hermann Lange/Knut Wolfgang Nörr/Harm Peter Westermann, Tübingen 1993, S. 259-279; zit.: Lieb, FS Gernhuber.
Liersch, Jan	Regulierung des Blockhandels an den organisierten Märkten der Vereinigten Staaten, Großbritannien und Deutschlands, Frankfurt am Main 2002, zugl. Frankfurt am Main Diss. 2001.
Looschelders, Dirk	Beschaffenheitsvereinbarung, Zusicherung, Garantie, Gewährleistungsausschluss; in: Das neue Schuldrecht in der Praxis, Hrsg. von Barbara Dauner-Lieb/Horst Konzen/Karsten Schmidt, Köln 2003, S. 395-410.

Lüken, Christian P. | Der Erwerb eigener Aktien nach §§ 71 ff. AktG, Berlin 2004, zugl. Würzburg Diss. 2003.

Lutter, Marcus | Die Erklärung zum Corporate Governance Kodex gemäß § 161 AktG; in: ZHR 166 (2002), S. 523-543.

Lutter, Marcus | Europäisches Unternehmensrecht, 4. Auflage, Berlin 1996; zit.: Lutter, Unternehmensrecht.

Lutter, Marcus | Kodex guter Unternehmensführung und Vertrauenshaftung; in: Festschrift für Jean Nicolas Druey, Hrsg. von Rainer J. Schweizer/Herbert Burkert/Urs Gasser, Zürich 2002, S. 463-478; zit.: Lutter, FS Druey.

Lutter, Marcus/ Hommelhoff, Peter | GmbH-Gesetz, Kommentar, 16. Auflage, Köln 2004; zit.: Lutter/Hommelhoff-Bearbeiter.

Lux, Jochen | Verjährung von Prospekthaftungsansprüchen; in: NJW 2003, S. 2966 f.

Maier-Reimer, Georg | Diskussion, Abteilung Wirtschaftsrecht; in: Verhandlungen des 64. Deutschen Juristentages 2002, Hrsg. von der Ständigen Deputation des Deutschen Juristentages, Bd. II/1 (Sitzungsberichte- Referate und Beschlüsse), München 2002, P 121- P 123; zit.: Maier-Reimer, Diskussion.

Maier-Reimer, Georg | Unternehmenskauf und neues Schuldrecht; in: Reform des deutschen Schuldrechts, Hrsg. von Jörn Eckert/Jost Delbrück, Baden-Baden 2003, S. 61-97.

Maier-Reimer, Georg/ Webering, Annabel	Ad hoc-Publizität und Schadensersatzhaftung – Die neuen Haftungsvorschriften des Wertpapierhandelsgesetzes -; in: WM 2002, S. 1857-1864.
Maul, Silja	Verantwortlichkeit der Organmitglieder; in: WM 2004, S. 2146-2150.
Maul, Silja/Eggenhofer, Erich/Lanfermann, Georg	Deregulierung der EU-Regelungen zur Kapitalaufbringung und -erhaltung; in: BB-Special 6/2004, S. 5-8.
Maulbetsch, Hans-Christoph	Beirat und Treuhand in der Publikumspersonengesellschaft, Bonn 1984, zugl. Tübingen Diss. 1983.
Mayer, Christian/ Schürnbrand, Jan	Einheitlich oder gespalten? - Zur Auslegung nationalen Rechts bei überschießender Umsetzung von Richtlinien; in: JZ 2004, S. 545-552.
Mees, Hans-Kurt	Schuldrechtsmodernisierung und Wettbewerbsrecht; in: WRP 2002, S. 135-137.
Meier-Schatz, Christian J.	Wirtschaftsrecht und Unternehmenspublizität, Zürich 1989, zugl. Zürich Habil. 1988.
Merkt, Hanno	Der Kapitalschutz in Europa – ein rocher de bronze?; in: ZGR 2004, S. 305-323.
Merkt, Hanno	Unternehmenspublizität, Tübingen 2001, zugl. Hamburg Habil. 2000.
Merkt, Hanno/Rossbach, Oliver	Zur Einführung: Kapitalmarktrecht; In: JuS 2003, S. 217-224.

Mertens, Hans-Joachim — Bedarf der Abschluß einer D & O Versicherung durch die Aktiengesellschaft der Zustimmung der Aktiengesellschaft?; in: AG 2000, S. 447-452.

Mertens, Kai — Die Information des Erwerbers einer wesentlichen Unternehmensbeteiligung an einer Aktiengesellschaft durch deren Vorstand; in: AG 1997, S. 541-547.

Messer, Karin — Dritthaftung aus culpa in contrahendo für unwahre beschönigende Aussagen am Kapitalmarkt durch Vorstandsmitglieder einer Aktiengesellschaft, Augsburg Diss. 2004.

Meyer, Andreas — Aspekte einer Reform der Prospekthaftung – Teil I -; in: WM 2003, S. 1301-1313.

Meyer, Andreas — Aspekte einer Reform der Prospekthaftung – Teil II -; in: WM 2003, S. 1349-1355.

Michalski, Lutz (Hrsg.) — Kommentar zum Gesetz betreffend die Gesellschaften mit beschränkter Haftung (GmbHG), Band I, München 2002; zit.: Michalski-Bearbeiter.

Micklitz, Hans-W. — Anlegerschutz – Analyse des EG-Rechts; in: Anlegerschutz in Deutschland, Schweiz, Großbritannien, USA und der Europäischen Gemeinschaft, Hrsg. von Jürgen Keßler/Hans-W. Micklitz, Baden-Baden 2004, S. 267-325.

Micklitz, Hans-W./Träger, Monika	Länderbericht Deutschland; in: Anlegerschutz in Deutschland, Schweiz, Großbritannien, USA und der Europäischen Gemeinschaft, Hrsg. von Jürgen Keßler/Hans-W. Micklitz, Baden-Baden 2004, S. 53-137.
Miller, Nina	Das Haftungsrecht als Instrument der Kontrolle von Kapitalmärkten, Frankfurt am Main 2003, zugl. Konstanz Diss. 2002.
Mitental, Daniel/Anders, Dietmar	Erste Erfahrungen mit den neuen Aktienmarktsegmenten der Frankfurter Wertpapierbörse; in: DStR 2003, S. 1893-1900.
Möllers, Thomas M.J.	Anlegerschutz durch Aktien- und Kapitalmarktrecht; in: ZGR 1997, S. 334-367.
Möllers, Thomas M.J.	Die unterlassene Ad-hoc-Mitteilung als sittenwidrige Schädigung gem. § 826 BGB; in: WM 2003, S. 2393-2398.
Möllers, Thomas M.J.	Haftung für unrichtige Kapitalmarktinformationen; in: Bankrecht 2002, Hrsg. von Norbert Horn/Achim Krämer, Köln 2003, S. 271-315; zit.: Möllers, Bankrecht 2002.
Möllers, Thomas M.J./ Leisch, Franz Clemens	Haftung von Vorständen gegenüber Anlegern wegen fehlerhafter Ad-hoc-Meldungen nach § 826 BGB; in: WM 2001, S. 1648-1662.
Möllers, Thomas M.J./ Leisch, Franz Clemens	Offene Fragen zum Anwendungsbereich der §§ 37 b und 37 c WpHG; in: NZG 2003, S. 112-116.

Möllers, Thomas M.J./ Leisch, Franz Clemens	Schaden und Kausalität im Rahmen der neu geschaffenen §§ 37 b und 37 c WpHG; in: BKR 2002, S. 1071-1079.
Möllers, Thomas M.J./ Rotter, Klaus	Ad-hoc-Publizität, München 2003; zit.: Möllers/Rotter-Bearbeiter.
Moll, Wilhelm	Anlegerschutz und Gläubigerschutz; in: BB Beilage 3/1982 zu Heft 12/1982, S. 1-12.
Moritz, Hans/Grimm, Paul	Die künftige Prospektpflicht für geschlossene Fonds, in: BB 2004, S. 1801-1802.
Moritz, Hans/Grimm, Paul	Licht im Dunkel des „Grauen Marktes"? – Aktuelle Bestrebungen zur Novellierung des Verkaufsprospektgesetzes; in: BB 2004, S. 1352-1357.
Mülbert, Peter O.	Empfiehlt es sich, im Interesse des Anlegerschutzes und zur Förderung des Finanzplatzes Deutschland das Kapitalmarkt- und Börsenrecht neu zu regeln? ; in: JZ 2002, S. 826-837.
Müller, Gerd	Abschied von der Haftung des Verkäufers aus culpa in contrahendo oder Wiedergeburt?; in: Festschrift für Walther Hadding, Hrsg. von Franz Häuser, Horst Hammen, Joachim Hennrichs, Anja Steinbeck, Ulf R. Siebel, Reinhard Welter, Berlin 2004, S. 199-219.
Müller, Gerd	Kaufrechtliche Sachmängelhaftung oder culpa in contrahendo?; in: ZIP 1993, S. 1045-1055.

Müller, Robert — Der gescheiterte GmbH-Anteilskauf; in: ZGS 2002, S. 297-300.

Münchener Kommentar zum Aktiengesetz — Hrsg. von Bruno Kropff/Johannes Semler, Band 1, §§ 1-53, 2. Auflage, München 2000; Band 2, §§ 53 a-75, Band 5/1, §§ 148-151, 161-178 AktG, §§ 238-264 c, 342, 342 a HGB, 2. Auflage, München 2003;
zit.: MüKo-AktG-Bearbeiter.

Münchener Kommentar zum Bürgerlichen Gesetzbuch — Band 4 (§§ 607-704 BGB), Redakteur: Harm Peter Westermann, 3. Auflage 1997;
zit.: MüKo-Bearbeiter, 3. Auflage.
Band 2 a (§§ 241-432 BGB), Redakteur: Wolfgang Krüger, 4. Auflage, München 2003;
Band 3 (§§ 433-610 BGB), Redakteure: Wolfgang Krüger, Harm Peter Westermann, 4. Auflage 2004;
Band 5 (§§ 705-853 BGB), Redakteur: Peter Ulmer, 4. Auflage, München 2004;
zit.: MüKo-Bearbeiter.

Münchener Kommentar zum Handelsgesetzbuch — Hrsg. von Karsten Schmidt, Band 1, München 1996;
Band 3, München 2002,
Band 5, München 2001;
zit.: MüKo-HGB-Bearbeiter.

Niewiarra, Manfred — Unternehmenskauf, 2. Auflage, Baden-Baden 2002.

Nowak, Eric — Eignung von Sachverhalten in Ad-hoc-Mitteilungen zur erheblichen Kursbeeinflussung; in: ZBB 2001, S. 449-465.

Nordemann, Wilhelm/ Nordemann, Axel/ Nordemann, Jan Bernd	Wettbewerbs- und Markenrecht, 9. Auflage, Baden-Baden 2003; zit.: Nordemann, Rn.
Notthoff, Martin	Rechtliche Fragestellungen im Zusammenhang mit dem Abschluß einer Director´s & Officer´s-Versicherung; in: NJW 2003, S. 1350-1356.
Oetker, Hartmut/Maultzsch, Felix	Vertragliche Schuldverhältnisse, 2. Auflage, Berlin 2004.
Palandt, Otto (Begr.)	Bürgerliches Gesetzbuch, Kommentar, 60. Auflage, München 2000, zit.: Palandt-Bearbeiter, 60. Auflage. Bürgerliches Gesetzbuch, Kommentar, 62. Auflage, München 2003, zit.: Palandt-Bearbeiter, 62. Auflage. Bürgerliches Gesetzbuch, Kommentar, 64. Auflage, München 2005; zit.: Palandt-Bearbeiter.
Park, Tido (Hrsg.)	Kapitalmarkt-Strafrecht, Baden-Baden 2004; zit.: Park-Bearbeiter.
Peifer, Karl-Nikolaus	Die Haftung des Verkäufers für Werbeangaben; in: JR 2001, S. 265-270.
Perridon, Louis/Steiner, Manfred	Finanzwirtschaft der Unternehmung, 12. Auflage, München 2003.
Picot, Gerhard (Hrsg.)	Unternehmenskauf und Restrukturierung, 3. Auflage, München 2004; zit.: Picot-Bearbeiter.
Picot, Gerhard/ Mentz, Alexander/Seydel, Eberhard (Hrsg.)	Die Aktiengesellschaft bei Unternehmenskauf und Restrukturierung, München 2003; zit.: Picot/Mentz/Seydel-Bearbeiter.

Priester, Hans-Joachim/ Mayer, Dieter (Hrsg.)	Münchener Handbuch des Gesellschaftsrechts, Band 3: Gesellschaft mit beschränkter Haftung, 2. Auflage 2003; zit.: Handbuch GmbH-Bearbeiter.
Rädler, Martin	Rechtsbehelfe des Käufers eines Unternehmens oder einer unternehmerischen Beteiligung gegen den Verkäufer im deutschen und französischen Recht, Frankfurt am Main 2004, zugl. München Diss. 2003.
Raupach, Arndt/Böckstiegel, Martin	Die Verlustregelungen des Steuerentlastungsgesetzes 1999/2000/2002; in: FR 1999, S. 557-573.
Rehberg, Markus	Mängel beim Unternehmenskauf: Ein Share-Deal mit Tücken; in: ZGS 2002, S. 456-460.
Reichert, Jochem	Aktionärsrechte und Anlegerschutz – Stellungnahme zu den Vorschlägen der Corporate Governance Kommission; in: Corporate Governance, Beiheft 71 zur ZHR, Hrsg. von Peter Hommelhoff/Marcus Lutter/Karsten Schmidt/Wolfgang Schön/Peter Ulmer, S. 165-201; zit.: Reichert, Beiheft 71 zur ZHR.
Reichert, Jochem/ Weller, Marc-Philippe	Haftung von Kontrollorganen; in: ZRP 2002, S. 49-56.
Renzenbrink, Ulf/Holzner, Nelson	Das Verhältnis von Kapitalerhaltung und Ad-Hoc-Haftung; in: BKR 2002, S. 434-439.
Reuschle, Fabian	Das Kapitalanleger-Musterverfahrensgesetz; in: NZG 2004, S. 590-593.

Reuschle, Fabian	Ein neuer Weg zur Bündelung und Durchsetzung gleichgerichteter Ansprüche – Zum Entwurf eines Kapitalanleger-Musterverfahrensgesetzes (KapMuG); in: WM 2004, S. 2334-2343.
Reuschle, Fabian	Möglichkeiten und Grenzen kollektiver Rechtsverfolgung; in: WM 2004, S. 966-979.
Rieckers, Oliver	Haftung des Vorstands für fehlerhafte Ad-hoc-Meldungen de lege lata und de lege ferenda; in: BB 2002, S. 1213-1221.
Rieger, Harald	Gesetzeswortlaut und Rechtswirklichkeit im Aktiengesetz; in: Festschrift für Martin Peltzer, Hrsg. von Marcus Lutter/Manfred Scholz/Walter Sigle, Köln 2001, S. 339-357; zit.: Rieger, FS Peltzer.
Riegger, Bodo/Weipert, Lutz	Münchener Handbuch des Gesellschaftsrechts, Band 2: Kommanditgesellschaft, Stille Gesellschaft, 2. Auflage, München 2004; zit.: Handbuch KG-Bearbeiter.
Roller, Reinhold/ Hackenberg, Christian	Der Kapitalanleger in der „Falle" – Verwertungspflicht bei kapitalanlagerechtlichen Schadensersatzansprüchen; in: VuR 2004, S. 239-242.
Rödder, Thomas/Hötzel, Oliver/Mueller-Thuns, Thomas	Unternehmenskauf, Unternehmensverkauf, München 2003; zit.: Rödder/Hötzel/Mueller-Thuns.
Römermann, Volker (Hrsg.)	Münchener Anwaltshandbuch GmbH-Recht, München 2002; zit.: Anwaltshandbuch-Bearbeiter.

Rössner, Michael-Christian/ Bolkart, Johannes	Rechtliche und verfahrenstaktische Analyse des Vorgehens geschädigter Anleger bei fehlerhaften Unternehmensmeldungen; in: WM 2003, S. 953-960.
Rössner, Michael-Christian/ Bolkart, Johannes	Schadensersatz bei Verstoß gegen Ad-hoc-Publizitätspflichten nach dem 4. Finanzmarktförderungsgesetz; in: ZIP 2002, S. 1471-1477.
Roth, Günter H./ Altmeppen, Holger	GmbHG, Kommentar, 4. Auflage, München 2003.
Rothenhöfer, Kay	Mitverschulden des unrichtig informierten Anlegers?; in: WM 2003, S. 2032-2037.
Rotthege, Georg/ Wassermann, Bernd	Mandatspraxis Unternehmenskauf, Köln 2002.
Rowedder, Heinz/ Schmidt-Leithoff, Christian	GmbHG, Kommentar, 4. Auflage, München 2002; zit.: Rowedder-Bearbeiter.
Ruckpaul, Ulla	Aktien- und Fondsinvestments im Kontext der privaten Altersvorsorge, Hamburg 2004, zugl. Mannheim Diss. 2003.
Rudolph, Bernd	Viertes Finanzmarktförderungsgesetz – ist der Name Programm?; in: BB 2002, S. 1036-1041.
Rützel, Stefan	Der aktuelle Stand der Rechtsprechung zur Haftung bei Ad-hoc-Mitteilungen; in: AG 2003, S. 69-79.
Sauer, Knut	Haftung für Falschinformation des Sekundärmarktes, Frankfurt am Main 2004, zugl. Frankfurt Diss. 2004.

Schilling, Tim	Informationen zum Kapitalmarkt im Internet, Hamburg 2002, zugl. Augsburg Diss. 2002.
Schimansky, Herbert/ Bunte, Hermann-Josef/ Lwowski, Hans-Jürgen (Hrsg.)	Bankrechts-Handbuch, Band I und Band III, 2. Auflage, München 2001; zit.: Bankrecht-Bearbeiter.
Schlitt, Michael	Die neuen Marktsegmente der Frankfurter Wertpapierbörse; in: AG 2003, S. 57-69.
Schlobach, Klaus	Das Präventionsprinzip im Recht des Schadensersatzes, Augsburg 2004, zugl. Augsburg Diss. 2003.
Schmidt-Räntsch, Jürgen	Die Haftung des Verkäufers nach der Schuldrechtsreform am Beispiel des Unternehmenskaufs; in: AnwaltsBl 2003, S. 529-535.
Schmitz, Rainer	Die Haftung des Vorstands gegenüber den Aktionären, Frankfurt am Main 2004, zugl. Frankfurt am Main Diss. 2003.
Scholze, Herbert	Das Konsortialgeschäft der deutschen Banken, Erster Halbband, Berlin 1973.
Schönenberger, Andreas	Ökonomische Analyse der Notwendigkeit und Effizienz des börsengesetzlichen Haftungsregimes, Baden-Baden 2000, zugl. Hamburg Diss. 1999.
Schönke, Adolf/Schröder, Horst (Hrsg.)	Strafgesetzbuch, Kommentar, 26. Auflage, München 2001; zit.: Schönke/Schröder-Bearbeiter.

Schroeder, Ulrich	Darf der Vorstand der Aktiengesellschaft dem Aktienkäufer eine Due Diligence gestatten?; in: DB 1997, S. 2161-2166.
Schröder, Oliver	Unternehmenspublizität und Kapitalmärkte, Baden-Baden 2002, zugl. Heidelberg Diss. 2001.
Schröder-Frerkes, Alexander J.H.	Unternehmenskaufvertrag und Schuldrechtsreform; in: Verantwortlichkeit im Wirtschaftsrecht – Beiträge zum Versicherungs- und Wirtschaftsrecht der Schüler von Ulrich Hübner, Hrsg. von Annemarie Matusche-Beckmann und Roland Michael Beckmann, Karlsruhe 2002, S. 381-423.
Schüppen, Matthias	To comply or not to comply – that´s the question! "Existenzfragen" des Transparenz- und Publizitätsgesetzes im magischen Dreieck kapitalmarktorientierter Unternehmensführung; in: ZIP 2002, S. 1269-1279.
Schwark, Eberhard	Börsengesetz, 2. Auflage 1994, München 1994; zit.: Schwark, BörsG.
Schwark, Eberhard	Diskussion, Abteilung Wirtschaftsrecht; in: Verhandlungen des 64. Deutschen Juristentages 2002, Hrsg. von der Ständigen Deputation des Deutschen Juristentages, Bd. II/1 (Sitzungsberichte- Referate und Beschlüsse), München 2002, P 108-P 111 und P 131-133; zit.: Schwark, Diskussion.

Schwark, Eberhard	Kapitalmarktbezogene Informationshaftung; in: Festschrift für Walther Hadding, Hrsg. von Franz Häuser, Horst Hammen, Joachim Hennrichs, Anja Steinbeck, Ulf R. Siebel, Reinhard Welter, Berlin 2004, S. 1117-1138.
Schwark, Eberhard	Kapitalmarktrechts-Kommentar, 3. Auflage, München 2004; zit.: Schwark-Bearbeiter.
Schwark, Eberhard	Prospekthaftung und Kapitalerhaltung in der AG; in: Unternehmen, Recht und Wirtschaftsordnung, Festschrift für Peter Raisch, Hrsg. von Karsten Schmidt/Eberhard Schwark, Köln 1995, S. 269-290; zit.: Schwark, FS Raisch.
Schwark, Eberhard	Rechtsprobleme bei der mittelbaren Stellvertretung; in: JuS 1980, S. 777-782.
Schwarz, Rainer	Die Börseneinführungspublizität neuemittierender Unternehmen, Frankfurt am Main 1988, zugl. Bayreuth Diss. 1987.
Schwintowski, Hans Peter/ Schäfer, Frank A.	Bankrecht, 2. Auflage, Köln 2003.
Seibert, Ulrich	Das 10-Punkte-Programm „Unternehmensintegrität und Anlegerschutz“; in: BB 2003, S. 693-698.
Seibert, Ulrich/ Schütz, Carsten	Der Referentenentwurf eines Gesetzes zur Unternehmensintegrität und Modernisierung des Anfechtungsrechts – UMAG; in: ZIP 2004, S. 252-258.

Seibt/Christoph H.	Die Reform des Verfolgungsrechts nach § 147 AktG und des Rechts der Sonderprüfung; in: WM 2004, S. 2137-2146.
Seibt, Christoph H.	Rechtssicherheit bei Unternehmens-, Beteiligungs- und Anlagenverkauf: Analyse der Änderungen bei §§ 444, 639 BGB; in: NZG 2004, S. 801-803.
Seibt, Christoph H./ Reiche, Felix	Unternehmens- und Beteiligungskauf nach der Schuldrechtsreform (Teil I); in: DStR 2002, S. 1135-1141.
Seibt, Christoph H./ Reiche, Felix	Unternehmens- und Beteiligungskauf nach der Schuldrechtsreform (Teil II); in: DStR 2002, S. 1181-1187.
Semler, Johannes/ Gittermann, Stephan	Persönliche Haftung der Organmitglieder für Fehlinformationen des Kapitalmarktes – Zeigt das KapInHaG den richtigen Weg?; in: NZG 2004, S. 1081-1087.
Semler, Johannes/Volhard, Rüdiger (Hrsg.)	Arbeitshandbuch für Unternehmensübernahmen, Band 1, München 2001, zit.: Unternehmensübernahmen-Bearbeiter; Band 2, Das neue Übernahmerecht, München 2003; zit: Übernahmerecht-Bearbeiter.
Sessler, Anke	Das Kapitalanleger-Musterverfahrensgesetz; in: WM 2004, S. 2344-2348.
Siebel, Ulf R./Gebauer, Stefan	Prognosen im Aktien- und Kapitalmarktrecht – Teil II; in: WM 2001, S. 173-193.

Sieg, Oliver	Tendenzen und Entwicklungen der Managerhaftung in Deutschland; in: DB 2002, S. 1759-1764.
Singhof, Bernd/Seiler, Oliver/Schlitt, Michael	Mittelbare Gesellschaftsbeteiligungen, Köln 2004; zit.: Singhof/Seiler/Schlitt-Bearbeiter.
Sittmann, Jörg W.	Die Prospekthaftung nach dem Dritten Finanzmarktförderungsgesetz; in: NZG 1998, S. 490-496.
Soergel, Hans Theodor (Begr.)	Bürgerliches Gesetzbuch, Kommentar, Band III, §§ 433-704, 12. Auflage, Stuttgart 1991; Band V/2, §§ 823-853, 12. Auflage, Stuttgart 1999; zit.: Soergel-Bearbeiter, 12. Auflage. Band 2, §§ 104-240, 13. Auflage, Stuttgart 1999; Band 14, §§ 854-984, 13. Auflage, Stuttgart 2002; zit.: Soergel-Bearbeiter, 13. Auflage.
Sonnenhol, Jürgen	Anmerkung zu OLG Brandenburg, BKR 2002, 916 ff.; in: BKR 2002, S. 920-921.
Spindler, Gerald	Kapitalmarktreform in Permanenz – Das Anlegerschutzverbesserungsgesetz; in: NJW 2004, S. 3449-3455.
Spindler, Gerald	Neuregelungen des Kapitalmarkt- und Börsenrechts zum Anlegerschutz? – Zur gesellschafts- und wirtschaftsrechtlichen Abteilung des 64. Deutschen Juristentages; in: DStR 2002, S. 1576-1587.

Spindler, Gerald	Persönliche Haftung der Organmitglieder für Falschinformationen des Kapitalmarktes; in: WM 2004, S. 2089-2098.
Spindler, Gerald/Christoph, Fabian L.	Die Entwicklung des Kapitalmarktrechts in den Jahren 2003/2004; in: BB 2004, S. 2197-2205.
Spreizer, Hans-Werner	Die geplante Änderung des Wertpapier-Verkaufsprospektgesetzes durch das Gesetz zur Verbesserung des Anlegerschutzes (AnSVG); in: VuR 2004, S. 353-361.
Staudinger, J. von (Begr.)	Kommentar zum Bürgerlichen Gesetzbuch mit Einführungsgesetz und Nebengesetzen, §§ 164-240, Neubearbeitung, Berlin 2001; §§ 433-534, 13. Bearbeitung 1995, Berlin 1995; §§ 823-825, 13. Bearbeitung 1999, Berlin 1999; zit.: Staudinger-Bearbeiter.
	§§ 255-304 (Leistungsstörungsrecht I), Neubearbeitung, Berlin 2004; §§ 315-326 (Leistungsstörungsrecht II), Neubearbeitung, Berlin 2004; §§ 433-487; Leasing (Kaufrecht und Leasingrecht), Neubearbeitung, Berlin 2004; zit.: Staudinger 2004-Bearbeiter.
Steder, Karl-Heinz	Zum Entwurf eines Gesetzes über den Vertrieb von Anteilen an Vermögensanlagen; in: AG 1978, S. 173-186.

Steinhauer, Carsten | Insiderhandelsverbot und Ad-hoc-Publizität; Baden-Baden 1999, zugl. Freiburg Diss. 1999.

Steuer, Stephan | Die Förderung des Finanzplatzes Deutschland durch den Gesetzgeber; in: Bankrecht und Kapitalmarktrecht in der Entwicklung, Festschrift für Siegfried Kümpel, Hrsg. von Jens Ekkega/Walther Hadding/Horst Hammen, Berlin 2003, S. 519-542;
zit.: Steuer, FS Kümpel.

Stoffels, Markus | Grenzen der Informationsweitergabe durch den Vorstand einer Aktiengesellschaft im Rahmen einer „Due Diligence“; in: ZHR 165 (2001), S. 362-382.

Sudhoff, Heinrich | GmbH & Co. KG, 5. Auflage, München 2000; zit.: Sudhoff-Bearbeiter.

Sünner, Eckart | Ungereimtheiten des Entwurfs eines Kapitalmarktinformationshaftungs-Gesetzes; in: DB 2004, S. 2460-2463.

Technau, Konstantin | Rechtsfragen bei der Gestaltung von Übernahmeverträgen („Underwriting Agreements“) im Zusammenhang mit Aktienemissionen;
in: AG 1998, S. 455-459.

Thiessen, Jan/Muthers, Christof — Diskussionsbericht zu den Vorträgen von Holzapfel und Fleischer; in: Unternehmenskauf und Schuldrechtsmodernisierung, Fachtagung der Bayer-Stiftung für deutsches und internationales Arbeits- und Wirtschaftsrecht am 06. und 07.Juni 2002, Wissenschaftliche Leitung: Barbara Dauner-Lieb/Martin Henssler, München 2003, S. 119-123; zit.: Diskutant, wiedergegeben bei Thiessen/Muthers, Diskussionsbericht, S.

Thümmel, Roderich — Haftung für geschönte Ad hoc-Meldungen: Neues Risikofeld für Vorstände oder ergebnisorientierte Einzelfallrechtsprechung? – Zugleich eine Besprechung des Urteils des LG Augsburg vom 24.09.2001 – 3 O 4995/00 („Infomatec“); in: DB 2001, S. 2331-2334.

Tollkühn, Oliver — Die Ad-hoc-Publizität nach dem Anlegerschutzverbesserungsgesetz; in: ZIP 2004, S. 2215-2220.

Triebel, Volker/ Hölzle, Gerrit — Schuldrechtsreform und Unternehmenskaufverträge; in: BB 2002, S. 521-537.

Tuchtfeldt, Egon — Kapitalmarkt; in: Handwörterbuch der Wirtschaftswissenschaft (HdWW), Hrsg. von Willi Albers et. al., Vierter Band, Stuttgart 1978, S. 432-439; zit.: Tuchtfeldt, Artikel „Kapitalmarkt“.

Ulmer, Peter — Der Deutsche Corporate Governance Kodex – ein neues Regulierungsinstrument für börsennotierte Aktiengesellschaften; in: ZHR 166 (2002), S. 150-181.

Ulmer, Peter | Rücktrittsrecht von Gesellschaftern einer Massen-KG bei unrichtigem Prospektinhalt?; in: AG 1978, S. 186-188.

Ulmer, Peter/Dopfer, Jürgen | Anlegerschutz und Gesellschaftsrecht; in: BB 1978, S. 461-466.

Veil, Rüdiger | Die Ad-hoc-Publizitätshaftung im System kapitalmarktrechtlicher Informationshaftung; in: ZHR 167 (2003), S. 365-402.

Vetter, Eberhard | Aktienrechtliche Probleme der D & O Versicherung; in: AG 2000, S. 453-458.

Vortmann, Jürgen (Hrsg.) | Prospekthaftung und Anlageberatung, Stuttgart 2000; zit.: Vortmann-Bearbeiter.

Wältermann, Frank | Die Mängelhaftung im neuen Schuldrecht, Frankfurt am Main 2004; zugl. Münster Diss. 2003.

Wälzholz, Eckhard | Auswirkungen der Schuldrechtsreform auf Gesellschaften und Geschäftsanteilsabtretungen; in: DStR 2002, S. 500-508.

Wagner, Klaus-R. | Sind Kapitalanleger Verbraucher? – Zum Verhältnis von Kapitalanlagerecht zum Verbraucherschutzrecht; in: BKR 2003, S. 649-656.

Wastl, Ulrich | Der Handel mit größeren Aktienpaketen börsennotierter Unternehmen; in: NZG 2000, S. 505-514.

Weber, Martin | Die Entwicklung des Kapitalmarktrechts 2001/2002; in: NJW 2003, S. 18-26.

Weber, Martin	Die Entwicklung des Kapitalmarktrechts im Jahre 2003; in: NJW 2004, S. 28-38.
Weber, Martin	Unterwegs zu einer europäischen Prospektkultur; in: NZG 2004, S. 360-366.
Weber, Stefan	Kapitalmarktrecht, Wien 1999.
Weiler, Frank	Culpa in contrahendo, Anfechtung und Kaufrecht – alte Konkurrenzfragen in neuem Licht; in: ZGS 2002, S. 249-256.
Weiler, Frank	Haftung für Werbeangaben nach neuem Kaufrecht; in: WM 2002, S. 1784-1794.
Weitnauer, Wolfgang	Der Unternehmenskauf nach neuem Kaufrecht; in: NJW 2002, S. 2511-2517.
Weitnauer, Wolfgang	Haftung für die Außendarstellung des Unternehmens; in: DB 2003, S. 1719-1725.
Werner, Rüdiger	Haftungsrisiken bei Unternehmensakquisitionen: die Pflicht des Vorstands zur Due Diligence; in: ZIP 2000, 989-996.
Wertenbruch, Johannes	Gewährleistung beim Unternehmenskauf; in: Das neue Schuldrecht in der Praxis, Hrsg. von Barbara Dauner-Lieb/Horst Konzen/Karsten Schmidt, Köln 2003, S. 493-514.
Westermann, Harm Peter	Das neue Kaufrecht; in: NJW 2002, S. 241-253.

Westermann, Harm Peter (Hrsg.)	Das Schuldrecht 2002, Stuttgart 2002; zit.: Westermann-Bearbeiter
Wiedemann, Herbert/ Schmitz, Erich	Kapitalanlegerschutz bei unrichtiger oder unvollständiger Information; in: ZGR 1980, S. 129-145.
Wieling, Hans Josef/ Finkenauer, Thomas	Fälle zum Besonderen Schuldrecht, 5. Auflage, München 2004.
Willemsen, Heinz Josef	Zum Verhältnis von Sachmängelhaftung und culpa in contrahendo beim Unternehmenskauf; in: AcP 182 (1982), S. 515-572.
Wolf, Manfred	Anmerkung zu BGH Urt. vom 04.04.2001 VIII ZR 32/00 (Jena); in: LM Nr. 84 Bl. 4, § 276 (Fb) BGB.
Wolf, Manfred/Kaiser, Jochen	Die Mängelhaftung beim Unternehmenskauf nach neuem Recht; in: DB 2002, S. 411-420.
Wunderlich, Nils-Christian	Die kaufrechtliche Haftung beim asset deal nach SchuldRModG; in: WM 2002, S. 981-990.
Zentraler Kreditausschuss	Stellungnahme des Zentralen Kreditausschusses zum Diskussionsentwurf eines Gesetzes zur Verbesserung der Haftung für fehlerhafte Kapitalmarktinformationen (Kapitalmarktinformationshaftungsgesetz – KapInHaG) vom 07.10.2004; zit.: Stellungnahme des Zentralen Kreditausschusses vom 07.10.2004.
Zerres, Thomas	Schuldrechtsreform – Haftungsausschlüsse und -beschränkungen beim Unternehmenskauf; in: MDR 2003, S. 368-372.

Ziegler, Ole	„Due Diligence" im Spannungsfeld zur Geheimhaltungspflicht von Geschäftsführern und Gesellschaftern; in: DStR 2000, S. 249-255.
Ziemons, Hildegard	Neuerungen im Insiderrecht und bei der Ad-hoc-Publizität durch die Marktmissbrauchsrichtlinie und das Gesetz zur Verbesserung des Anlegerschutzes; in: NZG 2004, S. 537-543.
Zimmer, Daniel	Der Anwendungsbereich des Sachmängel-Gewährleistungsrechts beim Unternehmenskauf – Plädoyer für eine Neubestimmung; in: NJW 1997, S. 2345-2351.
Zimmer, Daniel	Verschärfung der Haftung für fehlerhafte Kapitalmarktinformation – Ein Alternativkonzept –; in: WM 2004, S. 9-21.
Zöller, Richard (Begr.)	Zivilprozeßordnung, Kommentar, 24. Auflage 2004; zit.: Zöller-Bearbeiter.
Zöllner, Wolfgang	Die Zurückdrängung des Verkörperungselements bei den Wertpapieren; in: Funktionswandel der Privatrechtsinstitutionen, Festschrift für Ludwig Raiser, Hrsg. von Fritz Baur/Josef Esser/Friedrich Kübler/Ernst Steindorff, Tübingen 1974, S. 249-285; zit.: Zöllner, FS Raiser.

A. Einleitung

Die Anlage von Vermögen am Kapitalmarkt gewinnt nicht zuletzt im Hinblick auf die private Altersvorsorge[1] zunehmend an Bedeutung.[2] In der jüngeren Vergangenheit haben jedoch verschiedene Geschehnisse das Vertrauen von Anlegern erschüttert. So haben Unternehmen in Prospekten, Unternehmensberichten, Ad hoc-Mitteilungen oder anderen öffentlichen Äußerungen mit geschönten wirtschaftlichen Kennziffern um die Gunst der Anleger geworben. Die gerichtliche und gesetzgeberische Aufarbeitung nicht zuletzt dieses Verhaltens ist im Gange.[3] Diese Abhandlung widmet sich den Auswirkungen der Schuldrechtsreform[4] auf den Anteilserwerb am Kapitalmarkt[5] und lotet dabei die Möglichkeiten aus, Anlegern mittels einer gewährleistungsrechtlichen Haftung Remedur zu verschaffen. Nach der im Zuge der Schuldrechtsreform eingeführten Vorschrift des § 434 I 3 BGB haftet der Verkäufer beim Sachkauf im Falle des Nichtvorhandenseins solcher Eigenschaften, die der Käufer nach entsprechenden „öffentlichen Äußerungen" erwarten kann. Die Arbeit geht der Frage nach, inwiefern diese Regelung auch beim Rechtskauf, namentlich beim Erwerb von Anteilen am organisierten und nichtorganisierten Kapitalmarkt, gilt. Über § 453 I BGB in Verbindung mit § 434 I 3 BGB kann in bestimmten Fällen eine Haftung zumindest für fehlerhafte Kapitalmarktinformationen begründet werden. Ob eine solche Gewährleistungshaftung rechtspolitisch sinnvoll ist und in welchem Verhältnis sie zu anderen, insbesondere kapitalmarktrechtlichen Haftungstatbeständen steht, ist ebenfalls Gegenstand der Arbeit.

---

1 Monographisch Ruckpaul, S. 285 ff.; Kübler, S. 390; Merkt, S. 299; Keßler, S. 19 f.; Micklitz/Träger, S. 61.

2 Barth/Eckerle, S. 53 f.; Dokument „Wandel im Anlageverhalten" auf der Homepage des Deutschen Instituts für Altersvorsorge (DIA), www.dia-vorsorge.de/df_020315.htm (zuletzt abgerufen am 28.07.2004); Ruckpaul, S. 301-303, 306, 379; vgl. auch für einen Überblick: Deutsche Bundesbank, Gesamtwirtschaftliche Finanzierungsrechnung, S. 26.

3 Siehe unten B.III.3.

4 Gesetz zur Modernisierung des Schuldrechts, BGBl. I 2001, S. 3138 ff.

5 Das dieser Abhandlung zugrundeliegende Verständnis vom Kapitalmarkt und welche Kapitalmarkttransaktionen Gegenstand der Untersuchung sind, wird unter B.I. und B.II. erläutert.

Damit liefert sie zugleich einen Beitrag zu der allgemeineren kapitalmarktrechtlichen Debatte, die unter dem Schlagwort „Anlegerschutz“[6] geführt wird. Vorliegend steht dabei insbesondere die Funktion von Haftungsrecht im Zusammenhang mit Anlageentscheidungen am Kapitalmarkt im Blickpunkt.

Gelegentlich droht in der Diskussion aus dem Blickfeld zu geraten, daß es „den“ Anlegerschutz nicht gibt.[7] Dies hängt damit zusammen, daß die Gruppe der am Kapitalmarkt agierenden Anleger und ihre Interessen äußerst heterogen sind. Zum einen gibt es institutionelle Investoren wie Investmentfonds, Banken und Versicherungsunternehmen. Dem stehen einzelne Anleger, Privatanleger, gegenüber.[8] Diese sind schutzbedürftiger als institutionelle Anleger, welche typischerweise über eigene Kapitalmarktabteilungen, vielfältige Kontakte zu Finanzintermediären und ein beträchtliches Anlagepotential verfügen.[9] Dem trägt beispielsweise die bis zum 01.07.2005 in nationales Recht umzusetzende Wertpapierprospektrichtlinie in Art. 3 II lit.a) Rechnung. Diese Norm bestimmt, daß keine Prospektpflicht für solche Wertpapierangebote gilt, die sich ausschließlich an „qualifizierte Anleger“ richten.[10] Ebenso fallen institutionelle Anleger aus dem Bereich der Wohlverhaltensregeln (§§ 31 ff. WpHG) heraus.[11] Insofern kann keine Rede mehr davon sein, dem Kapitalmarktrecht sei eine solche Unterteilung der Anleger fremd, da für alle stets das gleiche typische Schutzbedürfnis bestehe.[12] Mit dem Schlagwort „Anlegerschutz“ ist also primär der Schutz von Privatanlegern gemeint.[13]

---

6 Vgl. Fleischer, Gutachten, F 19 f.; Weber, S. 386 f.

7 Klar aber Weber, S. 389.

8 Hopt, Anlegerschutz, S. 79 f.; Weber, S. 54; Ekkenga, 18; Keßler, S. 44; Kaiser, S. 129; Hahn, S. 24 f.; allgemein Fleischer, Gutachten, F 21 f. Vgl. auch die Angaben zur Aktionärsstruktur im DAI-Factbook 2003, wonach Ende 2002 13 % aller Aktien von Privatpersonen gehalten wurden (DAI-Factbook 2003, 08.1-3-b).

9 Vgl. Hopt, Anlegerschutz, S. 80; Kaiser, S. 131; Assmann/Schütze-Assmann, § 1, Rn. 61; wohl auch Merkt, S. 305; noch weitgehender Ekkenga, S. 18 (Institutionelle Investoren sind „nicht schutzbedürftig im anlegerschutzrechtlichen Sinne“).

10 Richtlinie 2003/71/EG des Europäischen Parlaments und des Rats vom 04.12.2003 betreffend den Prospekt, der beim öffentlichen Angebot von Wertpapieren oder bei deren Zulassung zum Handel zu veröffentlichen ist, und zur Änderung der Richtlinie 2001/34/EG, ABl. EG Nr. L 345 vom 31.12.2003, S. 64 ff.; zugleich abgedruckt als Sonderbeilage zu NZG Heft 08/2004. Im österreichischen Recht wird ebenfalls teilweise an die Qualifikation des Anlegers angeknüpft, siehe dazu Weber, S. 113-125.

11 MüKo-HGB-Ekkenga, Effektengeschäft, Rn. 77.

12 So aber Grundmann, RabelsZ 1990, 283, 285; Weber, S. 177-179.

13 Hopt, Banken, Rn. 71.

Archimedischer Punkt[14] eines so verstandenen Anlegerschutzes ist die öffentliche Werbung für respektive der Vertrieb von Kapitalanlagen. Denn eine informierte Investitionsentscheidung, welche die Möglichkeit einer zutreffenden Bewertung des Emittenten voraussetzt, ist notwendige Bedingung für eine möglichst effiziente Allokation von Kapital.[15] Dies ist sehr bedeutsam, weil eine individuelle Mitgestaltung des jeweiligen Anlageverhältnisses nicht möglich ist.[16] Umso größere Relevanz kommt der Vollständigkeit und Richtigkeit der öffentlichen Äußerungen über Kennziffern des Emittenten zu. Effiziente Verträge stellen sich nicht von alleine ein.[17] Es bestehen Informationsasymmetrien zwischen der Anbieter- und der Anlegerseite. Diese werden dadurch verstärkt, daß Kapitalanlagen anders als etwa Gebrauchsgegenstände lediglich auf der Grundlage von Informationen bewertet werden können.[18] Um das Informationsgefälle auszugleichen, bedarf es zum einen gesetzlicher Publizitätspflichten, zum anderen der Absicherung durch Haftungsvorschriften.[19] Ausgehend von dieser Erkenntnis sind insbesondere die Emittenten in vielen Konstellationen gesetzlich zu Veröffentlichungen verpflichtet. Diese Publizitätspflichten[20] werden durch Haftungsregeln flankiert, welche unter bestimmten Voraussetzungen Schadensersatzansprüche der Investoren vorsehen. In diesem Zusammenhang wird teilweise behauptet, Haftungsvorschriften führten am Kapitalmarkt vorrangig zur Schadensprävention, da die Aussicht auf Schadensersatzklagen von Kleinanlegern abschreckend wirken würde.

---

14 Plastisch Kalss, S. 5, Fn. 25; Fleischer, Gutachten, F 39; Fleischer, WM 2004, 1897, 1900.

15 Grundlegend Kohl/Kübler/Walz/Wüstrich, ZHR 138 (1974), 1, 13-17; Hopt, Gutachten, G 86-G 89; Kübler, S. 391; ders., AG 1977, 85, 90; Assmann/Schütze-Assmann, § 1, Rn. 62; Merkt, S. 306-308; Dühn, S. 53. In bezug auf den Markteintritt so auch Weber, S. 105, 109, 198 f.

16 Kalss, S. 5, Fn. 25. Daher wird auf die Notwendigkeit eines Ausbaus verbandsrechtlicher Regeln hingewiesen, vgl. Assmann/Schütze-Assmann, § 1, Rn. 60, 64; Meier-Schatz, S. 195 f.; Lüken, S. 54; Kalss, S. 7, 11.

17 So aber Schönenberger, S. 78 f., der Publizitäts- und Haftungsvorschriften am Primärmarkt sogar für kontraproduktiv hält.

18 Fleischer, Gutachten, F 23; Zimmer, WM 2004, 9, 10; Keßler, S. 48; Merkt, S. 313; Kalss, S. 164 f.; Dühn, S. 51 f.; Kübler, AG 1977, 85, 87; allgemein van den Bergh, S. 83, 84.

19 So schon sehr früh Kohl/Kübler/Walz/Wüstrich, ZHR 138 (1974), 1, 28-30 und 42-46; Miller, S. 59 f.; Fleischer, F 41 f.; Merkt, S. 307; Meier-Schatz, S. 211 f., 444-446; Kalss, S. 161 f.

20 Zum Begriff der Publizität siehe unten B.III.

Die Kompensation von Schäden trete deutlich in den Hintergrund.[21] Diese Ansicht rückt, insofern der sogenannten ökonomischen Analyse des Rechts[22] ähnlich, die Vermeidung von Schäden in den Mittelpunkt und läßt die Ausgleichsfunktion von Schadensersatzrecht deutlich zurücktreten.[23] Dem ist jedoch entgegenzuhalten, daß es bislang sowohl an breit angelegten als auch weitgehend an speziellen empirischen Untersuchungen zu der Frage fehlt, inwieweit Haftungsrecht überhaupt präventiv wirkt.[24] Dieses Defizit wiegt umso schwerer, als die Effizienz von Normen von der *tatsächlichen* Motivation der Normadressaten abhängt. Die Einstellung der Adressaten von kapitalmarktrechtlichen Publizitäts- und damit korrespondierenden Haftungsvorschriften ist kaum empirisch untersucht worden. Daher verwundert es nicht, daß *Fleischer* kürzlich auf das Phänomen des „corporate shaming" in den USA verwies, um seine Behauptung, Haftung sei vorwiegend Schadensprävention, zu stützen.[25] „Corporate shaming" belegt indes nicht die abschreckende Wirkung von Schadensersatzvorschriften am Kapitalmarkt, sondern bezieht sich auf den empirisch nachgewiesenen Effekt der Veröffentlichung von Sanktionen unter anderem durch die US-amerikanische Börsenaufsichtsbehörde, die Securities and Exchange Commission (SEC).[26]

Zum Fehlen entsprechender empirischer Daten kommt hinzu, daß die Möglichkeit, Schäden zu sozialisieren, die behauptete präventive Wirkung von Schadensersatzrecht schmälert. So lassen sich die Risiken, wegen unvollständiger oder fehlerhafter öffentlicher Äußerungen in Anspruch genommen zu werden, zumindest teilweise versichern. Des weiteren kann der Anspruchsgegner etwaige Schadensersatzleistungen über eine veränderte Preisgestaltung an Dritte weiterreichen.[27] Es bleibt festzuhalten, daß Haftungsrecht auch im Zusammenhang mit öffentlichen Äuße-

---

21 So in bezug auf den organisierten Sekundärmarkt: Fleischer, ZGR 2004, 437, 463, insbesondere Fn. 175, und 466; ebenso Zimmer, WM 2004, 9, 10 und Schmitz, S. 242-245.

22 Einen sehr guten Überblick über die ökonomische Analyse des Rechts bietet Laudenklos, S. 291 ff., passim, m.w.N.; vgl. auch Schlobach, S. 344-359.

23 Vgl. allgemein Schlobach, S. 360-412. So auch Lehmann zum Gewährleistungsrecht, S. 248-262, insbesondere S. 249.

24 Vgl. Schlobach, S. 275, 315 f., der ein „Präventionsprinzip" im Schadensersatzrecht entwickelt (S. 467 ff., insbesondere 474-488) und sich dabei lediglich auf eine empirische Untersuchung zur Entwicklung von Arbeitsunfällen in der bundesdeutschen Zuckerindustrie in den Jahren von 1955 bis 1980 stützen kann.

25 Vgl. Fleischer, ZGR 2004, 437, 466.

26 Vgl. Fleischer, ZGR 2004, 437, 476 f.

27 Vgl. unten D.VI.1. und D.VI.3.b)aa).

rungen am Kapitalmarkt überwiegend der Schadenskompensation dient[28] und auf diese Weise individualschützend wirkt.

Gleichwohl geht mit der erwähnten individualschützenden eine funktionenschützende Wirkung[29] einher. Können Anleger im Falle fehlender oder unrichtiger öffentlicher Äußerungen das Unternehmen, dessen Organmitglieder oder andere Verantwortliche in Anspruch nehmen, führt dies zu einer Stärkung des Anlegervertrauens in Kapitalanlagen. Dadurch vermindern sich tendenziell gesamtwirtschaftliche Kosten. Auch das Bedürfnis nach vertrauensbildenden Maßnahmen, die einen entsprechenden finanziellen Aufwand der redlichen Emittenten erfordern, nimmt ab.[30] Außerdem sehen Anleger wenig Anlaß, zusätzlich – jeder für sich und daher in ineffizienter und transaktionskostenerhöhender Weise – nach Informationen über Kapitalanlagen zu suchen.[31]
Also profitiert die Funktionstüchtigkeit des Kapitalmarktes vom Vertrauen der Anleger. Angesichts dessen schließen Funktionen- und Individualschutz sich nicht aus[32], sondern effizienter Individualschutz bedingt den Schutz der Marktfunktionen.[33] Dies kann volkswirtschaftlich nur begrüßt werden: Liquide Kapitalmärkte gewährleisten eine effiziente Allokation von Kapital und ermöglichen es Unternehmen auf diese Weise, ihre Eigenkapitalausstattung[34] zu verbessern.[35]

---

28 Hinsichtlich des nicht-organisierten Kapitalmarktes so auch Assmann, P 14 f.

29 Zum Begriffspaar siehe nur Kübler, S. 390 f.; ders., AG 1977, 85, 87 f.; Merkt, S. 298, 300.

30 Vgl. Fleischer, Gutachten, F 100; Dühn, S. 254 f.

31 Vgl. Steinhauer, S. 255; Fleischer, Gutachten, F 100; Dühn, S. 254.

32 Gleichwohl werden Funktionen- und Individualschutz gelegentlich recht unversöhnlich gegenübergestellt, vgl. die Überschrift bei Steinhauer, S. 240; Miller, S. 58 f.; Merkt, S. 298-306; ähnlich Assmann, P 21 f. Dagegen zu Recht Ekkenga, ZIP 2004, 781, 784 f.; Köndgen, FS Druey, S. 791, 799; Dühn, S. 57; Kissner, S. 52, 164; Fleischer, DB 2004, 2031 f.; Keßler, S. 42.

33 Fleischer, Gutachten, F 24; Dühn, S. 188; Köndgen, FS Druey, S. 791, 799; ähnlich Hopt, Anlegerschutz, S. 337; ders., ZHR 159 (1995), 135, 159; Kalss, S. 21; Schwarz, S. 35 f.; Lüken, S. 53; a.A. insofern Ekkenga, S. 30 f. (Anlegerschutz als „Mittel zur Optimierung des Vertriebs von und Handels mit Finanzprodukten"); jetzt aber ausdrücklich auf den Insiderhandel beschränkt, vgl. Ekkenga, ZIP 2004, 781, 785.

34 Im Vergleich mit Großbritannien, Frankreich und den USA ist die Eigenkapitalquote bundesdeutscher Unternehmen, welche von 1980 bis 2000 zwischen 17 % und 20 % schwankte, sehr gering (vgl. DAI-Factbook 2003, 04-1, 04-1 a, 04-2).

35 Hellwig, Diskussion, P 178 f.

B. Untersuchungsgegenstand

Welche Auswirkungen die Schuldrechtsreform auf den Anteilserwerb am Kapitalmarkt hat, ist Gegenstand dieser Arbeit. Die einzelnen Bestandteile der Überschrift geben zugleich das Arbeitsprogramm vor und sind daher zu präzisieren. Zuerst wird das dieser Abhandlung zugrundeliegende Verständnis vom Kapitalmarkt erläutert. Dies ist notwendig, da sich bislang kein einheitlicher Begriff des Kapitalmarktes herausgebildet hat. Dieser gehört nach einem Diktum von *Assmann* zu den „unpräzisesten und erklärungsbedürftigsten Wörtern".[36] Ausgehend von der Definition des Kapitalmarktes werden dann verschiedene Erwerbskonstellationen und Arten des Anteilserwerbes dargestellt, auf die Bedeutung von Kapitalmarktinformationen eingegangen, um schließlich den Bogen zu den Auswirkungen der Schuldrechtsreform zu schlagen.

I. Kapitalmarkt

Auf dem Kapitalmarkt werden Kapitalanlagen angeboten und nachgefragt.[37] Einigkeit besteht auch noch darüber, daß zwischen dem organisierten Kapitalmarkt einerseits und dem nicht-organisierten Kapitalmarkt andererseits differenziert werden kann.[38] Dieser Unterscheidung ist im folgenden nachzugehen.

1. Organisierter Kapitalmarkt

Der organisierte Kapitalmarkt ist ein Markt, an dem Kapitalanlagen über Wertpapierbörsen sowie über Banken oder Versicherungsgesellschaften vertrieben oder gehandelt werden.[39] Unterschieden werden Primär- und Sekundärmarkt. Dies ist, orientiert am chronologischen Ablauf, zu erläutern.

Zeitlich am Anfang steht die Emission von Kapitalmarktpapieren durch die Gesellschaft. Unter Emission versteht man die erste Ausgabe und Plazie-

---

36 Assmann/Schütze-Assmann, § 1, Rn. 3.

37 Vgl. Claussen, § 9, Rn. 1 a.

38 Demgegenüber unterscheidet Kümpel zwischen dem „Kapitalmarkt im engeren Sinne" (8.126 ff.) und dem „Grauen Markt als Kapitalmarkt im weiteren Sinne" (8.154 ff.). Abgrenzungskriterium dafür ist der Wertpapierbegriff von § 2 I WpHG (8.128, 8.156).

39 Gerke, Eintrag „Kapitalmarkt"; Tuchtfeldt, Artikel „Kapitalmarkt", S. 432, 433; Klaffke, S. 6 f.

rung einer bestimmten Anzahl von Wertpapieren.[40] Infolgedessen kommt es zu einem erstmaligen Erwerb der Wertpapiere und im Falle des Erwerbes von Aktien zu einem Eintritt in die Gesellschaft. Diese Vorgänge finden auf einem Segment des organisierten Kapitalmarktes, dem Primärmarkt statt.[41] Also bezeichnet der Begriff „Primärmarkt" den Markt für die Ausgabe und Plazierung neuer Wertpapiere.[42] Zwar erfolgt die Emission neuer Wertpapiere in der Regel außerhalb der Börse.[43] Denn üblicherweise[44] schaltet der Emittent ein Bankenkonsortium ein, welches die zu plazierenden Wertpapiere vorübergehend übernimmt und sodann an die Anleger veräußert (sogenannte Fremdemission).[45] Daß der Primärmarkt ein außerbörslicher Markt ist, ändert jedoch nichts an dessen Zuordnung zum organisierten Kapitalmarkt. Erfolgt die erste Plazierung von Wertpapieren unter Einschaltung eines Bankenkonsortiums, weist dieses Segment einen hohen Organisationsgrad auf. Dies liegt unter anderem daran, daß die Bundesanstalt für Finanzdienstleistungsaufsicht (BaFin) die Banken gemäß § 4 I 2 in Verbindung mit § 2 III Nr. 5 WpHG beaufsichtigt. Außerdem sind der Emittent und das Bankenkonsortium durch einen Übernahmevertrag und die Konsorten untereinander durch einen Konsortialvertrag schuldrechtlich gebunden.[46]

Die am Primärmarkt erworbenen Kapitalanlagen können unter nochmaliger Inanspruchnahme des organisierten Kapitalmarktes auf andere Kapitalanleger übertragen werden. Zumeist finden diese Transaktionen im Rahmen des fortlaufenden Handels an den traditionellen Wertpapierbörsen statt.[47] Dieses Segment wird auch als börslicher Sekundärmarkt bezeichnet. Unter Sekundärmarkt versteht man den Umlaufmarkt für Wertpapiere, die bereits zu einem früheren Zeitpunkt emittiert wurden.[48] Darauf, ob der Börsenhandel öffentlich-rechtlich oder privatrechtlich organisiert ist, kommt es nicht an. Insofern soll hier nicht an die Legaldefinition des „organisierten Marktes" in § 2 V WpHG angeknüpft werden. Diese stellt unter anderem auf die Regelung und Überwachung des Marktes

40 Weber, Kapitalmarktrecht, S. 166; Hopt, Banken, Rn. 19.
41 Kalss, S. 5 f. nennt diese Zeitabschnitte „Erwerbsphase" und „Besitzphase".
42 Lenenbach, 1.10; Kümpel, 8.174; Fleischer, Guachten, F 39.
43 Lenenbach, 1.12; Kümpel, 8.174; Merkt/Rossbach, JuS 2003, 217, 218.
44 Zum Ausnahmefall der Selbstemission siehe unten D.I.1.c)aa)aaa).
45 Lenenbach, 1.11 f.; Kümpel, 8.174 f. Näher dazu unter D.I.1.c)aa)bbb).
46 Lenenbach, 1.20; Claussen, § 9, Rn. 302.
47 Vgl. Büschgen, Eintrag „Kapitalmarkt"; Lenenbach, 1.16.
48 Lenenbach, 1.13; Kümpel, 8.182; Fleischer, Gutachten, F 94; Kalss, S. 5 f.

durch eine staatlich anerkannte Stelle ab. Da der Freiverkehr an den deutschen Wertpapierbörsen privatrechtlich organisiert ist, erfüllt der Freiverkehr nicht die Voraussetzungen des § 2 V WpHG.[49] Bekanntlich findet aber im Freiverkehr ein börsenmäßiger Handel von Wertpapieren statt. Daher ist auch dieses Marktsegment der Börse zum organisierten Kapitalmarkt zu zählen. Gemäß § 22 I BörsG sind Aufträge über den Kauf von börsennotierten oder in den Freiverkehr einbezogenen Anteilen über die Börse auszuführen. Dies gilt zwar vorbehaltlich einer anderen Weisung des Auftraggebers. Jedoch stellt der Erwerb am börslichen Sekundärmarkt sowohl nach Anzahl und Umfang den praktischen Schwerpunkt des Erwerbs von Anteilen an börsennotierten Gesellschaften dar. Denn die weit überwiegende Zahl der Privatanlegeraufträge wird börslich ausgeführt.[50] Deshalb wird im Fortgang der Arbeit das Hauptaugenmerk darauf zu richten sein.

Ferner gehört der außerbörsliche Handel von Wertpapieren[51] zum organisierten Kapitalmarkt.[52] Darunter fallen insbesondere[53] der sogenannte Telefonverkehr, der Blockhandel und der Paketerwerb.

So handeln Banken über Telefon mit börsennotierten Wertpapieren. Dabei sind verschiedene Konstellationen auseinanderzuhalten. Banken können untereinander mit Eigenbeständen Geschäfte schließen (vor- und nachbörslicher Eigengeschäfte). Diese finden nicht im Kundenauftrag statt[54] und werden daher im folgenden nur am Rande behandelt. In Betracht kommen auch Geschäfte der Banken mit anderen institutionellen Anlegern wie Versicherungs- oder Fondsgesellschaften.[55] Demgegenüber agieren private Anleger nicht unmittelbar am außerbörslichen Sekundärmarkt. Sie können aber im Einzelfall die außerbörsliche Ausfüh-

---

49 Kümpel, 8.217; A/S-Assmann, § 2, Rn. 96.

50 Schwark-Schwark, § 22 BörsG, Rn. 4.

51 Dieser außerbörsliche Sekundärmarkt wird auch „dritter Markt" oder Over the Counter Market (OTC Market) genannt. Siehe Gerke, Eintrag „Over the Counter Market (OTC Market)".

52 Büschgen, Eintrag „Organisierter Kapitalmarkt".

53 Im folgenden bleiben Transaktionen in sogenannten Alternativen Handelssystemen (Alternative Trading Systems) außer Betracht. Diese sind private, von Brokern, Banken, Fonds und Nachrichtenagenturen betriebene Systeme, bei denen die Geschäfte computergestützt am Bildschirm abgeschlossen werden, vgl. Merkt/Rossbach, JuS 2003, 217, 219; Lenenbach, 1.22.

54 MüKo-HGB-Ekkenga, Effektengeschäft, Rn. 10, 84.

55 Büschgen, Eintrag „außerbörslicher Wertpapierhandel".

rung von Aufträgen zum Kauf von börsennotierten Titeln verlangen (vgl. § 22 I BörsG). Allerdings spielt diese Art der Ausführung gegenüber dem Kauf an der Börse in praxi eine untergeordnete Rolle.[56]

Neben dem Handel mit börsennotierten Titeln tätigen oder vermitteln Banken Geschäfte mit Wertpapieren nicht-börsennotierter Aktiengesellschaften, in denen nur sporadisch Abschlüsse zustande kommen.[57] Angesichts der geringen praktischen Relevanz wird auf den Erwerb von Anteilen an nicht-börsennotierten Aktiengesellschaften nicht näher eingegangen.

Außerdem kommt es am organisierten Kapitalmarkt zu Verkäufen oder Käufen größerer, geschlossener Stückzahlen von Aktien einer börsennotierten Gesellschaft. Dabei ist zwischen Paketerwerb und Blockhandel zu differenzieren. Abgrenzungskriterium ist die mit der jeweiligen Transaktion verfolgte Strategie des Investors und die Menge der gehandelten Wertpapiere.[58] Beim Paketerwerb wird eine solche Anzahl an Anteilen erworben, die zumindest eine minderheitliche Kontrolle (Quorum von 5 % des Grundkapitals) ermöglicht.[59] Der momentane Börsenkurs ist von untergeordneter Bedeutung, da es dem Erwerber vor allem auf Synergieeffekte ankommt. Wirtschaftlich gesehen handelt es sich um einen Unternehmenskauf, nicht um den bloßen Kauf von Wertpapieren.[60] Demgegenüber steht die Kursentwicklung beim Blockhandel im Vordergrund. Zumeist handeln institutionelle Anleger mit nicht-kontrollrelevanten Beteiligungen.[61] Sowohl Paketerwerb als auch Blockhandel finden fast immer außerbörslich statt.[62] Für beide bedarf es keiner besonderen Zulassung zur Teilnahme am Marktgeschehen.[63] Marktteilnehmer können daher nicht nur Banken und institutionelle Anleger sein.[64] Insbesondere zur

---

56 Schwark-Schwark, § 22 BörsG, Rn. 4.

57 Assmann/Schütze-von Rosen, § 2, Rn. 236; Büschgen, Eintrag „außerbörslicher Wertpapierhandel".

58 Liersch, S. 30, 35.

59 Liersch, S. 30.

60 Larisch, S. 30.

61 Liersch, S. 31.

62 Wastl, NZG 2000, 505, 513; Assmann/Schütze-von Rosen, § 2, Rn. 234.

63 Kümpel, 8.220, 16.165.

64 Gleichwohl behauptet Kümpel, 16.165, der Handel mit Aktienpaketen finde alleine im Interbankenhandel statt. Möglicherweise hat Kümpel dabei ausschließlich den Blockhandel im Blick. Bei diesem führen die Banken einen hausinternen Ausgleich von Kauf- und Ver-

Vorbereitung einer feindlichen Übernahme einer Gesellschaft – also eines Erwerbes der Kontrolle gegen den Willen des Vorstandes der Zielgesellschaft – ist es nicht unüblich, daß der Erwerbsinteressent Kontakt mit den maßgeblich beteiligten Aktionären aufnimmt, um deren verbindliche Zustimmung zur Veräußerung ihrer Anteile an ihn vor Abgabe eines Übernahmeangebotes zu erreichen.[65]

2. Nicht-organisierter Kapitalmarkt

Der nicht-organisierte Kapitalmarkt ist im Wege einer Negativabgrenzung näher zu bestimmen. Auf diesem werden diejenigen Kapitalanlagen erstmalig vertrieben, die nicht auf dem organisierten Teil des Kapitalmarktes gehandelt werden können.[66] Hauptsächlich sind dies Anteile an Publikumspersonengesellschaften.[67]

Es kann sich dabei um sogenannte Steuersparmodelle handeln. Diesen liegt der Gedanke zugrunde, den Eigenkapitaleinsatz der Anleger ganz oder teilweise aus Steuerersparnissen zu finanzieren.[68] In Betracht kommen zwei Varianten: Private Verlustzuweisungsmodelle und gewerbliche Beteiligungen. Häufigster Fall der gewerblichen Beteiligung ist die kommanditistische Beteiligung an einer GmbH & Co. KG.[69] Paradigmatisch für private Verlustzuweisungsmodelle standen in den 70er und 80er Jahren des letzten Jahrhunderts Beteiligungen an geschlossenen Immobilienfonds in Gestalt einer GbR oder KG.[70]

Beiden Verlustzuweisungsmodellen ist gemeinsam, daß sie die rechnerisch in der Gesellschaft entstandenen Verluste den Anlegern anteilig zum Ausgleich ihrer positiven Einkünfte zuweisen (sogenannter Verlust-

---

kaufsaufträgen herbei (sogenannte Kompensation), vgl. dazu Hielscher/Stenzel, DBW 56 (1996), 523, 525.

65 Heidel-Sohbi, Kap. 15, § 10 WpÜG, Rn. 5.

66 Lenenbach, 9.1.; Büschgen, Eintrag „Grauer Kapitalmarkt".

67 Kümpel, 8.154; Lenenbach, 9.1; Koch, S. 35, 37-40; Kohl/Kübler/Walz/Wüstrich, ZHR 138 (1974), S. 1, 3 f.; Handbuch KG-Gummert, § 61 PublKG, Rn. 1.

68 Kohl/Kübler/Walz/Wüstrich, ZHR 138 (1974), 1, 5; Assmann/Schanze-Wagner, § 22, Rn. 1; Koch, S. 33.

69 Vgl. die Auswertungen der Handelsregistereintragungen von Kornblum/Hampf/Naß, GmbHR 2000, 1240, 1241, 1246 f.; Kornblum, GmbHR 2003, 1157, 1172. So auch Assmann/Schütze-Wagner, § 22, Rn. 4, 9, 55.

70 Assmann/Schütze-Strohm, § 20, Rn. 1 ff.; Assmann/Schütze-Wagner, § 22, Rn. 26.

ausgleich gemäß § 2 III EStG).[71] Dies ermöglicht es, zu erwartende, steuerlich gewinnmindernde Beträge schon im laufenden Jahr jeweils bei der Festsetzung der vierteljährlichen Einkommenssteuervorauszahlungen der Anleger zu berücksichtigen. Aufgrund dessen können die Anleger mit den eingesparten Vorauszahlungen fällige Gesellschaftereinlagen finanzieren.[72] Hinzutritt die Möglichkeit, daß Anleger bei einer Beteiligung als Kommanditisten ihre Einkommenssteuerschuld durch Verrechnung mit Buchverlusten der Gesellschaft verringern können. Denn Kommanditisten sind steuerrechtlich als Mitunternehmer im Sinne von § 15 I 1 Nr. 2 EStG anzusehen.[73] Der Anleger strebt bei gewerblichen Verlustzuweisungsmodellen also steuerliche Verluste aus Gewerbebetrieb an, um diese mit positiven Einkünften saldieren zu können.[74] Demgegenüber sind private Verlustzuweisungsmodelle darauf gerichtet, Negativeinkünfte aus Kapitalvermögen (§ 20 EStG) oder aus Vermietung und Verpachtung (§ 21 EStG) zu erzielen.[75]

Trotz der steuerlichen Vergünstigungen ist nicht zu verkennen, daß die Beschränkung des negativen Kapitalkontos durch die im Jahre 1980 eingeführte Regelung des § 15 a EStG sowie der Wegfall von Sonderabschreibungsmöglichkeiten zu einem gewissen Bedeutungsverlust der Verlustzuweisungsmodelle führten.[76] Mit der Wiedervereinigung kam es erneut zu einem Beteiligungsboom an geschlossenen Immobilienfonds zur steuerbegünstigten Finanzierung von Projekten in den neuen Bundesländern („Aufbau Ost").[77] Dieser Umstand trug dazu bei, daß im Jahre 1998 insgesamt 24,7 Mrd. DM in steuersparende Kapitalanlagen investiert wurden, davon etwas mehr als die Hälfte des Kapitals in geschlossene Immobilienfonds (12,4 Mrd. DM).[78] Gleichwohl dient insbesondere die Beteiligung an geschlossenen Immobilienfonds heutzutage überwiegend dem Ziel, an Wertsteigerungen von Immobilien teilzuhaben.[79]

---

71 Assmann/Schütze-Wagner, § 22, Rn. 26 f.; Koch, S. 35. Der Verlustausgleich ist mit dem Steuerentlastungsgesetz 99/00/02 eingeschränkt worden, dazu und insbesondere zu verfassungsrechtlichen Fragen: Kirchhof-Kirchhof, § 2, Rn. 82-84, 129-131.

72 Koch, S. 35 f.

73 Assmann/Schütze-Wagner, § 22, Rn. 56 ff.; Koch, S. 37; Hopt, Gutachten, G 28-G 33; Lenenbach, 9.5.

74 Assmann/Schütze-Wagner, § 22, Rn. 8.

75 Assmann/Schütze-Wagner, § 22, Rn. 2, 27.

76 B/H-Hopt, Anh § 177 a, Rn. 55; Assmann/Schütze-Wagner, § 22, Rn. 44.

77 Raupach/Böckstiegel, FR 1999, 557 f.

78 Raupach/Böckstiegel, FR 1999, 557 f.

79 Assmann/Schütze-Wagner, § 22, Rn. 120 f.

Die Veränderung des Charakters der Beteiligung an Publikumspersonengesellschaften von Verlustzuweisungsmodellen hin zur Vermögensanlage wird vor allem durch die Einführung von § 2 b EStG weiter voranschreiten.[80] Diese Norm sieht als Rechtsfolge vor, daß negative Einkünfte aus Beteiligungen an derartigen Modellen vom Verlustausgleich nach § 2 III EStG ausgeschlossen sind.[81] Während § 15 a EStG lediglich gewerbliche Verlustzuweisungsmodelle, namentlich Beteiligungen an einer GmbH & Co. KG erfaßte, gilt § 2 b EStG unabhängig von einer Haftungsbeschränkung für jede Beteiligung an Steuersparmodellen.[82]

Gelegentlich wird der nicht-organisierte Kapitalmarkt auch „Grauer Kapitalmarkt" genannt.[83] Dies ist zumindest unglücklich, da der Begriff negativ konnotiert ist. So werden in der Diskussion unseriöse Anlageofferten häufig als „Grauer Kapitalmarkt" bezeichnet.[84] Demgegenüber finden sich auf dem nicht-organisierten Kapitalmarkt aber auch Anbieter, die Kapitalanlagen seriös vertreiben.[85] Der Vertrieb dieser Kapitalanlagen sollte nicht terminologisch als „Grauer Kapitalmarkt" diskreditiert werden. Dieser Begriff ist Kapitalanlagen vorzubehalten, die nach ihrer Art oder der Form ihres Vertriebes unseriös sind. Deshalb ist der „Graue Kapitalmarkt" als (unseriöser) Teil des nicht-organisierten Kapitalmarktes anzusehen.[86]

---

80 Raupach/Böckstiegel, FR 1999, 557, 558; Koch, S. 29; Kirchhof-von Beckerath, § 2 b, Rn. 9.

81 Zu weiteren Rechtsfolgen Raupach/Böckstiegel, FR 1999, 557, 567.

82 Raupach/Böckstiegel, FR 1999, 557, 563; Kirchhof-von Beckerath, § 2 b, Rn. 3, 23.

83 Beispielsweise A/S-Assmann, Einl., Rn. 5: „(...) haben ihm den Namen des „grauen" (oder auch „unorganisierten") Kapitalmarkts eingetragen." ; Förster, S. 29; Kalss, S. 51; Fleischer, BKR 2004, 339; Micklitz/Träger, S. 106; ähnlich Merkt/Rossbach, JuS 2003, 217, 221.

84 Klaffke, S. 18; Berger/Möller, Die Bank 2000, 382; Finanzplatz, S. 4; Merkt/Rossbach, JuS 2003, 217, 219.

85 Ob es zur fehlerhaften Information des Kapitalmarktes kommt, ist aber unabhängig von der Seriosität der Geschäftspraktiken. Lediglich die Wahrscheinlichkeit für fehlerhafte Kapitalmarktinformationen erhöht sich. Daher wird unten (Teil E.) nicht zwischen dem „Grauen Kapitalmarkt" und dem übrigen Teil des nicht-organisierten Kapitalmarktes differenziert.

86 Lenenbach, 9.1.

3. Zwischenergebnis

Damit ergibt sich für diese Arbeit folgendes Bild des Kapitalmarktes:

Der organisierte Kapitalmarkt unterteilt sich in einen Primärmarkt für die erstmalige Plazierung von Wertpapieren sowie einen Sekundärmarkt, an dem bereits emittierte Wertpapiere börsenmäßig gehandelt werden. Außerdem gehören außerbörsliche Transaktionen mit börsennotierten Titeln wie im Telefonverkehr und der Block- sowie der Pakethandel zum organisierten Kapitalmarkt.

Demgegenüber umfaßt der nicht-organisierte Kapitalmarkt den erstmaligen Vertrieb von Kapitalanlagen, die nicht auf dem organisierten Kapitalmarkt gehandelt werden können. Der unseriöse Vertrieb dieser Kapitalanlagen ist als „Grauer Kapitalmarkt" zu bezeichnen.

II. Gesellschaftsanteile als Handelsobjekt des Kapitalmarktes

Nachdem soeben der dieser Abhandlung zugrundeliegende Kapitalmarktbegriff herausgearbeitet wurde, sind nun die dort gehandelten Gesellschaftsanteile in den Blick zu nehmen. Deren Erwerb stellt eine Form der Kapitalanlage dar. Da man aber sämtliche Handelsobjekte des Kapitalmarktes als Kapitalanlagen bezeichnet,[87] fallen darunter nicht nur Gesellschaftsanteile, sondern – ohne Anspruch auf Vollständigkeit – auch Anleihen, Investmentfondsanteile, Investmentzertifikate, Derivate, Optionen, Futures, Forwards und Swaps.[88] Allerdings beschränkt sich die vorliegende Untersuchung auf den Erwerb von Gesellschaftsanteilen am Kapitalmarkt. Demzufolge bleiben die übrigen Kapitalmarktprodukte außer Betracht.

Bekanntlich werden Anteile börsennotierter Gesellschaften am Primärmarkt vertrieben und dann am Sekundärmarkt fortlaufend gehandelt.[89] Die Börsenfähigkeit hängt von der Rechtsform des Emittenten ab. In der Bundesrepublik sind lediglich die Aktiengesellschaft und die Kommanditgesellschaft auf Aktien börsenfähig. Der Handel mit börsennotierten Titeln

87 Kalss, S. 5.
88 Vgl. die Zusammenstellungen bei Kümpel, 8.128-8.141; Förster, S. 21, 30.
89 B.I.1.

ist aber nicht auf die Wertpapierbörsen beschränkt, sondern findet auch außerbörslich statt.[90]

Der praktisch bedeutsamste Fall des Anteilserwerbes am nicht-organisierten Kapitalmarkt ist der Erwerb von Anteilen an Publikumsgesellschaften. Meistens handelt es sich dabei um Beteiligungen an einer weder personen- noch beteiligungsgleichen GmbH & Co. KG.[91] Aber auch Anteile an einer Publikums-GbR[92] oder einer stillen Gesellschaft, insbesondere einer GmbH & Still,[93] werden vertrieben. Der Anleger kann sich auch in der Form an einer Gesellschaft beteiligen, daß nicht er selbst, sondern ein Treuhänder Gesellschafter wird. Rechtlich gesehen ist er dann nicht an der Gesellschaft beteiligt. Der Anleger ist Inhaber alleine von Rechten aus dem Treuhandverhältnis.[94] Angesichts ihrer wirtschaftlichen Bedeutung soll insbesondere auf die soeben genannten Anlageformen eingegangen werden. Die Ausführungen dazu gelten aber – soweit im folgenden nichts anderes erwähnt wird – ebenfalls für die übrigen Anlageformen des nicht-organisierten Kapitalmarktes.[95]

III. Bedeutung von Kapitalmarktinformationen

Wie gerade gezeigt[96], steht die Kapitalanlage in Form des Erwerbes von Gesellschaftsanteilen im Zentrum dieser Abhandlung. Unabdingbare Voraussetzung für eine rationale, eigenständige Entscheidung über den Erwerb jeder Kapitalanlage, also auch von Gesellschaftsanteilen, ist eine verläßliche und zeitnahe Information des Anlegerpublikums. Die Information ist Entscheidungsgrundlage des Anlegers.[97] Kapitalmarktinformation meint daher die marktbezogene Information der Kapitalanleger durch den Emittenten über Sachverhalte aus seinem Tätigkeitsbereich.[98] Das Medi-

---

90 B.I.1.

91 Kümpel, 8.154; Handbuch KG-Gummert, § 61 PublKG, Rn. 1, 12.

92 Hasenkamp, BB 2004, 230, 235; Assmann/Schütze-Wagner, § 25, passim; Handbuch KG-Gummert, § 61 PublKG, Rn. 16; zu geschlossenen Immobilienfonds: Assmann/Schütze-Strohm, § 20, Rn. 214-289.

93 Assmann/Schütze-Wagner, § 23, Rn. 49-53; Handbuch KG-Gummert, § 61 PublKG, Rn. 13-15; Handbuch KG-Bezzenberger/Keul, § 75 StG, Rn. 10.

94 Siehe unten E.I.2.a)aa)bbb).

95 Vgl. zum mannigfaltigen Angebot die Übersicht bei Hopt, Gutachten, G 27-44; Finanzplatz, S. 25-36; Assmann, P 17; Micklitz/Träger, S. 108.

96 B.II.

97 Kalss, S. 151.

98 Dühn, S. 44.

um zur Übermittlung von Kapitalmarktinformationen ist Publizität.[99] Es existieren zahlreiche Regelungen, die Emittenten zur Offenlegung von Informationen verpflichten.[100] Rechtspolitischer Hintergrund gesetzlicher Publizitätspflichten ist der Gedanke, daß vor allem Privatanleger wirtschaftlich nicht stark genug sind, um auf freiwilliger Basis ausreichende Informationen vom Emittenten zu erlangen und deren Nichtweitergabe mit Preisabschlägen zu sanktionieren.[101] Eine nicht unwesentliche Rolle spielt dessen ungeachtet aber auch die freiwillige Information des Kapitalmarktes,[102] deren Hauptanwendungsbereich als „Investor Relations" bezeichnet wird.[103]

Zur genaueren Erfassung der Bedeutung von Kapitalmarktinformationen muß zwischen dem Anteilserwerb am organisierten Kapitalmarkt und demjenigen am nicht-organisierten Kapitalmarkt unterschieden werden, da die Intensität der Offenlegungspflichten marktbezogen ist.[104]

1. Anteilserwerb am organisierten Kapitalmarkt

Auf dem organisierten Kapitalmarkt sollen zahlreiche Publizitätsinstrumente dem Informationsbedürfnis der Kapitalanleger Rechnung tragen. Wesentliches Instrument der Primärmarktpublizität ist der Prospekt. Der Prospekt dient der Information der Kapitalanleger bei Eintritt eines Wertpapieres in den Kapitalmarkt.[105] Demgegenüber ist der Emittent für die laufende Marktteilnahme sowohl zur periodischen als auch zur Kapitalmarktinformation aus besonderem Anlaß, ad hoc, verpflichtet.[106] Diese Sekundärmarktpublizität knüpft an den börslichen Handel an. Deshalb bestehen in bezug auf den außerbörslichen Sekundärmarkt unmittelbar keine Publizitätspflichten der Emittenten. Jedoch werden Anteile börsennotierter Gesellschaften auf diesem Marktsegment gehandelt. Zumindest die Erwerber dieser Anteile profitieren daher (mittelbar) von der Publizitätspflicht derjenigen Emittenten, deren Aktien zugleich an der Börse gehandelt werden.

---

99 Dühn, S. 43 f.; Merkt, S. 8; Kalss, S. 162.
100 Siehe unten D.II.3.a).
101 Kalss, S. 161.
102 Siehe unten D.II.3.a)gg).
103 Merkt, S. 429-431; Ekkenga, NZG 2001, 1 f.
104 Merkt, S. 141.
105 Siehe unten D.II.3.a)aa).
106 Siehe unten D.II. 3.a)bb) bis ee). Allgemein Merkt, S. 141-144.

2. Anteilserwerb am nicht-organisierten Kapitalmarkt

Der nicht-organisierte Kapitalmarkt ist bislang wenig transparent. Dies wiegt umso schwerer, als kein entwickelter Sekundärmarkt für den fortlaufenden Handel mit Produkten des nicht-organisierten Kapitalmarktes existiert.[107] Der Anleger kann sein einmal in die Beteiligung an einer Publikumspersonengesellschaft investiertes Kapital nicht mehr abziehen, da sich regelmäßig kein Erwerber für die Beteiligung finden lassen wird.

Die erwähnte geringe Transparenz des nicht-organisierten Kapitalmarktes rührt insbesondere[108] daher, daß Publikumspersonengesellschaften beim Vertrieb ihrer Anteile bisher keiner Prospektpflicht unterliegen. Zwar werben diese mit Hilfe von Informationsmaterial öffentlich um das Kapital der Anleger.[109] Jedoch ist derzeit weder der Inhalt dieser Unterlagen gesetzlich geregelt noch besteht rechtlich eine Publizitätspflicht.[110] Dieser Umstand ist nur ein Beleg für ein vielfach beklagtes[111] Schisma[112] von organisiertem und nicht-organisiertem Kapitalmarkt und hat folgende Hauptursache: Der Gesetzgeber widmete seine Aufmerksamkeit in den letzten Jahren ausschließlich dem organisierten Kapitalmarkt und überließ die Aufarbeitung von Mißständen am nicht-organisierten Kapitalmarkt, namentlich am „Grauen Kapitalmarkt“,[113] der Rechtsprechung.[114] Eine gewisse Korrektur dieser Entwicklung könnte dadurch eintreten, daß das sogenannte „Anlegerschutzverbesserungsgesetz“ (AnSVG)[115] unter an-

---

107 Lenenbach, 1.12; Hopt, Gutachten, G 33; Kalss, S. 51.

108 Ein weiterer Grund dafür ist in der fehlenden Marktteilnahme institutioneller Investoren zu sehen, vgl. dazu Kalss, S. 52.

109 Lenenbach, 9.4.; Wiedemann/Schmitz, ZGR 1980, 129, 132.

110 Schwark-Heidelbach, § 30 BörsG, Rn. 9, § 1VerkProspG, Rn. 3, m.w.N.

111 Assmann, Referat, P 11 ff., passim; A/S-Assmann, Einl., Rn. 7; Merkt/Rossbach, JuS 2003 , 217, 224; Schwark-Schwark, WpHG Einl, Rn. 13; Hopt/Voigt, WM 2004, 1801, 1803; Fleischer, BKR 2004, 339; sehr früh bereits Kohl/Kübler/Walz/Wüstrich, ZHR 138 (1974), 1, 16 f.

112 Assmann/Schütze-Assmann, § 1, Rn. 68.

113 Berger/Möller, Die Bank 2000, 382, 383; Klaffke, S. 46-52.

114 A/S-Assmann, Einl., Rn. 6 f.

115 Dieses ist am 30.10.2004 in Kraft getreten (BGBl. I 2004, S. 2630). Zur Gesetzgebungsgeschichte: Referentenentwurf eines AnSVG vom 10.03.2004, abrufbar unter www.bmj.bund.de (zuletzt abgerufen am 16.03.2004), abgedruckt in ZBB 2004, S. 168 ff.; Gesetzentwurf der Bundesregierung vom 24.05.2004, BT-Drucksache 15/3174; Stellungnahme des Bundesrates und Gegenäußerung der Bundesregierung, BT-Drucksache 15/3355; Beschlußempfehlung und Bericht des Finanzausschusses (7. Ausschuß), BT-Drucksache 15/3493.

derem das Verkaufsprospektgesetz größtenteils mit Wirkung zum 01.07.2005[116] änderte und eine Prospektpflicht nebst entsprechender Haftung auch für öffentlich angebotene, nicht in Wertpapieren verbriefte Kapitalanlagen (in der Gesetzesterminologie: Vermögensanlagen) vorschreibt.[117] Gleichwohl wird für die Zwecke dieser Abhandlung an der Differenzierung zwischen organisiertem und nicht-organisiertem Kapitalmarkt festgehalten. Denn derzeit ist nicht absehbar und bedarf des weiteren noch eines erst im Laufe der Zeit vorliegenden empirischen Befundes, ob sich der organisierte Kapitalmarkt und der nicht-organisierte Kapitalmarkt derart annähern, daß die Unterscheidung beider als überkommen gelten kann.

3. Fehlende und fehlerhafte Kapitalmarktinformationen

Wie nicht nur die Geschehnisse am „Grauen Kapitalmarkt", sondern auch die Mißstände[118] um Unternehmen des Neuen Marktes[119] gezeigt haben, ist ein geordneter Informationsfluß nicht durchgängig gewährleistet. Dabei kommen zwei Ursachen für die Störung des Informationsflusses und die darauf beruhende Fehlallokation von Anlagekapital in Betracht: Fehlende und fehlerhafte Kapitalmarktinformationen.

Unter fehlenden Kapitalmarktinformationen soll verstanden werden, daß dem Anlegerpublikum Informationen über Umstände, welche die Attrakti-

---

116 Art. 6 AnSVG in der Fassung der Beschlußempfehlung und des Berichts des Finanzausschusses (7. Ausschuß), BT-Drucksache 15/3493, S. 46. Allerdings sind die Änderungen des WpHG sowie Teile der Novellierung des VerkProspG wie die Ermächtigung der Bundesregierung zum Erlaß einer Rechtsverordnung über Sprache, Inhalt und Aufbau des Verkaufsprospektes bereits am Tag nach der Verkündung des AnSVG, also am 30.10.2004, in Kraft getreten. Hingegen fehlen Übergangsvorschriften gänzlich, was von Moritz/Grimm, BB 2004, 1352, 1357, im Hinblick auf die Plazierung von „anderen Vermögensanlagen" kritisiert, im übrigen aber begrüßt wird (BB 2004, 1801, 1802).

117 Dazu Kuthe, ZIP 2004, 883, 888; Duhnkrack/Hasche, DB 2004, 1351, passim; Heisterhagen, DStR 2004, 1089, passim; Moritz/Grimm, BB 2004, 1352, passim; Handelsrechtsausschuß, NZG 2004, 703, 707-710; Fleischer, BKR 2004, 339, passim; Spreizer, VuR 2004, 353, passim; Diekmann/Sustmann, NZG 2004, 929, 938 f.; Holzborn/Israel, WM 2004, 1948, 1956; Spindler, NJW 2004, 3449, 3454 f.

118 Spindler, DStR 2002, 1576, 1586; Möllers/Rotter-Möllers, § 1, Rn. 10.

119 Nicht zuletzt deshalb wurde der Neue Markt zum 05.06.2003 beendet, vgl. Mitental/Anders, DStR 2003, 1893, 1894; Weitnauer, DB 2003, 1719 f. Außerdem führte die Deutsche Börse zum 01.01.2003 zwei zusätzliche Handelssegmente ein, den „Prime Standard" und den „General Standard", vgl. dazu Weber, NJW 2003, 18, 20; Mitenthal/Anders, DStR 2003, 1893 ff.; Schlitt, AG 2003, 57 ff.; Weitnauer, DB 2003, 1719 ff.

vität der Anlage schmälern oder aufgrund ihres positiven Gehalts zum Erwerb anregen könnten, entweder gänzlich vorenthalten oder zumindest vorübergehend nicht bekanntgegeben werden. Aufgrund dessen finden Anteilskäufe statt, die unterblieben wären, hätte es eine zeitnahe Veröffentlichung gegeben. Umgekehrt unterbleiben Anteilsverkäufe, die bei ausreichenden Kapitalmarktinformationen vorgenommen worden wären. Ferner finden Anteilskäufe nur mit Verzögerung statt, wenn positive Informationen zurückgehalten werden. Fehlerhafte Kapitalmarktinformationen liegen vor, wenn inhaltlich falsche oder irreführende Angaben beispielsweise in Emissionsprospekten, Jahresabschlüssen, Ad hoc-Mitteilungen, auf Pressekonferenzen oder Unternehmenspräsentationen (sog. Road-shows) gemacht werden, vornehmlich um Kaufimpulse auszulösen. Die teilweise unzureichende Information des Anlegerpublikums wird noch dadurch begünstigt, daß die Inanspruchnahme der Emittenten ex post auf rechtliche und praktische Schwierigkeiten stößt. Plastische Beispiele dafür sind neuere klageabweisende gerichtliche Entscheidungen[120] bezüglich der Schadensersatzpflicht der Gesellschaft oder ihrer Organe im Zusammenhang mit fehlerhaften Ad hoc-Mitteilungen.[121]

Auf diese unter Anlegerschutzgesichtspunkten unbefriedigende Situation reagierte der Gesetzgeber und schuf im Herbst 2002 mit §§ 37 b, 37 c WpHG neue Haftungstatbestände. Danach kann sich der Emittent im Falle des Unterlassens von Ad hoc-Mitteilungen (§ 37 b WpHG) oder der Veröffentlichung unrichtiger Ad hoc-Meldungen (§ 37 c WpHG) schadensersatzpflichtig machen.[122] Darauf aufbauend beabsichtigt die Bundesregierung die Einführung einer allgemeinen gesetzlichen Haftung des Emittenten und seiner Organmitglieder für falsche Kapitalmarktinformatio-

---

120 AG München, WM 2002, 594; LG München; WM 2001, 1948; OLG München, ZIP 2002, 1989; LG Augsburg, WM 2001, 1944; LG Augsburg, WM 2002, 592; BVerfG ZIP 2002, 1986 (allerdings nur obiter dictum). Ein Überblick über die Sachververhalte findet sich bei Möllers/Rotter-Möllers, § 1, Rn. 2-10; § 3, Rn. 15-19.

121 Allerdings hat der BGH im Juli 2004 in mehreren Grundsatzentscheidungen eine Schadensersatzpflicht von Organmitgliedern einer Aktiengesellschaft für grob unrichtige Ad hoc-Meldungen gemäß § 826 BGB angenommen, BGH ZIP 2004, 1593, 1596-1599 (=BB 2004, 1816 ff.); BGH ZIP 2004, 1599, 1602-1604 (=BB 2004, 1812 ff.); BGH ZIP 2004, 1604; grundsätzlich zustimmend Leisch, ZIP 2004, 1573, 1575-1577; Fleischer, DB 2004, 2031, passim; Edelmann, BB 2004, 2031, passim; Gerber, DStR 2004, 1793, passim; Körner, NJW 2004, 3386, passim; Kort, AG 2005, 21, passim; eher verhalten Spindler/Christoph, BB 2004, 2197, 2200.

122 Dazu Maier-Reimer/Webering, WM 2002, 1857 ff.

nen.[123] Diese Absicht findet sich als TOP 2 in einem sogenannten Zehn-Punkte-Programm der Bundesregierung namens „Unternehmensintegrität und Anlegerschutz" wieder.[124] Dementsprechend wurden § 37 b WpHG und § 37 c WpHG mittlerweile durch das AnSVG geändert und in einem neugefaßten Abschnitt 7 die „Haftung für falsche und unterlassene Kapitalmarktinformationen" geregelt.[125] Außerdem sind kürzlich Pläne der Bundesregierung für ein sogenanntes Kapitalmarktinformationshaftungsgesetz (KapInHaG)[126] bekannt geworden, welches insbesondere die Aufnahme einer persönlichen Haftung der Organmitglieder einer Aktiengesellschaft gegenüber Anlegern für fehlerhafte Kapitalmarktinformationen in das Wertpapierhandelsgesetz (§§ 37 ff. WpHG) vorsah. Mittlerweile stellte die Bundesregierung ihre Pläne nicht zuletzt aufgrund von vehement vorgetragenen Bedenken[127] zwar zurück, jedoch will sie diese im Laufe des Jahres 2005 erneut aufgreifen.[128]

Auch die wirtschaftsrechtliche Abteilung des Deutschen Juristentages 2002 beschäftigte sich auf der Basis eines Gutachtens von *Fleischer*[129] mit der Problematik kapitalmarktbezogener Informationspflichtverletzungen am Primär- und Sekundärmarkt. Das Gutachten ergänzend, plädierte *Assmann* in seinem Referat für die Überwindung der Zweiteilung des deutschen Kapitalmarktes durch eine gesetzliche Regelung des nicht-

---

123 Seibert, BB 2003, 693, 694; Seibert/Schütz, ZIP 2004, 252, 254.

124 Mitteilung Nr. 10/03 vom 25.02.2003 der Pressestelle des Bundesministeriums der Justiz; wörtliche Wiedergabe bei Seibert, BB 2003, 693, 694. Einen Überblick über den Umsetzungsstand bieten Köhler/Meyer/Mauelshagen, BB 2004, 2623 ff.

125 Vgl. BGBl. I 2004, S. 2630; Referentenentwurf eines AnSVG vom 10.03.2004, abrufbar unter www.bmj.bund.de (zuletzt abgerufen am 16.03.2004), abgedruckt in ZBB 2004, S. 168, 186 f.; Gesetzentwurf der Bundesregierung vom 24.05.2004, BT-Drucksache 15/3174; Stellungnahme des Bundesrates und Gegenäußerung der Bundesregierung, BT-Drucksache 15/3355; Beschlußempfehlung und Bericht des Finanzausschusses (7. Ausschuß), BT-Drucksache 15/3493.

126 Diskussionsentwurf eines Gesetzes zur Verbesserung der Haftung für falsche Kapitalmarktinformationen, abgedruckt in NZG 2004, 1042-1051.

127 Stellungnahme des Zentralen Kreditausschusses vom 07.10.2004; Stellungnahme des Deutschen Aktieninstitutes vom 26.10.2004; Handelsrechtsausschuß, NZG 2004, 1099, passim; Sünner, DB 2004, 2460, passim; Spindler, WM 2004, 2089, 2094-2098; Kollmann, AG 2004, R 391 f.; dies., AG 2004, R 463 f.; Semler/Gittermann, NZG 2004, 1081, 1085-1087.

128 Vgl. Manfred Schäfers, FAZ vom 10.11.2004, Nr. 263, S. 13; Köhler/Meyer/Mauelshagen, BB 2004, 2623, 2625; a.A. Kort, AG 2005, 21 („auf unbestimmte Zeit verschoben").

129 Fleischer, Gutachten, F 1-F 144.

organisierten Kapitalmarktes.[130] Abschließend faßte die wirtschaftsrechtliche Abteilung u.a. folgende Beschlüsse: Die Gesetzgebung müsse auf den Ausbau der Information der Anleger und die effektive Sanktionierung fehlerhafter Information gerichtet sein.[131] Insbesondere solle die Haftung bei den verschiedenen Informationsinstrumenten aufeinander abgestimmt werden.[132] Außerdem sollen auch Werbeveröffentlichungen außerhalb von Prospekten der bürgerlich-rechtlichen Prospekthaftung unterworfen werden.[133] Des weiteren empfiehlt die wirtschaftsrechtliche Abteilung, die zivilrechtliche Schadensersatzpflicht des Emittenten für fehlerhafte Kapitalmarktinformationen auf sämtliche fehlerhaften Pflichtveröffentlichungen sowie freiwilligen Verlautbarungen zu erstrecken.[134] Überdies fordert sie die gesetzliche Regelung des nicht-organisierten Kapitalmarktes. Die Emittenten sollen verpflichtet werden, einen Verkaufsprospekt zu erstellen, und für dessen inhaltliche Richtigkeit haftungsrechtlich einzustehen. In diesem Zusammenhang verweist die wirtschaftsrechtliche Abteilung auf entsprechende Regelungen des Verkaufsprospektgesetzes.[135] Letzterem Petitum scheint der Gesetzgeber dadurch nachzukommen, daß er mit einer Änderung des Verkaufsprospektgesetzes durch das AnSVG auch Emittenten von öffentlich angebotenen, nicht in Wertpapieren verbrieften Kapitalanlagen die Pflicht auferlegt, Prospekte zu erstellen und gegebenenfalls dafür zu haften.[136]

---

130 Assmann, Referat, P 11-P 38.

131 Beschlüsse des Deutschen Juristentages, 1. Block, Punkt a) 1.1., NJW 2002, 3073, 3082.

132 Beschlüsse des Deutschen Juristentages, 1. Block, Punkt a) 1.2., NJW 2002, 3073, 3082.

133 Beschlüsse des Deutschen Juristentages, 1. Block, Punkt c) 1.6., NJW 2002, 3073, 3082.

134 Beschlüsse des Deutschen Juristentages, 1. Block, Punkt d) 1.9. und 1.10., NJW 2002, 3073, 3082.

135 Beschlüsse des Deutschen Juristentages, 3. Block, Punkte a) und b), NJW 2002, 3073, 3082.

136 Vgl. BGBl. I 2004, S. 2630; Referentenentwurf eines AnSVG vom 10.03.2004, abrufbar unter www.bmj.bund.de (zuletzt abgerufen am 16.03.2004), abgedruckt in ZBB 2004, S. 168 ff.; Gesetzentwurf der Bundesregierung vom 24.05.2004, BT-Drucksache 15/3174; Stellungnahme des Bundesrates und Gegenäußerung der Bundesregierung, BT-Drucksache 15/3355; Beschlußempfehlung und Bericht des Finanzausschusses (7. Ausschuß), BT-Drucksache 15/3493.

IV. Auswirkungen der Schuldrechtsreform

Im Bemühen, dem Informationsbedürfnis der Anleger größere Durchschlagskraft zu verleihen, wurde bislang allerdings der Möglichkeit wenig Beachtung geschenkt, über die mit der Schuldrechtsreform eingeführte Vorschrift des § 434 I 3 BGB zu einer Haftung für fehlende oder fehlerhafte Kapitalmarktinformationen beim Anteilserwerb am Kapitalmarkt zu gelangen.[137] Immerhin knüpft der Tatbestand des § 434 I 3 BGB bereits seinem Wortlaut nach an „öffentliche Äußerungen" an. Danach gehören zur Beschaffenheit einer Kaufsache auch Eigenschaften, die der Käufer nach den öffentlichen Äußerungen des Verkäufers, insbesondere in der Werbung, erwarten kann. Dies trifft sich mit der Erkenntnis, öffentliche Werbung für Kapitalanlagen sei der „archimedische Punkt" des Anlegerschutzes.[138]

Angesichts des insofern übereinstimmenden Ansatzpunktes erstaunt es, daß das Potential von § 434 I 3 BGB, anlegerschützende Wirkung zu entfalten, eher stiefmütterlich behandelt wird. Dies mag darauf zurückzuführen sein, daß der Regelung des § 434 I 3 BGB bereits im Hinblick auf Werbeaussagen des Warenverkäufers beim persönlichen Marktkauf praktische Bedeutung abgesprochen wird.[139] Ein plastischer Beleg für die Vernachlässigung des § 434 I 3 BGB in diesem Zusammenhang ist die Absicht der Bundesregierung, die Haftung für fehlerhafte Kapitalmarktinformationen gesetzlich zu regeln, ohne sich mit den Bestimmungen des Gewährleistungsrechts des BGB auseinandergesetzt zu haben.[140] Auch im Rahmen der geplanten Änderung des WpHG und des VerkProspG durch das AnSVG fehlt es an entsprechenden gesetzgeberischen Überlegungen.[141] Daneben gibt es unzählige Stimmen in Wissenschaft und

---

137 Auf § 434 I 3 BGB weisen in diesem Zusammenhang – soweit ersichtlich – einzig Wolf/Kaiser, DB 2002, 411, 418 und Barnert, WM 2002, 1473, 1483 hin. Zumindest andeutungsweise Eidenmüller, ZGS 2002, 290, 291 und Grunewald, NZG 2003, 372.

138 Siehe oben A.

139 So z.B. Boerner, ZIP 2001, 2264, 2266 und Bamberger/Roth-Faust, § 434, Rn. 75, unter Hinweis auf die Subsidiarität von § 434 I 3 BGB gegenüber § 434 I 1 BGB. Henssler/Graf von Westphalen-Graf von Westphalen, § 434, Rn. 34, leiten dies aus den sich aus § 434 I 3 BGB ergebenden Haftungsausschlußtatbeständen („es sei denn ...") ab.

140 Vgl. das 10-Punkte-Programm der Bundesregierung „Unternehmensintegrität und Anlegerschutz", wiedergegeben bei Seibert, ZIP 2003, 693, 694.

141 Vgl. die Begründung zum Referentenentwurf eines AnSVG vom 10.03.2004, abrufbar unter www.bmj.bund.de (zuletzt abgerufen am 16.03.2004), abgedruckt in ZBB 2004,

Praxis, die einer Haftung wegen fehlerhafter Kapitalmarktinformationen de lege ferenda das Wort reden.[142] Die Rufe nach dem Gesetzgeber erscheinen voreilig. Denn die Forderungen nach Änderungen de lege ferenda ertönen, ohne daß zuvor eine gründliche Auseinandersetzung mit dem Gewährleistungsrecht, speziell § 434 I 3 BGB erfolgt wäre. Aus methodischer Sicht bedarf es aber einer Überprüfung der lex lata, um feststellen zu können, ob überhaupt eine Regelungslücke vorliegt, die durch zu schaffendes Recht gefüllt werden kann.[143] Diese Vorfrage harrt bisher einer Klärung. Die Arbeit will diesem methodisch unbefriedigenden Zustand abhelfen. Es soll untersucht werden, ob § 434 I 3 BGB im Fall fehlender oder fehlerhafter Kapitalmarktinformationen herangezogen werden kann, um gewährleistungsrechtliche Ansprüche des Anlegers beim Anteilserwerb am Kapitalmarkt zu begründen. Dabei geht es um die Frage, ob sich der Erwerber eines *einzelnen* Gesellschaftsanteiles auf Gewährleistungsrecht stützen kann, wenn der Kapitalmarkt nicht oder lediglich fehlerhaft informiert wurde. Zwar zählt zum außerbörslichen Sekundärmarkt auch der Handel mit Paketen börsennotierter Aktien. Der Pakethandel kann zum Aufbau strategischer Beteiligungen und zur Durchführung von „feindlichen Übernahmen“ genutzt werden.[144] Dieser ist mithin häufig Bestandteil eines Unternehmenskaufes in Gestalt des Anteilserwerbes („share deal“).[145] Dessen ungeachtet wird hier nicht schwerpunktmäßig untersucht, wie sich die Schuldrechtsreform auf die Praxis des Unternehmenskaufes, namentlich in Gestalt eines „share deals“, auswirkt. Denn dieser Problemkreis ist bereits in zahlreichen Ab-

---

S. 168, passim; Gesetzentwurf der Bundesregierung vom 24.05.2004, BT-Drucksache 15/3174, S. 26 ff., passim; Stellungnahme des Bundesrates und Gegenäußerung der Bundesregierung, BT-Drucksache 15/3355; Beschlußempfehlung und Bericht des Finanzausschusses (7. Ausschuß), BT-Drucksache 15/3493.

142 Dühn, insbesondere S. 263-297; Zimmer, WM 2004, 9, passim; Beschlüsse des Deutschen Juristentages, 1. und 3. Block, NJW 2002, 3073, 3082; Baums, ZHR 166 (2002), 379 f.; Baums, ZHR 167 (2003), 139, 192; Fleischer, Gutachten, F 99 f., F 102-107; Fleischer, BKR 2003, 608, passim; Bericht der Regierungskommission Corporate Governance, Rn. 181 ff.; Möllers, Bankrecht 2002, S. 271, 314 f.; Holzborn/Foelsch, NJW 2003, 932, 940; Möllers/Rotter-Möllers, § 17, passim.

143 Vgl. Kiethe, DStR 2003, 1982, passim und besonders deutlich in NStZ 2004, 73, 76 f., der sich angesichts der beabsichtigten Einführung einer persönlichen Organhaftung für eine „konsequente Anwendung des geltenden Rechts“ ausspricht, bevor gesetzgeberische Maßnahmen ergriffen werden. Ebenso Steuer, FS Kümpel, S. 519, 535 und Schwark, FS Hadding, S. 1117 f. Freilich blenden sie ebenfalls das Gewährleistungsrecht aus ihren Betrachtungen aus.

144 Wastl, NZG 2002, 505.

145 Wastl, NZG 2002, 505, 513.

handlungen erörtert worden.[146] Nur wenn und soweit die zum Unternehmenskauf geführte Diskussion für den hier allein interessierenden Anteilserwerb am Kapitalmarkt bedeutsam ist, wird auf sie eingegangen werden.

146 Aus der nahezu unüberschaubaren Literatur seien folgende Abhandlungen genannt: Barnert, WM 2003, S. 416-425; Bergjan, Die Auswirkungen der Schuldrechtsreform 2002 auf den Unternehmenskauf; Büdenbender, Grundlagen der Gewährleistung beim Unternehmenskauf; in: Unternehmenskauf und Schuldrechtsmodernisierung, Fachtagung der Bayer-Stiftung für deutsches und internationales Arbeits- und Wirtschaftsrecht am 06. und 07.Juni 2002,. S. 5-50; Dauner-Lieb/Thiessen, ZIP 2002, S. 108-114; Eidenmüller, ZGS 2002, S. 290-296; Fischer, DStR 2004, S. 276-282; Gaul, ZHR 166 (2002), S. 35-71; von Gierke/Paschen, GmbHR 2002, S. 457-464; Gronstedt/Jörgens, ZIP 2002, S. 56-65; Gruber, MDR 2002, S. 433-437; Grunewald, NZG 2003, S. 372-374; Heerstraßen/Reinhard, BB 2002, S. 1429-1437; Holzapfel, Die Behandlung des share deal, in: Unternehmenskauf und Schuldrechtsmodernisierung, Fachtagung der Bayer-Stiftung für deutsches und internationales Arbeits- und Wirtschaftsrecht am 06. und 07. Juni 2002, S. 87-102; U. Huber, AcP 202 (2002), S. 179-242; Kindl, WM 2003, S. 409-415; Knott, NZG 2002, S. 249-256; Larisch, Gewährleistungshaftung beim Unternehmens- und Beteiligungskauf; Maier-Reimer, Unternehmenskauf und neues Schuldrecht, in: Eckert/Delbrück (Hrsg.), S. 61-97; Rehberg, ZGS 2002, S. 456-460; Schmidt-Räntsch, AnwBl 2003, S. 529-535; Seibt/Reiche, DStR 2002, S. 1135-1141, S. 1181-1187; Triebel/Hölzle, BB 2002, S. 521-537; Wälzholz, DStR 2002, S. 500-508; Weitnauer, NJW 2002, S. 2511-2517; Wolf/Kaiser, DB 2002, S. 411-420; Wunderlich, WM 2002, S. 981-990.

C. Die Haftung des Verkäufers für „öffentliche Äußerungen" beim Sachkauf

I. Haftung des Verkäufers für „öffentliche Äußerungen" nach dem BGB a.F.[147]

Unter der Geltung des Bürgerlichen Gesetzbuches in der Fassung vor der Schuldrechtsreform wurde eine Gewährleistungshaftung des Verkäufers einer Sache für „öffentliche Äußerungen" im Hinblick auf Werbeaussagen thematisiert. Anknüpfungspunkt für die gewährleistungsrechtliche Haftung nach dem BGB a.F. waren entweder die Fehlerhaftigkeit der Kaufsache (§ 459 I BGB a.F.) oder das Fehlen zugesicherter Eigenschaften (§ 459 II BGB a.F.). Dogmatischer Ansatzpunkt der Haftung war der Kaufvertrag. Demzufolge bedurfte es einer vertraglichen Einbeziehung von Werbung, um zu einer Gewährleistungshaftung zu gelangen. Das lediglich einseitige Versprechen des Verkäufers sollte nicht genügen.[148] Die Begründung einer vertraglichen Einbeziehung von Werbeaussagen stieß daher regelmäßig an die Grenzen der Rechtsgeschäftslehre und kam nur ausnahmsweise in Betracht.[149] Prominentes Beispiel dafür ist die Rechtsprechung zum Gebrauchtwagenhandel, die bloße Eigenschaftsbeschreibungen häufig als (stillschweigende) Zusicherungen qualifizierte.[150]

Rechtsfolgen eines Fehlers waren ein Anspruch des Käufers auf Wandelung oder Minderung (§ 462 BGB a.F.). Die Wandelung führte über § 467 S. 1 BGB a.F. zur Rückabwicklung des Kaufvertrages (§§ 346 ff. BGB a.F.). Die Minderung zog die Herabsetzung des Kaufpreises gemäß § 472 BGB a.F. nach sich. Bei Fehlen einer zugesicherten Eigenschaft konnte der Käufer statt dessen auch Schadensersatz wegen Nichterfüllung verlangen (§ 463 S. 1 BGB a.F.).

---

147 Mit BGB a.F. wird der Stand des Bürgerlichen Gesetzbuches vor der Schuldrechtsreform bezeichnet.

148 Soergel-Huber, 12. Auflage, § 459, Rn. 155; MüKo-Westermann, § 434, Rn. 21.

149 Heine, S. 78-85; Lehmann, JZ 2000, 280, 286 f.; Peifer, JR 2001, 265 f.

150 BGH NJW 1975, 1693, 1694 f.; BGH NJW 1978, 2241; BGHZ 87, 302, 305; Soergel-Huber, 12. Auflage, § 459, Rn. 304-325 b; Homann, S. 74 f., 87-91.

II. Haftung für „öffentliche Äußerungen" nach der Schuldrechtsreform

Gemäß § 433 I 2 BGB ist der Verkäufer einer Sache verpflichtet, diese dem Käufer sach- und rechtsmängelfrei zu verschaffen. Wann eine Sache mangelfrei ist, richtet sich nach §§ 434 f. BGB. Mangel bedeutet Abweichen des Ist- vom Sollzustand.[151] Der mit der Schuldrechtsreform eingeführte § 434 BGB enthält erstmals in einer Vorschrift eine umfassende Definition des gewährleistungsrechtlichen Sachmangelbegriffs. Danach liegt ein Sachmangel vor, wenn die Kaufsache bei Gefahrübergang nicht die vereinbarte Beschaffenheit hat (§ 434 I 1 BGB). Haben die Parteien keine Beschaffenheit vereinbart, kommt es gemäß § 434 I 2 Nr. 1 BGB auf ihre Eignung zur vertraglich vereinbarten Verwendung bzw. nach § 434 I 2 Nr. 2 BGB auf ihre Eignung zur gewöhnlichen Verwendung sowie darauf an, daß die Kaufsache die übliche Beschaffenheit aufweist.

1. Regelungsgehalt von § 434 I 3 BGB

Daran systematisch anknüpfend sieht § 434 I 3 BGB vor, ,,daß *„Eigenschaften, die der Käufer nach den öffentliche Äußerungen (...) insbesondere in der Werbung oder bei der Kennzeichnung über bestimmte Eigenschaften der Sache erwarten kann (...)"* zur Beschaffenheit nach § 434 I 2 Nr. 2 BGB zählen.

Die Norm ist als bindende Auslegungsregel[152] zu verstehen. Der Normanwender muß „öffentliche Äußerungen" bei der Beantwortung der Frage berücksichtigen, was der Käufer einer Sache berechtigterweise als deren Beschaffenheit erwarten darf.

Dies gilt allerdings nicht, wenn und soweit vertragliche Vereinbarungen über die Beschaffenheit existieren, welche sich auf bestimmte Eigenschaften der Kaufsache beziehen. Diese Einschränkung folgt aus der Bezugnahme des § 434 I 3 BGB auf die Regelung des § 434 I 2 Nr. 2 BGB. Insofern wird mit Recht von einer Subsidiarität der „öffentlichen Äußerungen" im Sinne von § 434 I 3 BGB gegenüber einer vertraglich vorausgesetzten Verwendung gemäß § 434 I 2 Nr. 1 BGB oder gegen-

---

151 Vgl. Bamberger/Roth-Faust, § 434, Rn. 3.
152 Schwächer Übernahmerecht-Reiner, § 56, Rn. 54 („Auslegungshilfe").

über Vereinbarungen über die Beschaffenheit gemäß § 434 I 1 BGB gesprochen.[153]

Der Verkäufer kann der gewährleistungsrechtlichen Haftung entgehen, indem er darlegt und gegebenenfalls beweist[154], daß er die „öffentliche Äußerung“ nicht kannte und auch nicht kennen mußte, daß sie im Zeitpunkt des Vertragsschlusses in gleichwertiger Weise berichtigt war oder daß sie die Kaufentscheidung nicht beeinflussen konnte.[155]

2. Europarechtlicher Hintergrund von § 434 I 3 BGB

Die Regelung des § 434 I 3 BGB geht auf Art. 2 II d) und Art. 2 IV der Richtlinie 1999/44/EG zu bestimmten Aspekten des Verbrauchsgüterkaufs und der Garantien für Verbrauchsgüter (Verbrauchsgüterkaufrichtlinie) zurück.[156] Art. 2 II d) der Verbrauchsgüterkaufrichtlinie lautet:

„Es wird vermutet, daß Verbrauchsgüter vertragsgemäß sind, wenn sie (...) eine Qualität und Leistungen aufweisen, die bei Gütern der gleichen Art üblich sind und die der Verbraucher vernünftigerweise erwarten kann, wenn die Beschaffenheit des Gutes und gegebenenfalls die insbesondere in der Werbung oder bei der Etikettierung gemachten öffentlichen Äußerungen des Verkäufers, des Herstellers oder dessen Vertreters über die konkreten Eigenschaften des Gutes in Betracht gezogen werden.“
Nach Art. 2 IV der Verbrauchsgüterkaufrichtlinie ist der Verkäufer durch die öffentlichen Äußerungen nicht gebunden, wenn er
„- nachweist, daß er die betreffende Äußerung nicht kannte und vernünftigerweise nicht davon Kenntnis haben konnte,
- nachweist, daß die betreffende Äußerung zum Zeitpunkt des Vertragsschlusses berichtigt war, oder
- nachweist, daß die Kaufentscheidung nicht durch die betreffende Äußerung beeinflußt war.“

---

153 Lehmann, DB 2002, 1090, 1091; Palandt-Putzo, § 434, Rn. 25, 33. Dazu ausführlich unten D.II.1.a).
154 Vgl. den Wortlaut von § 434 I 3 BGB: „es sei denn, (...)“.
155 Dazu unten D.III.
156 ABl. EG 1999 Nr. L 171 vom 07.07.1999, S. 12 ff.; auch abgedruckt in NJW 1999, 2421 ff. und MüKo-Westermann, Vor § 433, Anh. Zu deren Genese im Hinblick auf Werbeaussagen ausführlich Homann, S. 169-179, sowie Kandler, S. 355.

Die Regelungen der Richtlinie knüpfen an den Kauf von „Verbrauchsgütern" an. Darunter sind gemäß Art. 1 II b) der Verbrauchsgüterkaufrichtlinie bewegliche körperliche Gegenstände zu verstehen, die ein Verbraucher von einem Verkäufer erwirbt. Verbraucher ist gemäß Art. 1 II a) der Verbrauchsgüterkaufrichtlinie nur derjenige, der im Unterschied zum Verkäufer im Sinne von Art. 1 II c) der Verbrauchsgüterkaufrichtlinie zu einem Zweck handelt, der nicht seiner beruflichen oder gewerblichen Tätigkeit zuzurechnen ist. Demgegenüber gilt § 434 I 3 BGB für jeden Sachkauf, unabhängig von der Beteiligung eines Verbrauchers. Der Gesetzgeber beschränkte sich also nicht auf die Einführung von Regelungen über den Verbrauchsgüterkauf in §§ 474 ff. BGB, sondern setzte die Richtlinie „überschießend" – bezogen auf alle Sachen, Rechte und sonstige Gegenstände (§ 453 I BGB) – um. Ob dies zur Folge hat, daß gewährleistungsrechtliche Vorschriften außerhalb von §§ 474 ff. BGB im Lichte der Richtlinie auszulegen sind, ist fraglich. Zweifelsohne ist der Normanwender im Anwendungsbereich der Verbrauchsgüterkaufrichtlinie zu einer richtlinienkonformen Auslegung verpflichtet.[157] Jedoch erfordert das Gemeinschaftsrecht keine richtlinienkonforme Auslegung solcher nationalen Normen, die über den Anwendungsbereich einer Richtlinie hinausgehen.[158] Allerdings ergibt sich eine solche Pflicht aus nationalem Recht, zumindest in bezug auf den Begriff der Beschaffenheit im Sinne von § 434 I BGB.[159] Der Beschaffenheitsbegriff soll danach einheitlich verstanden werden. Dieser Wille kommt in der Gesetzesbegründung klar zum Ausdruck. Der Gesetzgeber verzichtete ausdrücklich auf eine Differenzierung zwischen Mängeln bei Verbrauchsgüterkäufen und solchen bei sonstigen Käufen:

„Zwar gilt ... (die) Richtlinie nur für den Verbrauchsgüterkauf. Dies sollte bei der Umsetzung jedoch nicht zu einem gespaltenen Fehlerbegriff je

---

157 Bärenz, DB 2003, 375; Anwaltskommentar-Pfeiffer, Art. 11 Kauf-RL, Rn. 4; Mayer/Schürnbrand, JZ 2004, 545, 548 f.; Staudinger 2004-Beckmann, Vorbem zu §§ 433 ff., Rn. 55.

158 EuGH 1998, I-4695, 4725; Bärenz, DB 2003, 375; Anwaltskommentar-Pfeiffer, Art. 11 Kauf-RL, Rn. 7; Palandt-Heinrichs, Einleitung, Rn. 54; Mayer/Schürnbrand, JZ 2004, 545, 548 f.; Staudinger 2004-Beckmann, Vorbem zu §§ 433 ff., Rn. 55; a.A. von Gieke/Paschen, GmbHR 2002, 457, 460.

159 Bärenz, DB 2003, 375 f.; Grigoleit/Herresthal, JZ 2003, 118, 119; Häublein, NJW 2003, 388, 390; Palandt-Heinrichs, Einleitung, Rn. 44; Berger, JZ 2004, 276, 278; so auch i.E. Canaris, S. 60. Generell für eine richtlinienkonforme Auslegung Bamberger/Roth-Faust, Vor § 433, Rn. 7; MüKo-Westermann, § 434, Rn. 2, und Erman-Grunewald, Vor § 433, Rn. 34; wohl auch Anwaltskommentar-Büdenbender, Vor §§ 433 ff., Rn. 20.

nach der Einordnung eines Geschäfts als Verbrauchsgüterkauf oder als sonstiger Kauf führen (...)."[160]

Eine gleichwohl zwischen Verbrauchsgüterkäufen und sonstigen Käufen unterscheidende Auslegung des Beschaffenheitsbegriffs des BGB („gespaltene Auslegung") würde dieses Anliegen des Gesetzgebers konterkarieren.[161] Eine Beschränkung der richtlinienkonformen Auslegung von § 434 I BGB auf solche Sachverhalte, die in den Anwendungsbereich der Richtlinie fallen, verstößt zudem gegen den im Rechsstaatsprinzip wurzelnden Bestimmtheitsgrundsatz. Der jeweilige Normadressat könnte nicht erkennen, warum ein- und derselbe Begriff innerhalb desselben Paragraphen unterschiedlich zu interpretieren ist.[162] Die deshalb gebotene einheitliche Auslegung des Beschaffenheitsbegriffes in § 434 I BGB kann nur über eine Pflicht zur richtlinienkonformen Auslegung in allen unter § 434 I BGB fallenden Konstellationen gewährleistet werden. Zur Verdeutlichung der Tatsache, daß diese Pflicht – soweit es Nichtverbrauchsgüterkäufe betrifft – auf nationalem Recht und nicht auf Europarecht beruht, wird auch von einer „quasirichtlinienkonformen Auslegung" gesprochen.[163]

Im Hinblick auf den Zivilprozeß stellt sich die Frage, ob deutsche Gerichte hinsichtlich des überschießend umgesetzten Teils der Verbrauchsgüterkaufrichtlinie verpflichtet sind, entscheidungserhebliche Fragen dem EuGH zur Vorabentscheidung vorzulegen bzw. ob sie an Entscheidungen des EuGH gebunden sind. Der EuGH hat über diese Frage bislang nicht entscheiden müssen. Für eine Vorlagepflicht wird angeführt, die vom deutschen Gesetzgeber intendierte einheitliche Auslegung des Beschaffenheitsbegriffs könne nicht auf andere Weise hergestellt werden.[164] Das

---

160 Begr. RegE BT-Drucksache 14/6040, S. 211. Der Text in der Begründung zum Regierungsentwurf stimmt mit dem Fraktionsentwurf überein, vgl. BT-Drucksache 14/6857, S. 5. Daher wird im folgenden als Gesetzesbegründung insoweit alleine BT-Drucksache 14/6040 zitiert.

161 Häublein, NJW 2003, 388, 390; Larisch, S. 49. Vgl. auch die ähnliche Argumentation des BGH in bezug auf Haustürgeschäfte, NJW 2002, 1881, 1884. Die Maßgeblichkeit des Willens des nationalen Gesetzgebers betonend Habersack/Mayer, JZ 1999, 913, 921. Allerdings ist dieser Ansatz gerade in Zweifelsfragen nicht zielführend, so mit Recht Mayer/Schürnbrand, JZ 2004, 545, 551.

162 Bärenz, DB 2003, 375, 376.

163 Anwaltskommentar-Pfeiffer, Art. 11 Kauf-RL, Rn. 7; Hommelhoff, 50 Jahre BGH, S. 915 f. Demgegenüber setzt Larisch, S. 49, bei der historischen Auslegung an.

164 Bärenz, DB 2003, 375, 376.

kann im Hinblick auf den Zweck des Vorabentscheidungsverfahrens (Art. 234 EG) nicht überzeugen. Dieses dient dazu, über eine einheitliche Auslegung des Gemeinschaftsrechts zur Einheitlichkeit in der Anwendung mitgliedstaatlicher Normen zu gelangen.[165] Anders gewendet, geht es um eine Harmonisierung von Recht und dessen Anwendung in den Mitgliedstaaten der EU. Demgegenüber ist die Pflicht zur richtlinienkonformen Auslegung des Beschaffenheitsbegriffs auf rein nationales, deutsches Recht zurückzuführen. Der Wille des Gesetzgebers richtet sich daher räumlich gesehen nur auf eine einheitliche Auslegung des Beschaffenheitsbegriffs auf dem Gebiet der Bundesrepublik Deutschland. Das Vorabentscheidungsverfahren beim EuGH dient jedoch nicht dazu, eine einheitliche Auslegung und Anwendung von richtlinienüberschießend umgesetztem Recht auf dem Gebiet nur eines Mitgliedstaates zu sichern.[166] Für die „Sicherung einer einheitlichen Rechtsprechung", so die Formulierung in § 543 II 1 Nr. 2 ZPO[167], ist in der Bundesrepublik der Bundesgerichtshof als nationales Revisionsgericht zuständig. Deshalb verfängt auch das Argument[168] nicht, es gebe keine andere prozessuale Möglichkeit, dem gesetzgeberischen Willen nach einer einheitlichen Auslegung des Beschaffenheitsbegriffs Rechnung zu tragen. Folglich existiert keine Vorlagepflicht, soweit sich Zweifel auf über die Verbrauchsgüterkaufrichtlinie hinausgehendes nationales Recht beziehen. Die mitgliedstaatlichen Gerichte und damit auch der BGH sind indes dazu *berechtigt*, dem EuGH Zweifelsfragen zur Vorabentscheidung vorzulegen, wenn das nationale Recht – wie hier – auf eine Gemeinschaftsrechtsbestimmung verweist, um einen rein innerstaatlichen Sachverhalt zu regeln.[169]

3. Rechtsbehelfe des Käufers einer Sache nach neuem Schuldrecht

Liegt – gegebenenfalls unter Berücksichtigung der Regelungen der Verbrauchsgüterkaufrichtlinie[170] – ein Sachmangel vor, stehen dem Käu-

---

165 Hommelhoff, 50 Jahre BGH, S. 921.

166 Hommelhoff, 50 Jahre BGH, S. 920 f.; Larisch, S. 49; so auch i.E. Anwaltskommentar-Pfeiffer, Art. 11 Kauf-RL, Rn. 7; Grigoleit/Herresthal, JZ 2003, 118, 119.

167 Zöller-Gummer, § 543, Rn. 13-15 c.

168 Bärenz, DB 2003, 375, 376.

169 EuGH JZ 2003, 413; EuGH 1997, I-4190, 4200 und 4202; Häublein, NJW 2003, 388, 390; Anwaltskommentar-Pfeiffer, Art. 11 Kauf-RL, Rn. 7; Palandt-Heinrichs, Einleitung, Rn. 44; Erman-Grunewald, Vor § 433, Rn. 34; a.A. Hommelhoff, 50 Jahre BGH, S. 920 f.; Habersack/Mayer, JZ 1999, 913, 920 f.

170 Dazu soeben C.II.2.

fer einer Sache verschiedene Rechtsbehelfe zu. Sedes materiae ist § 437 BGB. Primäres Gewährleistungsrecht des Käufers ist gemäß § 437 Nr. 1 BGB ein Anspruch auf Nacherfüllung. Nach dieser Norm darf der Käufer Nacherfüllung im Sinne von § 439 BGB verlangen, das heißt nach seiner Wahl Beseitigung des Mangels oder Lieferung einer neuen, mangelfreien Sache. Alle weiteren, im folgenden aufgeführten Gewährleistungsansprüche kommen grundsätzlich nur in Betracht, wenn die Nacherfüllung unmöglich ist oder gemäß § 440 BGB ausscheidet, weil der Verkäufer diese verweigert, diese fehlgeschlagen oder dem Käufer unzumutbar ist. Dann darf der Käufer gemäß § 437 Nr. 2 BGB in Verbindung mit § 323 BGB vom Vertrag zurücktreten oder den Kaufpreis gemäß § 437 Nr. 2 BGB in Verbindung mit § 441 BGB mindern. Anstatt dessen kann er aber auch Schadensersatz gemäß § 437 Nr. 3 BGB in Verbindung mit §§ 280, 281 BGB verlangen. Dabei ist zwischen dem Schadensersatz gemäß § 280 I BGB und dem sogenannten Schadensersatz statt der Leistung (§§ 280 I, III, 281, 283, 311 a II BGB) zu differenzieren. Auch kann ein Aufwendungsersatzanspruch des Käufers gemäß § 437 Nr. 3 BGB in Verbindung mit § 284 BGB in Betracht kommen.

D. Der Anteilserwerb am organisierten Kapitalmarkt nach der Schuldrechtsreform

Ob und gegebenenfalls mit welchen Modifikationen § 434 I 3 BGB auf den Anteilserwerb am organisierten Kapitalmarkt anwendbar ist, ist Gegenstand des folgenden Kapitels.

I. Anwendungsbereich von § 453 I BGB

1. „Kauf von Rechten" oder „sonstigen Gegenständen"

§ 453 I BGB sieht die entsprechende Anwendung der Vorschriften über den Sachkauf auf den „Kauf von Rechten" und „sonstigen Gegenständen" vor. Über § 453 I BGB kann insbesondere eine Anwendung von § 434 I 3 BGB auf den Kauf von Anteilen am organisierten Kapitalmarkt begründet werden.

a) „Rechte"

„Rechte" im Sinne von § 453 I BGB meint alle Arten von Rechten. Es kommt nicht darauf an, ob sie schuldrechtlicher oder dinglicher Natur sind.[171] Der Gesellschaftsanteil ist ein Recht. Dementsprechend ist dessen Erwerb als Rechtskauf zu qualifizieren. Diese rechtliche Einordnung ist unabhängig davon, ob es sich um ein Geschäft am Primär- oder Sekundärmarkt handelt. Auch ist die Anzahl der erworbenen Anteile unerheblich. Zwar wird in der Literatur die Auffassung vertreten, der Kauf eines großen Teiles der Gesellschaftsanteile (sogenannter Paketerwerb) stelle nach dem Willen der Vertragsparteien keinen Rechtskauf, sondern einen Erwerb des Unternehmens als „sonstiger Gegenstand" im Sinne von § 453 I BGB dar.[172] Dem ist aber entgegenzuhalten, daß die Gesellschaft Rechtsträgerin des Unternehmens ist. Demgemäß kann und will sich der Altgesellschafter mangels eigener Verfügungsbefugnis nicht zur Übertragung des Unternehmensvermögens verpflichten. Kaufgegenstand

---

171 Bamberger/Roth-Faust, § 453, Rn. 2; Anwaltskommentar-Büdenbender, § 453, Rn. 2; Jauernig-Chr. Berger, § 453, Rn. 2; Palandt-Putzo, § 453, Rn. 3 f.; Staudinger 2004-Beckmann, § 453, Rn. 2 f.; MüKo-Westermann, § 453, Rn. 3.
172 Lange, ZGS 2003, 300, 302.

sind die ihm gehörenden Gesellschaftsanteile.[173] Mithin liegt nach zutreffender Auffassung auch beim Paketerwerb ein Rechtskauf vor.[174]

Sind die Anteile wertpapiermäßig verbrieft, soll nach einer Ansicht neben einem Rechtskauf in bezug auf das Wertpapier ein Sachkauf vorliegen, wenn und soweit das Recht nur durch Vorlage der Urkunde ausübbar und durch Übergabe der Urkunde übertragbar ist.[175] Ist die Urkunde beschädigt oder schwer lesbar, sollen die Regelungen über die Sachmängelgewährleistung Anwendung finden.[176] Dies ist jedoch umstritten. Nach anderer Auffassung ist lediglich ein Rechtskauf gegeben.[177] Hintergrund des Meinungsstreits ist die Anwendbarkeit von Vorschriften über die Sachmängelhaftung auf den Erwerb von in Wertpapieren verkörperten Anteilen. Letztlich darf der Streit in seinen praktischen Auswirkungen aber nicht überschätzt werden. Zum einen kann die Anwendbarkeit der Vorschriften über die Sachmängelgewährleistung nach der Schuldrechtsreform aus der Verweisungsnorm des § 453 III BGB hergeleitet werden.[178] Diese Norm setzt voraus, daß ein Recht erworben wird, das zum Besitz einer Sache berechtigt. Der Käufer des verbrieften Anteiles wird Eigentümer des Wertpapiers und erlangt somit ein Besitzrecht am Wertpapier. Dies folgt bei der Übertragung durch einen wertpapierrechtlichen Begebungsvertrag aus der Übereignung des Papiers selbst, bei der Übertragung durch Abtretung aus § 952 II BGB.[179] Zum anderen werden Anteile an börsennotierten Gesellschaften heutzutage immer seltener durch Übergabe der effektiven Stücke übertragen. Angesichts der Girosammelverwahrung der Wertpapiere (§§ 1 III, 5 DepotG) und der Sammelurkun-

173 Larisch, S. 180 f.; Bamberger/Roth-Faust, § 453, Rn. 32; Staudinger 2004-Beckmann, § 453, Rn. 32.

174 Larisch, S. 180 f.

175 Palandt-Putzo, § 453, Rn. 1 a.E.; Henssler/Graf von Westphalen-Graf von Westphalen, § 453, Rn. 8; Oetker/Maultzsch, S. 23; Staudinger-Köhler, § 437, Rn. 41.

176 Palandt-Putzo, § 453, Rn. 24; Staudinger-Köhler, § 437, Rn. 42; Bamberger/Roth-Faust, § 453, Rn. 7; Schwark-Schwark, § 47 BörsG, Rn. 3; MüKo-Westermann, § 433, Rn. 14 und § 453, Rn. 5.

177 Soergel-Huber, 12. Auflage, § 433, Rn. 41, § 437, Rn. 32.

178 Übernahmerecht-Reiner, § 56, Rn. 45; a.A. Palandt-Putzo, § 453, Rn. 5, 10: Wertpapier als „sonstiger Gegenstand". Allgemein auf § 453 BGB verweisend: Staudinger 2004-Matusche-Beckmann, § 434, Rn. 19.

179 Übernahmerecht-Reiner, § 56, Rn. 45. Allerdings findet § 952 II BGB im Börsenrecht keine praktische Anwendung, da Wertpapieraufträge auf den Kauf eines Inhaberpapiers und nicht auf den Erwerb einer Forderung durch Abtretung lauten, so mit Recht Claussen, § 9, Rn. 120.

den (§ 9 a DepotG), konstatierte *Zöllner* bereits im Jahre 1974, dem Effektenverkehr liegen bloße Buchungsvorgänge zugrunde, es komme tatsächlich kaum zu einem Austausch der Urkunden.[180] Weiter verstärkt wurde diese Tendenz dadurch, daß der Gesetzgeber es den Aktiengesellschaften im Jahre 1998 durch die Novellierung von § 10 V AktG[181] ermöglichte, den Anspruch des Aktionärs auf Verbriefung seines Anteiles in der Satzung auszuschließen oder einzuschränken. Von diesen Möglichkeiten haben viele Aktiengesellschaften Gebrauch gemacht, insbesondere indem sie sämtliche Aktien in einer Globalurkunde zusammenfaßten, um Aufwendungen für den Neudruck von Aktienmänteln zu minimieren.[182] Ansonsten würde die Einzelverbriefung angesichts der typischerweise breiten Streuung der Anteile bei sogenannten Massenemissionen erhebliche Kosten nach sich ziehen.[183] Die Globalurkunde wird gemäß § 1 I 2 Nr. 5 KWG, § 5 I DepotG bei der Deutschen Börse Clearing AG respektive einer Bank verwahrt. Der Erwerb von Anteilen erfolgt auf elektronischem Wege. Käufer und Verkäufer bekommen die wertpapiermäßig verkörperten Anteile folglich regelmäßig gar nicht zu sehen.[184]

b) „Sonstige Gegenstände“

Nach § 453 I BGB gelten die Vorschriften über den Sachkauf nicht nur entsprechend für den Rechtskauf, sondern auch für den Kauf „sonstiger Gegenstände“. Dieser Auffangtatbestand soll Lücken schließen, die durch den sachlich zu engen Begriff des Rechtskaufs entstehen können.[185] Unter „sonstigen Gegenständen“ versteht man alle übertragbaren Sachen, die im Verkehr einzeln oder zusammengefaßt gegen Entgelt veräußert werden.[186] In der Gesetzesbegründung werden in beispielhafter Aufzählung unter anderem „Unternehmen“ und „Unternehmensteile“ als „sonstige Gegenstände“ genannt.[187] Gesellschaftsanteile können jedoch

---

180 Zöllner, S. 251-255 und S. 260; so auch Bankrecht-Kümpel, § 104, Rn. 71; Merkt/Rossbach, JuS 2003, 217, 218; knapp auch MüKo-Westermann, § 433, Rn. 14.
181 Zur Entwicklungsgeschichte der Norm MüKo-AktG-Heider, § 10, Rn.1.
182 Vgl. Habersack/Mayer, WM 2000, 1678; MüKo-AktG-Heider, § 10, Rn. 38; MüKo-Hüffer, Vor § 793, Rn. 33.
183 MüKo-Hüffer, Vor § 793, Rn. 30.
184 Besonders deutlich Rieger, FS Peltzer, S. 340 f.
185 Anwaltskommentar-Büdenbender, § 453, Rn. 3; Bamberger/Roth-Faust, § 453, Rn. 23; Jauernig-Chr. Berger, § 453, Rn. 11; MüKo-Westermann, § 453, Rn. 20.
186 Henssler/Graf von Westphalen-Graf von Westphalen, § 453, Rn. 8.
187 Begr. RegE BT-Drucksache 14/6040, S. 242.

nicht als „Unternehmensteile" angesehen werden. Dieser Begriff umfaßt lediglich unselbständige Bestandteile eines Unternehmens wie dessen Divisionen, Sparten oder Geschäftsbereiche.[188] Letztlich bedarf es auch keiner Subsumtion unter den Begriff der „sonstigen Gegenstände", da der Kauf von Gesellschaftsanteilen, auch beim Paketerwerb, als Kauf von Rechten im Sinne von § 453 I BGB zu qualifizieren ist.[189]

c) „Kauf"

§ 453 I BGB knüpft an den „Kauf" von Rechten oder sonstigen Gegenständen an. „Kauf" meint einen zweiseitig verpflichtenden, synallagmatischen Vertrag, der die Parteien zur Verschaffung der Verfügungsmacht über einen Gegenstand gegen Bezahlung eines Kaufpreises verpflichtet.[190]

Entscheidend ist die *„entgeltliche dauerhafte Übertragung"* von *„Vermögenswerten"*.[191] So sind beispielsweise Wertpapier"leih"geschäfte wegen des nur vorübergehenden Charakters der Eigentumsübertragung nicht erfaßt.[192] Denn darunter versteht man die entgeltliche Übertragung von Wertpapieren durch einen „Verleiher"[193] an einen „Entleiher" mit der Verpflichtung des letzteren, bei Fälligkeit Wertpapiere gleicher Art und Güte dem „Verleiher" zurückzuübereignen.[194]

Bedeutsamer als diese tatbestandliche Einschränkung von § 453 I BGB ist folgender Umstand: Derjenige, der Anteile an börsennotierten Gesellschaften aufgrund fehlender oder fehlerhafter Kapitalmarktinformationen veräußert, kann sich nicht auf § 453 I BGB stützen. Von ihrer Rechtsfolge her gedacht, geht es im Rahmen von § 453 I BGB in Verbindung mit § 434 I 3 BGB um etwaige Gewährleistungsansprüche des Käufers, nicht

---

188 Insoweit zutreffend Rödder/Hötzel/Mueller-Thuns, § 9, Rn. 49.

189 Siehe oben D.I.1.a).

190 Jauernig-Chr. Berger, § 433, Rn. 1; Bamberger/Roth-Faust, Vor § 433, Rn. 8; Übernahmerecht-Reiner, § 56, Rn. 14.

191 Begr. RegE BT-Drucksache 14/6040, S. 208.

192 Vgl. MüKo-HGB-Ekkenga, Effektengeschäft, Rn. 49.

193 Es handelt sich nicht um eine Leihe im Sinne von § 598 BGB, sondern um ein Sachdarlehen gemäß § 607 I BGB. Denn zum einen sind nicht die „entliehenen" Wertpapiere, sondern lediglich Wertpapiere von gleicher Art und Güte zurückzugewähren. Zum anderen erfolgt die Wertpapier"leihe" gegen Entgelt. Siehe zum ganzen MüKo-HGB-Ekkenga, Effektengeschäft, Rn. 413; Kümpel, 8.235, 8.237.

194 Claussen, § 9, Rn. 207.

des Verkäufers. Hingegen kann der Anteilsverkäufer keine Gewährleistungsansprüche geltend machen. Also kommt es entscheidend darauf an, wer beim Anteilserwerb am organisierten Kapitalmarkt als Käufer und damit als möglicher Anspruchsberechtigter einzuordnen ist. In diesem Zusammenhang ist zwischen den verschiedenen Erwerbskonstellationen am Primär- und Sekundärmarkt zu unterscheiden.

aa) Kauf am Primärmarkt

Wie sich der Erwerb von Wertpapieren am Primärmarkt vollzieht, richtet sich danach, auf welche Weise der Emittent die Anteile begibt. Man unterscheidet zwischen der Selbst- und der Fremdemission.

aaa) Selbstemission

Bei einer Selbstemission plaziert die Gesellschaft selbst die Wertpapiere am Kapitalmarkt. In dieser Konstellation schließen Anleger und Emittent unmittelbar einen Kaufvertrag über die wertpapiermäßig verbrieften Anteile.[195] Diese Art der Emission ist heutzutage aber selten, da es den Emittenten alleine an Plazierungskraft fehlt. Praktische Bedeutung hat die Selbstemission nur noch, wenn Pfandbriefe und Kommunalobligationen durch Hypothekenbanken oder eigene Schuldverschreibungen durch Kreditinstitute begeben werden sollen.[196] Angesichts der geringen praktischen Relevanz der Selbstemission und im Hinblick darauf, daß der Erwerb von Gesellschaftsanteilen Untersuchungsgegenstand ist, wird auf die Selbstemission nachfolgend nur am Rande eingegangen.

bbb) Fremdemission

Emittenten von Aktien wenden sich, wie soeben erwähnt, regelmäßig nicht unmittelbar an das Anlegerpublikum. Vielmehr bedienen sie sich der Hilfe von Banken zur Begebung von Aktien (sogenannte Fremdemission).[197] Meistens haben sich mehrere Kreditinstitute zu einem Konsortium unter Führung einer Bank zusammengeschlossen. Dieses Konsortium ist

195 Kümpel, 8.177, 8.249 f.

196 Kümpel, 8.175, 8.249; Canaris, Bankvertragsrecht, Rn. 2236; Bankrecht-Handbuch-Bartz, § 50, Rn. 11.

197 Kümpel, 8.178; Canaris, Bankvertragsrecht, Rn. 2236; Scholze, S. 287 f.; Bankrecht-Handbuch-Bartz, § 50, Rn. 10; Handbuch GbR-Schücking, § 32, Rn. 8.

eine Gesellschaft bürgerlichen Rechts.[198] Die erstmals zu plazierenden Aktien können zum einen aus einer eigens durchgeführten Kapitalerhöhung stammen und werden daher auch als junge Aktien bezeichnet.[199] Sehr üblich ist die Barkapitalerhöhung in Gestalt des genehmigten Kapitals (§§ 202 ff. AktG).[200] Deshalb ist das Augenmerk auf die Plazierung der auf diese Weise entstandenen, jungen Aktien zu richten.[201] Es soll aber nicht verkannt werden, daß nach einer Kapitalerhöhung alte und junge Stücke gemeinsam gehandelt werden.[202] Zum anderen können bereits bestehende Aktien im Rahmen eines Börsenganges (sogenanntes „Initial Public Offering" (IPO)) emittiert werden.[203] Bei der Fremdemission schließt der Emittent einen Vertrag mit dem Bankenkonsortium. Die rechtliche Qualifikation dieses Vertrages hängt davon, ob es sich um eine sogenannte „feste Übernahme" der Aktien durch die Konsortialbanken handelt oder nicht. Im Fall einer „festen Übernahme" wird das Konsortium auch Übernahmekonsortium genannt.[204] Dabei verpflichten sich die Konsortialbanken gegenüber dem Emittenten, einen korporationsrechtlichen Beitrittsvertrag abzuschließen.[205] Infolge der Zeichnung neuer Aktien[206] werden sie zu Gesellschaftern des Emittenten und sind diesem gegenüber zur Erbringung der Mindesteinlage (§§ 188 II, 36 a I AktG) verpflichtet.[207] Außerdem tragen die Konsortialbanken das wirtschaftliche Risiko der Plazierung. Diese Vorgehensweise birgt für die Gesellschaft den Vor-

---

198 Canaris, Bankvertragsrecht, Rn. 2248; Hopt, Banken, Rn. 49. Zu neueren Entwicklungen siehe aber Handbuch GbR-Schücking, § 32, Rn. 45 f.

199 Eine statistische Erhebung über Aktienemissionen infolge von Kapitalerhöhungen in Deutschland und anderen Industrieländern findet sich im DAI-Factbook 2003, 03-4-1.

200 BuB-Groß, 10/297; Bankrecht-Grundmann, § 112, Rn. 124.

201 Die bedingte Kapitalerhöhung (§§ 192 ff. AktG) und die Kapitalerhöhung aus Gesellschaftsmitteln (§§ 207 ff. AktG), bei denen sich der Erwerb nicht aufgrund vertraglicher Schuldverhältnisse, sondern aufgrund aktienrechtlicher Regelungen zwischen Emittent und bisherigem Aktionär bzw. feststehendem Destinatär vollzieht, können vernachlässigt werden. Vgl. dazu Bankrecht-Grundmann, § 112, Rn. 73, 124; Kümpel, 9.243 f.

202 Vgl. Ellenberger, S. 62.

203 Dazu ausführlich BuB-Groß, 10/288-10/293 c, 10/306 b, 10/307 b; Handbuch GbR-Schücking, § 32, Rn. 6. Vgl. auch DAI- Factbook 2003, 03-4-2, für eine statistische Übersicht über Neuemissionen in Deutschland und anderen Industrieländern.

204 Claussen, Rn. 298; Hopt, Banken, Rn. 24; Scholze, S. 289; BuB-Groß, 10/307 a.

205 Hopt, Banken, Rn. 37; Claussen, Rn. 327; Canaris, Bankvertragsrecht, Rn. 2244; Bankrecht-Handbuch-Bartz, § 50, Rn. 31; Handbuch GbR-Schücking, § 32, Rn. 90.

206 Entweder zeichnet der Konsortialführer die neuen Aktien im eigenen Namen und verkauft diese an die übrigen Konsortialbanken oder er zeichnet diese namens und im Auftrag der jeweiligen Konsortialbanken entsprechend ihrer Quoten, vgl. Happ-Groß, 16.02, Rn. 6.

207 BuB-Groß, 10/295.

teil, daß sie ihrer Finanzplanung der Höhe und dem Zeitpunkt nach bestimmte Mittelzuflüsse zugrundelegen kann.[208] Deshalb ist sie in der heutigen Emissionspraxis am gebräuchlichsten.[209] Übernimmt das Bankenkonsortium die Anteile ausnahmsweise nicht „fest", sondern kommt zwischen diesem und dem Emittenten ein Kommissionsvertrag zustande und hat der Emittent das wirtschaftliche Risiko der Plazierung zu tragen,[210] spricht man von einem Begebungskonsortium.[211]

Sowohl im Fall des Übernahme- als auch des Begebungskonsortiums schließt nicht der Emittent, sondern eine der beteiligten Konsortialbanken Kaufverträge über die Anteile. Diese verkauft die Aktien in eigenem Namen an ihren Vertragspartner.[212] Vertragspartner der Konsortialbank kann entweder ein Anleger, ein sein Bezugsrecht[213] ausübender Aktionär[214] oder ein Kreditinstitut sein, welches nicht zugleich Mitglied des Konsortiums ist und die Aktien an seine Kunden weiterveräußert. Diese Weiterveräußerung durch eine Nichtkonsortialbank ist eine Sekundärmarkttransaktion[215] und daher an anderer Stelle rechtlich zu würdigen.[216] Auf die Zuteilung neuer Aktien an Aktionäre des Emittenten wird hingegen nicht weiter eingegangen werden. Denn dieser Erwerb beruht auf der

---

208 Kümpel, 9.235.

209 Canaris, Bankvertragsrecht, Rn. 2239; Kümpel, 9.235; Hopt, Banken, Rn. 24; Bankrecht-Handbuch-Bartz, § 50, Rn. 40; Sonnenhol, BKR 2002, 920; vgl. auch Handbuch GbR-Schücking, § 32, Rn. 37.

210 Claussen, Rn. 298; Canaris, Bankvertragsrecht, Rn. 2244; Hopt, Banken, Rn. 36.

211 Claussen, Rn. 298; Hopt, Banken, Rn. 24; Scholze, S. 289 f.; Handbuch GbR-Schücking, § 32, Rn. 34.

212 Canaris, Bankvertragsrecht, Rn. 2245; Bankrecht-Grundmann, § 112, Rn. 123; Schwintowski/Schäfer-Schäfer, § 23, Rn. 116; Hopt, Banken, Rn. 42; OLG Köln, BKR 2002, 914, 915; Handbuch GbR-Schücking, § 32, Rn. 93; a.A. Kümpel, 8.251, der meint, die Einschaltung des Emissionskonsortiums sei emissionstechnisch bedingt und ändere nichts an rechtlichen Stellung des Emittenten als Verkäufer. Ähnlich Köndgen, FS Druey, S. 791, 805 f. („Emittent als eine Art Verkäufer").

213 In der festen Übernahme von Aktien durch die Konsortialbanken liegt für sich betrachtet ein Ausschluß des Bezugsrechts der Altaktionäre. § 203 I 1 in Verbindung mit § 186 V AktG fingiert aber, daß darin unter bestimmten Voraussetzungen kein Bezugsrechtsausschluß zu sehen ist (Hüffer, § 186, Rn. 44). So sind die Emissionsbanken vertraglich gegenüber dem Emittenten verpflichtet, übernommene Aktien den Aktionären anzubieten. Dieser Vertrag ist ein echter Vertrag zugunsten Dritter; vgl. Hüffer, § 186, Rn. 47; KK-Lutter, § 186, Rn. 111; BuB-Groß, 10/311; Handbuch GbR-Schücking, § 32, Rn. 108.

214 Hüffer, § 186, Rn. 51; KK-Lutter, § 186, Rn. 112; Ellenberger, S. 115 f.

215 Bankrecht-Grundmann, § 112, Rn. 123; Schwintowski/Schäfer-Schäfer, § 23, Rn. 116; Hopt, Banken, Rn. 43; siehe auch Handbuch GbR-Schücking, § 32, Rn. 93.

216 Siehe unten D.I.1.c)bb).

Ausübung des Bezugsrechts der Aktionäre. Zwischen Konsortialbank und Altaktionär besteht ein Rechtsverhältnis auf der Grundlage aktienrechtlicher Regelungen[217] und keine kaufvertragliche Beziehung.

Zusammenfassend bleibt festzuhalten, daß bei der Fremdemission Kaufverträge zwischen einer Konsortialbank auf der einen Seite und einem Anleger oder einer nicht am Konsortium beteiligten Bank auf der anderen Seite zustande kommen.

bb) Kauf am Sekundärmarkt

Der Sekundärmarkt ist bekanntlich der Markt für umlaufende, bereits emittierte Wertpapiere. Zu den Sekundärmarkttransaktionen gehört insbesondere auch der Erwerb von gerade emittierten Aktien, wenn der Anleger statt einer Konsortialbank eine nicht am Emissionskonsortium beteiligte Bank mit deren Kauf beauftragt. Die Grenze zwischen Primärmarkt- und Sekundärmarkttransaktion wird in der Praxis sehr schnell überschritten. So werden Anteile meist schon innerhalb eines Tages nach der Emission am Sekundärmarkt gehandelt.[218] Zur Beantwortung der Frage, wer Käufer bei Sekundärmarkttransaktionen ist, ist danach zu unterscheiden, ob es sich um einen Erwerb von Anteilen am börslichen oder um einen solchen am außerbörslichen Sekundärmarkt handelt.

aaa) Kauf am börslichen Sekundärmarkt

Gemäß § 22 I BörsG sind Aufträge über den Kauf börsennotierter oder in den Freiverkehr einbezogener Anteile über die Börse auszuführen. Da es sich bei der Nichterwähnung des Geregelten Marktes um ein Redaktionsversehen handelt, sind auch die auf diesem Marktsegment gehandelten Anteile von § 22 I BörsG erfaßt.[219] Die Pflicht, Aufträge über die Börse auszuführen, gilt vorbehaltlich einer anderen, einzelfallbezogenen Weisung des Auftraggebers.[220]

217 Bankrecht-Grundmann, § 112, Rn. 124.

218 Hopt, Banken, Rn. 43; vgl. MüKo-HGB-Ekkenga, Effektengeschäft, Rn. 6 und Hopt/Voigt, WM 2004, 1801, 1802.

219 Schwark-Schwark, § 22 BörsG, Rn. 2.

220 Aufgrund dessen sollte man nicht von „Börsenzwang" (so aber Bankrecht-Handbuch-Ekkenga/Bernau, § 49, Rn. 84), sondern von „Börsenvorrang" sprechen (zutreffend Schwark-Schwark, § 22 BörsG, Rn. 1).

Angesichts dessen stellt der börsliche Erwerb am Sekundärmarkt den praktischen Schwerpunkt des Erwerbs von Anteilen an börsennotierten Gesellschaften dar. Im Regelfall werden Kaufverträge von Banken geschlossen.[221] Denn der Handel von Wertpapieren an der Börse ist auf nach § 16 BörsG zugelassene Unternehmen – fast ausschließlich Banken – beschränkt.[222] Der bisherige Eigentümer der Anteile und der Anleger kontrahieren nicht miteinander. Dies ergibt sich, wenn man die rechtlichen Beziehungen der beim Erwerb von Anteilen am börslichen Sekundärmarkt Beteiligten betrachtet:

Ein Anleger interessiert sich etwa aufgrund von Kapitalmarktinformationen für Anteile am Emittenten. Daraufhin beauftragt er eine Bank[223] mit dem Kauf von entsprechenden Wertpapieren des Emittenten. Rechtlich handelt es sich bei dem Schuldverhältnis zwischen dem Anleger und der Bank um einen Geschäftsbesorgungsdienstvertrag (§§ 675 I, 611 BGB).[224] Zugleich besteht zwischen der Bank und ihrem Kunden regelmäßig ein Kommissionsverhältnis (§§ 383 ff. HGB).[225] Danach führt die Effektenbank den Auftrag zum Kauf von Wertpapieren als (Einkaufs-)Kommissionärin aus. Dieser Regelfall wird in Nr. 1 Abs. 1 der Sonderbedingungen für Wertpapiergeschäfte (SBW) nachgezeichnet. Die SBW sind Sonderbedingungen im Sinne von Nr. 1 Abs. 1 S. 2 der Allgemeinen Geschäftsbedingungen der privaten Banken und Genossenschaftsbanken (AGB-Banken). Sie werden bei der Kontoeröffnung oder der Auftragserteilung durch Vereinbarung zwischen der Bank und ihrem Kunden gemäß § 3 05 II BGB in den Geschäftsbesorgungsdienstvertrag einbezogen.[226] Gleiches gilt spiegelbildlich für das Rechtsverhältnis zwischen dem veräußerungswilligen Aktionär und der von ihm mit dem Verkauf von Aktien beauftragten Bank. Diese erfüllt den Auftrag im Wege der Verkaufskommission für ihren Kunden, Nr. 1 Abs. 1 SBW. Dazu schließt sie

---

221 Anders verhält es sich, wenn die Bank dem Anleger ausnahmsweise Wertpapiere aus eigenen Beständen liefern soll. Dann kommt zwischen der Effektenbank und ihrem Kunden ein Kaufvertrag zustande, MüKo-HGB-Ekkenga, Effektengeschäft, Rn. 49. Bei Festpreisabsprachen (Nr. 9 SBW) schließen Bank und Anleger ebenfalls einen Kaufvertrag. Danach verpflichtet sich die Bank, Wertpapiere zu einem zumindest nach objektiven Kriterien bestimmbaren Preis zu liefern (vgl. dazu Lenenbach, 4.11, 4.13, 4.51-4.55).

222 Lenenbach, 4.5, spricht zu Recht von einer „Monopolstellung" der Banken.

223 Dies wird regelmäßig seine kontoführende Bank sein.

224 MüKo-HGB-Ekkenga, Effektengeschäft, Rn. 36, 54, 257; Claussen, Rn. 214.

225 Claussen, Rn. 214; Bankrecht-Handbuch-Ekkenga/Bernau, § 49, Rn. 27; BGH WM 2002, 1687, 1688.

226 Formularbuch-Clouth, VI.Q.1., Anmerkung 1.

einen Kaufvertrag mit der vom Anleger beauftragten Bank. Vertragspartner sind auf beiden Seiten die beauftragten Banken. Diese handeln in eigenem Namen, aber für Rechnung ihrer Auftraggeber (§§ 383 ff. HGB). Gegebenenfalls wird der Wertpapierkaufvertrag durch ein Kreditinstitut oder ein Finanzdienstleistungsinstitut als sogenannter Skontroführer gemäß § 27 I 1 BörsG vermittelt.[227] Die Ausführung kann aber auch im elektronischen Handel wie etwa über Xetra an der Frankfurter Wertpapierbörse erfolgen. Dies hat in den letzten Jahren zu einem rapiden Bedeutungsverlust des Präsenzhandels gegenüber elektronischen Handelssystemen geführt.[228] Beide Möglichkeiten der Ausführung ändern aber nichts an der kommissionsweisen Ausführung des Wertpapiergeschäftes durch die Effektenbank.[229]

Zudem können Geschäfte an der Frankfurter Wertpapierbörse seit dem Jahre 2003 unter Einschaltung der Eurex Clearing AG als „Zentralem Kontrahenten" („Central counterpart"; auch „Zentrale Gegenpartei") zustande kommen. Bei volumen- und preismäßig übereinstimmenden Kauf- und Verkaufsaufträgen führt dies zum Abschluß zweier Wertpapiergeschäfte. Der "Zentrale Kontrahent" wird dann Vertragspartner sowohl des Einkaufs- als auch des Verkaufskommissionärs. Rechtlich gesehen schiebt sich also die „Zentrale Gegenpartei" zwischen beide, bisher unmittelbar miteinander kontrahierende Effektenbanken. Dadurch ist eine völlige Anonymität der Handelspartner gewährleistet.[230] Im März 2004 konnten von den insgesamt 7.449 an der Frankfurter Wertpapierbörse notierten Aktien 857 unter Einschaltung des „Zentralen Kontrahenten" gehandelt werden.[231] Wie Nr. 1 Abs. 1 SBW klarstellt, besteht zwischen dem Anleger und der von ihm beauftragten Effektenbank auch in dieser Konstellation ein kommissionsrechtliches Verhältnis.[232]

Obgleich Wertpapierkaufverträge regelmäßig entweder zwischen den Effektenbanken oder zwischen dem „Zentralen Kontrahenten" und den

---

227 Claussen, Rn. 222; Schwark-Schwark, § 27 BörsG, Rn. 5.

228 Schwark-Schwark, § 22 BörsG, Rn. 18; Schwark-Beck, § 25 BörsG, Rn. 6; Lenenbach, 4.35.

229 Schwark-Schwark, § 22 BörsG, Rn. 19, 25.

230 Bankrecht-Handbuch-Ekkenga/Bernau, § 49, Rn. 10; Horn, WM 2002, Sonderbeilage, S. 4; Kümpel, 10.59.

231 Schriftliche Auskunft der Deutschen Börse AG vom 18.03.2004.

232 Kümpel, 10.59; Schwark-Schwark, § 22 BörsG, Rn. 25; B/H-Hopt, (8) AGB-WPGeschäfte Nr. 1, Rn. 2.

Effektenbanken zustande kommen, können bei börslichen Sekundärmarkttransaktionen gewährleistungsrechtliche Ansprüche des Anlegers nicht von vornherein ausgeschlossen werden. Diese auf den ersten Blick überraschend anmutende Behauptung stützt sich auf die Bestimmung des üblicherweise in den Vertrag zwischen dem Kunden und der beauftragten Bank einbezogenen Nr. 8 SBW. Dieser trifft u.a. folgende Bestimmung: *„Die Bank haftet für die ordnungsgemäße Erfüllung des Ausführungsgeschäfts durch ihren Vertragspartner oder den Vertragspartner des Zwischenkommissionärs (...).“* Damit haftet die beauftragte Bank gegenüber ihrem Kunden akzessorisch für die ordnungsgemäße Erfüllung des Ausführungsgeschäftes durch ihren Vertragspartner.[233] Vertragspartner der Einkaufskommissionärin ist entweder die als Verkaufskommissionärin agierende Bank oder die „Zentrale Gegenpartei“.

Zur ordnungsgemäßen Erfüllung gehört beim Kaufvertrag die Mangelfreiheit des Kaufgegenstandes, § 433 I 2 BGB. Die als Verkaufskommissionärin agierende Bank ist gegenüber der vom Anleger beauftragten Bank verpflichtet, den Anteil sach- und rechtsmängelfrei zu liefern (§§ 453 I, 433 I 2 BGB). Wenn das Wertpapiergeschäft unter Einschaltung des „Zentralen Kontrahenten“ ausgeführt wird, trifft diesen die kaufrechtliche Pflicht zur mangelfreien Lieferung. Die akzessorische Haftung gemäß Nr. 8 SBW führt dazu, daß der Anleger gegen die von ihm beauftragte Bank etwaige Mängelgewährleistungsansprüche geltend machen kann. Die Bank wird so behandelt, als hätte sie eine Verbindlichkeit eines (im Verhältnis zum Anleger) Dritten durch Selbsteintritt übernommen.[234] Nr. 8 SBW löste insofern mit Wirkung zum 01.01.1995 die Regelung des Nr. 29 I 1 AGB-Banken ab, welche ein Selbsteintrittsrecht des Kommissionärs vorsah und aufgrund dessen stark in die rechtspolitische Kritik geraten war.[235] Ein Einstehenmüssen der Effektenbank gegenüber dem Anleger ließe sich auch aus § 384 III HGB herleiten. Nach § 384 III HGB haftet der Kommissionär persönlich, wenn er seinem Auftraggeber nicht spätestens mit der Ausführungsanzeige den Kontrahenten des Ausführungsgeschäftes benennt. Aus geschäftspolitischen Gründen, das heißt um zu verhindern, daß der Kunde mit anderen Wettbewerbern in Kontakt tritt, aber auch im Interesse einer standardisierten Geschäftsabwicklung, werden

---

233 MüKo-HGB-Ekkenga, Effektengeschäft, Rn. 62-64, 258; Assmann/Schütze-Roth, § 11, Rn. 82.

234 MüKo-HGB-Ekkenga, Effektengeschäft, Rn. 63.

235 Die Diskussion ist nachgezeichnet bei Kümpel, 10.252-10.263 m.w.N.

Effektenbanken regelmäßig davon absehen, die jeweils auf der Gegenseite stehende Bank namhaft zu machen.[236] Wegen der deshalb faktisch in fast allen Fällen bestehenden Erfüllungshaftung des Emittenten gemäß § 384 III HGB wird der Regelung des Nr. 8 SBW in der Literatur nur deklaratorische Bedeutung beigemessen.[237] Nicht verkannt werden darf aber, daß Nr. 8 SBW insofern weitgehender als § 384 III HGB ist, als die Effektenbank sich auch durch die Benennung ihres Vertragspartners nicht der Erfüllungshaftung entziehen kann.[238]

Demzufolge kommen Wertpapierkaufverträge entweder zwischen den beteiligten Effektenbanken oder zwischen diesen und der „Zentralen Gegenpartei" zustande. Der Anleger kann aber gewährleistungsrechtliche Ansprüche gegen die von ihm beauftragte Bank gemäß §§ 453 I, 433 ff. BGB in Verbindung mit Nr. 8 SBW haben, wenn deren Vertragspartner seine Pflicht zur Lieferung eines mangelfreien Anteils aus §§ 453 I, 433 I 2 BGB verletzte.

bbb) Kauf am außerbörslichen Sekundärmarkt

Beim außerbörslichen Erwerb am Sekundärmarkt kommt es ebenfalls zumeist nicht zu einem rechtsgeschäftlichen Kontakt zwischen dem bisherigen Aktionär und dem Anleger. Vielmehr werden Kaufverträge in der ganz überwiegenden Anzahl von Fällen alleine zwischen den Banken untereinander geschlossen. Dies gilt sowohl für Eigengeschäfte der Banken[239] als auch für deren Handeln im Kundenauftrag. Beauftragt ein Anleger eine Bank mit dem außerbörslichen Kauf von Wertpapieren, ist diese verpflichtet, die Wertpapiere kommissionsweise zu erwerben. Denn Nr. 1 Abs. 1 S. 1 SBW erfaßt auch Ausführungsgeschäfte außerhalb der Börse.[240] Angesichts des Börsenvorranges gemäß § 22 I BörsG

236 Kümpel, 10.72, 10.211; Assmann/Schütze-Roth, § 11, Rn. 48; MüKo-HGB-Ekkenga, Effektengeschäft, Rn. 55.
237 Kümpel, 10.211; Assmann/Schütze-Roth, § 11, Rn. 48.
238 MüKo-HGB-Ekkenga, Effektengeschäft, Rn. 65; Formularbuch-Clouth, VI.Q.1., Anmerkung 11.
239 Diese seien nur der Vollständigkeit halber genannt und werden im folgenden nicht weiter behandelt.
240 B/H-Hopt, (8) AGB-WPGeschäfte 2, Rn. 1.

setzt eine außerbörsliche Ausführung aber stets eine entsprechende Weisung des Anlegers im Einzelfall voraus.[241]

Aufgrund der Anwendbarkeit der SBW auf den Abschluß von Ausführungsgeschäften außerhalb der Börse sind die Beziehungen der Beteiligten in gleicher Weise rechtlich einzuordnen wie beim Erwerb an der Börse. Daher kann der Anleger nach dem oben Gesagten[242] gewährleistungsrechtliche Ansprüche gegen seine Effektenbank geltend machen, wenn deren Vertragspartner nicht ordnungsgemäß erfüllte, §§ 453 I, 433 ff. BGB in Verbindung mit Nr. 8 SBW.

Anders stellt sich allerdings die Rechtslage beim Paketerwerb zur Vorbereitung einer feindlichen Übernahme dar. In diesen Fällen nimmt der Erwerbsinteressent üblicherweise Kontakt mit den maßgeblich beteiligten Aktionären auf. Ziel des Erwerbsinteressenten ist es, eine verbindliche Zustimmung der Aktionäre zur Veräußerung ihrer Anteile an ihn vor Abgabe eines Übernahmeangebotes zu erreichen.[243] Dann können Kaufverträge auch unmittelbar zwischen dem Aktionär und dem strategischen Investor zustande kommen.

2. „Entsprechende Anwendung" von § 434 I 3 BGB auf den Anteilserwerb am organisierten Kapitalmarkt

§ 453 I BGB sieht eine „entsprechende Anwendung der Vorschriften über den Sachkauf" auf den Kauf von Rechten vor.

Im Schrifttum wird bislang hauptsächlich im Hinblick auf die Mängelhaftung beim Erwerb von Unternehmen erörtert, ob § 434 BGB (über § 453 I BGB) anwendbar sei.[244] Aus dieser Diskussion lassen sich aber auch Rückschlüsse auf die Anwendbarkeit von § 434 I 3 BGB auf den Kauf eines einzigen Anteils am organisierten Kapitalmarkt ziehen. Sollte sich herausstellen, daß die Vorschriften über die Sachmängelhaftung, insbesondere § 434 I 3 BGB, schon nicht auf den Unternehmenskauf anwendbar sind, dann müßte dies erst recht für den Erwerb eines Anteils am

241 Bankrecht-Handbuch-Ekkenga/Bernau, § 49, Rn. 84, sehen darin eine „Verschärfung" gegenüber dem BörsG i.d.F. vor dem 01.07.2002.
242 D.I.1.c)bb)aaa).
243 Heidel-Sohbi, Kap. 15, § 10 WpÜG, Rn. 5.
244 Siehe die in Fn. 146 genannten Autoren.

organisierten Kapitalmarkt gelten. Daher ist zunächst die Frage zu klären, ob der Anwendung von § 434 I 3 BGB auf den Erwerb eines Unternehmens etwas entgegensteht.[245] Wird dies verneint, ist darauf einzugehen, ob Sachmängelgewährleistungsrecht auf den Erwerb eines Anteiles am organisierten Kapitalmarkt Anwendung finden kann.[246]

a) Anwendbarkeit von Sachmängelgewährleistungsrecht auf den Erwerb eines Unternehmens

U. Huber[247] ist der Auffassung, die Vorschriften über die Sachmängelhaftung, insbesondere § 434 BGB, seien trotz der Regelung des § 453 I BGB von vornherein nicht auf den Erwerb von Unternehmen anwendbar.[248] Vielmehr könnten sich Ansprüche des Käufers eines Unternehmens für Fehlinformationen allenfalls aus culpa in contrahendo (§§ 280, 311 II, 241 II BGB) ergeben.[249] *U. Huber* behauptet, Ausgangspunkt der Sachmängelhaftung sowohl vor als auch nach der Schuldrechtsreform sei die Annahme, daß Sachen regelmäßig eine Standardbeschaffenheit aufwiesen. Das folge aus ihrem Charakter als Verbrauchsgüter.[250] Demgegenüber könne bei Unternehmen nicht von einer üblichen Beschaffenheit die Rede sein.[251] Vielmehr gehe es bei Unternehmenskäufen um eine Haftung für Informationen, die der Verkäufer gegeben oder unterlassen habe.[252] Darüber hinaus sei scharf zwischen Rechts- und Sachkauf zu differenzieren.[253] Apodiktisch faßt *U. Huber* seinen Standpunkt folgendermaßen zusammen: *„Sachmängelhaftung beim Rechtskauf ist eine durch und durch systemwidrige Lösung.“*[254]

---

245 Unten D.I.2.a).
246 Unten D.I.2.b).
247 U. Huber, AcP 202 (2002), 179, 211-215, insbesondere S. 214 sowie S. 228.
248 Gleichwohl stellt U. Huber, AcP 202 (2002), 179, 223, 228, mit einem gewissen Bedauern fest, die Rechtsprechung werde sich zu dieser Lösung nicht entschließen. Daher macht er breite Ausführungen über seine „Einschätzung der künftigen Rechtsprechung“ (S. 223-231), obwohl er selbst die „eindeutige“ Lösung für vorzugswürdig hält (S. 214).
249 U. Huber, AcP 202 (2002), 179, 215-217.
250 U. Huber, AcP 202 (2002), 179, 212.
251 U. Huber, AcP 202 (2002) ,179, 212 f. So auch Rödder/Hötzel/Mueller-Thuns, § 9, Rn. 72; Gaul, ZHR 166 (2002), 35, 48; Übernahmerecht-Reiner, § 56, Rn. 153; Müller, FS Hadding, S. 199, 214; ähnlich Hölters-Semler, N 192. Die Frage offenlassend Larisch, S. 19 f.
252 U. Huber, AcP 202 (2002), 179, 212 f.
253 U. Huber, AcP 202 (2002), 179, 213 f.
254 U. Huber, AcP 202 (2002), 179, 214.

Diese Schlußfolgerung verkennt aber den Regelungsgehalt des § 453 I BGB. Im Ergebnis führte sie zu einer differenzierten Anwendung des Gewährleistungsrechts beim Rechtskauf: Danach käme ausschließlich die Anwendung der Vorschriften über die Rechtsmängelhaftung in Betracht, hingegen wäre die Anwendung des Sachmängelgewährleistungsrechts, insbesondere § 453 I BGB in Verbindung mit § 434 I 3 BGB, beim Rechtskauf von vornherein ausgeschlossen.[255]

Gemäß § 453 I BGB in Verbindung mit § 435 S. 1 BGB ist ein Recht frei von Rechtsmängeln, wenn Dritte diesbezüglich keine oder nur die im Kaufvertrag übernommenen Rechte gegen den Käufer geltend machen können. Ein Rechtsmangel liegt beispielsweise vor bei einer Belastung des Anteils mit einem Pfandrecht oder Nießbrauch oder bei einer nicht voll erbrachten Einlage, für welche der Käufer haften muß.[256] Demgegenüber können Angaben, die sich auf den Emittenten beziehen, keinen Rechtsmangel begründen.[257] Maßgeblicher Zeitpunkt für das Vorliegen eines Rechtsmangels ist die Abtretung des Geschäftsanteils, § 446 BGB analog.[258]

Auf die Gesetzesbegründung kann eine Nichtanwendung des Sachmängelgewährleistungsrechts nicht gestützt werden. Richtig ist zwar, daß darin auf die Rechtslage vor der Schuldrechtsreform Bezug genommen wird. So heißt es zu § 453 I BGB: *„Im Einklang mit dem geltenden Recht sieht § 453 I RE vor, daß die Vorschriften über den Sachkauf auch auf den Kauf von Rechten entsprechend anwendbar sind."*[259] Nach BGB a.F. kam beim Rechtskauf lediglich eine Gewährleistung wegen Rechtsmängeln in Betracht. Dementsprechend heißt es in der Gesetzesbegründung weiter: *„Daraus ergibt sich, daß der Verkäufer eines Rechts verpflichtet ist, dem Käufer das Recht frei von Rechtsmängeln zu verschaffen."*[260] Jedoch folgt daraus nicht, daß § 434 BGB nach der Schuldrechtsreform beim Rechtskauf keine Anwendung finden kann. Denn in der Gesetzes-

---

255 So aber auch Anwaltskommentar-Büdenbender, § 453, Rn. 6. Ähnlich Bergjan, S. 285 f., der § 434 BGB beim Rechtskauf „grundsätzlich" nicht für anwendbar hält.

256 Holzapfel/Pöllath, Rn. 419 f.; Handbuch GmbH-U. Jasper, § 24, Rn. 117; Roth/Altmeppen-Altmeppen, § 15, Rn. 15; Übernahmerecht-Reiner, § 56, Rn. 37 f.; Mandatshandbuch-Lips/Stratz/Rudo, § 4, Rn. 27; Larisch, S. 182-189; Erman-Grunewald, § 453, Rn. 9.

257 Schwark-Schwark, § 47 BörsG, Rn. 4.

258 Holzapfel/Pöllath, Rn. 420.

259 Begr. RegE BT-Drucksache 14/6040, S. 242.

260 Begr. RegE BT-Drucksache 14/6040, S. 242. Daran anknüpfend Rädler, S. 50.

begründung ist auch die Rede von einer entsprechenden Anwendbarkeit der *„Vorschriften über den Sachkauf"*.[261] Eine Differenzierung zwischen Sachmängel- und Rechtsmängelgewährleistung wird nicht getroffen. Vielmehr war es ein Anliegen des Gesetzgebers, die Haftung für Sach- und für Rechtsmängel zu vereinheitlichen. Er wollte den Anteilskauf gerade nicht ausschließlich unter das Rechtsmängelgewährleistungsrecht fassen.[262] Eine Unterscheidung zwischen beiden Mängeln beim Rechtskauf kommt auch nicht im Wortlaut von § 453 I BGB zum Ausdruck. De lege lata sollen nach dessen Wortlaut *„die Vorschriften über den Sachkauf"* entsprechende Anwendung auf den Kauf von Rechten finden.[263] Die Verweisung ist nicht auf § 435 BGB beschränkt. Dies darf man rechtspolitisch als „systemwidrig" kritisieren. Der Rechtsanwender darf aber die gesetzliche Vorschrift des § 453 I BGB nicht unter Hinweis auf eine behauptete Systemwidrigkeit weitgehend leerlaufen lassen.[264] Die zu einer vorbehaltlosen Unanwendbarkeit von § 434 BGB führende Auslegung des Begriffs „entsprechende Anwendung" ist nicht mit § 453 I BGB zu vereinbaren.

Außerdem ist die These unzutreffend, es gebe keine gewöhnliche Beschaffenheit von Unternehmen. Richtig ist allein, daß einige unternehmerische Indikatoren keiner objektiven Begründung zugänglich sind, sondern wie etwa Umsatz- oder Kapitalrenditen von der spezifischen Situation des Unternehmens abhängen.[265] Gleichwohl bestehen zahlreiche objektiv fixierbare Anforderungen, an denen ein durchschnittliches Unternehmen zu messen ist.[266] Als Beispiele sind die Besitzstruktur, die Ertrags- und Umsatzsituation, die Branchenzugehörigkeit, die Marktstellung sowie die Produkt- und Dienstleistungspalette[267] oder eine funktionsfähige Buch-

---

261 Begr. RegE BT-Drucksache 14/6040, S. 242.

262 Insofern zutreffend Bergjan, S. 293.

263 Wolf/Kaiser, DB 2002, 411, 416; Graf von Westphalen/Meier-Göring, S. 55 f.; vgl. auch Rädler, S. 49; Lutter/Hommelhoff-Lutter/Bayer, § 15, Rn. 6; Fritzen, S. 128.

264 Letztlich anerkennt selbst U. Huber, AcP 202 (2002), 179, 224, zumindest beim Unternehmenskauf könnten die Vorschriften über die Sachmängelhaftung entsprechende Anwendung finden. Ebenso Bergjan, S. 291-294 und MüKo-Westermann, § 453, Rn. 25 ff., speziell zu § 434 I 3 BGB in Rn. 38.

265 Rödder/Hötzel/Mueller-Thuns, § 9, Rn. 72; Gaul, ZHR 166 (2002), 35, 48; U. Huber, AcP 202 (2002), 179, 212 f. Hölters-Semler, N 192.

266 Bergjan, S. 158 f.; Büdenbender, S. 36; Holzapfel/Pöllath, Rn. 410-412; Wältermann, S. 233. Ähnlich für Minderheitsbeteiligungen Klauselbuch-Plassmeier, § 21, Rn. 21; siehe auch Eidenmüller, ZGS 2002, 290, 295.

267 Bergjan, S. 159.

führung[268] zu nennen.[269] Existieren mit dem Kaufobjekt vergleichbare Unternehmen, kann der Käufer eine bestimmte Beschaffenheit erwarten, die bei Unternehmen gleicher Art üblich ist.[270] Insofern kann durchaus von einer gewöhnlichen Beschaffenheit von Unternehmen gesprochen werden.

b) Grundsätzliche Anwendbarkeit von Sachmängelgewährleistungsrecht auf den Anteilserwerb am organisierten Kapitalmarkt

Die Anwendbarkeit des Sachmängelgewährleistungsrechts auf den Erwerb auch nur eines Anteiles am organisierten Kapitalmarkt ist sehr umstritten.

Der Gesetzgeber hat die Frage der Anwendbarkeit der Sachmängelgewährleistungsvorschriften auf den Erwerb eines Gesellschaftsanteiles nicht beantwortet.[271] Denn in der Gesetzesbegründung finden sich lediglich Ausführungen zum Unternehmenskauf bzw. zur *„entgeltlichen Übertragung von Unternehmen und Unternehmensteilen“*.[272] So heißt es in der Gesetzesbegründung zu § 453 I BGB wörtlich: *„Damit folgt die Vorschrift der Rechtsprechung, die schon heute die Vorschriften des Kaufvertragsrechts, soweit sie passen, z.B. auf die entgeltliche Übertragung von Unternehmen und Unternehmensteilen (...) usw. anwendet.“* [273] Hingegen wird der Erwerb eines einzigen Gesellschaftsanteils nicht erwähnt.[274] Der Wortlaut von § 453 I BGB trifft dementsprechend keine Aussage dazu, für welche Art von Kaufobjekt welche Mangelart in Erwägung zu ziehen ist, sondern ordnet allgemein eine „entsprechende Anwendung“ der Vorschriften über den Sachkauf an.[275] Daher nimmt es kaum wunder, daß das Meinungsspektrum zu der oben aufgeworfenen Frage breit ausfällt.

---

268 Maier-Reimer, S. 74.

269 Weitere Beispiele bei Büdenbender, S. 36 und Holzapfel/Pöllath, Rn. 410-412.

270 Wunderlich, WM 2002, 981, 984, Fn. 42 a; Holzapfel/Pöllath, Rn. 410-412, 424.

271 Seibt/Reiche, DStR 2002, 1135, 1136; Triebel/Hölzle, BB 2002, 521, 523; a.A. wohl Dauner-Lieb/Thiessen, ZIP 2002, 108, 110.

272 Begr. RegE BT-Drucksache 14/6040, S. 242.

273 Begr. RegE BT-Drucksache 14/6040, S. 242.

274 Vgl. Begr. RegE BT-Drucksache 14/6040, S. 242.

275 Neues Schuldrecht-Haas, 5. Kapitel, Rn. 556; Larisch, S. 18 f.

Vielfach wird die Ansicht vertreten, die entsprechende Anwendung von § 434 I BGB hänge davon ab, ob sich der Anteilserwerb als Unternehmenskauf darstelle bzw. diesem gleichzustellen sei.[276] Es komme entscheidend darauf an, in welcher Größenordnung sich der Käufer an der Gesellschaft beteilige. Dabei werden vom Erwerb einer Sperrminorität[277], dem Erwerb einer einfachen Mehrheit[278], dem Erwerb einer Mehrheitsbeteiligung[279], dem Erwerb einer satzungsändernden Mehrheit (75 % gemäß § 179 II AktG)[280], dem Erwerb einer 80%igen Beteiligung[281], dem Verkauf von mehr als 90 % aller Anteile[282], dem Erwerb „nahezu aller Anteile"[283] bis zum Erwerb aller Anteile[284] unterschiedliche Schwellen als Richtgrößen genannt. Danach wäre § 453 I BGB in Verbindung mit § 434 I 3 BGB von vornherein nicht auf den Erwerb nur eines Anteiles am organisierten Kapitalmarkt anwendbar.

Diese Auffassung scheint sich auf § 434 I 2 BGB stützen zu können. Die besagte Vorschrift knüpft sowohl in Nr. 1 als auch in Nr. 2 an den Begriff der „Verwendung" an. Es wird die Ansicht vertreten, „Verwendung" setze eine Verfügungsmacht des Käufers voraus, welche dieser nur ausüben könne, wenn er auch eine entsprechende Leitungsmacht innehabe.[285] Leitungsmacht wiederum habe nur derjenige, der in einer gewissen Größenordnung an der Gesellschaft beteiligt sei. Da § 434 I 3 BGB auf § 434 I 2 Nr. 2 BGB und damit auch auf dessen Tatbestandsmerkmal der „Ver-

---

276 Grigoleit/Herresthal, JZ 2003, 118, 124 f.; Palandt-Putzo, § 453, Rn. 23; Triebel/Hölzle, BB 2002, 521, 523; Weitnauer, NJW 2002, 2511, 2514 f.; Erman-Grunewald, § 453, Rn. 12; dies., NZG 2003, 372 f.; Wertenbruch, S. 493, 509; Bergjan, S. 292-294; Oetker/Maultzsch, S. 25; Müller, FS Hadding, S. 199, 218; Jauernig-Chr. Berger, § 453, Rn. 16; Schröder-Frerkes, S. 398 f.; MüKo-Westermann, § 453, Rn. 21.
277 Palandt-Putzo, 62. Auflage, § 453, Rn. 23.
278 Palandt-Putzo, 62. Auflage, § 453, Rn. 23; Holzapfel/Pöllath, Rn. 427; MüKo-Westermann, § 453, Rn. 23; a.A. Erman-Grunewald, § 453, Rn. 20.
279 Triebel/Hölzle, BB 2002, 521, 523; Schröder-Frerkes, S. 398-400.
280 Weitnauer, NJW 2002, 2511, 2514 f.; Bergjan, S. 293 f.; Rotthege/Wassermann, Rn. 1150; Staudinger 2004-Beckmann, § 453, Rn. 33.
281 Palandt-Putzo, § 453, Rn. 23.
282 Michalski-Ebbing, § 15, Rn. 177, 178 b; Handbuch GmbH-U. Jasper, § 24, Rn. 119.
283 Grunewald, NZG 2003, 372 f.; Wertenbruch, S. 493, 509; Palandt-Putzo, § 453, Rn. 23; Rädler, S. 51; Eidenmüller, ZGS 2002, 290, 294; U. Huber, AcP 202 (2002), 179, 231; ähnlich Oetker/Maultzsch, S. 25; Bamberger/Roth-Faust, § 453, Rn. 32; Erman-Grunewald, § 453, Rn. 20.
284 Palandt-Putzo, § 453, Rn. 23; MüKo-Westermann, § 453, Rn. 23.
285 Triebel/Hölzle, BB 2002, 521, 523 f.; ähnlich Wertenbruch, S. 493, 509 und MüKo-Westermann, § 453, Rn. 21.

wendung“ Bezug nimmt, scheint dieses Argument die Nichtanwendbarkeit von § 434 I 3 BGB auf den Kauf eines einzigen Gesellschaftsanteils zu tragen.

Jedoch verkennt diese Argumentation, daß Bezugspunkt der gewöhnlichen Verwendung im Sinne von § 434 I 2 BGB der Kaufgegenstand ist. Bei dem Kauf eines Anteiles ist Kaufobjekt allein der Gesellschaftsanteil, nicht das Unternehmen als solches. Folglich geht es beim Anteilskauf nicht notwendigerweise um die Verwendung des Unternehmens als Ganzes. Das Erfordernis des Innehabens von Leitungsmacht kann nicht aus dem Begriff der „Verwendung“ in § 434 I 2 BGB hergeleitet werden.[286] Des weiteren existiert auch kein Grund mehr für eine Differenzierung zwischen dem Kauf eines Anteils und dem Kauf des ganzen Unternehmens. Beide werden tatbestandlich von § 453 I BGB erfaßt. Diese Norm sieht die entsprechende Anwendung der Vorschriften über den Sachkauf sowohl auf den „Kauf eines Rechts“ als auch auf den „Kauf eines sonstigen Gegenstandes“ vor. Insofern werden Rechts- und Unternehmenskauf angeglichen. Angesichts dessen braucht – abstrakt betrachtet – nicht mehr zwischen dem Kauf eines Teiles des Ganzen und dem Erwerb des Ganzen unterschieden zu werden.[287]

Zudem führt die Anknüpfung an die Größe der Beteiligung im Ergebnis zu Rechtsunsicherheit. Mangels normativer Vorgaben kursiert eine Vielzahl an Vorschlägen, ab welcher Beteiligungsgröße das Sachmängelgewährleistungsrecht greifen soll. Wie die jahrzehntelange Diskussion um die entsprechende Anwendung von §§ 459 ff. BGB a.F. auf den Unternehmenskauf gezeigt hat[288], steht zu erwarten, daß eine Verständigung auf einen Schwellenwert nicht zu erreichen sein wird. Vielmehr wird die Anwendbarkeit des Sachmängelgewährleistungsrechts von den „Umständen des Einzelfalles“ abhängig gemacht werden. Exemplarisch für die zu erwartende Einzelfallbetrachtung ist die Ansicht von *Putzo*. Dieser gibt Beteiligungsgrößen an, welche von einer Sperrminorität bis zu einer hundertprozentigen Beteiligung reichen, ohne Anhaltspunkte dafür zu nennen, in welcher Konstellation welche Anteilsgröße ausreichend für eine

---

286 Seibt/Reiche, DStR 2002, 1135, 1131, Fn. 28.

287 Gruber, MDR 2002, 433, 437; Gronstedt/Jörgens, ZIP 2002, 52, 55.

288 Vgl. nur die Darstellung bei Staudinger-Honsell, § 459, Rn. 16, m.w.N.

Anwendung von § 434 BGB sein soll.[289] Das hat zur Folge, daß der Rechtsanwender nicht vorhersehen kann, ob der Kauf Sachmängelgewährleistungsrecht unterliegt oder nicht.[290]

Etwaigen tatsächlichen Besonderheiten der unterschiedlichen Erwerbssachverhalte[291] wie beispielsweise beim Anteilserwerb über die Börse kann im Rahmen der „entsprechenden Anwendung" der einzelnen Tatbestandsmerkmale von § 434 I 3 BGB Rechnung getragen werden. Jene Umstände schließen aber nicht von vornherein die Anwendung von Sachmängelgewährleistungsrecht auf den Kauf von Anteilen am organisierten Kapitalmarkt aus.[292] Denn § 453 I BGB ordnet eine „entsprechende" Anwendung der Vorschriften über den Sachkauf an.[293] Aus den Gesetzesmaterialien geht hervor, daß die Vorschriften anzuwenden sind, *„soweit sie passen"*.[294] Die Verwendung des Wortes „soweit" in der Gesetzesbegründung belegt, daß eine Anwendung der Vorschriften über den Sachkauf auf den Kauf von Anteilen am organisierten Kapitalmarkt nicht a priori verneint werden darf. „Soweit" bedeutet „in dem Maße, wie".[295] Die Verfasser der Gesetzesbegründung wählten gerade nicht die Wörter „sofern" oder „wenn". Mit der Wortwahl „soweit" wird die dem „Wie" vorgelagerte Frage nach dem „Ob" einer Anwendbarkeit von Sachmängelgewährleistungsrecht implizit bejaht. Gestützt wird diese Lesart der Gesetzesbegründung durch eine Passage in der Gegenäußerung der Bundesregierung zur Stellungnahme des Bundesrates zu § 453 BGB: Danach heißt „entsprechende Anwendung" der Vorschriften über den Sachkauf, daß die Vorschriften so anzuwenden sind, *„daß sie den Besonderheiten, insbesondere von Forderungen und Rechten gerecht"* werden.[296] Entscheidend ist folglich, inwieweit die jeweilige Vorschrift über den Sachkauf, namentlich § 434 I 3 BGB, auf den Anteilskauf „paßt".[297]

---

289 Palandt-Putzo, 62. Auflage, § 453, Rn. 23. Etwas deutlicher in der 63. Auflage, § 453, Rn. 23: „Beteiligung von mindestens 80 %".

290 Gruber, MDR 2002, 433, 437, spricht zu Recht von „erheblichen praktischen Schwierigkeiten."

291 Vgl. Henssler/Graf von Westphalen-Graf von Westphalen, § 453, Rn. 8.

292 So jedoch in bezug auf den Kauf von Anteilen an börsennotierten Gesellschaften Henssler/Graf von Westphalen-Graf von Westphalen, § 453, Rn. 8.

293 Weitnauer, NJW 2002, 2511, 2514.

294 Begr. RegE BT-Drucksache 14/6040, S. 242.

295 Duden, Deutsches Universalwörterbuch, Eintrag: „soweit".

296 BR-Drucksache 338/01, S. 52.

297 Anwaltskommentar-Büdenbender, § 453, Rn. 4; Grigoleit/Herresthal, JZ 2003, 118, 124.

Demzufolge können die Vorschriften über den Sachkauf, insbesondere § 434 I 3 BGB, auf den Kauf eines Anteiles am organisierten Kapitalmarkt gemäß § 453 I BGB entsprechende Anwendung finden.[298] Damit ist jedoch noch nicht gesagt, daß es bei jedem Kauf eines Anteiles am organisierten Kapitalmarkt zu einer gewährleistungsrechtlichen Haftung kommt. Insbesondere bedarf die Frage näherer Prüfung, ob und bejahendenfalls unter welchen Voraussetzungen Mängel des Unternehmens einen Mangel des einzelnen Anteils begründen.[299] Auf dieser Grundlage kommt es dann zu einer Angleichung der Rechtsfolgen von Sach- und Rechtsmängelhaftung.[300] Die tatbestandlichen Voraussetzungen der Vorschriften über den Sachkauf müssen daher erfüllt sein, um zu einer Angleichung der Rechtsfolgen zu gelangen. Insofern ist § 453 I BGB als Rechtsgrundverweisung zu verstehen.[301]

II. Voraussetzungen von § 453 I BGB in Verbindung mit § 434 I 3 BGB

Da § 453 I BGB als Rechtsgrundverweisung zu qualifizieren ist, sollen im folgenden die Voraussetzungen von § 434 I 3 BGB im Hinblick auf den Erwerb von Anteilen am organisierten Kapitalmarkt näher beleuchtet werden.

1. Bezugnahme von § 434 I 3 BGB auf § 434 I 2 Nr. 2 BGB

a) Subsidiarität von § 434 I 3 BGB

Die Regelung des § 434 I 3 BGB nimmt hinsichtlich der Beschaffenheit des Kaufgegenstandes Bezug auf § 434 I 2 Nr. 2 BGB. Diese Norm sieht vor, daß eine Sache sachmangelfrei ist, wenn sie sich für die gewöhnliche Verwendung eignet und eine bei Sachen gleicher Art übliche Beschaffen-

---

298 Wolf/Kaiser, DB 2002, 411, 417 f.; Eidenmüller, ZGS 2002, 290, 291; Gaul, ZHR 166 (2002), 35, 39; Niewiarra, S. 61; Neues Schuldrecht-Haas, 5. Kapitel, Rn. 555-558; Henssler/Graf von Westphalen-Graf von Westphalen, § 453, Rn. 13; Mandatshandbuch-Lips/Stratz/Rudo, § 4, Rn. 28; Lutter/Hommelhoff-Lutter/Bayer, § 15, Rn. 6.
299 Dazu unter D.II.2.b).
300 Gronstedt/Jörgens, ZIP 2002, 52, 55; Holzapfel/Pöllath, Rn. 404; Knott, 249, 250.
301 Vgl. zum Begriff „Rechtsgrundverweisung" OLG Hamm, NJW-RR 1991, 1303, 1304; MüKo-Seiler, 3. Auflage, § 684, Rn. 4. Holzapfel/Pöllath, Rn. 402, bezeichnen diese Technik als „Verweisungsanalogie" und als „gesetzliche Analogie". A.A. Picot-Picot, Teil I., Rn. 87, Fn. 498 („Rechtsfolgenverweisung").

heit aufweist, welche der Käufer nach Art der Sache erwarten kann. § 434 I 2 Nr. 2 BGB ist ein Auffangtatbestand. Die Regelung ist gegenüber § 434 I 1 BGB subsidiär. Dies folgt daraus, daß sie an das Fehlen einer Beschaffenheitsvereinbarung anknüpft.[302] Des weiteren tritt die Bestimmung hinter § 434 I 2 Nr. 1 BGB zurück. Das kommt bereits im Wortlaut von § 434 I 2 Nr. 1 BGB zum Ausdruck, welcher mit dem Wort „sonst“ zu § 434 I 2 Nr. 2 BGB überleitet.[303] Außerdem bezieht sich § 434 I 1 Nr. 1 BGB auf die „vertraglich vorausgesetzte Verwendung“ und die „übliche Beschaffenheit“, wohingegen die Norm des § 434 I 2 Nr. 2 BGB auf die „gewöhnliche Verwendung“ abstellt. Das hierarchische Verhältnis der einzelnen Tatbestände des § 434 I BGB beruht darauf, daß Ausgangspunkt der kodifizierten Haftung für Sachmängel ein auf die Parteivereinbarung zurückgreifender Fehlerbegriff sein soll.[304] Dieser ist notwendiger Bestandteil des gesetzgeberischen Konzeptes, mit welchem das Gewährleistungsrecht in das Recht der Leistungsstörungen integriert wird.[305] Der Verkäufer ist dementsprechend verpflichtet, dem Käufer die Kaufsache frei von Sach- und Rechtsmängeln zu verschaffen, anderenfalls tritt keine Erfüllung ein (vgl. § 433 I 2 BGB).

Aufgrund der Inbezugnahme von § 434 I 2 Nr. 2 BGB durch § 434 I 3 BGB ist letztere Norm ebenfalls sowohl gegenüber § 434 I 1 BGB als auch gegenüber § 434 I 2 Nr. 1 BGB nachrangig. Wenn und soweit eine Parteivereinbarung über die Beschaffenheit (§ 434 I 1 BGB) oder eine vertraglich vorausgesetzte Verwendung (§ 434 I 2 Nr. 1 BGB) festgestellt werden kann, gehen die genannten Bestimmungen der Haftung für „öffentliche Äußerungen“ im Sinne von § 434 I 3 BGB vor.[306] Daher erstaunt es nicht, daß für den Fall eines Unternehmenskaufes empfohlen wird, vertraglich festzuhalten, für welche Informationen der Verkäufer einstehen will.[307] Dann bleibt nämlich kein Raum mehr für eine Anwendung von

---

302 Bamberger/Roth-Faust, § 434, Rn. 53, 75; Neues Schuldrecht-Haas, Kap. 5, Rn. 110; Lehmann, DB 2002, 1090, 1091; Homann, S. 231; MüKo-Westermann, § 434, Rn. 21, 24. Deshalb geht es fehl, wenn Grigoleit/Herresthal, JZ 2003, 233, 234, die Regelungen der §§ 434 I 2, 434 I 3 BGB pauschal als "gesetzlich typisierte Fälle einer konkludenten Beschaffenheitsvereinbarung" bezeichnen.

303 Bamberger/Roth-Faust, § 434, Rn. 49.

304 Bamberger/Roth-Faust, § 434, Rn. 2.

305 Vgl. Begr. RegE BT-Drucksache 14/6040, S. 94, 209.

306 Übersichtlich Jauernig-Chr. Berger, § 434, Rn. 2; Staudinger 2004-Matusche-Beckmann, § 434, Rn. 29-31; MüKo-Westermann, § 434, Rn. 8; Lehmann, DB 2002, 1090, 1091; Homann, S. 223, 226.

307 Maier-Reimer, S. 71 f.; Holzapfel/Pöllath, Rn. 412.

§ 434 I 3 BGB. Insofern dient die Beschaffenheitsvereinbarung der Begrenzung der gewährleistungsrechtlichen Haftung des Verkäufers.[308]

Beim Kauf von einzelnen Anteilen an der Börse wird es jedoch regelmäßig nicht zu einer Vereinbarung der Parteien über die Beschaffenheit des Unternehmens kommen.[309] Anders kann dies beim (außerbörslichen) Erwerb von Aktienpaketen, insbesondere zur Vorbereitung einer feindlichen Übernahme sein. Denn dabei wendet sich der strategische Investor unmittelbar an die beteiligten Großaktionäre, um diese vertraglich zu verpflichten, ihre Anteile an ihn zu veräußern. Im Rahmen dieses Verpflichtungsgeschäftes wird über die Beschaffenheit des Unternehmens gesprochen werden, zumal die Aktionäre aufgrund der Größe ihrer Beteiligung einen entsprechenden Einblick in das Unternehmen haben.[310] Außerdem erlangen potentielle Erwerber eines größeren Aktenpakets Informationen über das Unternehmen, indem sie es im Rahmen einer Due Diligence anhand eines Fragenkatalogs auf seine rechtlichen, wirtschaftlichen, finanziellen, organisatorischen, personellen und sachlichen Grundlagen hin untersuchen.[311]

In allen übrigen Fällen wird § 434 I 3 BGB mangels Vorliegen einer Parteivereinbarung in praxi selten gegenüber § 434 I 1 BGB und § 434 I 2 Nr. 2 BGB zurücktreten. Dies leuchtet insbesondere für den Beteiligungserwerb am börslichen Sekundärmarkt ein. Grundlage für den Kauf ist der gegenwärtige und zu erwartende Börsenkurs des Unternehmens.[312] Allerdings zieht der Käufer seine Motivation zum Kauf letztlich aus in den Börsenkurs maßgeblich einfließenden Tatsachen wie den wirtschaftlichen

---

308 Looschelders, S. 395, 401; Rödder/Hötzel/Mueller-Thuns, § 10, Rn. 9; MüKo-Westermann, § 434, Rn. 24, und Larisch, S. 64-66, der diese Vorgehensweise zu Recht für vereinbar mit der Verbrauchsgüterkaufrichtlinie hält.

309 Neues Schuldrecht-Haas, Kap. 5, Rn. 557; Holzapfel, S. 99 f.; Henssler/Graf von Westphalen-Graf von Westphalen, § 453, Rn. 8; Larisch, S. 196 f.; so bereits zum BGB a.F. Lieb, FS Gernhuber, S. 259, 278.

310 Deshalb hält Weiler, WM 2002, 1784, 1787, die Regelung des § 434 I 3 BGB bei Unternehmenskaufverträgen für praktisch unbedeutsam.

311 Schroeder, DB 1997, 2161; Götze, ZGR 1999, 202, 203 f.; Mertens, AG 1997, 541, 545 f.; U. Huber, AcP 202 (2002), 179, 193-203; Werner, ZIP 2000, 989, 990-994; Stoffels, ZHR 165 (2001), 362, 367-382; GK-Kort, § 76, Rn. 124-128; Ziegler, DStR 2000, 249, insbesondere S. 252-255 zur Informationsweitergabe durch den Vorstand gegenüber dem veräußerungswilligen Aktionär und dem Erwerbsinteressenten.

312 Neues Schuldrecht-Haas, Kap. 5, Rn. 557; Henssler/Graf von Westphalen-Graf von Westphalen, § 453, Rn. 8; Larisch, S. 196 f.

Kennziffern des Unternehmens. Sind diese Kennzahlen Gegenstand einer „öffentlichen Äußerung" des Verkäufers gewesen, findet § 434 I 3 BGB Anwendung.

b) Bedeutung der Üblichkeit einer Beschaffenheit

Es fragt sich, ob die Üblichkeit der Beschaffenheit im Rahmen von § 434 I 3 BGB von Bedeutung ist. § 434 I 3 BGB selbst knüpft nicht an die Üblichkeit der Beschaffenheit der Kaufsache an.[313] Die Norm nimmt aber Bezug auf die Beschaffenheit im Sinne von § 434 I 2 Nr. 2 BGB. Nach dieser Bestimmung ist entscheidend, daß sich das Kaufobjekt für die „gewöhnliche Verwendung" eignet und eine bei Sachen gleicher Art übliche Beschaffenheit aufweist. Angesichts dieser Inbezugnahme wird die Auffassung vertreten, die Üblichkeit der Beschaffenheit spiele auch im Rahmen von § 434 I 3 BGB eine Rolle. Danach müsse die sich aus der öffentlichen Äußerung ergebende Eigenschaft erstens bei Sachen der gleichen Art üblich sein und zweitens der Käufer diese erwarten können.[314]

Auf eine Üblichkeit der Beschaffenheit als zusätzliche Voraussetzung kann es aber nicht ankommen. Denn nach dem Wortlaut des § 434 I 3 BGB ist im Unterschied zu § 434 I 2 Nr. 2 BGB allein entscheidend, ob der Käufer eine bestimmte Eigenschaft „erwarten kann". Dafür spricht auch eine Passage in der Gesetzesbegründung, wonach sich die Bezugnahme auf die Umstände beziehe, *„die die Erwartungen des Käufers beeinflussen können."*[315] Träfe es demgegenüber zu, daß § 434 I 3 BGB kumulativ auf die Tatbestandsmerkmale des § 434 I 2 Nr. 2 BGB, das heißt auf Üblichkeit der Beschaffenheit und Erwartenkönnen des Käufers verweise, hätte es nicht einer erneuten, wörtlichen Aufnahme des Merkmals „erwarten kann" in den Tatbestand von § 434 I 3 BGB bedurft.[316] Die Verweisung in § 434 I 3 BGB kann auch nicht so ausgelegt werden, als sei sie auf das Tatbestandsmerkmal der Üblichkeit der Beschaffenheit beschränkt.[317] Im übrigen entspricht es der Verbrauchsgüterkaufrichtlinie,

---

313 Bernreuther, WRP 2002, 368, 372; MüKo-Westermann, § 434, Rn. 21.

314 Weiler, WM 2002, 1784, 1786; Bamberger/Roth-Faust, § 434, Rn. 55; Homann, S. 222 f.; Huber, FS Henrich, S. 297, 299; wohl auch Palandt-Putzo, § 434, Rn. 33 und Kandler, S. 368.

315 Begr. RegE BT-Drucksache 14/6040, S. 214.

316 Bernreuther, WRP 2002, 368, 372.

317 Jorden/Lehmann, JZ 2001, 952, 956.

daß Erwartungen alleine herangezogen werden können, ohne daß es auf Üblichkeiten ankommt.[318]

2. „Eigenschaften“ des Anteiles gemäß § 453 I BGB in Verbindung mit § 434 I 3 BGB

Welche „Eigenschaften“ ein Anteil gemäß § 453 I BGB in Verbindung mit § 434 I 3 BGB aufweisen kann, ist Gegenstand der folgenden Ausführungen. Zunächst ist allgemein zu klären, ob ein Recht überhaupt mit Sachmängeln behaftet sein kann. Schwerpunktmäßig wird dann erörtert, ob die Beschaffenheit des Unternehmens eine Eigenschaft des Anteiles darstellen kann und – bejahendenfalls – welche Umstände zur Unternehmensbeschaffenheit zählen und damit auch als Eigenschaft des Anteiles in Betracht kommen.

a) Sachmängel eines Rechts

In der Literatur wird die Ansicht vertreten, ein Recht könne keine Sachmängel, sondern nur Rechtsmängel aufweisen.[319] Träfe dies zu, könnte der Käufer eines Rechts gemäß § 453 I BGB in Verbindung mit § 435 S. 1 BGB lediglich verlangen, daß Dritte bezüglich des Rechtes keine oder nur die im Kaufvertrag übernommenen Rechte gegen ihn geltend machen. Ein Rechtsmangel liegt beispielsweise vor, wenn der verkaufte Anteil etwa infolge einer Nichtigkeit der Kapitalmaßnahme nicht entstanden ist, wenn der Anteil mit einem Pfandrecht oder Nießbrauch belastet ist oder wenn die Einlage nicht voll erbracht wurde, für welche der Käufer haften muß.[320]

Jedoch ist die These, ein Recht könne keine Sachmängel haben, nicht überzeugend. Denn wenn und soweit das verkaufte Recht sich auf eine Sache bezieht, können Mängel dieser Sache als Mängel des Rechts selbst begriffen werden.[321] Abgesehen davon, steht der besagten, mit

---

318 Kaufrechtsrichtlinie-Grundmann, Art. 2, Rn. 30; a.A. Homann, S. 185-188.

319 U. Huber, AcP 2002 (202), 179, 229; Palandt-Putzo, § 453, Rn.17; Müller, ZGS 2002, 297; Fischer, DStR 2004, 272, 279 f.

320 Dies und weitere Beispiele bei Holzapfel/Pöllath, Rn. 419 f.; Handbuch GmbH-U. Jasper, § 24, Rn. 117; Roth/Altmeppen-Altmeppen, § 15, Rn. 15; Übernahmerecht-Reiner, § 56, Rn. 37 f.; Mandatshandbuch-Lips/Stratz/Rudo, § 4, Rn. 27.

321 Übernahmerecht-Reiner, § 56, Rn. 34; Knott, NZG 2002, 249, 250; Maier-Reimer, S. 67, Fn. 41; Graf von Westphalen/Meier-Göring, S. 55. So bereits früher schon Flume,

Begrifflichkeiten argumentierenden Meinung entgegen, daß es nicht um eine direkte Anwendung des Sachmängelgewährleistungsrechtes geht, sondern gemäß § 453 I BGB um dessen „entsprechende Anwendung“.[322] Dem entspricht die Rechtslage beim Kauf von verbrieften Rechten. Der – wenngleich zunehmend an praktischer Bedeutung verlierende[323] – Erwerb von Anteilen an börsennotierten Gesellschaften durch Übertragung effektiver Stücke ist ein Rechtskauf. Zugleich erfaßt der Kauf aber auch das Wertpapier als solches, so daß auch die Regelungen über den Sachkauf Anwendung finden.[324] Ein Sachmangel liegt beim Erwerb von Wertpapieren beispielsweise vor, wenn die Schrift zerstört, die Unterschrift gefälscht oder ein Teil der Urkunde abgetrennt wurde.[325] Die Anwendbarkeit der Vorschriften über den Sachkauf ergibt sich nach der Schuldrechtsreform aus der Verweisungsnorm des § 453 III BGB.[326] Danach hat der Verkäufer eines Rechtes, welches zum Besitz einer Sache berechtigt, dem Käufer die Sache frei von Sach- und Rechtsmängeln zu übergeben. Der Käufer des verbrieften Rechts wird Eigentümer des Papiers und erlangt somit ein Besitzrecht am Papier. Dies folgt bei der Übertragung von Aktien durch einen wertpapierrechtlichen Begebungsvertrag aus der Übereignung des Papiers selbst, bei der (allenfalls außerbörslich stattfindenden)[327] Übertragung von Aktien durch Abtretung aus § 952 II BGB.[328]

b) „Beschaffenheit“ des Unternehmens als „Eigenschaft“ des Anteiles

Bezugspunkt für die Frage der Mangelfreiheit ist das Kaufobjekt. Im Rahmen von § 453 I BGB in Verbindung mit § 434 I 3 BGB geht es um die „Eigenschaften des Rechtes“, welches veräußert wurde. Beim Anteilskauf sind die Anteile Kaufgegenstand, nicht hingegen das Unternehmen. Der Geschäftsanteil muß von dem Unternehmen, welches die Gesellschaft

---

S. 179.

322 Larisch, S. 195; Müller, ZGS 2002, 297.

323 Siehe oben unter D.I.1.a).

324 Palandt-Putzo, § 453, Rn. 10; Staudinger-Honsell, § 459, Rn. 10 f., 15.

325 Übernahmerecht-Reiner, § 56, Rn. 45; Palandt-Putzo, § 453, Rn. 24; teilweise a..A. Staudinger-Köhler, § 437, Rn. 42 f.

326 Übernahmerecht-Reiner, § 56, Rn. 45.

327 Im Börsenrecht kommt es nicht zu Abtretungen, da Wertpapieraufträge auf Kauf eines Inhaberpapiers und nicht auf Erwerb einer Forderung durch Abtretung lauten. Siehe dazu Claussen, § 9, Rn. 120.

328 Soergel-Henssler, 13. Auflage, § 952, Rn. 7 f., m.w.N.

betreibt, unterschieden werden.[329] Deshalb ist problematisch, ob ein Sachmangel des Anteils darin zu erblicken sein kann, daß das Unternehmen, an dem sich der Anleger infolge des Anteilskaufes beteiligt, im Zeitpunkt des Gefahrübergangs nicht mit dem Inhalt der „öffentlichen Äußerungen“ übereinstimmt.

Es fragt sich, ob die Beschaffenheit des Unternehmens in der Weise auf den Anteil „durchschlagen“ kann, daß die erworbene Beteiligung selbst als mangelhaft zu qualifizieren ist, wenn jene vom Inhalt der „öffentlichen Äußerungen“ abweicht.[330] Bejahendenfalls ist zu prüfen, welche Umstände zur Beschaffenheit des Unternehmens zählen können.[331]

aa) Beachtlichkeit der Beschaffenheit des Unternehmens beim Anteilskauf gemäß § 453 I BGB in Verbindung mit § 434 I 3 BGB

Nach der im Schrifttum überwiegend vertretenen Ansicht hängt die Beachtlichkeit der Beschaffenheit des Unternehmens beim Anteilskauf davon ab, in welcher Höhe sich der Erwerber an der Gesellschaft beteiligt. Bei Beteiligungen unterhalb einer im einzelnen umstrittenen Schwelle[332] soll danach der Käufer nicht Gewährleistung wegen der Beschaffenheit des Unternehmens verlangen dürfen.[333] Folglich komme nur ausnahmsweise eine haftungsrechtliche Gleichstellung des Verkaufs von Geschäftsanteilen und des Kaufs eines Unternehmens in Betracht.[334]

Für diese Auffassung scheint ein Umkehrschluß zu § 453 III BGB zu sprechen. § 453 III BGB statuiert die Pflicht des Verkäufers eines Rechtes, welches zum Besitz einer Sache berechtigt, dem Käufer die Sache frei von Sach- und Rechtsmängeln zu übergeben. Nur in diesem Fall könnte der Verkäufer eines Rechtes für bestimmte Sachmängel einzu-

---

329 Insoweit zutreffend Eidenmüller, ZGS 2002, 290, 294; Wälzholz, DStR 2000, 500, 502 f.; U. Huber, AcP 202 (2002), 179, 229 f.; Bamberger/Roth-Faust, § 453, Rn. 21; Übernahmerecht-Reiner, § 56, Rn. 48; Amann/Brambring/Hertel-Rombach, S. 554.
330 Siehe unten D.II.2.b)aa).
331 Siehe unten D.II.2.b)bb).
332 Siehe oben D.I.2.b).
333 Palandt-Putzo, § 453, Rn. 23; Jaques, BB 2002, 417; Eidenmüller, ZGS 2002, 290, 294; Weitnauer, NJW 2002, 2511, 2514 f.; Rehberg, ZGS 2002, 456, 457; Schwark-Schwark, § 47 BörsG, Rn. 4; Erman-Grunewald, § 453, Rn. 20; vgl. auch U. Huber, AcP 202 (2002), 179, 231. Noch weitgehender Amann/Brambring/Hertel-Rombach, S. 558 f., wonach die Beschaffenheit des Unternehmens nur beim asset deal beachtlich sei.
334 Rehberg, ZGS 2002, 456, 457.

stehen haben.[335] Allerdings erfaßt § 453 III BGB den Erwerb eines Anteils am organisierten Kapitalmarkt tatbestandlich nicht. Denn die Norm sieht auf der Tatbestandsseite vor, daß das verkaufte Recht dem Erwerber ein Recht zum Besitz einer Sache gewährt. Sachen der Kapitalgesellschaften werden von der juristischen Person selbst besessen, vertreten durch ihre Organe (sogenannter Organbesitz).[336] Der Anteilskäufer erlangt keinen Besitz an Sachen der Gesellschaft. § 453 III BGB trifft also keine Regelung zu der hier interessierenden Konstellation des Erwerbs eines Anteiles am organisierten Kapitalmarkt. Deshalb läßt sich daraus auch nichts im Gegenschluß ableiten.[337] Darüber hinaus konzipierte der Gesetzgeber § 453 III BGB nicht als abschließende Regelung. Nach der Gesetzesbegründung soll diese Norm lediglich der Klarstellung dienen.[338] Kodifiziert wird insbesondere die Rechtsprechung, wonach Sachmängelgewährleistungsrecht auf die Vermarktung von Miteigentumsanteilen an Wohngebäuden anzuwenden ist.[339] Auch dies spricht gegen ein argumentum e contrario.[340]

Entscheidend ist deshalb allein, ob § 453 I BGB „eins zu eins" auf das Sachmängelgewährleistungsrecht beim Sachkauf verweist.[341] Dies ist nicht der Fall. § 453 I BGB ordnet eine „entsprechende" Anwendung der Vorschriften über den Sachkauf an.[342] In der Gesetzesbegründung heißt es zu § 453 I BGB: *„Damit folgt die Vorschrift der Rechtsprechung, die schon heute die Vorschriften des Kaufvertragsrechts, soweit sie passen, z.B. auf die entgeltliche Übertragung von Unternehmen und Unternehmensteilen (...) usw. anwendet."*[343] Folglich kommt es darauf an, inwie-

335 Eidenmüller, ZGS 2002, 290, 294; Grunewald, NZG 2003, 372, 373; U. Huber, AcP 202 (2002), 179, 230 f.; Rotthege/Wassermann, Rn. 1148; Bamberger/Roth-Faust, § 453, Rn. 21; Grigoleit/Herresthal, JZ 2003, 118, 125; Übernahmerecht-Reiner, § 56, Rn. 43; Bergjan, S. 288; Oetker/Maultzsch, S. 26; Rädler, S. 50 f.; wohl auch Berger, JZ 2004, 276, 282 und Amann/Brambring/Hertel-Rombach, S. 554.

336 Bamberger/Roth-Faust, § 453, Rn. 21; Wälzholz, DStR 2002, 500, 502; Seibt/Reiche, DStR 2002, 1135, 1137; Holzapfel, S. 99; Übernahmerecht-Reiner, § 56, Rn. 43.

337 Holzapfel, S. 99; Seibt/Reiche, DStR 2002, 1135, 1137.

338 Begr. RegE BT-Drucksache 14/6040, S. 242.

339 Vgl. OLG Köln, NJW-RR 1990, 1146.

340 Larisch, S. 195; allgemein so auch MüKo-Westermann, § 453, Rn. 2.

341 Seibt/Reiche, DStR 2002, 1135, 1137.

342 Weitnauer, NJW 2002, 2511, 2514.

343 Begr. RegE BT-Drucksache 14/6040, S. 242.

fern die jeweilige Vorschrift über den Sachkauf, namentlich § 434 I 3 BGB, auf den Anteilskauf „paßt“.[344]

Besieht man sich den Wortlaut des § 434 I 3 BGB näher, kann die Beschaffenheit des Unternehmens beim Anteilskauf, unabhängig von der Größe des erworbenen Anteiles, beachtlich sein. § 453 I BGB in Verbindung mit § 434 I 3 BGB knüpft an die „Eigenschaften“ des verkauften Rechtes an. In der Terminologie des Gewährleistungsrechts geht es bei der hier interessierenden Frage darum, ob die „Beschaffenheit“ des Unternehmens eine „Eigenschaft“ des Anteiles darstellen kann. Was zu den „Eigenschaften“ des Kaufgegenstandes zu zählen ist, wird außerhalb von Beschaffenheitsvereinbarungen durch „öffentliche Äußerungen“ bestimmt (§ 434 I 3 BGB). „Öffentliche Äußerungen“ wiederum können sich auf das Unternehmen als solches beziehen. Nicht verkannt werden soll, daß es zahlreiche gesetzliche Publizitätsregeln gibt.[345] Insofern bestehen Äußerungspflichten und daher gibt es bezüglich des „Ob“ einer Äußerung häufig keine Wahl. Etwas anderes gilt für das „Wie“ einer Äußerung. Der sich Äußernde bzw. seine Gehilfen haben es in der Hand, inhaltlich zutreffende Informationen, etwa über einzelne Merkmale des von der Gesellschaft betriebenen Unternehmens, zu verbreiten.[346] Wird die Beschaffenheit des Unternehmens Inhalt einer „öffentlichen Äußerung“ des Verkäufers oder seiner Gehilfen[347], ist diese bei Fehlen einer Beschaffenheitsvereinbarung zur Bestimmung der „Eigenschaften“ des Anteiles gemäß § 453 I BGB in Verbindung mit § 434 I 3 BGB heranzuziehen.[348]

Diese weite Auslegung läßt sich auch auf die Verbrauchsgüterkaufrichtlinie stützen. Nach deren Art. 2 II lit.a) sind Verbrauchsgüter vertragsgemäß, wenn sie *„mit der vom Verkäufer gegebenen Beschreibung übereinstimmen“*. Welchen Inhalt der Verkäufer seiner „Beschreibung“ gibt, unterliegt seiner alleinigen Entscheidung.[349] Demgemäß kann der Verkäu-

---

344 Anwaltskommentar-Büdenbender, § 453, Rn. 4; Grigoleit/Herresthal, JZ 2003, 118, 124.

345 Siehe unten D.II.3.a).

346 Übernahmerecht-Reiner, § 56, Rn. 51.

347 Zur Person des Äußernden näher unten D.II.4.

348 Übernahmerecht-Reiner, § 56, Rn. 54. Siehe auch Kindl, WM 2003, 409, 411; Gaul, ZHR 166 (2002), 35, 45 f.; Barnert, WM 2003, 416, 419 f.

349 Dies verkennen Grigoleit/Herresthal, JZ 2003, 118, 123-125, die einen „spezifischen Zusammenhang“ zwischen mangelbegründendem Umstand und der Kaufsache verlangen (S. 123 f.).

fer zur „Beschreibung" der Kaufsache auch auf außerhalb von ihr liegende Umstände Bezug nehmen. Die Regelung der Verbrauchsgüterkaufrichtlinie darf nicht außer acht gelassen werden. Zwar gilt die Verbrauchsgüterkaufrichtlinie nur für den Kauf von Verbrauchsgütern. Verbrauchsgüter sind gemäß Art. 1 II b) der Verbrauchsgüterkaufrichtlinie bewegliche körperliche Gegenstände. Das Unternehmen oder Gesellschaftsanteile zählen nicht dazu. Allerdings muß die Verbrauchsgüterkaufrichtlinie insofern bei der Auslegung des Beschaffenheitsbegriffs herangezogen werden, als der deutsche Gesetzgeber sich nicht auf die Einführung von Regelungen über den Verbrauchsgüterkauf (§§ 474 ff. BGB) beschränkte, sondern die Richtlinie in § 434 I BGB überschießend – bezogen auf alle Kaufsachen – umsetzte. Es besteht – auch soweit es nicht um Verbrauchsgüter im Sinne der Verbrauchsgüterkaufrichtlinie geht – eine Pflicht zur richtlinienkonformen Auslegung.[350]

Angesichts dieser Rechtslage kann aus § 453 III BGB nicht gefolgert werden, der Gesetzgeber habe eine Haftung des Anteilsverkäufers für die Beschaffenheit des Unternehmens von vornherein ausschließen wollen.[351] Auch läßt sich den Materialien die gesetzgeberische Tendenz entnehmen, den Bereich der vorvertraglichen Haftung hinsichtlich des Unternehmenskaufes zugunsten der Gewährleistungshaftung zurückzudrängen.[352] So findet sich in der Gesetzesbegründung folgende Formulierung: *„Soweit es um den Unternehmenskauf geht, hat der BGH die Haftung des Verkäufers (...) zwar nicht nach den Vorschriften über die Sachmängelhaftung, sondern nach den Regeln über das Verschulden bei Vertragsanbahnung beurteilt (...). Die Gründe, die ihn dazu veranlaßt haben, sind aber nach den Vorschriften des Entwurfs weithin entfallen."*[353] Gelegentlich wird versucht, den Gehalt dieser Aussage in der Gesetzesbegründung zu relativieren, indem darauf hingewiesen wird, derartige Aussagen stellten keine authentische Interpretation des Gesetzestextes dar.[354] Richtig ist, daß die Begründung eines Gesetzesentwurfes den Rechtsanwender nicht praeter legem zu einer bestimmten Auslegung des Gesetzes verpflichten kann.[355] Jedoch sind die Materialien zur

350 Siehe oben C.II.2., dort m.w.N.

351 Holzapfel, S. 99; so auch i.E. Übernahmerecht-Reiner, § 56, Rn. 43, 51-54.

352 Seibt/Reiche, DStR 2002, 1135, 1138; Westermann-Buck, S. 121; Graf von Westphalen/Meier-Göring, S. 56; vgl. auch Emmerich, S. 218; MüKo-Emmerich, § 311, Rn. 124.

353 Begr. RegE BT-Drucksache 14/6040, S. 242.

354 Wertenbruch, S. 497; U. Huber, AcP 202 (2002), 179, 231 f.

355 Insoweit zutreffend U. Huber, AcP 202 (2002), 179, 231 f.

Auslegung heranzuziehen und unter Berücksichtigung des Wortlautes, der Grammatik und der Systematik des Gesetzes zu würdigen.[356] Dementsprechend entschied der BGH, Bemerkungen in der Begründung eines Regierungsentwurfes seien bedeutungslos, soweit der Wortlaut eines Gesetzes eindeutig sei.[357] „Eindeutige Auslegungsergebnisse" dürften durch „unzutreffende Wertungen in Gesetzesmaterialien" nicht in Frage gestellt werden. Bei – wie hier – „anders nicht behebbaren Auslegungszweifeln" kommt jedoch ein Rückgriff auf die Gesetzesbegründung in Betracht.[358]

Angesichts des umfassenden Wortlauts von § 453 I BGB in Verbindung mit § 434 I 3 BGB bedarf es auch keiner Analogie *außerhalb* der „entsprechenden Anwendung" nach § 453 I BGB, um zu rechtfertigen, daß die Beschaffenheit des Unternehmens in bezug auf die Sachmängelgewährleistung beim Anteilskauf zu berücksichtigen sein kann.[359]

Des weiteren beeinflussen sowohl die Ertragsfähigkeit des Unternehmens als auch dessen von den wirtschaftlichen Kennziffern abhängige Werthaltigkeit den Wert des einzelnen Gesellschaftsanteiles.[360] Dementsprechend zahlt der Erwerber den Preis für den im Gesellschaftsanteil verkörperten Unternehmenswert und nicht lediglich für den Anteil als „rechtliche Hülse".[361] Dem kann für den Erwerb börsennotierter Anteile am Sekundärmarkt nicht entgegengehalten werden, die Anwendung von §§ 433 ff. BGB scheide deshalb aus, weil diese Anteile nach Maßgabe des bestehenden und zu erwartenden Börsenkurses veräußert werden.[362] Denn dieser These liegt die Überlegung zugrunde, Rechtsfolge des § 434 I 3 BGB sei, daß „öffentliche Äußerungen" zur Beschaffenheitsvereinbarung zu zählen seien.[363] Daran anknüpfend wird argumentiert, beim börslichen

---

356 Gruber, MDR 2002, 433, 437.

357 BGHZ 139, 36, 41.

358 Vgl. BGHZ 139, 36, 42.

359 So aber allgemein zu §§ 434 ff. BGB: Rehberg, ZGS 2002, 456, 457; Eidenmüller, ZGS 2002, 290, 294 f.; Holzapfel, S. 97; Jaques, BB 2002, 417; Roth/Altmeppen-Altmeppen, § 15, Rn. 10; Übernahmerecht-Reiner, § 56, Rn. 18.

360 Wolf/Kaiser, DB 2002, 411, 416; vgl. Mandatshandbuch-Lips/Stratz/Rudo, § 4, Rn. 29.

361 Wolf, LM § 276 (Fb) BGB, Nr. 84 Bl. 4; vgl. Picot-Picot, Teil I., Rn. 87.

362 So aber Henssler/Graf von Westphalen-Graf von Westphalen, § 453, Rn. 8; Larisch, S. 194, 196 f. Zum BGB a.F. bereits Flume, S. 189 f.

363 Henssler/Graf von Westphalen-Graf von Westphalen, § 434, Rn. 21; ähnlich Grigoleit/Herresthal, JZ 2003, 233, 234, die § 434 I 3 BGB zu Unrecht als Ausdruck einer konkludenten Beschaffenheitsvereinbarung begreifen.

Aktienerwerb komme es aber regelmäßig nicht zu einer zumindest konkludenten Vereinbarung der Parteien über bestimmte Unternehmensdaten.[364] Dieser – zweite – Argumentationsschritt ist zutreffend.[365] Der daraus gezogenen Schlußfolgerung liegt aber als Prämisse ein unrichtiges Verständnis von der Rechtsfolge des § 434 I 3 BGB zugrunde. Im Rahmen dieser Vorschrift kommt es auf das Vorliegen einer entsprechenden Parteivereinbarung nicht an. Im Gegenteil ist gerade das Fehlen einer Beschaffenheitsvereinbarung Voraussetzung für die Anwendbarkeit von § 434 I 3 BGB. Dies ergibt sich eindeutig aus dem Wortlaut von § 434 I 2 BGB („*soweit die Beschaffenheit nicht vereinbart ist*"). Darauf nimmt § 434 I 3 BGB Bezug. Die inbezuggenommene Norm sieht als Rechtsfolge vor, daß „öffentliche Äußerungen" über den Begriff der „üblichen Beschaffenheit" im Sinne von § 434 I 2 Nr. 2 BGB Inhalt des Kaufvertrages werden. Einer Beschaffenheitsvereinbarung bedarf es nicht. Das Argument, beim Aktienkauf an der Börse komme es regelmäßig nicht zu Beschaffenheitsvereinbarungen der Parteien, steht deshalb der Beachtlichkeit der Beschaffenheit des Unternehmens für die Eigenschaften des börsennotierten Anteiles gemäß § 453 I BGB in Verbindung mit § 434 I 3 BGB nicht entgegen.

Es bleibt festzuhalten, daß die Beschaffenheit des börsennotierten Unternehmens über § 453 I BGB in Verbindung mit § 434 I 3 BGB als Eigenschaft des verkauften Anteils selbst anzusehen sein kann, ohne daß es an dieser Stelle auf die Höhe der Beteiligung entscheidend ankommt.

bb) Beschaffenheit des Unternehmens

Eine „öffentliche Äußerung" im Sinne von § 434 I 3 BGB kann sich auf die Beschaffenheit des Unternehmens beziehen. Wie soeben gezeigt, kann die Beschaffenheit des Unternehmens dann Eigenschaft des gekauften Gesellschaftsanteils selbst sein. Daher bedarf die Frage der Klärung, was unter der Beschaffenheit eines Unternehmens zu verstehen ist. Der Beschaffenheitsbegriff, insbesondere in bezug auf Unternehmen, gehört zu den zentralen Fragen nach der Schuldrechtsreform.[366]

---

364 Vgl. Henssler/Graf von Westphalen-Graf von Westphalen, § 453, Rn. 8, 15; Neues Schuldrecht-Haas, Kap. 5; Rn. 557; ähnlich Larisch, S. 196 f. und Wolf/Kaiser, DB 2002, 411, 417. Früher schon Flume, S. 189 f.

365 Siehe oben D.II.1.a).

366 Gronstedt/Jörgens, ZIP 2002, 52, 54.

Das Gesetz enthält keine Definition des Begriffs „Beschaffenheit". Der Gesetzgeber ließ die Frage ausdrücklich unbeantwortet, ob Umstände, die außerhalb der Kaufsache selbst liegen, als deren Beschaffenheit aufzufassen sind.[367] In der Gesetzesbegründung heißt es: *„Der Begriff Beschaffenheit soll nicht definiert werden. Insbesondere soll nicht entschieden werden, ob er nur Eigenschaften umfaßt, die der Kaufsache unmittelbar physisch anhaften oder ob auch Umstände heranzuziehen sind, die außerhalb der Sache selbst liegen."*[368]

Angesichts dessen dauert die schon vor der Schuldrechtsreform[369] lebhaft geführte Diskussion darüber an, ob und bejahendenfalls welche Angaben des Verkäufers als Merkmale der Beschaffenheit eines Unternehmens angesehen werden können. Namentlich geht es dabei zum einen um vergangenheitsorientierte Angaben über Gewinne, Umsätze, Erträge sowie den Inhalt von Jahresabschlüssen. Zum anderen rücken Angaben des Verkäufers über die Ertragsfähigkeit des Unternehmens als Prognose über zukünftig erzielbare Umsätze oder Erträge in den Blickpunkt.[370]

aaa) Rechtslage vor der Schuldrechtsreform

Bekanntlich sah § 459 I 1 BGB a.F. eine Haftung des Verkäufers einer Sache für deren „Fehler" vor. Daneben sollte der Verkäufer gemäß § 459 II BGB a.F. dafür haften, daß die Sache die zugesicherten „Eigenschaften" hat. Unter „Fehler" verstand man das Abweichen der Ist- von der Sollbeschaffenheit.[371]

Der BGH und der überwiegende Teil der Literatur meinten, zur Beschaffenheit in dem beschriebenen Sinne zählten alle körperlichen Eigenschaf-

---

367 Vgl. RegE BT-Drucksache 14/6040, S. 213; so auch Seibt/Reiche, DStR 2002, 1135, 1137; Bergjan, S. 146; Weitnauer, NJW 2002, 2511, 2513; Triebel/Hölzle, BB 2002, 521, 523; Maier-Reimer, S. 69, Fn. 46; Berger, JZ 2004, 276, 279; Schröder-Frerkes, S. 401; MüKo-Westermann, § 434, Rn. 8. A.A. Dauner-Lieb/Thiessen, ZIP 2002, 108, 110 sowie Wunderlich, WM 2002, 981, 984 f. einerseits (weite Auslegung des Beschaffenheitsbegriffs) und Übernahmerecht-Reiner, § 56, Rn. 143 andererseits (Beibehaltung des bisherigen Beschaffenheitsbegriffs).
368 RegE BT-Drucksache 14/6040, S. 213.
369 Dazu sogleich unter D.II.2.b)bb)aaa).
370 Siehe zum ganzen unten D.II.2.b)bb)bbb).
371 Vgl. nur Staudinger-Honsell, § 459, Rn. 18.

ten einer Sache sowie solche tatsächlichen, rechtlichen oder wirtschaftlichen Beziehungen zur Umwelt, die ihren Grund im tatsächlichen Zustand der Sache selbst haben und ihr für eine gewisse Dauer „ohne weiteres" anhaften.[372] Ausgehend von dieser relativ engen Auslegung des Begriffes „Fehler" in § 459 I 1 BGB a.F. fielen falsche Angaben über die Unternehmensvergangenheit, beispielsweise über Umsätze, Gewinne oder der Inhalt der Jahresabschlüsse, nach der Ansicht des BGH aus dem Anwendungsbereich des § 459 I BGB a.F. heraus. Begründet wurde dies damit, die Bilanz hafte dem Unternehmen nicht „ohne weiteres" an. Denn sie lasse nur zusammen mit anderen Umständen Schlußfolgerungen auf den Wert des Unternehmens zu.[373]

Demgegenüber faßte die Rechtsprechung den Begriff der „Eigenschaft" im Sinne von § 459 II BGB a.F. insofern etwas weiter, als sie sowohl Beschaffenheitsmerkmale als auch Umstände darunter subsumierte, welche sich auf die Kaufsache bezogen, ohne ihr als solcher innezuwohnen. Solche Angaben des Verkäufers über Umsatz und Ertrag, die sich auf einen längeren, mehrjährigen Zeitraum bezogen, „stellte" der BGH zusicherungsfähigen Eigenschaften „gleich".[374] Denn dann bestünden verläßliche Anhaltspunkte für die Bewertung der Ertragskraft des Unternehmens als Kombination aus Ertragshöhe und zeitlicher Dauer.[375] Außerdem konnten Angaben in einer Prognose über zukünftig erzielbare Umsätze oder Erträge (Ertragsfähigkeit) Gegenstand einer Zusicherung sein.[376]

Dieser, die Begriffe „Fehler" und „Eigenschaft" restriktiv interpretierenden Judikatur lag die Überlegung zugrunde, das Mängelgewährleistungsrecht des BGB zugunsten des Instituts der culpa in contrahendo zurückzudrängen.[377] Das verschuldensunabhängige Gewährleistungsrecht schien im

372 BGH NJW 1970, 653, 655; BGH NJW 1972, 1658; BGH NJW 1978, 370; Buchwaldt, NJW 1994, 153, 156; Soergel-Huber, 12. Auflage, § 459, Rn. 23-28; grundlegend a.A. Lieb, FS Gernhuber, S. 259, 264-266.

373 BGH NJW 1970, 653, 655; BGH NJW 1977, 1536, 1537.

374 BGH NJW 1970, 653, 655; kritisch gegenüber dieser Einschränkung Hommelhoff, ZHR 140 (1976), 270, 298; ebenso Zimmer, NJW 1997, 2345, 2348.

375 Hiddemann, ZGR 1982, 435, 446. Diese Unterscheidung zwischen § 459 I BGB und § 459 II BGB sah sich Kritik seitens der herrschenden Lehre ausgesetzt: Vgl. nur Prölss, ZIP 1981, 337, 343 f.; Willemsen, AcP 182 (1982), 515, 542-546; Zimmer, NJW 1997, 2345, 2346-2348; Michalski-Ebbing, § 15, Rn. 178 c.

376 BGH NJW 1970, 653, 655; BGH NJW 1995, 1547 f.

377 Vgl. die Ausführungen des langjährigen Richters am BGH Hiddemann, ZGR 1982, 435, 437, 447; dagegen zu Recht Zimmer, NJW 1997, 2345, 2347.

Unterschied zur Verschulden voraussetzenden culpa in contrahendo wenig flexibel zu sein.[378] Außerdem wurde die sechsmonatige Verjährungsfrist des § 477 I BGB a.F. als unangemessen kurz empfunden.[379] Demgegenüber verjährte der Anspruch aus culpa in contrahendo gemäß § 195 BGB a.F. grundsätzlich nach dreißig Jahren.[380]

bbb) Rechtslage nach der Schuldrechtsreform

In der Literatur wird die Ansicht vertreten, die Schuldrechtsreform habe die Rechtslage nicht geändert. Angaben über Erträge, Umsätze oder Gewinne, den Inhalt von Jahresabschlüssen oder andere betriebswirtschaftliche Kennzahlen des Unternehmens sowie die Ertragsfähigkeit seien nach wie vor nicht zu dessen Beschaffenheit zu zählen. Denn diese Umstände hafteten dem Unternehmen weder unmittelbar noch dauerhaft an.[381] Allenfalls komme eine Haftung des Verkäufers aus culpa in contrahendo in Betracht.[382]

Soweit in diesem Zusammenhang zugleich eine Fortführung der vom BGH vorgenommenen Differenzierung zwischen zusicherungsfähiger Eigenschaft im Sinne von § 459 II BGB a.F. und Beschaffenheit im Sinne von § 459 I BGB a.F. unterstellt wird,[383] ist dem entgegenzuhalten, daß die Unterscheidung schon vor der Schuldrechtsreform zu Recht auf Kritik der herrschenden Lehre gestoßen ist.[384] Nach der Änderung des BGB kann erst recht nicht mehr zwischen zusicherungsfähiger Eigenschaft und Beschaffenheit unterschieden werden. Denn weder trifft § 434 I BGB eine solche Unterscheidung noch enthält die Regelung einen Anhaltspunkt für

---

378 Vgl. Hiddemann, ZGR 1982, 435, 437.

379 Hiddemann, ZGR 1982, 435, 449 f.; Müller, ZIP 1993, 1045, 1050 f.; Lieb, FS Gernhuber, S. 259, 270 f.; Staudinger-Honsell, Vorbem zu §§ 459 ff, Rn. 62; § 459, Rn. 115; Gaul, ZHR 166 (2002), S. 35, 42.

380 BGHZ 49, 77, 80 f.; BGH NJW 1986, 2564, 2567 m.w.N.

381 U. Huber, AcP 202 (2002), 179, 228; Kindl, WM 2003, 409, 410 f.; Grigoleit/Herresthal, JZ 2003, 118, 125 f.; so auch i.E. Müller, FS Hadding, S. 199, 216 und Staudinger 2004-Matusche-Beckmann, § 434, Rn. 150.

382 U. Huber, AcP 202 (2002), 179, 224-226; Kindl, WM 2003, 409, 413; Fischer, DStR 2004, 272, 278; so wohl auch Emmerich, S. 219 f.

383 Jaques, BB 2002, 417, 418; Müller, FS Hadding, S. 199, 213-215; vgl. Hölters-Semler, N 192; ähnlich U. Huber, AcP 202 (2002), 179, 228, der aber andererseits diese Unterscheidung kritisiert (S. 225 f.). In diese Richtung auch Wältermann, S. 206.

384 Siehe nur Prölss, ZIP 1981, 337, 343 f.; Willemsen, AcP 182 (1982), 515, 542-546; Zimmer, NJW 1997, 2345, 2346-2348 m.w.N.

eine derartige Differenzierung. § 434 I BGB knüpft an den Begriff der Beschaffenheit an. Dieser Begriff ist einheitlich zu verstehen.[385] Will der Verkäufer unbedingt für das Vorhandensein bestimmter Eigenschaften einstehen[386], so ist diese Zusicherung nach neuem Recht mindestens als Vereinbarung über die Beschaffenheit gemäß § 434 I 1 BGB zu qualifizieren.[387] „Eigenschaften" bilden insofern einen Ausschnitt aus dem Begriff der „Beschaffenheit". In dieses Konzept fügt sich ein, daß § 434 I 3 BGB als Rechtsfolge vorsieht, bestimmte Eigenschaften gehörten zur üblichen Beschaffenheit gemäß § 434 I 2 Nr. 2 BGB. [388]

Über die Differenzierung zwischen zusicherungsfähiger Eigenschaft und Beschaffenheit hinausgehend kann aber auch die Judikatur zu zusicherungsfähigen Eigenschaften im Sinne von § 459 II BGB a.F. nicht weiter beibehalten werden.[389] Denn sie ist nicht mit dem Beschaffenheitsbegriff des BGB n.F. zu vereinbaren. Der Wortlaut des § 434 I BGB („Beschaffenheit") ist offen. Er läßt für sich betrachtet sowohl eine enge als auch eine weite Auslegung zu.[390] Allerdings bringt die Fassung von § 434 I BGB an einigen Stellen zum Ausdruck, daß es zur Bestimmung der Beschaffenheit der Kaufsache nicht lediglich auf solche Umstände ankommen soll, die der Sache unmittelbar oder als solcher anhaften. So kann ein Mangel gemäß § 434 I 2 Nr. 1 oder Nr. 2 vorliegen, wenn die Kaufsache hinter der vertraglich vorausgesetzten oder gewöhnlichen Verwendung zurückbleibt. Die Verwendung ist aber ein externes Kriterium, wel-

---

385 Büdenbender, S. 29; Schmidt-Räntsch, AnwBl 2003, 529, 531; Weitnauer, NJW 2002, 2511, 2514; Bergjan, S. 145 f.; Rotthege/Wassermann, Rn. 1153; Wunderlich, WM 2002, 981, 982; Maier-Reimer, S. 69; Boerner, ZIP 2001, 2264, 2266; Grigoleit/Herresthal, JZ 2003, 118, 122; Berger, JZ 2004, 276, 278; vgl. Handbuch GmbH-U. Jasper, § 24, Rn. 118 a; Erman-Grunewald, § 434, Rn. 3.

386 Dies war die geläufige Definition der „Zusicherung" im Sinne von § 459 II BGB a.F., vgl. nur Palandt-Putzo, 60. Auflage 2001, § 459, Rn. 15.

387 Büdenbender, S. 29 f.; Bergjan, S. 172, 176; Eidenmüller, ZGS 2002, 290, 295; Übernahmerecht-Reiner, § 56, Rn. 140; Berger, JZ 2004, 276, 280; Staudinger 2004-Matusche-Beckmann, § 434, Rn. 35; vgl. Wolf/Kaiser, DB 2002, 411, 412.

388 von Gierke/Paschen, GmbHR 2002, 457, 462; Brors, WM 2002, 1780, 1782; Hessler/Graf von Westphalen-Graf von Westphalen, § 434, Rn. 34; Anwaltskommentar-Krebs, § 311, Rn. 34; Larisch, S. 41; Berger, JZ 2004, 276, 279.

389 A.A. Canaris, S. 63-65 und Palandt-Putzo, § 434, Rn. 11 f.

390 Vgl. Begr. RegE BT-Drucksache 14/6040, S. 213; Gruber, MDR 2002, 433, 435; von Gierke/Paschen, GmbHR 2002, 457, 462; Barnert, WM 2003, 416, passim; a.A. Rödder/Hötzel/Mueller-Thuns, § 9, Rn. 68 und U. Huber, AcP 202 (2002), 179, 224 und 237 f., der meint, angesichts des Wortlauts bedürfe es einer Extension oder Analogie, welche sich aber mangels Haftungslücke nicht begründen lasse.

ches nicht der Kaufsache innewohnt.[391] Das gleiche gilt für den Inhalt öffentlicher Äußerungen im Sinne von § 434 I 3 BGB. Diese müssen sich nicht zwangsläufig auf Eigenschaften beziehen, welche der Kaufsache unmittelbar anhaften.[392] Entsprechend der Tendenz zur Ausweitung des Anwendungsbereiches des Sachmängelgewährleistungsrechts ist auch § 459 I 2 BGB a.F. ersatzlos weggefallen.[393] Diese Bestimmung nahm unerhebliche Minderungen des Wertes oder der Tauglichkeit vom Fehlerbegriff aus.

Ferner ist die skizzierte Ausweitung des Anwendungsbereiches der kaufrechtlichen Gewährleistungsregelungen Ausdruck eines Paradigmenwechsels.[394] Der Gesetzgeber wollte auf der Grundlage des UN-Kaufrechts und der Verbrauchsgüterkaufrichtlinie einen einheitlichen Mangelbegriff schaffen. Anknüpfungspunkt für die Beurteilung der Mangelfreiheit der Kaufsache ist aber weder im UN-Kaufrecht noch nach der Verbrauchsgüterkaufrichtlinie deren Beschaffenheit, sondern deren Vertragsmäßigkeit.[395] Diesem Ansatz entspricht die Regelung des § 433 I 2 BGB, wonach es zu den Hauptleistungspflichten des Verkäufers gehört, dem Käufer die Sache frei von Mängeln zu verschaffen.[396] Die Lieferung einer mangelhaften Sache stellt demnach eine Verletzung der Hauptleistungspflicht des Verkäufers dar. Auch knüpft die Verbrauchsgüterkaufrichtlinie nicht an der Sache als solcher innewohnende Eigenschaften an, sondern verfolgt einen sehr viel weit reichenderen Begriff der Vertragsmäßigkeit.[397] Nach deren Art. 2 II lit.a) sind Verbrauchsgüter vertragsgemäß, wenn sie *„mit der vom Verkäufer gegebenen Beschreibung übereinstimmen"*. Im Rahmen der Auslegung des Beschaffenheitsbegriffs muß

---

391 Holzapfel/Pöllath, Rn. 409; Bergjan, S. 147.
392 Büdenbender, S. 33; Gaul, ZHR 166 (2002), 35, 45 f.; Holzapfel/Pöllath, Rn. 409; Barnert, WM 2003, 416, 418; Bergjan, S. 147; Rehberg, ZGS 2002, 456, 458. A.A. Übernahmerecht-Reiner, § 56, Rn. 129, 144.
393 Gaul, ZHR 166 (2002), 35, 48; Knott, NZG 2002, 249, 251; Staudinger 2004-Beckmann, § 453, Rn. 30.
394 Schmidt-Räntsch, AnwBl 2003, 529, 530; Wolf, wiedergegeben bei Arnold, Diskussionsbericht, S. 52; Berger, JZ 2004, 276, 282.
395 Schmidt-Räntsch, AnwBl 2003, 529, 530; Canaris, S. 59 f.; Wolf, wiedergegeben bei Arnold, Diskussionsbericht, S. 52 f.; Berger, JZ 2004, 276, 278; Homann, S. 181 f. A.A. Wältermann, S. 203 f., der den Begriff der Vertragsmäßigkeit unter Rückgriff auf „Eigenschaft" und „Beschaffenheit" konkretisieren will.
396 Gaul, ZHR 166 (2002), 35, 43; Fischer, DStR 2004, 276, 278; Larisch, S. 41 f.
397 Häublein, NJW 2003, 388, 390; Anwaltskommentar-Krebs, § 311, Rn. 34; Larisch, S. 47 f.; Berger, JZ 2004, 276, 278.

die Verbrauchsgüterkaufrichtlinie selbst dann Berücksichtigung finden, wenn es – wie hier – nicht um Verbrauchsgüter geht.[398]

Für eine großzügige Auslegung des Beschaffenheitsbegriffs kann des weiteren die Gesetzesbegründung angeführt werden. Darin heißt es, die Gründe, welche den BGH zu einer zurückhaltenden Anwendung der Vorschriften über die Sachmängelhaftung des Unternehmensveräußerers veranlaßten, seien „weithin entfallen".[399] Damit intendierte der Gesetzgeber allerdings keine Entscheidung der Streitfrage.[400] Andererseits kann diese gesetzgeberische Einschätzung nicht schlankweg als zu vernachlässigender „Diskussionsbeitrag" abgetan werden.[401] Bemerkungen in der Begründung eines Regierungsentwurfes sind nach der Rechtsprechung des BGH lediglich bedeutungslos, wenn und soweit der Gesetzeswortlaut nur eine Auslegung zuläßt. Dem liegt die Überlegung zugrunde, „unzutreffende Wertungen in Gesetzesmaterialien" dürften nicht dazu führen, „eindeutige Auslegungsergebnisse" in Frage zu stellen.[402] Hier bietet der offene Wortlaut aber Interpretationsspielraum und kann nicht „eindeutig" in der einen oder anderen Richtung verstanden werden.[403]

Auch trifft die Aussage in der Gesetzesbegründung, die Gründe für eine zurückhaltende Anwendung der Gewährleistungsvorschriften im Bereich des Unternehmenskaufes seien „weithin" entfallen, cum grano salis zu.[404] Lediglich unter einem Gesichtspunkt ist die Gesetzesbegründung nicht stichhaltig. Sie verweist darauf, die Berechnung der Minderung sei ver-

---

398 Siehe oben C.II.2.

399 Begr. RegE BT-Drucksache 14/6040, S. 242.

400 Vgl. Begr. RegE BT-Drucksache 14/6040, S. 213; Gruber, MDR 2002, 433, 435, 437; Fischer, DStR 2004, 272, 278; Amann/Brambring/Hertel-Rombach, S. 559; Wältermann, S. 201.

401 So aber U. Huber, AcP 202 (2002), 179, 232; ähnlich Wertenbruch, S. 497.

402 BGHZ 139, 36, 41.

403 Gruber, MDR 2002, 433, 435; von Gierke/Paschen, GmbHR 2002, 457, 462; Barnert, WM 2003, 416; a.A. U. Huber, AcP 202 (2002), 179, 224 und 237 f.

404 Rehberg, ZGS 2002, 456, 458; Gruber, MDR 2002, 433, 437; Rotthege/Wassermann, Rn. 1153, 1156; Triebel/Hölzle, BB 2002, 521, 525; Graf von Westphalen/Meier-Göring, S. 56; Oetker/Maultzsch, S. 65 f.; Schröder-Frerkes, S. 402; ähnlich Wältermann, S. 233; teilweise zustimmend Wieling/Finkenauer, S. 30 f., 34 und MüKo-Westermann, § 453, Rn. 32; a.A. Wertenbruch, S. 497, 505; Grigoleit/Herresthal, JZ 2003, 118, 126; U. Huber, AcP 202 (2002), 179, 231-238.

bessert worden.[405] Dieser Aussage lag eine andere Fassung des § 441 III BGB zugrunde.[406] Das BGB in der jetzt geltenden Fassung ist aber in § 441 III BGB inhaltlich zur Regelung des § 472 BGB a.F. zurückgekehrt.[407] Abgesehen von diesem – praktisch[408] ohnehin – marginalen Punkt, hält die Gesetzesbegründung näherer Überprüfung stand. Ein Motiv für die restriktive Haltung der Rechtsprechung war das Verjährungsrecht. Hier führte die Schuldrechtsreform zu einer wesentlichen Annäherung von culpa in contrahendo und gewährleistungsrechtlichen Ansprüchen. Ansprüche aus culpa in contrahendo (§§ 311 II, 241 II BGB) verjähren gemäß § 195 BGB in drei Jahren (früher: 30 Jahre gemäß § 195 BGB a.F.), während Gewährleistungsansprüche nach § 438 I Nr. 3 BGB binnen zwei Jahren verjähren (früher: 6 Monate gemäß § 477 BGB a.F.). Infolge dieser Vereinheitlichung der Verjährungsvorschriften verliert der Einwand, die gewährleistungsrechtliche Haftung des Verkäufers unterliege einer unangemessen kurzen Verjährung, an Gewicht.[409] Des weiteren kam es zu einer Angleichung der Rechtsfolgen von culpa in contrahendo und Gewährleistungsrecht. Wie gezeigt, verletzt der Verkäufer durch die Lieferung einer mangelhaften Kaufsache eine vertragliche Hauptleistungspflicht (§ 433 I 2 BGB). Dies kann über §§ 437 Nr. 2, 323 BGB ein Rücktrittsrecht des Käufers oder einen Schadensersatzanspruch gemäß §§ 437 Nr. 3, 280 ff. BGB begründen. Auch eine im Rahmen eines vorvertraglichen Schuldverhältnisses im Sinne von §§ 311 II, 241 II BGB begangene Pflichtverletzung berechtigt zum Rücktritt gemäß § 323 BGB oder zur Geltendmachung von Schadensersatz gemäß §§ 280 ff. BGB.[410] Der Annahme, die Rechtsfolgen seien angeglichen worden, kann nicht entgegengehalten werden, das Rücktrittsrecht oder ein Schadensersatzanspruch hänge davon ab, daß der Käufer dem Verkäufer

---

405 Begr. RegE BT-Drucksache 14/6040, S. 242; ebenso Hilgard/Kraayvanger, MDR 2002, 678, 679.

406 Vgl. RegE BT-Drucksache 14/6040, S. 20.

407 U. Huber, AcP 202 (2002), 179, 233.

408 U. Huber, AcP 202 (2002), 179, 233, Fn. 185, betont zu Recht, die Berechnung der Minderung habe den Unternehmenskäufer kaum vor besondere Probleme gestellt. Dies übersehend Hilgard/Kraayvanger, MDR 2002, 678, 679.

409 Gaul, ZHR 166 (2002), 35, 43 f.; Gruber, MDR 2002, 433, 436; Hilgard/Kraayvanger, MDR 2002, 678, 679; Bergjan, S. 152 f., 250; Holzapfel, S. 90 f.; Rehberg, ZGS 2002, 456, 458; Häublein, NJW 2003, 388, 391; Berger, JZ 2004, 276, 282; U. Huber, AcP 202 (2002), 179, 233 f.; Wältermann, S. 233; einschränkend Wunderlich, WM 2002, 981, 984, Fn. 51; a.A. Kindl, WM 2003, 409, 413; Larisch, S. 29 f.; Wieling/Finkenauer, S. 34.

410 Gaul, ZHR 166 (2002), 35, 52 f.; Hilgard/Kraayvanger, MDR 2002, 678, 679; Holzapfel/Pöllath, Rn. 409; Holzapfel, S. 90 f.

zuvor – vergeblich – die Gelegenheit zur Nachbesserung gegegeben habe (sogenanntes Recht zur zweiten Andienung). Ein Nachbesserungsrecht sei aber in diesem Bereich ein „ungeeigneter Rechtsbehelf".[411] Dies trifft zwar weitgehend zu[412], rechtfertigt aber nicht den Schluß auf die Unanwendbarkeit des Gewährleistungsrechts.[413] Denn der Ungeeignetheit der Rechtsfolge „Nachbesserung" kann im Rahmen der Sachmängelvorschriften Rechnung getragen werden, zumal nach § 453 I BGB lediglich eine „entsprechende Anwendung" der Vorschriften über den Sachkauf erfolgen soll.[414] Schon hinsichtlich der unmittelbaren Anwendung von §§ 434 ff. BGB ist anerkannt, daß der Käufer nicht in jedem Fall gehalten ist, vor der Geltendmachung eines Schadensersatzanspruches dem Verkäufer die Möglichkeit zur Nachbesserung einzuräumen. So sehen §§ 281 II, 323 II, 440 BGB die Entbehrlichkeit einer Frist zur Nacherfüllung an. Darüber hinaus scheidet eine Nacherfüllung im Fall der Unmöglichkeit im Sinne von § 275 I BGB aus. Dann kann der Käufer ohne weiteres vom Vertrag zurücktreten oder Schadensersatz statt der Leistung verlangen.[415]

Demnach kann nicht von vornherein ausgeschlossen werden, daß Umsatz, Ertrag, Gewinn, Ertragsfähigkeit, der Inhalt von Jahresabschlüssen und sonstige wirtschaftliche Kennzahlen zur Beschaffenheit des Unternehmens im Sinne von § 434 I BGB zu rechnen sind.

Um die Beschaffenheit des Unternehmens tatbestandlich zu beschränken, wird in der Literatur vielfach an das Kriterium der Dauerhaftigkeit in unterschiedlichen Spielarten angeknüpft. Zum Teil wird verlangt, die Angaben des Verkäufers müßten sich auf einen mehrjährigen Zeitraum beziehen.[416] Manche Stimmen in der Literatur wollen den Beschaffenheitsbegriff des weiteren auf die gegenwärtigen Unternehmenskennziffern, den gegenwärtigen Unternehmenszustand beschränken.[417] Zahlenanga-

---

411 U. Huber, AcP 202 (2002), 179, 232 f.; Wertenbruch, S. 504; früher schon Hiddemann, ZGR 1982, 435, 442 f.; a.A. Larisch, S. 22 f.

412 Vgl. unten D.IV.2.

413 A.A. U. Huber, AcP 202 (2002), 179, 232 f.; Kindl, WM 2003, 409, 412.

414 Vgl. Larisch, S. 23, 28.

415 Bamberger/Roth-Faust, § 437, Rn. 147-150, 160; Anwaltskommentar-Büdenbender, § 437, Rn. 8-10. Zu den Einzelheiten siehe unten D.IV.3. und D.IV.5.a).

416 Weitnauer, NJW 2002, 2511, 2513 f.; Übernahmerecht-Reiner, § 56, Rn. 142-144, 168-170; Klauselbuch-Plassmeier, § 21, Rn. 18.

417 Eidenmüller, ZGS 2002, 290, 295; Bamberger/Roth-Faust, § 434, Rn. 25 f., § 453,

ben, die sich auf Stichtage oder Referenzperioden in der Vergangenheit beziehen, könnten den derzeitigen Unternehmenszustand nicht mehr beeinflussen.[418] Dies läuft auf eine gewährleistungsrechtliche Haftung lediglich für fehlerhafte Prognosen über zukünftige Erträge, Gewinne oder Umsätze hinaus.[419]

Sämtliche Ansichten, die an das Kriterium der Dauerhaftigkeit anknüpfen, können nicht überzeugen. Dafür exisitiert kein gesetzlicher Anhaltspunkt.[420] Vielmehr spricht der oben erwähnte Paradigmenwechsel[421] dagegen, nur dauerhafte Umstände zur Beschaffenheit der Kaufsache zu zählen.[422] Ferner ist das Merkmal der Dauerhaftigkeit nicht praktikabel.[423] Es geht an den wirtschaftlichen Gegebenheiten vorbei. Die Abgrenzung von gegenwärtigem Zustand und der Lage des Unternehmens in der Vergangenheit ist nur scheinbar klar. Denn der potentielle Käufer eines Unternehmens ist regelmäßig daran interessiert, die voraussichtlich erzielbaren Erträge, die Ertragsfähigkeit des Unternehmens zu ermitteln. Seinen Überlegungen liegen die bilanziellen Kennziffern des Unternehmens zugrunde. Um aus einer möglichst breiten Datenbasis schöpfen zu können, können diese auch mehrere Jahre zurückliegende Kennziffern des Unternehmens umfassen. Aus diesen Zahlen „aus der Vergangenheit" zieht der Kaufinteressent Schlüsse auf den zukünftigen Umsatz oder Ertrag (Ertragsfähigkeit).[424] Sind Angaben bezüglich der für die Prognose

---

Rn. 30; Palandt-Putzo, § 434, Rn. 95; Fischer, DStR 2004, 272, 278; Staudinger 2004-Matusche-Beckmann, § 434, Rn. 47; ähnlich wohl U. Huber, AcP 2002 (202), 179, 228.

418 Eidenmüller, ZGS 2002, 290, 295; U.Huber, AcP 202 (2002), 179, 227 f.

419 Exemplarisch Übernahmerecht-Reiner, § 56, Rn. 142-144, 168-170, der die Anwendung des Gewährleistungsrechts nur für Angaben des Verkäufers über die Ertragsfähigkeit in Erwägung zieht (besonders deutlich in § 56, Rn. 169). Noch weitgehender Fischer, DStR 2004, 2727, 278, der nicht einmal die Ertragsfähigkeit zum Beschaffenheitsbegriff rechnet.

420 Büdenbender, S. 33; Niewiarra, S. 82; Wolf/Kaiser, DB 2002, 411, 412; Neues Schuldrecht-Haas, Kap. 5, Rn. 549; so auch i.E. Maier-Reimer, S. 69 f. und Handbuch GmbH-Jasper, § 24, Rn. 118 a; a.A. Amann/Brambring/Hertel-Rombach, S. 560 unter Hinweis auf den „allgemeinen Sprachgebrauch".

421 Vgl. Text bei Fn. 394.

422 Schmidt-Räntsch, AnwBl 2003, 529, 531; Weiler, ZGS 2002, 249, 255 f.; Larisch, S. 57 f.

423 Gruber, MDR 2002, 433, 437. Vgl. zum Beispiel Staudinger 2004-Matusche-Beckmann, § 434, Rn. 47, welche eine diffuse Abgrenzung zu einer „sich nur äußerlich auf Zukunft oder Vergangenheit" beziehenden Vereinbarung vornimmt.

424 Gaul, ZHR 166 (2002), 35, 46 f., 49; von Gierke/Paschen, GmbHR 2002, 457, 462; Rehberg, ZGS 2002, 456, 458; MüKo-Westermann, § 453, Rn. 34. Insofern spielt der

maßgeblichen Umstände fehlerhaft, findet Sachmängelgewährleistungsrecht Anwendung.[425]

Zudem ist das auf dem Erfordernis der Dauerhaftigkeit aufbauende Kriterium der Mehrjährigkeit von Angaben nicht überzeugend. Es wird der Dynamik der wirtschaftlichen Situation eines börsennotierten Unternehmens nicht gerecht. Die dahinter aufscheinende, tradierte Orientierung an der jährlichen Rechnungslegung[426] stimmt nicht (mehr) mit der Realität des Kapitalmarktes überein.[427] Gerade börsennotierte Gesellschaften unterliegen nicht nur einer Pflicht zur jährlichen Rechnungslegung, sondern sind verpflichtet, das Anlegerpublikum über ihre Lage unterjährig etwa in Zwischen- und Quartalsberichten[428] oder Ad hoc-Meldungen in Kenntnis zu setzen.[429] Würde man die darin gegebenen Informationen der (kurzfristigen) „Vergangenheit" zurechnen, um ihnen dann die Dauerhaftigkeit abzusprechen, würde man zudem die gebotene Ausweitung des Anwendungsbereiches der Sachmängelgewährleistungsvorschriften konterkarieren.[430]

Demnach können Angaben des Verkäufers über Erträge, Umsatz, Gewinne, den Inhalt der Jahresabschlüsse oder die Ertragsfähigkeit als Merkmale der Beschaffenheit eines Unternehmens anzusehen sein.

Ertrag für die Bewertung des Unternehmens entgegen Erman-Grunewald, § 434, Rn. 10, doch eine Rolle.

425 Gaul, ZHR 166 (2002), 35, 51; Wolf/Kaiser, DB 2002, 411, 416.

426 Vgl. U. Huber, AcP 202 (2002), 179, 228.

427 Büdenbender, S. 34.

428 Nach Art. 6 des Vorschlages der EG-Kommission für eine Richtlinie des Europäischen Parlaments und des Rates zur Harmonisierung der Transparenzanforderungen in Bezug auf Informationen über Emittenten, deren Wertpapiere zum Handel auf einem geregelten Markt zugelassen sind, und zur Änderung der Richtlinie 2001/34/EG vom 26.03.2003, KOM (2003), 138, sollte folgende Quartalsberichtspflicht eingeführt werden: Emittenten sollen verpflichtet sein, für das erste und das dritte Quartal des Geschäftsjahres bestimmte Informationen über die Geschäftszahlen offenzulegen. Dazu Möllers/Rotter-Möllers, § 2, Rn. 31; Möllers/Rotter-Schulte, § 4, Rn. 91. Nachdem das Europäische Parlament eine Quartalsberichtspflicht rundweg abgelehnt hatte (FAZ vom 20.02.2004, S. 14), verständigte sich dieses mit Ministerrat und Kommission auf einen Verzicht auf die geplante Quartalsberichtspflicht (FAZ vom 24.03.2004, S. 14).

429 Vgl. Büdenbender, S. 34, der aber gleichwohl vorsichtig für eine „einjährige Beurteilung" auf der Grundlage von § 264 HGB plädiert (S. 35).

430 So auch im Ergebnis Holzapfel, S. 90.

Dies gilt unabhängig davon, ob die Angaben Inhalt einer – ausdrücklichen[431] oder zumindest konkludenten[432] – Beschaffenheitsvereinbarung sind. Denn im Rahmen von § 434 I 3 BGB bedarf es keiner Beschaffenheitsvereinbarung.[433] Zur gewöhnlichen Beschaffenheit der Kaufsache gehören gemäß § 434 I 3 BGB auch Eigenschaften, die der Käufer nach den „öffentlichen Äußerungen" des Verkäufers „erwarten kann". Bei Vorliegen der weiteren Voraussetzungen von § 434 I 3 BGB können daher entsprechende „öffentliche Äußerungen" des Verkäufers genügen, um zu einer gewährleistungsrechtlichen Haftung, namentlich hinsichtlich der Ertragsfähigkeit des Unternehmens, zu gelangen.[434] Dagegen kann nicht eingewendet werden, es gebe keine übliche Ertragsfähigkeit von Unternehmen.[435] Zu konzedieren ist, daß unternehmerische Indikatoren wie Umsatzrenditen von der spezifischen Situation des Unternehmens abhängen. Auch nimmt § 434 I 3 BGB Bezug auf § 434 I 2 Nr. 2 BGB und damit auf eine Beschaffenheit, die bei Sachen gleicher Art üblich ist. Indes kommt es im Rahmen von § 434 I 3 BGB nicht auf die Üblichkeit einer Beschaffenheit an.[436]

ccc) Grenzen der Beschaffenheit eines Unternehmens

Außerhalb des Unternehmens liegende Umstände sollen einer in der Literatur vertretenen Ansicht nach nicht zu dessen Beschaffenheit gehö-

---

431 So aber Barnert, WM 2003, 416, 423; Weitnauer, NJW 2002, 2511, 2514; Berger, JZ 2004, 276, 282; ähnlich Bamberger/Roth-Faust, § 434, Rn. 26; Buck, S. 121; Schröder-Frerkes, S. 402-404.

432 So aber Übernahmerecht-Reiner, § 56, Rn. 166 f.; Jauernig-Chr. Berger, § 453, Rn. 15; ähnlich Henssler/Graf von Westphalen-Graf von Westphalen, § 434, Rn. 68, 70, § 453, Rn. 11, 15; Palandt-Putzo, § 434, Rn. 95. MüKo-Westermann, § 453, Rn. 31 und 33-35, insbesondere Rn. 36. Holzapfel, S. 91 und Holzapfel/Pöllath, Rn. 409, 421, meinen, im Fall des Fehlens einer Vereinbarung zähle zur Beschaffenheit des Unternehmens lediglich, daß das Unternehmen „im wesentlichen dem Jahresabschluß entspreche".

433 Ausführlich oben D.II.1.a). Daher ist Maier-Reimer, S. 71, zu Unrecht der Ansicht, aus § 434 I 3 BGB folge, Angaben des Verkäufers genügten für eine Beschaffenheitsvereinbarung.

434 Aufgrund dessen ist es unnötig, schon bei bloßen „Angaben" des Verkäufers über Ertrag und Umsatz eine konkludente Beschaffenheitsvereinbarung anzunehmen, so aber Holzapfel/Pöllath, Rn. 409 und ähnlich Rotthege/Wassermann, Rn. 1156. Dasselbe Ergebnis läßt sich systemkonform und ohne Überdehnung des Begriffs der Beschaffenheitsvereinbarung mittels § 434 I 3 BGB erreichen.

435 So aber Übernahmerecht-Reiner, § 56, Rn. 142.

436 Oben D.II.1.b). Dies scheint auch Übernahmerecht-Reiner, § 56, Rn. 169, letztlich anzuerkennen.

ren.[437] Als treffendes Beispiel wird dafür die Konstellation genannt, daß die Ehefrau des Veräußerers die Eröffnung eines Konkurrenzunternehmens beabsichtigt.[438] Gleiches gilt für von der Person des Veräußerers abhängende Umstände wie bestimmte Steuer- oder Subventionstatbestände.[439] Die gewählten Beispiele scheinen folglich die Schlußfolgerung zu belegen, jeder außerhalb des Unternehmens liegende Umstand sei aus dessen Beschaffenheit auszuklammern. Allerdings steht dies nicht im Einklang mit § 434 I 2 Nr. 1 BGB. Danach kommt es bei Fehlen einer Beschaffenheitsvereinbarung auf die Eignung zu der nach dem Vertrag vorausgesetzten Verwendung an. Schon das Gesetz geht mithin davon aus, daß außerhalb der Kaufsache liegende Umstände als Beschaffenheit der Kaufsache zu qualifizieren sein können.[440] Daher zählen nur solche außerhalb des Unternehmens liegende Umstände nicht zu dessen Beschaffenheit, denen jeder Bezug zum Unternehmen fehlt.[441]

Des weiteren wird im Zusammenhang mit dem Unternehmenskauf die Auffassung vertreten, bei der Auslegung des Beschaffenheitsbegriffs sei zwischen Einzel- und Gesamtmangel zu unterscheiden. Es komme darauf an, ob der Mangel eines einzelnen, zum Unternehmensvermögen gehörenden Gegenstandes auf den Wert des ganzen Unternehmens durchschlage.[442] Dieser Auffassung wird entgegengehalten, sie laufe auf ein Erheblichkeitskriterium hinaus, obwohl § 459 I 2 BGB a.F. ersatzlos gestrichen worden sei.[443] Auf den Streit braucht an dieser Stelle nicht näher eingegangen zu werden. Darauf ist im Rahmen des Tatbestandsmerkmales „erwarten kann“ zurückzukommen, da dieses Merkmal einen

---

437 Eidenmüller, ZGS 2002, 390, 395 f.; Maier-Reimer, S. 70; Rehberg, ZGS 2002, 456, 460; allgemein Canaris, S. 63 f.

438 Eidenmüller, ZGS 2002, 390, 395 f.; Rehberg, ZGS 2002, 456, 460.

439 Wunderlich, WM 2002, 981, 985; Canaris, S. 64 f.; Maier-Reimer, S. 92; Gaul, ZHR 166 (2002), 35, 51 f. Entgegen Oetker/Maultzsch, S. 66, zählt der Umsatz nicht dazu.

440 Seibt/Reiche, DStR 2002, 1135, 1137 f.; Wolf/Kaiser, DB 2002, 411, 412.

441 Holzapfel/Pöllath, Rn. 409; Maier-Reimer, S. 70; ähnlich Schmidt-Räntsch, AnwBl 2003, 529, 531. Allgemein Canaris, S. 65 und Bamberger/Roth-Faust, § 434, Rn. 23.

442 Gaul, ZHR 166 (2002), 35, 39 f.; Michalski-Ebbing, § 15, Rn. 178 c, 183; Rödder/Hötzel/Mueller-Thuns, § 9, Rn. 70; Rotthege/Wassermann, Rn. 1155; Übernahmerecht-Reiner, § 56, Rn. 31, 153; Triebel/Hölzle, BB 2002, 521, 525; Neues Schuldrecht-Haas, Kap. 5, Rn. 547; MüKo-Westermann, § 453, Rn. 27 f.; vgl. bezüglich des Anteilskaufes Wolf, wiedergegeben bei Thiessen/Muthers, Diskussionsbericht, S. 120.

443 So aber Seibt/Reiche, DStR 2002, 1135, 1140; Niewiarra, S. 84; ähnlich Fischer, DStR 2004, 272, 279.

Anknüpfungspunkt für die Unterscheidung zwischen Einzel- und Gesamtmangel bietet.[444]

c) Zwischenergebnis

Zur Beschaffenheit des Unternehmens können insbesondere Angaben des Verkäufers über Umsatz, Ertrag, Gewinn, Ertragsfähigkeit und den Inhalt der Jahresabschlüsse zählen. Wird jene Beschaffenheit zum Inhalt einer „öffentlichen Äußerung" kann sie, unabhängig von der Höhe der erworbenen Beteiligung, gemäß § 453 I BGB in Verbindung mit § 434 I 3 BGB als Eigenschaft des verkauften Anteils selbst anzusehen sein.

3. „Öffentliche Äußerung"

Obwohl die Differenzierung des BGB a.F. zwischen Fehler und Eigenschaft bewußt aufgegeben und der Mangelbegriff einheitlich verstanden werden sollte[445], gewinnt der Begriff der „Eigenschaft" im Rahmen von § 434 I 3 BGB doch wieder Bedeutung. Ob ein Umstand gemäß § 434 I 3 BGB zur Beschaffenheit eines Kaufgegenstandes gehört, richtet sich nämlich danach, welche „Eigenschaften" der Käufer nach den „öffentlichen Äußerungen" „erwarten kann"[446] Zu diesen Eigenschaften kann beim Erwerb von Anteilen an einer börsennotierten Gesellschaft am organisierten Kapitalmarkt insbesondere auch die Beschaffenheit des Unternehmens gehören.[447]

Aufgrund der erwähnten tatbestandlichen Anknüpfung an „Eigenschaften" des Kaufobjektes müssen „öffentliche Äußerungen" insofern bestimmt sein, als sie inhaltlich auf konkrete „Eigenschaften" Bezug nehmen müssen.[448] Daher können allgemeine, pauschale, marktschreierische, nicht

---

444 Siehe unten D.II.5.c).

445 Büdenbender, S. 29; Schmidt-Räntsch, AnwBl 2003, 529, 531; Weitnauer, NJW 2002, 2511, 2514; Rotthege/Wassermann, Rn. 1153; Wunderlich, WM 2002, 981, 982; Boerner, ZIP 2001, 2264, 2266; Grigoleit/Herresthal, JZ 2003, 118, 122.

446 Dazu unten D.II.5.

447 Siehe oben D.II.2.b).

448 Lehmann, JZ 2000, 280, 284; Augenhofer, JBl. 2001, 82, 85; MüKo-Westermann, § 434, Rn. 22; Bamberger/Roth-Faust, § 434, Rn. 83; Boerner, ZIP 2001, 2264, 2266; Grigoleit/Herresthal, JZ 2003, 233, 237; Neues Schuldrecht-Haas, Kap. 5, Rn. 108; Henssler/Graf von Westphalen-Graf von Westphalen, § 434, Rn. 33; Homann, S. 230 f.; Staudinger 2004-Matusche-Beckmann, § 434, Rn. 82.

ernsthaft gemeinte Aussagen aus dem Begriff der „öffentlichen Äußerung" ausgeschieden werden.[449] Die Abgrenzung ist vor allem hinsichtlich der in § 434 I 3 BGB beispielhaft genannten „Werbung" bedeutsam.[450]

„Öffentlich" bedeutet, daß sich die Äußerung an eine unbegrenzte Anzahl[451] von Personen richtet und von diesen wahrnehmbar ist.[452] Damit fallen Angaben, die nur in individuellen Verkaufsgesprächen und nicht mit Zugänglichkeit für den Markt getätigt werden, nicht unter § 434 I 3 BGB.[453] Ob sie mündlich, schriftlich, in gedruckten oder elektronischen Medien abgegeben werden, spielt hingegen keine Rolle.[454] Demgegenüber kommt es aber darauf an, daß die „öffentliche Äußerung" vor Vertragsschluß gemacht wurde.[455] Auch muß der Äußernde sie bewußt in Richtung Öffentlichkeit getätigt haben.[456]

Welche „öffentlichen Äußerungen" im Zusammenhang mit dem Kauf von Anteilen an börsennotierten Gesellschaften am organisierten Kapitalmarkt in Betracht kommen, soll im folgenden dargestellt werden. Daran schließt sich eine Auseinandersetzung mit der Frage an, ob auch fehlende Kapitalmarktinformationen als „öffentliche Äußerungen" im Sinne von § 434 I 3 BGB verstanden werden können.

---

449 Lehmann, DB 2002, 1090, 1092; Anwaltskommentar-Büdenbender, § 434, Rn. 12; Augenhofer, JBl. 2001, 82, 85; Grigoleit/Herresthal, JZ 2003, 233, 237; Henssler/Graf von Westphalen-Graf von Westphalen, § 434, Rn. 33; Homann, S. 230 f.
450 Augenhofer, JBl. 2001, 82, 85; MüKo-Westermann, § 434, Rn. 22.
451 Gegen diese Einschränkung Augenhofer, S. 52.
452 Weiler, WM 2002, 1784, 1786 f.; Palandt-Putzo, § 434, Rn. 34; Bamberger/Roth-Faust, § 434, Rn. 81; Oetker/Maultzsch, S. 44 f.; Erman-Grunewald, § 434, Rn. 22; Homann, S. 229; Picot-Picot, Teil I., Rn. 86; MüKo-Westermann, § 434, Rn. 22; Staudinger 2004-Matusche-Beckmann, § 434, Rn. 81.
453 Bamberger/Roth-Faust, § 434, Rn. 81; Weiler, WM 2002, 1784, 1786.
454 Palandt-Putzo, § 434, Rn. 34; Bamberger/Roth-Faust, § 434, Rn. 80; Staudinger 2004-Matusche-Beckmann, § 434, Rn. 81; MüKo-Westermann, § 434, Rn. 22.
455 Bamberger/Roth-Faust, § 434, Rn. 80; Henssler/Graf von Westphalen-Graf von Westphalen, § 434, Rn. 31; Staudinger 2004-Matusche-Beckmann, § 434, Rn. 83.
456 Grigoleit/Herresthal, JZ 2003, 233, 237.

a) Publizitätsinstrumente am organisierten Kapitalmarkt

aa) Börsenzulassungs- und Verkaufsprospekt, Unternehmensbericht

Wertpapiere unterliegen bei ihrem erstmaligen öffentlichen Angebot im Inland einem Prospektzwang. Zentrales Informationsmittel dieser Primärmarktpublizität sind der Börsenzulassungs-, der Verkaufsprospekt und der Unternehmensbericht.

Zur Zulassung von Wertpapieren zum amtlichen Markt (Einführung, § 37 I BörsG) hat der Emittent einen Börsenzulassungsprospekt zu veröffentlichen. Dieser soll dem Anlegerpublikum gemäß § 30 III Nr. 2 BörsG ein zutreffendes Bild über den Emittenten und die Wertpapiere vermitteln. Der Prospekt muß Angaben über die Vermögens-, Finanz- und Ertragslage sowie die prospektive Entwicklung des Emittenten und über die mit den Wertpapieren verbundenen Rechte enthalten (§§ 13 ff. BörsZulV). Daneben kann auch ein Verkaufsprospekt zu veröffentlichen sein, dessen Inhalt sich nach § 5 VerkProspG in Verbindung mit §§ 13 ff. BörsZulV richtet. Dadurch soll dem Anlegerpublikum eine informierte Entscheidung über die Allokation von Kapital ermöglicht und zugleich Werbung für eine entsprechende Kapitalanlage betrieben werden.[457] Dies gilt auch für den Unternehmensbericht sowie den Verkaufsprospekt, welche Unternehmen zu veröffentlichen haben, um im Geregelten Markt zugelassen zu werden (§ 51 I Nr. 2 BörsG, § 51 II Nr. 2 Hs. 2 BörsG in Verbindung mit § 7 II VerkProspG in Verbindung mit §§ 2 ff. VerkProspV). In die gleiche Richtung zielt[458] die Verpflichtung von Unternehmen, welche Wertpapiere im Freiverkehr oder im außerbörslichen Handel anbieten wollen, einen Verkaufsprospekt gemäß § 1 VerkProspG in Verbindung mit § 7 VerkProspG zu veröffentlichen.

Als „öffentliche Äußerung" wird in § 434 I 3 BGB beispielhaft auch Werbung genannt. Deshalb sind diese, zumindest auch der Förderung des Absatzes von Aktien dienenden Prospekte sowie der Unternehmensbericht als „öffentliche Äußerungen" des Emittenten zu qualifizieren.[459]

457 Ellenberger, S. 12; Schröder, S. 64; Schwark-Heidelbach, § 30 BörsG, Rn. 1.
458 Statt aller Schwark-Heidelbach, § 1 VerkProspG, Rn. 1.
459 Wolf/Kaiser, DB 2002, 411, 418; Übernahmerecht-Reiner, § 56, Rn. 154; Bergjan, S. 161; vgl. auch Grunewald, NZG 2003, 372; Mandatshandbuch-Lips/Stratz/Rudo, § 4, Rn. 32.

bb) Jahresabschluß und Konzernabschluß

Zu den „öffentlichen Äußerungen" zählen auch der Jahresabschluß und der Konzernabschluß einer börsennotierten Gesellschaft.[460] Nach § 264 II 1 HGB soll der Jahresabschluß den Kapitalanlegern „unter Beachtung der Grundsätze ordnungsgemäßer Buchführung ein den tatsächlichen Verhältnissen entsprechendes Bild der Vermögens-, Finanz- und Ertragslage der Kapitalgesellschaft vermitteln." Dies gilt gemäß § 297 II 2 HGB auch für den Konzernabschluß einer konzernverbundenen börsennotierten Gesellschaft. Gemäß § 297 I 1 HGB besteht dieser ebenso wie der Jahresabschluß gemäß § 242 III HGB aus der Bilanz sowie der Gewinn- und Verlustrechnung. Er ist bei börsennotierten Aktiengesellschaften nach § 264 I 1 HGB um einen Anhang zu erweitern. Im Unterschied zum Konzernabschluß ist der Jahresabschluß Instrument einer vor allem bilanzrechtlich zu verstehenden (Regel-)publizität und dient der Gewinnermittlung und Rechenschaftslegung gegenüber Gesellschaftern und Gläubigern. Nicht verkannt werden darf aber, daß die kapitalmarktrechtliche Publizität auf diesem Informationsgebot aufbaut.[461] Ausdruck findet dies im Börsenrecht in § 39 I Nr. 3, II BörsG in Verbindung mit § 65 I BörsZulV. Danach ist der Emittent zugelassener Wertpapiere verpflichtet, den festgestellten Jahresabschluß dem Anlegerpublikum unverzüglich zugänglich zu machen.[462] Demgegenüber dient der Konzernabschluß *ausschließlich* Informationszwecken (§ 39 I Nr. 3, II BörsG, 65 II 1 BörsZulV). Die Information des Anlegerpublikums über bilanzmäßige Unternehmenskennziffern soll Grundlage für Investitionsentscheidungen sein.[463] Kennzahlen des Jahres- oder Konzernabschlusses können zur Kontrolle der zukunftsorientierten Angaben der Gesellschaft insofern herangezogen werden, als sie es Anlegerpublikum und Analysten ermöglichen, deren Realisierbarkeit einzuschätzen.

cc) Lagebericht und Konzernlagebericht

Gemäß § 289 I Hs. 1 HGB hat der Lagebericht „den Geschäftsverlauf und die Lage der Kapitalgesellschaft so darzustellen, daß ein den tatsächli-

---

460 Übernahmerecht-Reiner, § 56, Rn. 154.

461 Fleischer, Gutachten, F 110; Schröder, S. 58 f.

462 Schröder, S. 57.

463 Barnert, WM 2003, 416, 419; MüKo-AktG-Luttermann, Einf BilanzR, Rn. 20; a.A. Groß, WM 2002, 477, 479 f.

chen Verhältnissen entsprechendes Bild vermittelt wird". „Auch auf die Risiken der künftigen Entwicklung" ist dabei einzugehen (§ 289 I Hs. 2 HGB). In der eben geschilderten Weise soll auch der Konzernlagebericht die Anleger gemäß § 315 I Hs. 1 HGB informieren. Die kapitalmarktrechtliche Bedeutung des (Konzern-)Lageberichts ergibt sich wie für den Jahresabschluß aus § 39 I Nr. 3, II BörsG in Verbindung mit § 65 BörsZulV. Beide sind dem Anlegerpublikum unverzüglich nach ihrer Feststellung zur Verfügung zu stellen. Deshalb sind sowohl der Lage- als auch der Konzernlagebericht als „öffentliche Äußerungen" zu qualifizieren.

dd) Zwischenbericht

Emittenten, deren Aktien zum amtlichen Markt zugelassen sind, sind gemäß § 40 I BörsG dazu verpflichtet, den Kapitalanlegern unterjährig „anhand von Zahlenangaben und Erläuterungen ein den tatsächlichen Verhältnissen entsprechendes Bild der Finanzlage und des allgemeinen Geschäftsganges des Emittenten im Berichtszeitraum" zu vermitteln. Publizitätsinstrument ist der Zwischenbericht, welcher im Zusammenhang mit dem Jahresabschluß zu sehen ist.[464] Die inhaltliche Ausgestaltung des Zwischenberichtes richtet sich nach § 40 II 1 BörsG in Verbindung mit §§ 53 bis 62 BörsZulV. Der Zwischenbericht soll den Anlegern sowohl eine Beurteilung der Geschäftstätigkeit in den ersten sechs Monaten des Geschäftsjahres (§§ 53 S. 1, 55 S. 3 BörsZulV) als auch Prognosen für das laufende Geschäftsjahr (vgl. § 55 S. 4 BörsZulV) ermöglichen. Er ist mindestens einmal pro Geschäftsjahr zu veröffentlichen[465] und fällt nicht zuletzt angesichts seiner umsatzfördernden Wirkung[466] ebenfalls unter § 434 I 3 BGB.[467]

ee) Ad hoc-Mitteilungen

Nach der derzeitigen Fassung von § 15 I 1 WpHG muß der Emittent von Wertpapieren, die zum Handel an einer inländischen Börse zugelassen sind, unverzüglich eine neue Tatsache veröffentlichen, die in seinem Tätigkeitsbereich eingetreten und nicht öffentlich bekannt ist, wenn sie wegen der Auswirkungen auf die Vermögens- oder Finanzlage oder auf den

---

464 Schwark-Heidelbach, § 40 BörsG, Rn. 5.
465 Schwark-Heidelbach, § 40 BörsG, Rn. 14.
466 Vgl. Schwark, FS Hadding, S. 1117, 1121.
467 Übernahmerecht-Reiner, § 56, Rn. 154; vgl. auch Barnert, WM 2002, 1473, 1483.

allgemeinen Geschäftsverlauf des Emittenten geeignet ist, den Börsenpreis der zugelassenen Wertpapiere erheblich zu beeinflussen. Das AnSVG führt insofern zu einer erheblichen Veränderung, als das Recht der Ad hoc-Publizität nunmehr an das Vorliegen einer sogenannten Insiderinformation im Sinne der Legaldefinition des § 13 WpHG n.F. anknüpft. Jetzt ist jede Insiderinformation zugleich ad hoc-publizitätspflichtig, soweit sie nur den Emittenten unmittelbar betrifft. Also sind auch Umstände erfaßt, die weder im Tätigkeitsbereich des Emittenten eingetreten sind noch Auswirkungen auf dessen Vermögens- oder Ertragslage haben.[468] Unberührt von diesen Änderungen bleibt aber die Einzelfallbezogenheit der Ad hoc-Publizität, wodurch diese sich von der regelmäßigen Unternehmensberichterstattung und vom Prospekt unterscheidet. Dadurch sollen Lücken in der Unterrichtung der Kapitalanleger geschlossen werden, die angesichts der regelmäßigen Berichterstattung bei aktuellen Ereignissen und Entwicklungen auftreten können. Insofern soll eine Ad hoc-Mitteilung eine Informationsgrundlage für Kauf und Verkauf von Wertpapieren schaffen.[469] Zugleich dient sie infolge der Verkürzung des Zeitraumes, in welchem Insiderwissen generiert und genutzt werden kann, der Prävention gegen Insiderhandel.[470]

Auch Ad hoc-Mitteilungen können unter den Begriff der „öffentlichen Äußerungen" subsumiert werden.[471] Dem steht nicht entgegen, daß es gemäß § 15 III Alt. 2 WpHG derzeit noch[472] ausreicht, die Ad hoc-Mitteilung

---

468 Allgemeine Begründung des Referentenentwurfs eines AnSVG vom 10.03.2004, abrufbar unter www.bmj.bund.de (zuletzt abgerufen am 16.03.2004), abgedruckt in ZBB 2004, S. 168 ff.; Gesetzentwurf der Bundesregierung vom 24.05.2004, BT-Drucksache 15/3174; Beschlußempfehlung und Bericht des Finanzausschusses (7. Ausschuß), BT-Drucksache 15/3493; Kuthe, ZIP 2004, 883, 884 f.; Ziemons, NZG 2004, 537, 541; Spindler/Christoph, BB 2004, 2197, 2201; Diekmann/Sustmann, NZG 2004, 929, 934; Spindler, NJW 2004, 3449, 3451; Bürgers, BKR 2004, 424, 426; Tollkühn, ZIP 2004, 2215, 2216.

469 Möllers/Rotter-Möllers, § 2, Rn. 34 f.; Rützel, AG 2003, 69, 71; Begründung zu § 15 I WpHG des Referentenentwurfes eines AnSVG vom 10.03.2004, abrufbar unter www.bmj.bund.de (zuletzt abgerufen am 16.03.2004), abgedruckt in ZBB 2004, S. 168 ff.; Gesetzentwurf der Bundesregierung vom 24.05.2004, BT-Drucksache 15/3174, S. 34. Vgl. auch Schwark, FS Hadding, S. 1117, 1121.

470 BT-Drucksache 12/6679, S. 48; Möllers/Rotter-Möllers, § 2, Rn. 33; Begründung zu § 15 I WpHG des Referentenentwurfes eines AnSVG vom 10.03.2004, abrufbar unter www.bmj.bund.de (zuletzt abgerufen am 16.03.2004), abgedruckt in ZBB 2004, S. 168 ff.; Gesetzentwurf der Bundesregierung vom 24.05.2004, BT-Drucksache 15/3174, S. 34 f.

471 Übernahmerecht-Reiner, § 56, Rn. 154; ähnlich Barnert WM 2002, 1473, 1483.

472 Der durch das AnSVG (BGBl. I 2004, S. 2630) geänderte § 15 VII WpHG n.F. sieht vor, daß die technischen Modalitäten einer Veröffentlichung von Insiderinformationen durch

über ein elektronisch betriebenes Informationsverbreitungssystem, das bei professionellen Marktteilnehmern weit verbreitet ist, zu veröffentlichen. Dem deutschen Gesetzgeber schwebte insoweit das Konzept der sogenannten Bereichsöffentlichkeit vor.[473] Daraus könnte man zwar ableiten, Ad hoc-Mitteilungen stünden nicht in jedem Fall einem unbeteiligten Dritten zur Verfügung.[474] Seit längerem sind aber Ad hoc-Meldungen im Internet[475] und im Videotext verschiedener Fernsehsender (u.a. ARD und n-tv) abrufbar.[476] Plastisch ausgedrückt, wird auf diese Weise die Bereichsöffentlichkeit zur „Gesamtöffentlichkeit".[477]

ff) Entsprechenserklärung zum Deutschen Corporate Governance Kodex gemäß § 161 AktG

Ziel des Deutschen Corporate Governance Kodexes[478] ist ausweislich dessen Präambel, das Vertrauen der Anleger, der Kunden, Mitarbeiter und der Öffentlichkeit in die Leitung und Überwachung deutscher börsennotierter Aktiengesellschaften zu fördern. Der Deutsche Corporate Governance Kodex unterscheidet zwischen Empfehlungen, Anregungen und der Wiedergabe des geltenden Rechts. Empfehlungen sind durch die Verwendung des Wortes „soll" gekennzeichnet. Auf sie ist das Hauptaugenmerk zu richten, da sie das Vehikel zur Erreichung des erwähnten Zieles des Deutschen Corporate Governance Kodexes sein sollen.[479] Dementsprechend sieht § 161 AktG eine Offenlegungspflicht vor. Danach

---

eine Rechtsverordnung des Bundesministeriums der Finanzen geregelt werden dürfen. § 15 III Alt. 2 WpHG a.F. findet sich nicht in § 15 WpHG n.F. wieder.

473 BT-Drucksache 12/6679, S. 46; A/S-Assmann, § 13, Rn. 41; A/S-Kümpel/Assmann, § 15, Rn. 226. Die Vereinbarkeit dieses Konzepts mit Schema C Abschnitt 5 a der Börsenzulassungsrichtlinie, ABl. EG Nr. L 66 vom 16.03.1979, S. 21, wird mit Recht bezweifelt, vgl. Assmann, AG 1994, 237, 252; Hopt, ZHR 159 (1995), 135, 153 f.; Möllers/Rotter-Möllers, § 3, Rn. 55; Möllers/Rotter-Schulte, § 4, Rn. 53; Möllers/Rotter-Wilga, § 10, Rn. 33-35.

474 Assmann, AG 1994, 237, 252; Hopt, ZHR 159 (1995), 135, 153 f.

475 So sorgen verschiedene Dienstleister wie die Deutsche Gesellschaft für Ad hoc-Publizität mbH (DGAP), die boerse-stuttgart.de AG Gesellschaft für Finanzdienstleistungen, die Hugin IR Services Deutschland GmbH oder die news aktuell GmbH für die Veröffentlichung von Ad hoc-Meldungen im Internet, vgl. A/S-Kümpel/Assmann, § 15, Rn. 53; BaFin, Jahresbericht 2003, S. 194.

476 Leis/Nowak, S. 11 f.; Röder, S. 228-234, 245; Möllers/Rotter-Möllers, § 3, Rn. 56.

477 A/S-Kümpel/Assmann, § 15, Rn. 53.

478 Abgedruckt in NZG 2002, 273 ff.; ZIP 2002, 452 ff.; AG 2002, 236 ff.

479 Ulmer, ZHR 166 (2002), 150, 154; Lutter, ZHR 166 (2002), 523, 525; MüKo-AktG-Semler, § 161, Rn. 9.

sind der Vorstand und der Aufsichtsrat einer börsennotierten Aktiengesellschaft verpflichtet, jährlich eine Erklärung darüber abzugeben, inwiefern sie die Empfehlungen des Deutschen Corporate Governance Kodex einhalten oder davon abweichen (sogenannte Entsprechenserklärung). Zentrale Teile der Empfehlungen des Deutschen Corporate Governance Kodex betreffen die Überwachungstätigkeit des Aufsichtsrates. Dabei geht es unter anderem um das Zusammenwirken von Vorstand und Aufsichtsrat, dessen Aufgaben, die Bestellung und Vergütung seiner Mitglieder sowie die Bewältigung von Interessenkonflikten.[480] Außerdem widmet sich der Empfehlungsteil des Deutschen Corporate Governance Kodex den Pflichten des Vorstandes, namentlich Interessenkonflikten sowie Geschäften zwischen ihnen und der Gesellschaft, dem Selbstbehalt bei D&O-Versicherungen und dem Handeln in Aktien der Gesellschaft.[481] Vergleichsweise geringe Bedeutung wird demgegenüber den Empfehlungen in bezug auf die Hauptversammlung beigemessen.[482]

Die Entsprechenserklärung im Sinne von § 161 AktG kann als „öffentliche Äußerung" gemäß § 434 I 3 BGB qualifiziert werden. Zwar ist sie in erster Linie darauf gerichtet, zu einer Verbesserung der Corporate Governance beizutragen und so das Vertrauen unter anderem der Anleger in die Leitung und Überwachung börsennotierter Gesellschaften zu stärken. Mittels der Pflicht zur Abgabe einer Entsprechenserklärung sollen börsennotierte Gesellschaften faktisch unter Druck gesetzt werden, sich an den Deutschen Corporate Governance Kodex zu binden.[483] Demgegenüber kann ein verkaufsfördernder Effekt in der Regel lediglich mittelbar eintreten.[484] Gleichwohl ist die Entsprechenserklärung eine öffentliche Erklärung gegenüber den Aktionären und Kapitalanlegern.[485] Letztere sollen zum Erwerb einer Beteiligung angeregt werden.[486] Dies genügt im Rahmen von § 434 I 3 BGB, zumal der Begriff „Werbung" dort lediglich beispielhaft („insbesondere") genannt wird.

480 Ulmer, ZHR 166 (2002), 150, 155 f.
481 Ulmer, ZHR 166 (2002), 150, 156.
482 Ulmer, ZHR 166 (2002), 150, 156.
483 Borges, ZGR 2003, 508, 524; Berg/Stöcker, WM 2002, 1569, 1572; MüKo-AktG-Semler, § 161, Rn. 10
484 Abram, ZBB 2003, 41, 44; Berg/Stöcker, WM 2002, 1569, 1581; Ettinger/Grützediek, AG 2003, 353, 358; Kiethe, NZG 2003, 559, 565; Köllmann, WM 2003, Sonderbeilage Nr. 1, S. 15 f.; Schüppen, ZIP 2002, 1269, 1273; Lutter, FS Druey, S. 463, 475.
485 Kiethe, NZG 2003, 559, 560; vgl. auch MüKo-AktG-Semler, § 161, Rn. 10.
486 Lutter, FS Druey, S. 463, 474.

gg) Freiwillige Äußerungen

Darüber hinaus können freiwillige, nicht gesetzlich vorgeschriebene Äußerungen anläßlich von Pressekonferenzen, Road-shows (Unternehmenspräsentationen)[487], in der Hauptversammlung[488] oder in Informationsmemoranden[489] „öffentliche Äußerungen“ im Sinne von § 434 I 3 BGB darstellen.[490]

b) Haftung für fehlende Kapitalmarktinformationen?

Es stellt sich die Frage, ob unter „öffentliche Äußerung“ im Sinne von § 434 I 3 BGB nicht nur fehlerhafte, sondern auch fehlende Kapitalmarktinformationen subsumiert werden können. Unter fehlenden Kapitalmarktinformationen ist das vorübergehende oder gänzliche Unterlassen einer Information des Kapitalmarktes zu verstehen. Ungeachtet der Differenzierung zwischen fehlerhaften und fehlenden Kapitalmarktinformationen ist aber zu betonen, daß beide, sowohl die Richtigkeit als auch die Rechtzeitigkeit dieser Informationen, für das Funktionieren des Kapitalmarktes bedeutsam sind. Dies mag ein Grund dafür sein, daß in der Literatur – soweit ersichtlich – bisher nicht zwischen fehlerhaften und fehlenden Kapitalmarktinformationen unterschieden wird.[491]

Ob auch das vorübergehende oder gänzliche Unterlassen einer Information des Kapitalmarkts eine „öffentliche Äußerung“ darstellen kann, ist zweifelhaft. Unterlassen kann nur Anknüpfungspunkt für eine zivilrechtliche Haftung sein, wenn eine entsprechende Rechtspflicht zum Handeln bestand.[492] Eine solche Rechtspflicht kann sich insbesondere aus den

---

487 Heidel-Willamowski, Kap. 17, Rn. 54.

488 Dazu Dühn, S. 67 f. m.w.N.

489 Das sind schriftliche Darstellungen, durch deren Veröffentlichung der Emittent von der Pflicht, einen Prospekt herauszugeben, befreit wird, siehe Förster, S. 87. Demgegenüber hält Groß, AG 1999, 199, 200, Informationsmemoranden in gewissen Konstellationen für Prospekte.

490 Seibt/Reiche, DStR 2002, 1135, 1139; Picot/Mentz/Seydel-Picot, Teil I.C. Rn. 91; Knott, NZG 2002, 249, 251 f.; Bergjan, S. 160 f.; Übernahmerecht-Reiner, § 56, Rn. 154; Mandatshandbuch-Lips/Stratz/Rudo, § 4, Rn. 17, 32; Picot-Picot, Teil I., Rn. 86; Schröder-Frerkes, S. 404.

491 Vgl. exemplarisch Dühn, der von fehlerhaftem „Informationsverhalten“ spricht (S. 56) und darunter die unrichtige sowie die nicht rechtzeitige Information der Kapitalanleger versteht (S. 55).

492 BGHZ 56, 228, 238; BGHZ 57, 245, 253; BGHZ 71, 86, 93; Staudinger-Hager, § 823,

Vorschriften über die Ad hoc-Publizität, die börsenrechtliche Regelpublizität oder Bestimmungen über Prospektpflichten ergeben. In der Literatur wird allgemein die Ansicht vertreten, auch das Unterlassen der Erwähnung einer Eigenschaft sei eine „öffentliche Äußerung“.[493] Dafür wird angeführt,[494] im Wettbewerbsrecht sei das Unterlassen einer Angabe vorwerfbar, wenn dies zu einem unrichtigen Gesamtinhalt der werblichen Äußerung führe.[495] Zutreffend ist, daß es infolge der Einführung von § 434 BGB in Teilbereichen zu einer nicht nur terminologischen Annäherung von Wettbewerbs- und Zivilrecht kommt.[496] Beispielsweise fehlt es gemäß § 434 I 3 BGB an einem Sachmangel, wenn der Verkäufer die Äußerung nicht kannte und auch nicht kennen mußte. Bei nicht fahrlässiger Unkenntnis kann im Wettbewerbsrecht gleichfalls keine Störerverantwortlichkeit begründet werden.[497] Deshalb können wettbewerbsrechtliche Gesichtspunkte bei der Auslegung von § 434 I 3 BGB zu berücksichtigen sein.[498] Allerdings darf diese Erkenntnis nicht dazu verleiten, die Grundstruktur von § 434 I 3 BGB außer acht zu lassen. Die Bestimmung ist nicht auf eine Haftung für Unterlassen zugeschnitten, sondern knüpft an positives Tun an. Das zeigt bereits der Wortlaut von § 434 I 3 BGB („öffentliche Äußerung“). Beim Unterlassen einer Kapitalmarktinformation mangelt es gerade an einer „öffentlichen Äußerung“. Als weiteres Argument gegen die Einbeziehung des Unterlassens einer Information des Kapitalmarkts in den Tatbestand von § 434 I 3 BGB spricht Folgendes: Die Norm eröffnet dem Verkäufer die Möglichkeit, sich durch eine gleichwertige Berichtigung seiner Äußerung spätestens im Zeitpunkt des Vertragsschlusses zu enthaften.[499] Zwar ist streitig, ob diese Berichtigung eine ausdrückliche Bezugnahme auf die frühere, fehlerhafte Äußerung enthalten muß [500] oder ob es genügt, wenn die berichtigende Äußerung nach Art oder Form der Verbreitung gleich effizient ist.[501] Dieser Streit bedarf hier jedoch keiner Entscheidung. Denn beiden Ansichten ist ge-

---

H 5; Soergel-Zeuner, 12. Auflage, § 823, Rn. 157.

493 So allgemein Bernreuther, WRP 2002, 368, 370 f.

494 Bernreuther, WRP 2002, 368, 371.

495 Vgl. BGH WRP 1996, 1027, 1031; BGH WRP 1999, 839 f.

496 Bernreuther, WRP 2002, 368, 370 f.; ders., MDR 2003, 63, 66; MüKo-Westermann, § 434, Rn. 23; vgl. Weiler, WM 2002, 1784, 1785, knapp auch Wältermann, S. 210.

497 Vgl. Nordemann, Rn. 132 und 1383 m.w.N.

498 Bernreuther, WRP 2002, 368, 370 f.

499 Siehe ausführlich unten D.III.2.

500 Grigoleit/Herresthal, JZ 2003, 233, 238; Henssler/Graf von Westphalen-Graf von Westphalen, § 434, Rn. 43; Neues Schuldrecht-Haas, Kap. 5, Rn. 115.

501 Weiler, WM 2002, 1784, 1792; ähnlich Bernreuther, WRP 2002, 368, 274 f.

meinsam, daß zur Beurteilung der Gleichwertigkeit einer Berichtigung auf die vorherige „öffentliche Äußerung“ zurückzugreifen ist. Demgegenüber kann eine fehlende Kapitalmarktinformation lediglich dadurch „berichtigt“ werden, daß der Verkäufer den Kapitalmarkt überhaupt (nachträglich) informiert. Eine frühere „öffentliche Äußerung“ kann in dieser Konstellation nicht als Maßstab für die Gleichwertigkeit der Berichtigung herangezogen werden, da eine solche Äußerung gerade fehlt. Auch daraus folgt, daß § 434 I 3 BGB nicht an ein Unterlassen anknüpft. Deshalb kann über § 453 I BGB in Verbindung mit § 434 I 3 BGB keine Haftung für fehlende Kapitalmarktinformation begründet werden.[502] Allenfalls kommt eine Haftung für fehlerhafte Kapitalmarktinformationen beim Erwerb von Anteilen am organisierten Kapitalmarkt in Betracht.

4. Person des Äußernden

§ 434 I 3 BGB setzt voraus, daß die „öffentliche Äußerung“ entweder vom Verkäufer, vom Hersteller oder von „dessen Gehilfen“ stammt.

a) „Öffentliche Äußerung“ des Verkäufers

Wer Verkäufer ist, kann nicht einheitlich beantwortet werden, sondern richtet sich danach, ob es sich um einen Erwerb am Primär- oder am Sekundärmarkt handelt. Dieser Unterscheidung ist auch bei der Untersuchung der „öffentlichen Äußerungen“ des Verkäufers Rechnung zu tragen.

aa) Erwerb am Primärmarkt

Bei der am Primärmarkt üblichen Fremdemission schließt nicht der Emittent[503], sondern eine der am Konsortium beteiligten Emissionsbanken Kaufverträge über die Anteile mit den Anlegern oder einer Nichtkonsortialbank.[504] Verkäufer ist daher regelmäßig eine Emissionsbank. Es stellt

---

502 Vgl. Gaul, ZHR 166 (2002), 35, 48 für den Unternehmenskauf: *„Macht der Verkäufer keine Angaben zu Umsatz, Ertragsfähigkeit, Gewinn oder sonstigen Unternehmens kennzahlen, kann aus dem Fehlen dieser Angaben kein Gewährleistungsanspruch begründet werden.“*

503 Vgl. aber Wolf/Kaiser, DB 2002, 411, 417 f., die für den Fall des Verkaufs durch den Emittenten § 434 I 3 BGB „als Möglichkeit“ andeuten. Die Selbstemission spielt aber bei der Plazierung von Aktien keine große Rolle, siehe oben D.I.1.c)aa)aaa).

504 Siehe oben D.I.1.c)aa)bbb).

sich die Frage, welche „öffentlichen Äußerungen“ als ihre eigenen angesehen werden können. Entscheidend dafür ist ihr Auftreten am Markt. Denn „öffentliche Äußerung“ bedeutet, Angaben dem Markt zugänglich zu machen.[505] Wenn die Emissionsbank aus Sicht eines verständigen Anlegers mit einer „öffentlichen Äußerung“ nach außen in Erscheinung tritt, handelt es sich um ihre „öffentliche Äußerung“.

aaa) Börsenzulassungs- und Verkaufsprospekt, Unternehmensbericht

Ob ein Börsenzulassungs- oder Verkaufsprospekt oder Unternehmensbericht als „öffentliche Äußerung“ einer Emissionsbank anzusehen ist, richtet sich nach deren Außenauftritt. In diesem Zusammenhang kann auf Argumentationsmuster dazu, wer bei einer Aktienemission unter Beteiligung eines Bankenkonsortiums „Anbieter“ des Prospektes im Sinne von § 1 VerkProspG ist, zurückgegriffen werden. Denn nach der überwiegend vertretenen Ansicht ist diesbezüglich ebenfalls auf den Außenauftritt der Konsortialbanken abzustellen.[506] Anknüpfungspunkte sind die Unterzeichnung des Börsenprospektes durch eine Konsortialbank und/oder deren Namhaftmachung im Prospekt infolge einer Verantwortungsübernahme. Ein verständiger Anleger kann dann ersehen, welche am Konsortium beteiligte Bank sich den Prospektinhalt oder Teile davon zueigen macht.

Börsenzulassungsprospekte sind gemäß § 32 I BörsG in Verbindung mit § 13 I 5 BörsZulV von den Antragstellern zu unterzeichnen. Wer Antragsteller ist, ergibt sich aus § 30 II BörsG. Danach ist der Antrag auf Zulassung zum Börsenhandel im amtlichen Markt neben dem Emittenten auch von einem Kredit- oder Finanzdienstleistungsinstitut zu stellen. Meistens beantragen die Konsortialmitglieder gemeinsam mit dem Emittenten die Börsenzulassung und haben daher den Börsenzulassungsprospekt zu unterzeichnen.[507] Ist eine unterzeichnende Konsortialbank Verkäuferin der Anteile, handelt es sich beim Börsenzulassungsprospekt um ihre eigene „öffentliche Äußerung“. Dies kann auch für verkaufende

505 Weiler, WM 2002, 1784, 1786 f.; Bamberger/Roth-Faust, § 434, Rn. 81.

506 Vgl. Schwark-Heidelbach, § 1 VerkProspG, Rn. 36; Schwark-Schwark, §§ 44, 45 BörsG, Rn. 10; Schwark, FS Hadding, S. 1117, 1122; BAWe Bekanntmachung vom 06.09.1999, Bundesanzeiger Nr. 177 vom 21.09.1999, S. 16180 ff., Anm. I Nr. 3.

507 Groß, AG 1999, 199, 200; Ellenberger, S. 25 f.; Schwark-Heidelbach, § 30 BörsG, Rn. 16; vgl. auch Hopt, Banken, Rn. 118.

Konsortialmitglieder gelten, die nicht Antragsteller und daher nicht Unterzeichner des Prospektes sind, etwa weil sie die Voraussetzungen von § 30 II BörsG nicht erfüllen.[508] Denn diejenigen Konsorten, die den Prospekt nicht unterzeichnen, können gleichwohl für dessen Inhalt teilweise oder in toto gemäß § 14 BörsZulV die Verantwortung übernehmen und deshalb namentlich im Prospekt aufzuführen sein (§ 13 II 1 Nr. 1 BörsZulV). Eine derartige Verantwortungsübernahme kommt etwa aus Werbezwecken oder aufgrund einer Verpflichtung aus dem Übernahme- oder Konsortialvertrag in Betracht.[509] Die Möglichkeit der Übernahme von Verantwortung für den Inhalt besteht auch beim parallel zu veröffentlichenden Verkaufsprospekt, vgl. § 5 I VerkProspG in Verbindung mit § 32 I Nr. 2 BörsG und §§ 13 f. BörsZulV. In allen anderen Fällen als der Unterzeichnung oder Verantwortungsübernahme ist der Prospekt nicht als *eigene* „öffentliche Äußerung" der verkaufenden Emissionsbank anzusehen. Damit ist aber noch nicht gesagt, daß eine gewährleistungsrechtliche Haftung aus § 453 I BGB in Verbindung mit § 434 I 3 BGB ausscheidet.[510]

Hinsichtlich des für die Zulassung zum Geregelten Markt erforderlichen Unternehmensberichtes bedarf es gemäß § 51 I Nr. 2 BörsG lediglich einer Unterschrift des Emittenten. Allerdings besteht auch hier die Möglichkeit, daß Konsortialbanken die Verantwortung für dessen Inhalt übernehmen. Dann ist ihr Name anzugeben, vgl. § 51 I Nr. 2 BörsG in Verbindung mit § 7 II VerProspG und § 3 VerkProspV. In einem solchen Fall handelt es sich beim Unternehmensbericht um die „öffentliche Äußerung" der namhaft gemachten Konsortialbanken. Das gleiche gilt für eine Konsortialbank, welche die Verantwortung für den Inhalt des Verkaufsprospekts gemäß § 5 I VerkProspG in Verbindung mit § 32 I Nr. 2 BörsG und §§ 13 f. BörsZulV übernimmt.

Auch bei dem zur Zulassung von Wertpapieren zum Freiverkehr erforderlichen Verkaufsprospekt können andere Personen als der Emittent die Verantwortung für die Richtigkeit von dessen Inhalt übernehmen und sind

---

508 Vgl. zu den Anforderungen von § 30 II BörsG: Groß, AG 1999, 199, 200.
509 Schwark-Heidelbach, § 1 VerkProspG, Rn. 36; Groß, AG 1999, 199, 201.
510 Siehe unten D.II.4.c).

dann im Prospekt namentlich zu bezeichnen, § 7 II Nr. 1 VerkProspG in Verbindung mit § 3 VerkProspGV). Dann handelt es sich um ihre eigene „öffentliche Äußerung".

bbb) Andere „öffentliche Äußerungen"

Die übrigen „öffentlichen Äußerungen" stammen von der Gesellschaft. Die Emissionsbanken treten bei deren Veröffentlichung nicht nach außen erkennbar hervor. Daher sind diese Äußerungen nicht als ihre „öffentlichen Äußerungen" zu qualifizieren. Allerdings sind der Jahresabschluß und gegebenenfalls der Konzernabschluß in den Börsenzulassungs- und in die Verkaufsprospekte aufzunehmen (§ 22 BörsZulV; § 5 I VerkProspG in Verbindung mit § 22 BörsZulV; § 7 II VerkProspG in Verbindung mit § 8 VerkProspV). Insofern bezieht sich die Unterzeichnung des Prospektes oder die Verantwortungsübernahme auch auf diese Instrumente der Rechnungslegungspublizität. Ferner können emissionsbegleitende Banken beispielsweise bei Road-shows oder anderen öffentlichen Veranstaltungen[511] etwa auf den Jahresabschluß des Emittenten Bezug nehmen. Machen sie diesen zum Gegenstand einer hinreichend bestimmten Aussage, ist diese als ihre eigene „öffentliche Äußerung" anzusehen. Anknüpfungspunkt ist aber, um im Beispiel zu bleiben, nicht der Jahresabschluß als solcher, sondern dessen öffentliche Inbezugnahme mittels einer freiwilligen Äußerung. Dann ist nicht der Jahresabschluß eine „öffentliche Äußerung" der emissionsbegleitenden Bank, sondern – bei hinreichender Bestimmtheit – die freiwillige, „öffentliche Äußerung" über den Inhalt des Jahresabschlusses.

bb) Erwerb am Sekundärmarkt

Sowohl beim börslichen als auch beim außerbörslichen Erwerb am Sekundärmarkt ist regelmäßig eine Bank Verkäuferin der Anteile.[512] Eine Besonderheit kann sich aber bei der Ausführung über die Frankfurter Wertpapierbörse ergeben. Wird das Wertpapiergeschäft unter Einschal-

---

511 Es sei nochmals darauf hingewiesen, daß Äußerungen im Rahmen individueller Verhandlungen den Tatbestand des § 434 I 3 BGB ausschließen. In einem solchen Falle stellt sich nur noch die Frage, ob der Inhalt der Äußerung Bestandteil einer Vereinbarung über die Beschaffenheit geworden ist, siehe dazu oben D.II.1.a).
512 Siehe oben D.I.1.c).

tung des „Zentralen Kontrahenten“ geschlossen, ist dieser im Verhältnis zur vom Anleger beauftragten Bank als Verkäufer anzusehen.[513]

Sekundärmarktpublizitätspflichten wie § 15 WpHG treffen weder den „Zentralen Kontrahenten“ noch die mit dem Verkauf beauftragte Bank. Aufgrund dessen kann es sich bei diesen Publizitätsinstrumenten nicht um „Äußerungen“ des Verkäufers handeln. Ohnehin wird der „Zentrale Kontrahent“ überhaupt nicht mit „öffentlichen Äußerungen“ hervortreten. Denn seine Zwischenschaltung bei Geschäften an der Frankfurter Wertpapierbörse erfolgt alleine, um eine vollständige Anonymität der Anbieter- und Nachfrageseite zu gewährleisten.[514] Das gilt in dieser Unbedingtheit nicht für die mit Verkauf von Aktien beauftragte Bank, die bekanntlich Verkäuferin ist, wenn es nicht zu einer Einschaltung des „Zentralen Kontrahenten“ kommt. So ist nicht von vornherein denkunmöglich, daß sie sich freiwillig, etwa in Werbeanzeigen, über den Emittenten „öffentlich äußert“. Nicht ausgeschlossen ist auch, daß es sich bei der Verkäuferin um eine Konsortialbank handelt, die entweder einen Börsenzulassungsprospekt unterzeichnete oder die Verantwortung für dessen inhaltliche Richtigkeit oder die Richtigkeit von anderen Prospekten übernahm. Zwar handelt es sich bei Börsenzulassungs- und Verkaufsprospekt um Instrumente der Primärmarktpublizität. Jedoch liegt eine Sekundärmarkttransaktion vor, wenn ein Anleger eine nicht am Emissionskonsortium beteiligte Bank etwa aufgrund des Emissionsprospektes mit dem kommissionsweisen Kauf von Aktien beauftragt. Erfolgt das Wertpapiergeschäft ohne Einschaltung des „Zentralen Kontrahenten“, kontrahiert die beauftragte Bank mit einer der beteiligten Konsortialbanken.[515] Insofern können sich „öffentliche Äußerungen“ einer Konsortialbank am Primärmarkt auch auf Sekundärmarkttransaktionen auswirken und über Nr. 8 SBW in Verbindung mit §§ 453 I, 434 I 3 BGB gewährleistungsrechtliche Ansprüche des Anlegers gegen die von ihm beauftragte Bank begründen.

b) „Öffentliche Äußerung“ des „Herstellers“

Nach § 434 I 3 BGB braucht eine „öffentliche Äußerung“ nicht notwendigerweise vom Verkäufer zu stammen, sondern kann auch vom „Hersteller“ herrühren. Wer darunter fällt, richtet sich nach dem Maßstab von § 4 I

513 Siehe oben D.I.1.c)bb)aaa).
514 Horn, WM 2002, Sonderbeilage, S. 4.
515 Siehe oben D.I.1.c)bb)aaa).

und II ProdHaftG.[516] Diese Norm stellt auf die Beziehung einer Person zu einem Produkt, entweder durch Herstellung, durch Kennzeichnung oder durch Einfuhr ab. Hersteller ist unter anderem derjenige, der das Endprodukt hergestellt hat, § 4 I ProdHaftG. Aktien werden beispielsweise durch Kapitalerhöhungen geschaffen. Insofern könnte man daran denken, den Emittenten als Hersteller der emittierten und sodann am Sekundärmarkt gehandelten Anteile anzusehen.[517] Jedoch ist der Produktbegriff des ProdHaftG auf bewegliche Sachen beschränkt (§ 2 ProdHaftG). Daher ist die an eine „öffentliche Äußerung des Herstellers" anknüpfende Variante von § 434 I 3 BGB erkennbar auf bewegliche Sachen zugeschnitten.[518] Sie kann deshalb im Zusammenhang mit dem Anteilskauf, der als Rechtskauf zu qualifizieren ist, keine Rolle spielen.[519] Dem steht auch nicht entgegen, daß § 453 I BGB eine „entsprechende Anwendung" vorsieht. Denn dies bezieht sich auf die „Regelungen über den Sachkauf". Daß damit auch eine Modifikation des Herstellerbegriffes respektive des Produktbegriffes des ProdHaftG einhergehen sollte, ergibt sich aus dem Wortlaut von § 453 I BGB nicht. Vielmehr wurde § 453 I BGB als Rechtsgrundverweisung eingeordnet.[520] Dies bedeutet, daß die jeweiligen Voraussetzungen des § 434 I 3 BGB geprüft werden müssen. Auch aus diesem Grund kann ein Lösen vom Hersteller- und Produktbegriff des ProdHaftG für den Rechtskauf nicht mit der Bestimmung des § 453 I BGB gerechtfertigt werden. Deshalb können „öffentliche Äußerungen" des Emittenten nicht als Äußerungen eines Herstellers im Sinne von §§ 453 I, 434 I 3 BGB verstanden werden.

c) „Öffentliche Äußerung" von „dessen Gehilfen"

Des weiteren stellt § 434 I 3 BGB auf „öffentliche Äußerungen" von „dessen Gehilfen" ab. Fraglich ist, ob damit alleine „Gehilfen" des Herstellers gemeint sind. Wäre dies der Fall, würde beim Rechtskauf wegen des auf

---

516 Anwaltskommentar-Büdenbender, § 434, Rn. 11; Bamberger/Roth-Faust, § 434, Rn. 77; Grigoleit/Herresthal, JZ 2003, 233, 237; Neues Schuldrecht-Haas, Kap. 5, Rn. 111; Henssler/Graf von Westphalen-Graf von Westphalen, § 434, Rn. 35; Jauernig-Chr. Berger, § 434, Rn. 16; Palandt-Putzo, § 434, Rn. 36; Weiler, WM 2002, 1784, 1788; Homann, S. 238 f.; Oetker/Maultzsch, S. 45; Staudinger 2004-Matusche-Beckmann, § 434, Rn. 85.

517 Vgl. Köndgen, FS Druey, S. 791, 805.

518 Übernahmerecht-Reiner, § 56, Rn. 154.

519 Vgl. Übernahmerecht-Reiner, § 56, Rn. 154 und Bergjan, S 160, jeweils zum Unternehmenskauf.

520 Siehe oben D.I.2.b).

bewegliche Sachen beschränkten Produktbegriffes des ProdHaftG kein Anwendungsbereich für diese Variante des § 434 I 3 BGB verbleiben. Sprachlich scheint sich das Wort „Gehilfen" lediglich auf den Hersteller zu beziehen.[521] Denn der Gesetzgeber verwendete das Possessivpronomen im Singular („dessen Gehilfen"). Wenn damit auch Gehilfen des Verkäufers gemeint sein sollten, hätte es nahegelegen, Plural zu verwenden („deren Gehilfen"). Allerdings existiert kein Grund für eine Differenzierung danach, ob es sich um Gehilfen des Verkäufers oder um solche des Herstellers handelt. Es leuchtet nicht ein, zur Begründung der Haftung des Verkäufers die „öffentlichen Äußerungen" der Gehilfen des Herstellers heranzuziehen, Äußerungen seiner eigenen Gehilfen aber außer acht zu lassen.[522] Vielmehr muß der Verkäufer erst recht für „öffentliche Äußerungen" seiner Gehilfen einstehen.[523]

Damit kommt es entscheidend darauf an, wer unter „Gehilfe" zu verstehen ist. Einigkeit besteht darüber, daß jedenfalls diejenigen Personen erfaßt sind, die sich mit Wissen und Wollen des Verkäufers öffentlich geäußert haben.[524] Nach einer in der Literatur vertretenen Ansicht sollen aber auch Dritte als Gehilfen anzusehen sein, welche sich eigenmächtig – ohne Kenntnis des Verkäufers – öffentlich äußerten.[525] Dies verkennt aber, daß dem Begriff „Gehilfe" schon semantisch ein finales Element innewohnt, indem dieser eine Person voraussetzt, die sich helfen läßt.[526] Bei dieser Variante von § 434 I 3 BGB geht es um die Zurechnung fremden Verhaltens zur Begründung einer Haftung des Verkäufers. Deshalb

---

521 Übernahmerecht-Reiner, § 56, Rn. 154, Fn. 288; Seibt/Reiche, DStR 2002, 1135, 1139; Kandler, S. 376 f. So auch im Ergebnis Neues Schuldrecht-Haas, Kap. 5, Rn. 111; Weiler, WM 2002, 1784, 1789; Erman-Grunewald, § 434, Rn. 23; Picot-Picot, Teil I., Rn. 30, 86; MüKo-Westermann, § 434, Rn. 26.

522 Vgl. Bamberger/Roth-Faust, § 434, Rn. 78; Grigoleit/Herresthal, JZ 2003, 233, 237 f.; zweifelnd auch Kandler, S. 376 f.

523 Grigoleit/Herresthal, JZ 2003, 233, 237 f. So auch im Ergebnis Palandt-Putzo, § 434, Rn. 36; Henssler/Graf von Westphalen-Graf von Westphalen, § 434, Rn. 36; Jauernig-Chr. Berger, § 434, Rn. 16; Knott, NZG 2002, 249, 251 f.; Wunderlich, WM 2002, 981, 985; Oetker/Maultzsch, S. 45; Homann, S. 242; Staudinger 2004-Matusche-Beckmann, § 434, Rn. 86. Dies anerkennen auch Seibt/Reiche, DStR 2002, 1135, 1139, die aber in bezug auf Äußerungen von Gehilfen des Verkäufers nicht § 434 I 3 BGB anwenden, sondern dessen Gehilfen als Wissensvertreter qualifizieren.

524 Bamberger/Roth-Faust, § 434, Rn. 78; Henssler/Graf von Westphalen-Graf von Westphalen, § 434, Rn. 36 f.; Weiler, WM 2002, 1784, 1789; Begr. RegE BT-Drucksache 14/6040, S. 214; Jauernig-Chr. Berger, § 434, Rn. 16; Westermann, NJW 2002, 241, 245.

525 Henssler/Graf von Westphalen-Graf von Westphalen, § 434, Rn. 37.

526 Weiler, WM 2002, 1784, 1789.

bedarf es eines Zurechnungsgrundes.[527] Daran fehlt es indes, wenn man es genügen läßt, daß ein Dritter sich ohne Wissen des Verkäufers öffentlich äußerte. Auch der Hinweis auf die im letzten Halbsatz von § 434 I 3 BGB vorgesehenen Haftungsausschlüsse des Verkäufers („es sei denn“)[528] vermag den fehlenden Zurechnungsgrund nicht zu ersetzen. Folglich ist „Gehilfe“ des Verkäufers alleine derjenige, den der Verkäufer bewußt zur Abgabe „öffentlicher Äußerungen“ eingeschaltet hat. Wer „Gehilfe“ des Verkäufers ist, dessen „öffentliche Äußerungen“ dem Verkäufer zugerechnet werden können, ist entsprechend der obigen Unterscheidung getrennt nach Primär- und Sekundärmarkt zu beurteilen.

aa) Erwerb am Primärmarkt

Üblicherweise bedient sich der Emittent bei der Emission von Aktien eines Bankenkonsortiums, dessen Mitglieder die Aktien fest übernehmen. Verkäufer sind die einzelnen Konsortialbanken. Der Emittent kann ihr „Gehilfe“ im Sinne von § 434 I 3 BGB sein. Dies ergibt sich aus folgenden Überlegungen:

Es entspricht dem Willen der Konsortialbank, daß der Emittent sich öffentlich für eine Beteiligung an der Gesellschaft einsetzt. Dies leuchtet besonders vor dem Hintergrund der heutzutage dominierenden festen Übernahme der Aktien ein. Um keine eigene Liquidität zu binden, sind die Konsortialbanken am möglichst zeitnahen Absatz der Aktien interessiert.[529] Aber auch der Emittent hat ungeachtet des von den Banken zu tragenden Plazierungsrisikos ein erhebliches Interesse am Absatz der Aktien. Denn bei einer schleppenden Plazierung beim Publikum könnte der Eindruck entstehen, die Emissionsbedingungen seien unvorteilhaft. Dies wiederum könnte sich nachteilig auf die Kreditwürdigkeit des Emittenten auswirken.[530] Das Interesse an der Veräußerung der Aktien verbindet die Gesellschaft und die Konsortialbanken. Deshalb werden der Emittent und die einzelnen Mitglieder des Konsortiums ihr Verhalten ko-

527 Grigoleit/Herresthal, JZ 2003, 233, 237 f.; Bamberger/Roth-Faust, § 434, Rn. 78; Weiler, WM 2002, 1784, 1789; vgl. auch Anwaltskommentar-Büdenbender, § 434, Rn. 11.
528 So Henssler/Graf von Westphalen-Graf von Westphalen, § 434, Rn. 37.
529 Sonnenhol, BKR 2002, 920; OLG Köln, BKR 2002, 914, 916.
530 Canaris, Bankvertragsrecht, Rn. 2255. Dementsprechend finden sich Kursstabilisierungsklauseln im von Emittent und Konsortium geschlossenen Übernahmevertrag, BuB-Groß, 10/310.

ordinieren, um einen einheitlichen Marktauftritt sicherzustellen.[531] Es kann mithin davon ausgegangen werden, daß die Konsortialbanken regelmäßig darüber orientiert sind, in welcher Weise sich der Emittent im Zusammenhang mit der Aktienemission am Kapitalmarkt präsentiert. Damit liegen sowohl das Wissens- als auch das Willenselement der Gehilfendefinition im Sinne von § 434 I 3 BGB vor.

Zugerechnet werden können daher die im Zusammenhang mit der Aktienemission veröffentlichten Prospekte und der Unternehmensbericht[532] sowie freiwillige, öffentliche Äußerungen auf emissionsbegleitenden Road-shows und anderen Veranstaltungen. Hinsichtlich der übrigen „öffentlichen Äußerungen" hängt die Zurechenbarkeit davon ab, ob sie in einem ähnlichen Zusammenhang zur Aktienemission wie Prospekte stehen, insbesondere indem sie inhaltlich auf das Angebot Bezug nehmen. Nur dann kann davon die Rede sein, daß die verkaufende Konsortialbank den Emittenten bewußt zur Abgabe einer „öffentlichen Äußerung" eingeschaltet hat. Dies wird für die Rechnungslegungspublizität (Jahresabschluß, Lagebericht, Konzernabschluß, Konzernlagebericht), für den Zwischenbericht und ebenso für die Entsprechenserklärung zum Deutschen Corporate Governance Kodex zu verneinen sein. Hier sind allenfalls zeitliche Koinzidenzen der Aktienemission mit deren Aufstellung denkbar.[533] Für Ad hoc-Mitteilungen gilt dies nicht ohne weiteres. Denn diese können durchaus in einem spezifischen Zusammenhang zur Aktienemission stehen. So zählen der Begebung der Aktien vorausgehende Umstände wie Kapitalmaßnahmen (Kapitalerhöhungen, insbesondere unter Ausnutzung eines genehmigten Kapitals) zu den gemäß § 15 WpHG ad hoc zu publizierenden Tatsachen[534] respektive Insiderinformationen im Sinne des § 15 WpHG n.F.

---

531 Vgl. die als Muster bei BuB-Groß, 10/323 b, abgedruckten „Richtlinien für Pressegespräche und Öffentlichkeitsarbeit im Zusammenhang mit dem Angebot von Aktien". Diese gelten insbesondere auch für die „Mitglieder des Bankenkonsortiums". Vgl. auch Heidel-Willamowski, Kap. 17, Rn. 49-52.

532 Dies ist insbesondere in den Fällen relevant, in denen das verkaufende Konsortialbank den Prospekt weder unterzeichnete noch die Verantwortung für dessen Inhalt übernahm. Denn dann handelt es sich nicht um ihre eigene „öffentliche Äußerung", vgl. oben D.II.4.a).

533 Jahres- und Konzernabschluß können aber Bestandteil des Prospektes sein, vgl. oben D.II.4.a)bbb).

534 Vgl. A/S-Kümpel/Assmann, § 15, Rn. 63 f., 103; Schwark-Zimmer, § 15, Rn. 174; Handbuch GbR-Schücking, § 32, Rn. 124, jeweils m.w.N. Statistische Angaben zu Ad hoc-Sachverhalten in BaFin, Jahresbericht 2003, S. 193.

bb) Erwerb am Sekundärmarkt

Der Erwerb am Sekundärmarkt kann sich entweder börslich oder außerbörslich vollziehen.

aaa) Börslicher Erwerb

An der Frankfurter Wertpapierbörse kann der Anteilserwerb unter Einschaltung des „Zentralen Kontrahenten" zustande kommen. Dann ist dieser Verkäufer. Anderenfalls ist die vom bisherigen Aktionär mit dem kommissionsweisen Verkauf beauftragte Bank Verkäuferin. Es stellt sich die Frage, ob die Gesellschaft, die bekanntlich Adressatin von Publizitätspflichten ist und von der demgemäß die meisten der oben erwähnten „öffentlichen Äußerungen" stammen, als Gehilfe der Bank einzuordnen ist. Das hängt davon ab, ob die Gesellschaft zur Abgabe von „öffentlichen Äußerungen" bewußt und gewollt einbezogen wurde. Dem steht bereits entgegen, daß die Bank als Verkaufskommissionärin auf Rechnung des Kommittenten handelt. Sie trägt daher kein wirtschaftliches Risiko hinsichtlich des Abschlusses eines Wertpapiergeschäftes. Schon deshalb benötigt sie keine Hilfe durch die Gesellschaft beim Absatz der Anteile. Vielmehr bedient sie sich zur börslichen Ausführung entweder der Arbeit von Skontroführern oder elektronischen Handelssystemen wie XETRA, welche korrespondierende Kaufaufträge mit ihrem Verkaufsauftrag zusammenführen. Ein Wille der mit dem Verkauf beauftragten Bank, die Gesellschaft in die Ausführung des Wertpapiergeschäftes einzubeziehen, wird sich daher regelmäßig nicht belegen lassen. Kommt es zudem noch zur Einschaltung des „Zentralen Kontrahenten" an der Frankfurter Wertpapierbörse, ist dieser und nicht die Effektenbank als Verkäufer zu qualifizieren. Dann kann von vornherein ausgeschlossen werden, daß die Gesellschaft dessen Gehilfe im Sinne von § 434 I 3 BGB ist. Denn die „Zentrale Gegenpartei" dient alleine der vollständigen Anonymisierung bei der Zusammenführung von Kauf- und Verkaufsaufträgen. Demzufolge nimmt die Gesellschaft bei börslichen Sekundärmarkttransaktionen grundsätzlich keine Gehilfenstellung ein.

Zu einer anderen Beurteilung der Rechtslage gelangt man für den Fall, daß ein Anleger eine Nichtkonsortialbank mit dem kommissionsweisen Kauf von Aktien des Emittenten beauftragt und zudem bei der Ausführung über die Frankfurter Wertpapierbörse kein „Zentraler Kontrahent" eingeschaltet ist. Dann kann der Emittent nach den obigen Ausführungen als Gehilfe der verkaufenden Konsortialbank anzusehen sein.

bbb) Außerbörslicher Erwerb

Aus den gleichen Gründen wie beim börslichen Erwerb ist die Gesellschaft in der Regel kein Gehilfe der verkaufenden Effektenbank. Etwas anderes gilt auch nicht für den Paketerwerb zur Vorbereitung einer feindlichen Übernahme. Zwar stehen sich hier der (verkaufswillige) Aktionär und der strategische Investor unmittelbar gegenüber. Auch hat der Aktionär angesichts der Größe seiner Beteiligung regelmäßig Einblick und Einfluß auf die Gesellschaft.[535] Allerdings vermag dies keine Zurechnung der „öffentlichen Äußerungen" der Gesellschaft zu begründen. Denn Voraussetzung der Zurechnung ist im Rahmen von § 434 I 3 BGB die bewußte und gewollte Einschaltung zur Abgabe einer „öffentlichen Äußerung". Beim einer feindlichen Übernahme vorausgehenden Paketerwerb bedient sich der verkaufende Aktionär nicht „öffentlicher Äußerungen" des Unternehmens, um den Anleger zum Kaufvertragsschluß zu bewegen. Vielmehr wendet sich der strategischer Investor von sich aus an einzelne Großaktionäre, um eine feindliche Übernahme in die Wege zu leiten.

d) Zwischenergebnis

Hinsichtlich des Anteilserwerbs am Primärmarkt können entweder „öffentliche Äußerungen" des Verkäufers oder von dessen Gehilfen vorliegen. Ob es sich um eigene „öffentliche Äußerungen" der verkaufenden Konsortialbank handelt, hängt davon ab, ob sie nach außen am Markt auftritt. Dies kann durch die Unterzeichnung des Prospekts oder die Übernahme von Verantwortung für dessen Inhalt sowie durch eigene freiwillige „öffentliche Äußerungen" geschehen. Ansonsten besteht die Möglichkeit, daß sich der Emittent „öffentlich äußert" und diesbezüglich als Gehilfe der Konsortialbank zu qualifizieren ist. Dies setzt voraus, daß solche „öffentlichen Äußerungen" der Gesellschaft ähnlich wie Prospekte in einem spezifischen Zusammenhang zur Emission der Aktien stehen.

Beim Anteilserwerb am Sekundärmarkt kommen grundsätzlich nur freiwillige „öffentliche Äußerungen" der mit dem kommissionsweisen Verkauf von Anteilen beauftragten Bank in Betracht. Alleine bei der Beauftragung

---

535 Vgl. Wolf/Kaiser, DB 2002, 411, 417.

einer Nichtkonsortialbank mit dem Kauf von jungen Aktien können entsprechend der Rechtslage beim Erwerb am Primärmarkt eigene öffentliche Äußerungen der Konsortialbank vorliegen. Ebenso kann in dieser Konstellation der Emittent als Gehilfe der Konsortialbank anzusehen sein. Eine weitere Einschränkung erfährt die Anwendung von § 434 I 3 BGB auf den Anteilserwerb am Sekundärmarkt aber dadurch, daß bei Einschaltung eines „Zentralen Kontrahenten“ an der Frankfurter Wertpapierbörse dieser selbst sich nicht „öffentlich äußert“ und „öffentliche Äußerungen“ der Gesellschaft ihm nicht zugerechnet werden können. Auch der Paketerwerb zur Vorbereitung einer feindlichen Übernahme wird mangels (zurechenbarer) „öffentlicher Äußerungen“ nicht von § 434 I 3 BGB erfaßt.

5. „Erwarten kann“

Nicht jede Eigenschaft, wie sie in „öffentlichen Äußerungen“ zum Ausdruck kommt, gehört notwendigerweise zur „Beschaffenheit“ des Kaufgegenstandes. Denn § 434 I 3 BGB setzt tatbestandlich voraus, daß der Käufer die Eigenschaft erwarten können muß. Das bedeutet, daß letztlich nur solche Eigenschaften die Beschaffenheit ausmachen, die der Käufer nach den „öffentlichen Äußerungen“ auch „erwarten kann“.[536] Insofern besteht ein Unterschied zwischen „Eigenschaft“ und „Beschaffenheit“ des Kaufgegenstandes.[537]

Maßstab für die Frage des Erwartenkönnens ist das Verständnis eines durchschnittlichen Käufers. Dieser objektive Maßstab findet seine Grundlage in Art. 2 II d) der Verbrauchsgüterkaufrichtlinie, wonach es darauf ankommt, was der Verbraucher „vernünftigerweise“ erwarten kann. Der Formulierung der Richtlinie wiederum liegt das Verbraucherleitbild des EuGH zugrunde. Entscheidend ist, was der durchschnittliche, rationale Verbraucher in der fraglichen Situation erwartet haben würde.[538] Dementsprechend ist im Rahmen von § 434 I 3 BGB danach zu fragen, welche Erwartungen ein Durchschnittskäufer angesichts der vorliegenden „öffentlichen Äußerungen“ des Verkäufers oder der Gehilfen gehabt hät-

---

536 Zumindest ungenau ist es daher, das Merkmal des Erwartenkönnens im Rahmen von § 434 I 3 BGB auf die Beschaffenheit zu beziehen, so aber Bamberger/Roth-Faust, § 434, Rn. 75 und Erman-Grunewald, § 434, Rn. 24. Dagegen zu Recht Homann, S. 228.

537 A.A. Grigoleit/Herresthal, JZ 2003, 233, 237 („Synonyme“).

538 Weiler, WM 2002, 1784, 1790; Augenhofer, S. 57; Lehmann, JZ 2000, 280, 284; Bamberger/Roth-Faust, § 434, Rn. 74; MüKo-Westermann, § 434, Rn. 23; Kandler, S. 371-373; a.A. Kompaktkommentar-Tonner/Echtermeyer, § 434, Rn. 19.

te.[539] Das darin liegende normative Element[540] bietet genügend Flexibilität, den tatsächlichen Umständen des Anteilskaufes Rechnung zu tragen.[541] Wenn und soweit demgegenüber alleine darauf abgestellt wird, ob der Käufer mit der „öffentlichen Äußerung“ eine *konkrete* Eigenschaftszusage verbinde[542], greift dies zu kurz. Darin liegt eine Reduzierung des Tatbestandsmerkmales auf ein bloßes Bestimmtheitserfordernis. Die Möglichkeit, tatsächliche Umstände zu berücksichtigen, wird verkannt, indem aus der Formulierung „erwarten kann“ lediglich abgeleitet wird, die „öffentliche Äußerung“ müsse hinreichend bestimmt sein, da nur konkrete Eigenschaften im Sinne von § 434 I 3 BGB erwartet werden könnten.[543] Vielmehr folgt aus dem Tatbestandsmerkmal, daß die konkrete Situation Berücksichtigung finden muß.[544] Beim Anteilserwerb spielen insbesondere die Unterscheidung zwischen Primämarkt und Sekundärmarkttransaktion, die Größe der Beteiligung sowie die Differenzierung zwischen Einzel- und Gesamtmangel eine Rolle.

a) Unterscheidung zwischen Anteilserwerb am Primärmarkt und am Sekundärmarkt

Am Primärmarkt werden Aktien üblicherweise im Wege einer Fremdemission begeben, bei der eine Konsortialbank Verkäuferin ist. Tritt sie nach außen hervor, indem sie den Prospekt unterzeichnet oder die Verantwortung für dessen inhaltliche Richtigkeit übernimmt oder sich in sonstiger Weise im Zusammenhang mit der Aktienemission freiwillig über das Unternehmen „öffentlich äußert“, kann ein durchschnittlicher Anleger davon ausgehen, die für die Werthaltigkeit des einzelnen Anteiles bedeutsame Beschaffenheit des Unternehmens selbst solle zur Beschaffenheit des Anteiles gehören.[545]

---

539 Bernreuther, WRP 2002, 368, 371; ders., MDR 2003, 65, 66; Henssler/Graf von Westphalen-Graf von Westphalen, § 434, Rn. 38; Mees, WRP 2002, 135, 136; Palandt-Putzo, § 434, Rn. 37; Weiler, WM 2002, 1784, 1785; Homann, S. 232-234 f.

540 Peifer, JR 2001, 265, 268; Weiler, WM 2002, 1784, 1785.

541 Die darin liegende Möglichkeit einer flexiblen Beurteilung allgemein betonend Weiler, WM 2002, 1784, 1791.

542 Henssler/Graf von Westphalen-Graf von Westphalen, § 434, Rn. 38; ähnlich Grigoleit/Herresthal, JZ 2003, 233, 237 und Wältermann, S. 210.

543 So aber Henssler/Graf von Westphalen-Graf von Westphalen, § 434, Rn. 38; Palandt-Putzo, § 434, Rn. 37; Grigoleit/Herresthal, JZ 2003, 233, 237.

544 Homann, S. 236 f.

545 Wolf/Kaiser, DB 2002, 411, 418, jedoch für den seltenen Fall der Selbstemission.

Dies kann aber grundsätzlich nicht für Transaktionen auf dem Sekundärmarkt gelten, bei denen bereits umlaufende Aktien veräußert werden. Denn namentlich beim Kauf über die Börse stehen sich der Aktionär respektive die von ihm beauftragte Effektenbank und der Anleger nicht gegenüber. Vertragsparteien sind die Effektenbanken. Bei Einschaltung des „Zentralen Kontrahenten" an der Frankfurter Wertpapierbörse kommen nicht einmal Kaufverträge zwischen den jeweils beauftragten Effektenbanken zustande. Indem die verschiedenen Aufträge zusammengeführt werden, vollzieht sich das Wertpapiergeschäft anonym. Ohnehin hat die als Verkaufskommissionärin für den Aktionär tätig werdende Bank regelmäßig kein über das einzelne Wertpapiergeschäft hinausgehendes Interesse. Angesichts dieser Sachlage würde ein durchschnittlicher Käufer nicht die Erwartung hegen, die vom Aktionär beauftragte Effektenbank wolle für fremde „öffentliche Äußerungen" einstehen.[546] Damit korrespondiert, daß die Gesellschaft bei Sekundärmarkttransaktionen grundsätzlich schon nicht als „Gehilfe" der Bank im Sinne von § 434 I 3 BGB qualifiziert werden kann. Anders stellt sich dies nur dar, wenn ein Anleger eine Nichtkonsortialbank mit dem Kauf von Aktien beauftragt und diese mit einer Konsortialbank kontrahiert. Die emissionsbegleitende Bank ist durch den Übernahmevertrag gegenüber dem Emittenten verpflichtet und ist auch deshalb über das einzelne Wertpapiergeschäft hinaus am Erfolg der Emission interessiert. Dann ist der Emittent „Gehilfe" der Konsortialbank.[547] Demzufolge können in bezug auf das Erwartenkönnen eines Käufers die gleichen Argumente herangezogen werden, die oben zur Entscheidung über eine etwaige Gehilfenstellung der Gesellschaft relevant waren.[548]

b) Größe der Beteiligung

aa) Größe der Beteiligung des Verkäufers

Nach einer in der Literatur vertretenen Ansicht soll dem Umstand Bedeutung zukommen, wieviele Anteile der Verkäufer im Zeitpunkt der Transaktion besessen hat.[549] Denn ein durchschnittlicher Anleger könne nur bei

---

546 Vgl. Wolf/Kaiser, DB 2002, 411, 417 f.; Barnert, WM 2003, 416, 423.

547 Zum ganzen bereits oben D.II.4.c).

548 Siehe oben D.II.4.c).

549 Wolf/Kaiser, DB 2002, 411, 417 f.; Jörgens, wiedergegeben bei Thiessen/Muthers, Diskussionsbericht, S. 120; Larisch, S. 197.

einem Verkäufer, der Einblick in das Unternehmen habe, erwarten, dieser wolle sich hinsichtlich des Zustandes des hinter dem Anteil stehenden Unternehmens binden.[550] Zwar wird zu Recht darauf hingewiesen, alleine der Mehrheitsaktionär habe einen solchen Einfluß auf und Einblick in das Unternehmen, daß erwartet werden könne, er wolle beim Anteilskauf auch für den Unternehmenszustand einstehen.[551] Gleichwohl stellt sich die viel grundsätzlichere Frage, ob diese Betrachtungsweise beim Kauf von Aktien sowohl am Primär- als auch am Sekundärmarkt überhaupt praktikabel ist.

Infolge der im Rahmen einer Aktienemission üblichen festen Übernahme der Anteile werden die verkaufenden Konsortialbanken zu Aktionären des Emittenten. Wie die zu emittierenden Aktien unter den verschiedenen emissionsbegleitenden Banken aufgeteilt werden, ist Gegenstand des von Emittentem und Bankenkonsortium geschlossenen Übernahmevertrages.[552] Die emissionstechnisch bedingte Aufteilung der Aktien unter den beteiligten Konsortialbanken spielt für den durchschnittlichen Käufer keine Rolle. Es ist aus seiner Perspektive irrelevant, in welchem Umfang die Banken vorübergehend am Emittenten beteiligt sind. Dementsprechend überzeugt es im Hinblick auf Primärmarkttransaktionen nicht, auf die Größe der Beteiligung des Verkäufers abzustellen.

Hinsichtlich des Anteilskaufs am Sekundärmarkt ist zwischen dem Paketerwerb und den übrigen Transaktionen zu differenzieren. Beim Kauf an der Börse oder im außerbörslichen Telefonverkehr stehen sich der Aktionär und der Anleger nicht gegenüber. Sie sind aufgrund der Einschaltung von Banken respektive des „Zentralen Kontrahenten" an der Frankfurter Wertpapierbörse anonym. Dementsprechend bleibt auch die Höhe der Beteiligung des Aktionärs unbekannt. Es kommt einer Fiktion gleich, die Erwartungen eines durchschnittlichen Anteilskäufers an die Höhe der Beteiligung des Verkäufers zu knüpfen. Der durchschnittliche Käufer weiß im Moment der Abgabe des Angebotes nicht, wieviele Anteile der Verkäufer besitzt, da dessen Verkaufsauftrag überhaupt erst mit seinem Kaufauftrag zusammengeführt werden muß. Demgegenüber wendet sich der

---

550 Wolf/Kaiser, DB 2002, 411, 417 f.; Barnert, WM 2003, 416, 423.

551 Holzapfel, S. 121; Wolf/Kaiser, DB 2002, 411, 417 f.

552 Vgl. die verschiedenen Muster von Übernahmeverträgen bei BuB-Groß, 10/324 und 10/326, die sämtlich Klauseln enthalten, welche in bezug auf die Anzahl der von den jeweiligen Konsortialbanken übernommenen Aktien auf eine Anlage zum Übernahmevertrag verweisen; Hopt, Banken, Rn. 37.

strategische Investor beim eine feindliche Übernahme vorbereitenden Paketerwerb unmittelbar an einzelne Paketaktionäre. Ein durchschnittlicher Anteilspaketkäufer kann aus der Höhe von dessen Beteiligung darauf schließen, daß der Aktionär einen gewissen Einblick in das Unternehmen hat, so daß er sich auch bezüglich des Zustandes des Unternehmens binden will. Also ist die Höhe der Beteiligung des Verkäufers in diesem Zusammenhang ein praktikables Kriterium.

bb) Größe der erworbenen Beteiligung

Die Größe der erworbenen Beteiligung ist entgegen einer in der Literatur vertretenen Ansicht kein taugliches Indiz dafür, daß es dem Anteilskäufer erkennbar auf den Zustand der Gesellschaft ankommt.[553] Denn der durchschnittliche Käufer mißt dem Zustand des Unternehmens stets erhebliche Bedeutung bei. Das liegt daran, daß der Wert auch eines einzelnen Anteiles von der Werthaltigkeit des Unternehmens abhängt. Diese wiederum ist abhängig vom Zustand des Unternehmens. Aus diesem Blickwinkel zählt der durchschnittliche Käufer den Zustand des Unternehmens unabhängig von der Größe der gekauften Beteiligung zur Beschaffenheit des Anteiles.[554] Deshalb kann die Größe der erworbenen Beteiligung nicht Basis einer Abgrenzung sein.

c) Unterscheidung zwischen Einzel- und Gesamtmangel

Oben wurde konstatiert, zu den Eigenschaften des Anteiles könne auch die Beschaffenheit des Unternehmens gehören.[555] Aber nicht jede Angabe über Bestandteile des Unternehmens in „öffentlichen Äußerungen" führt zu einer gewährleistungsrechtlichen Haftung des Verkäufers. Hinsichtlich eines Unternehmenskaufes im Wege des „share deals" ist streitig, ob Mängel einzelner Bestandteile des Unternehmensvermögens auch nach der Schuldrechtsreform Sachmängel des Unternehmens als Ganzes nur begründen, wenn sie auf den Wert oder die Funktionstauglichkeit des

---

553 In diese Richtung aber Übernahmerecht-Reiner, § 56, Rn. 52, 54.

554 Wolf/Kaiser, DB 2002, 411, 417. Vgl. U. Huber, wiedergegeben bei Arnold, Diskussionsbericht, S. 51; ders., wiedergegeben bei Thiessen/Muthers, Diskussionsbericht, S. 119 und in AcP 202 (2002), 179, 235.

555 Vgl. oben D.II.2.b).

gesamten Unternehmens durchschlagen.[556] Dieser Streit braucht aber nicht entschieden zu werden. Denn Kaufgegenstand ist hier ein Anteil, nicht das Unternehmen als solches. Vielmehr können lediglich solche Mängel einzelner Unternehmensbestandteile in bezug auf den Kauf eines Anteiles relevant sein, die sich auf den Wert des Unternehmens auswirken. Da die Werthaltigkeit eines Anteiles von der Ertragsfähigkeit des Unternehmens abhängt,[557] kann nur in dieser Konstellation auch der Wert des Anteiles beeinträchtigt sein. Demzufolge ist im Zusammenhang mit dem Kauf eines Anteiles entscheidend, ob der Mangel eines zum Unternehmensvermögen gehörenden Gegenstandes auf den Wert des ganzen Unternehmens durchschlägt.[558] Allein dann kann ein durchschnittlicher Anteilskäufer erwarten, daß auch die Beschaffenheit des einzelnen Unternehmensbestandteiles nach den „öffentlichen Äußerungen" des Verkäufers oder der Gehilfen zur Eigenschaft des Anteiles zählt. Um eine Haftung gemäß §§ 453 I, 434 I 3 BGB begründen zu können, muß es sich deshalb um „öffentliche Äußerungen" über solche Merkmale des Unternehmens handeln, die für die Qualität und die Ausführbarkeit der Unternehmenstätigkeit von ausschlaggebender Bedeutung sind.[559]

6. Maßgeblicher Zeitpunkt

Ein Sachmangel ist gemäß § 453 I BGB in Verbindung mit § 434 I 3 BGB zu bejahen, wenn der verkaufte Anteil nicht die Eigenschaften aufweist, welche der Käufer nach den „öffentlichen Äußerungen erwarten kann". Denn solche Eigenschaften sind zur Sollbeschaffenheit des Kaufgegenstandes zu rechnen. Weicht die Istbeschaffenheit davon ab, eröffnet dies den Zugang zu gewährleistungsrechtlichen Ansprüchen. Maßgeblicher Zeitpunkt zur Beurteilung der Mängelfreiheit des Anteiles ist dessen Über-

---

556 Vgl. nur Triebel/Hölzle, BB 2002, 521, 524; Übernahmerecht-Reiner, § 56, Rn. 15 einerseits und Wertenbruch, S. 499-501; Holzapfel/Pöllath, Rn. 425; Lange, ZGS 2003, 300, 305 f.; Fischer, DStR 2004, 276, 279 andererseits.

557 Gaul, ZHR 166 (2002), 35, 39 f.; Michalski-Ebbing, § 15, Rn. 178 c, 183; Rödder/Hötzel/Mueller-Thuns, § 9, Rn. 70; Rotthege/Wassermann, Rn. 1155; Übernahmerecht-Reiner, § 56, Rn. 31, 153; Triebel/Hölzle, BB 2002, 521, 525; Neues Schuldrecht-Haas, Kap. 5, Rn. 547; Holzapfel/Pöllath, Rn. 418; vgl. bezüglich des Anteilskaufes Wolf, wiedergegeben bei Thiessen/Muthers, Diskussionsbericht, S. 120.

558 Wolf/Kaiser, DB 2002, 411, 417.

559 Vgl. Büdenbender, S. 25 f.; Wolf/Kaiser, DB 2002, 411, 417; Larisch, S. 70.

tragung auf den Käufer. Dies entspricht den Regelungen der §§ 453 I, 433 I 2 BGB, die auf die Verschaffung des Rechtes abstellen.[560]

III. Ausschlußtatbestände des § 434 I 3 BGB

Der letzte Halbsatz von § 453 I BGB in Verbindung mit § 434 I 3 sieht vor, daß Eigenschaften nicht zur Beschaffenheit zu zählen sind, obwohl sie Gegenstand „öffentlicher Äußerungen" waren. Die Regelung der Ausschlußtatbestände geht zurück auf Art. 2 IV der Verbrauchsgüterkaufrichtlinie.[561] Wie sich aus dem Gesetzeswortlaut („es sei denn") ergibt, ist der Verkäufer beweisbelastet.[562]

1. Unkenntnis des Verkäufers von der „öffentlichen Äußerung"

Nach der ersten Variante von § 434 I 3 letzter Halbsatz BGB zählt eine Eigenschaft nicht zur Sollbeschaffenheit, wenn der Verkäufer die „öffentliche Äußerung" weder kannte noch kennen mußte. Es schadet dem Verkäufer bereits, wenn er die Äußerung infolge Fahrlässigkeit nicht kannte. Denn Kennenmüssen bedeutet ausweislich der Legaldefinition des § 122 II BGB fahrlässige Unkenntnis.[563] In der Literatur wird zu Recht darauf hingewiesen, daß dem Verkäufer Äußerungen, die er selbst getan hat, stets bekannt sind.[564] Handelt es sich um Angaben seiner Gehilfen, ist dem Verkäufer deren Kenntnis über die Grundsätze der Wissenszurechnung gemäß § 166 BGB (analog) zuzurechnen.[565] Deshalb beschränkt sich der praktische Anwendungsbereich dieses Ausschlußtatbestandes

---

560 Bamberger/Roth-Faust, § 453, Rn. 10; Henssler/Graf von Westphalen-Graf von Westphalen, § 453, Rn. 5; Palandt-Putzo, § 453, Rn. 29.

561 Wörtliche Wiedergabe oben unter C.II.2.

562 Anwaltskommentar-Büdenbender, § 434, Rn. 15; Bamberger/Roth-Faust, § 434, Rn. 84; Grigoleit/Herresthal, JZ 2003, 233, 238; Neues Schuldrecht-Haas, Kap. 5, Rn. 113; Henssler/Graf von Westphalen-Graf von Westphalen, § 434, Rn. 39; Palandt-Putzo, § 434, Rn. 38; Weiler, WM 2002, 1784, 1791; Westermann, NJW 2002, 241, 245; Homann, S. 242 f.; Staudinger 2004-Matusche-Beckmann, § 434, Rn. 88; MüKo-Westermann, § 434, Rn. 27.

563 Bamberger/Roth-Faust, § 434, Rn. 85; Neues Schuldrecht-Haas, Kap. 5, Rn. 114; Jauernig-Chr. Berger, § 434, Rn. 17; Weiler, WM 2002, 1784, 1791; MüKo-Westermann, § 434, Rn. 27.

564 Bamberger/Roth-Faust, § 434, Rn. 85; Bernreuther, MDR 2003, 63, 67; Weiler, WM 2003, 1784, 1791.

565 Henssler/Graf von Westphalen-Graf von Westphalen, § 434, Rn. 39; Schröder-Frerkes, S. 404; ähnlich Anwaltskommentar-Büdenbender, § 434, Rn. 14.

auf die Haftung für „öffentliche Äußerungen" des Herstellers und dessen Gehilfen.[566] Hinsichtlich des hier alleine interessierenden Kaufs von Gesellschaftsanteilen können „öffentliche Äußerungen" alleine vom Verkäufer und von seinen Gehilfen stammen. Zu Äußerungen des Herstellers kommt es in diesem Zusammenhang nicht.[567] Der Anteilsverkäufer wird sich daher nicht von der gewährleistungsrechtlichen Haftung für „öffentliche Äußerungen" unter Hinweis auf eine etwaige Unkenntnis befreien können.

2. Gleichwertige Berichtigung der „öffentlichen Äußerung"

Die zweite Variante des § 434 I 3 letzter Halbsatz BGB bestimmt, daß eine „öffentliche Äußerung" nicht mehr die Haftung begründet, wenn sie im Zeitpunkt des Vertragsschlusses gleichwertig berichtigt war.

Ob es für eine Berichtigung der „öffentlichen Äußerung" genügt, lediglich den richtigen Sachverhalt mitzuteilen,[568] ist umstritten. Dagegen spricht, daß der Durchschnittskäufer, der aufgrund „öffentlicher Äußerungen" eine bestimmte Erwartungshaltung zu den Eigenschaften des Anteiles eingenommen hat, Angaben über dieselben Eigenschaften in darauffolgenden „öffentlichen Äußerungen" nicht dieselbe Aufmerksamkeit schenken oder die Mitteilung des richtigen Sachverhaltes überhaupt nicht beachten wird. Deshalb bedarf es einer ausdrücklichen Bezugnahme auf den Inhalt der früheren, fehlerhaften „öffentlichen Äußerung".[569] Dies stimmt mit den Anforderungen an die Berichtigung eines Prospektes[570] und die Berichtigung einer Ad hoc-Mitteilung[571] überein.

---

566 Augenhofer, JBl. 2001, 82, 87; Anwaltskommentar-Büdenbender, § 434, Rn. 14; Bamberger/Roth-Faust, § 434, Rn. 85; Grigoleit/Herresthal, JZ 2003, 233, 238; Weiler, WM 2002, 1784, 1791; Staudinger 2004-Matusche-Beckmann, § 434, Rn. 89. Vgl. auch Homann, S. 244-248.

567 Siehe oben D.II.4.b).

568 Weiler, WM 2002, 1784, 1792; ähnlich Bernreuther, WRP 2002, 368, 374.

569 Grigoleit/Herresthal, JZ 2003, 233, 238; Henssler/Graf von Westphalen-Graf von Westphalen, § 434, Rn. 43; Neues Schuldrecht-Haas, Kap. 5, Rn. 115; Bamberger/Roth-Faust, § 434, Rn. 86; Oetker/Maultzsch, S. 46; Erman-Grunewald, § 434, Rn. 26; Homann, S. 250; Staudinger 2004-Matusche-Beckmann, § 434, Rn. 90; MüKo-Westermann, § 434, Rn. 28.

570 Vgl. Schwark-Schwark, §§ 44, 45 BörsG, Rn. 57; Kort, AG 1999, 9, 15.

571 Vgl. Schwark-Zimmer, § 15 WpHG, Rn. 160. Ebenso der durch das AnSVG (BGBl. I 2004, S. 2630) geänderte § 15 II 2 WpHG n.F.

Darüberhinaus muß die Berichtigung in gleichwertiger Weise erfolgen. Sie muß mit demselben oder einem vergleichbar effektiven Medium und in vergleichbarer Aufmachung vorgenommen werden, damit der Markt in vergleichbarer Weise durchdrungen wird.[572] Entscheidend ist, daß ein Durchschnittskäufer vor Vertragsschluß von der Berichtigung hätte Kenntnis nehmen können. Hingegen kommt es auf die tatsächliche Kenntnis des konkreten Käufers nicht an.[573] Dem kann nicht entgegengehalten werden, die Erwartung eines Käufers sei für seine konkrete Kaufentscheidung nicht mehr bedeutsam, sobald er Kenntnis von einer Berichtigung erlangt habe.[574] Dies kann im Rahmen der letzten Variante von § 434 I 3 letzter Halbsatz BGB berücksichtigt werden. Danach prägt eine Eigenschaft nicht die Sollbeschaffenheit, wenn die entsprechende „öffentliche Äußerung" die (konkrete) Kaufentscheidung nicht beeinflussen konnte. Stellt man demgegenüber schon bezüglich der Berichtigung auf eine konkrete Kenntnis des Käufers ab, führt dies zu einer Verwischung beider Varianten.[575] Dagegen ist des weiteren anzuführen, daß die zweite Variante nachträglich in den Gesetzentwurf aufgenommen wurde, obwohl man ursprünglich davon ausging, diese gelte ohnehin nur für Konstellationen, in denen die Äußerung aufgrund der Berichtigung keinen Einfluß auf die Kaufentscheidung gehabt habe.[576]

Im Hinblick auf den Anteilskauf am organisierten Kapitalmarkt werden „öffentliche Äußerungen" vor allem in Gestalt von Prospekten, Ad hoc-Mitteilungen und anderen freiwilligen Äußerungen bedeutsam. Zur Konkretisierung der Anforderungen an eine Berichtigung falscher Angaben in einem Börsenzulassungsprospekt kann die Regelung des § 45 II Nr. 4 BörsG entsprechend herangezogen werden. Danach führt die Veröffentli-

---

572 Anwaltskommentar-Büdenbender, § 434, Rn. 15; Bamberger/Roth-Faust, § 434, Rn. 86; Grigoleit/Herresthal, JZ 2003, 233, 238; Henssler/Graf von Westphalen-Graf von Westphalen, § 434, Rn. 41; Weiler, WM 2002, 1784, 1792; Erman-Grunewald, § 434, Rn. 27; Homann, S. 249; Staudinger 2004-Matusche-Beckmann, § 434, Rn. 90; MüKo-Westermann, § 434, Rn. 28.

573 Augenhofer, JBl 2001, 82, 87; Bamberger/Roth-Faust, § 434, Rn. 86; Bernreuther, WRP 2002, 368, 374; Grigoleit/Herresthal, JZ 2003, 233, 238; Neues Schuldrecht-Haas, Kap. 5, Rn. 115; Oetker/Maultzsch, S. 47; Erman-Grunewald, § 434, Rn. 27; Homann, S. 249; MüKo-Westermann, § 434, Rn. 28. Vgl. zu § 45 II Nr. 4 BörsG Schwark-Schwark, §§ 44, 45 BörsG, Rn. 57.

574 Henssler/Graf von Westphalen-Graf von Westphalen, § 434, Rn. 44.

575 Anwaltskommentar-Büdenbender, § 434, Rn. 15; Weiler, WM 2002, 1784, 1791 f.

576 Vgl. Begr. RegE BT-Drucksache 14/6040, S. 215. Dazu Weiler, WM 2002, 1784, 1791 f.

chung einer deutlich gestalteten Berichtigung im Rahmen des Jahresabschlusses, des Zwischenberichtes, einer Ad hoc-Mitteilung oder einer vergleichbaren Bekanntmachung zum Ausschluß der börsengesetzlichen Prospekthaftung. Gleiches gilt für unzutreffende Angaben in Verkaufsprospekten, § 13 I VerkProspG in Verbindung mit § 45 II Nr. 4 BörsG. Ist der Inhalt einer Ad hoc-Mitteilung unrichtig, sieht derzeit § 15 I 4 WpHG deren unverzügliche Richtigstellung in einer erneuten Ad hoc-Meldung vor. Die Pflicht zur Korrektur gilt unabhängig davon, ob es sich dabei um Angaben handelt, die ursprünglich gar nicht ad hoc zu veröffentlichen waren. Dies ist vor dem Hintergrund des Mißbrauches von Ad hoc-Mitteilungen zu Werbezwecken[577] praktisch bedeutsam. Daran wird auch im Rahmen des AnSVG festgehalten (vgl. § 15 II 2 WpHG n.F.).

Bei freiwilligen Äußerungen etwa auf Pressekonferenzen oder während einer Road show kann eine Berichtigung im gleichen Rahmen erfolgen. Es besteht aber auch die Möglichkeit, dafür eine Ad hoc-Mitteilung zu nutzen. Um einen Mißbrauch der Ad hoc-Publizität zu vermeiden, darf eine solche Ad hoc-Meldung jedoch nur veröffentlicht werden, wenn die Voraussetzungen des § 15 I WpHG vorliegen. Daß es um die Richtigstellung einer freiwilligen „öffentlichen Äußerung" geht, ist für sich genommen jedenfalls nicht ausreichend. In Betracht kommt auch die Korrektur unrichtiger freiwilliger „öffentlicher Äußerungen" in einem Zwischenbericht. Diesbezüglich erheben sich anders als im Zusammenhang mit der Ad hoc-Publizität keine Bedenken wegen eines Mißbrauches. Denn ein Zwischenbericht ist mindestens einmal pro Geschäftsjahr zu veröffentlichen. Dem Emittenten bleibt es unbenommen, häufiger von diesem Publizitätsinstrument Gebrauch zu machen.

3. Fehlender Einfluß der „öffentlichen Äußerung" für die Kaufentscheidung

Nach der dritten Variante von § 434 I 3 letzter Halbsatz BGB soll der Verkäufer nicht für Eigenschaften einstehen müssen, wenn die zugehörige „öffentliche Äußerung" die Kaufentscheidung nicht beeinflussen konnte. Im Unterschied zur zweiten Variante ist hier auf die Willensbildung des

577 Möllers/Rotter-Braun, § 8, Rn. 118; A/S-Kümpel/Assmann, § 15, Rn. 14, 124; Schreiben des BAWe vom 22.03.2000. In der jüngsten Zeit ist diesbezüglich eine Besserung zu verzeichnen, vgl. BaFin, Jahresbericht 2003, S. 192, 243.

konkreten Käufers abzustellen.[578] Aus dem Wortlaut von § 434 I 3 BGB scheint sich zu ergeben, es reiche für einen Haftungsausschluß nicht aus, daß die konkrete Kaufentscheidung nicht beeinflußt war. Gestützt auf die Formulierung „nicht beeinflussen konnte", wird deshalb bisweilen verlangt, der Verkäufer müsse darlegen und beweisen, daß nicht einmal die Möglichkeit einer Beeinflussung der Kaufentscheidung bestand. Die „öffentliche Äußerung" muß nach dieser Ansicht generell ungeeignet sein, Kaufentscheidungen herbeizuführen.[579] Jedoch ist der Käufer überhaupt nicht schutzbedürftig, wenn die „öffentliche Äußerung" nur möglicherweise hätte bedeutsam sein können, aber die Kaufentscheidung tatsächlich gar nicht beeinflußte. Deshalb ist der Wortlaut des § 434 I 3 BGB entsprechend teleologisch zu reduzieren. Es genügt, daß die „öffentliche Äußerung" keinen Einfluß für die konkrete Kaufentscheidung hatte.[580] Dies ist der Fall, wenn die in der „öffentlichen Äußerung" enthaltenen Angaben in keiner Weise Eingang in die Willensbildung des Käufers gefunden haben. In der Literatur werden als Beispiele dafür die Unkenntnis des Käufers von der „öffentlichen Äußerung" genannt oder daß der Käufer die in Rede stehende Eigenschaft für irrelevant hielt.[581] Sobald aber die Informationen aus der „öffentlichen Äußerung" Teil eines Motivbündels des Käufers geworden sind, liegt eine Beeinflussung vor und ein Haftungsausschluß kommt nicht in Betracht.[582]

Ob die Kaufentscheidung von der „öffentlichen Äußerung" beeinflußt war, wird sich schwerlich beweisen lassen, zumal es sich dabei um einen Negativbeweis handelt.[583] Gleichwohl scheint der Verkäufer beim Anteilser-

---

578 Bamberger/Roth-Faust, § 434, Rn. 87; Grigoleit/Herresthal, JZ 2003, 233, 238; Palandt-Putzo, § 434, Rn. 39; Westermann, NJW 2002, 241, 245; Erman-Grunewald, § 434, Rn. 28; Homann, S. 250; a.A. Henssler/Graf von Westphalen-Graf von Westphalen, § 434, Rn. 40.

579 Henssler/Graf von Westphalen-Graf von Westphalen, § 434, Rn. 40; Palandt-Putzo, § 434, Rn. 39; Oetker/Maultzsch, S. 47; Staudinger 2004-Matusche-Beckmann, § 434, Rn. 91.

580 Bamberger/Roth-Faust, § 434, Rn. 87; so auch i.E. Jauernig-Chr. Berger, § 434, Rn. 17; Grigoleit/Herresthal, JZ 2003, 233, 238; MüKo-Westermann, § 434, Rn. 29.

581 Bamberger/Roth-Faust, § 434, Rn. 87; Augenhofer, JBl 2001, 82, 87; Grigoleit/Herresthal, JZ 2003, 233, 238; Neues Schuldrecht-Haas, Kap. 5, Rn. 116; Weiler, WM 2002, 1784, 1792; MüKo-Westermann, § 434, Rn. 29.

582 Bamberger/Roth-Faust, § 434, Rn. 87; Grigoleit/Herresthal, JZ 2003, 233, 238.

583 Grigoleit/Herresthal, JZ 2003, 233, 238; Augenhofer, JBl 2001, 82, 87; Henssler/Graf von Westphalen-Graf von Westphalen, § 434, Rn. 40; Weiler, WM 2002, 1784, 1793; Homann, S. 250.

werb am organisierten Kapitalmarkt nicht auf derartige Beweisprobleme zu stoßen. Denn es wird die Ansicht vertreten, der Kauf von Aktien erfolge alleine aufgrund des Börsenkurses und nicht aufgrund etwaiger Informationen (des Verkäufers).[584] Daraus könnte man schließen, es fehle beim Anteilserwerb am organisierten Kapitalmarkt immer an einer Beeinflussung der konkreten Kaufentscheidung. Dann könnte sich der Verkäufer stets auf den Ausschlußtatbestand des § 434 I 3 letzter Halbsatz dritte Variante BGB berufen. Richtig ist, daß der Börsenkurs dem Anleger einen wesentlichen Orientierungspunkt bietet. Allerdings liegen dem Börsenkurs wiederum die wesentlichen wirtschaftlichen Kennziffern des Unternehmens zugrunde, so wie sie gegenüber dem Kapitalmarkt in „öffentlichen Äußerungen" kommuniziert werden. Sie werden „eingepreist". Dies meint den Umstand, daß der Kapitalmarkt aufgrund von bestimmten „öffentlichen Äußerungen" zu einer Änderung der Bewertung des börsennotierten Unternehmens gelangt und sich dies dann – über Käufe und Verkäufe von Aktien – entsprechend im Börsenkurs niederschlägt.[585] Zudem dienen die oben genannten Publizitätsinstrumente zumindest auch dem Zweck, dem Anleger eine rationale Entscheidung über den Kauf von Aktien zu ermöglichen.[586] Des weiteren sprechen die Ergebnisse mehrerer vom Deutschen Aktieninstitut in Auftrag gegebenen Infratest-Umfragen gegen die These, der Aktienerwerb beruhe ausschließlich auf dem Börsenkurs. Danach befragt, welche Gründe „gegen den Besitz von Aktien" ins Feld zu führen seien, antworteten 1,5 % aller Befragten, es fehle am günstigen Einstiegszeitpunkt. Demgegenüber beklagten knapp 10 % aller Befragten fehlende Informationen über die verschiedenen Aktien.[587] Dies belegt, daß es für potentielle Anleger nicht lediglich auf einen schnellen Börsengewinn ankommt, sondern daß ausreichende Informationen von mindestens ebenso großer Bedeutung sind.[588]

---

584 U. Huber, AcP 202 (2002), 179, 213; Henssler/Graf von Westphalen-Graf von Westphalen, § 434, Rn. 8; Neues Schuldrecht-Haas, Kap. 5, Rn. 557; Larisch, S. 196 f.
585 Allgemein Baums, ZHR 167 (2003), 139, 181; Schwark, FS Hadding, S. 1117, 1135. Speziell zu den durch Ad hoc-Mitteilungen transportierten Informationen: Veil, ZHR 167 (2003), 365, 368 und 384 f. und Nowak, ZBB 2001, 449, passim.
586 Vgl. oben B.III.
587 Siehe DAI-Factbook 2003, 10-2 bis 10-4; siehe auch DAI-Factbook 2003, 10-5.
588 Vgl. auch die im DAI-Factbook 2003, 10-5, wiedergegebenen Einstellungen der Anleger zu Neuemissionen.

Trotzdem trifft die Schlußfolgerung, beim Kauf von Aktien fehle es an einer Beeinflussung der konkreten Kaufentscheidung durch „öffentliche Äußerungen“, zumindest für den Erwerb am Sekundärmarkt zu. Denn Käufer am Sekundärmarkt sind regelmäßig Banken und nicht der einzelne Anleger selbst. Eine Bank schließt alleine deshalb einen Kaufvertrag über Gesellschaftsanteile, da sie von ihrem Kunden, dem Anleger, mit dem kommissionsweisen Erwerb von Wertpapieren beauftragt wurde.[589] Also ist es nicht die Bank, sondern allenfalls ihr Kunde, welcher sich aufgrund bestimmter „öffentlicher Äußerungen“ zum Erwerb von Aktien entschlossen hat. Deshalb wird die dritte Variante von § 434 I 3 letzter Halbsatz BGB beim Anteilserwerb am Sekundärmarkt regelmäßig zu einem Haftungsausschluß führen. Dem kann nicht entgegengehalten werden, die Kaufentscheidung einer Bank sei insofern von einer „öffentlichen Äußerung“ beeinflußt worden, als der Anleger der Bank ohne eine solche Äußerung überhaupt keinen Auftrag erteilt hätte. Denn dies würde die Grenzen des Wortlautes mißachten und eine unzulässige, gesetzesübersteigende Rechtsfortbildung darstellen. Nach dem klaren Wortlaut von § 434 I 3 BGB kommt es auf eine Beeinflussung der Kaufentscheidung durch eine „öffentliche Äußerung“ an. Die kommissionsweise Beauftragung einer Bank seitens ihrer Kunden kann aber nicht als „öffentliche Äußerung“ qualifiziert werden. Der Entschluß des Kunden ist der Konsortialbank auch nicht gemäß § 166 II BGB analog zuzurechnen. Es ist bereits umstritten, ob die genannte Bestimmung beim Kommissionsgeschäft überhaupt entsprechend anwendbar ist. Dies wird vielfach mit der Behauptung abgelehnt, es komme einzig auf die Person des Handelnden an.[590] Auch wenn die Differenzierung zwischen unmittelbarer und mittelbarer Stellvertretung wenig überzeugend ist,[591] muß zumindest im vorliegenden Fall eine analoge Anwendung von § 166 II BGB ausscheiden. Denn § 166 II BGB soll nach seiner ratio verhindern, daß der Hintermann seine Position durch die Einschaltung eines (arglosen) Dritten verbessern kann.[592] Hier geht es jedoch gerade nicht um die Verhinderung einer Besserstellung des Anlegers (Kommittenten), vielmehr würde eine analoge Anwendung von § 166 II BGB dazu führen, dem Anleger gewährleistungsrechtliche Ansprüche einzuräumen. Dies wäre nicht von der ratio

---

589 Anders stellt sich dies für Eigengeschäfte dar, die bekanntlich nicht im Kundenauftrag zustande kommen. Diese stehen aber nicht im Fokus der vorliegenden Untersuchung. Siehe oben B.I.1.

590 Soergel-Leptien, 13. Auflage, § 166, Rn. 10; Staudinger-Schilken, § 166, Rn. 3.

591 Zutreffend Schwark, JuS 1980, 777, 778 f.

592 Schwark, JuS 1980, 777, 779.

des § 166 II BGB gedeckt. Insofern kommt eine Analogie zu § 166 II BGB nicht in Betracht. Deshalb wird sich bezüglich Sekundärmarkttransaktionen in der Regel keine Haftung des Verkäufers über § 453 I BGB in Verbindung mit § 434 I 3 BGB begründen lassen.

Demgegenüber ist beim Anteilserwerb am Primärmarkt eine fehlende Beeinflussung der Kaufentscheidung widerleglich zu vermuten, wenn der Kauf der Aktien mehr als sechs Monate nach deren Einführung erfolgte. Dies ergibt sich aus dem Rechtsgedanken von § 44 I 1 BörsG, der über § 453 I BGB („entsprechende Anwendung") berücksichtigt werden kann. Eine solche zeitliche Beschränkung ist im Interesse der Rechtssicherheit und Praktikabilität geboten.[593] Regelmäßig spiegelt sich der Inhalt der Publizitätsinstrumente des Primärmarktes etwa des Prospektes nach mehr als sechs Monaten nicht mehr im Börsenkurs wider und wird daher auch in der Regel keinen Einfluß mehr auf die Kaufentscheidung entfaltet haben.[594] Da es sich jedoch diesbezüglich um eine widerlegliche Vermutung handelt, steht dem Käufer die Möglichkeit offen, das Gegenteil darzulegen und zu beweisen.

4. Zwischenergebnis

Im Zusammenhang mit dem Anteilserwerb am organisierten Kapitalmarkt wird insbesondere die dritte Variante von § 434 I 3 letzter Halbsatz BGB praktische Relevanz erlangen. Die Anwendung dieses Ausschlußtatbestandes führt dazu, daß eine Haftung des Verkäufers eines Anteiles am Sekundärmarkt für „öffentliche Äußerungen" gemäß § 453 I BGB in Verbindung mit § 434 I 3 BGB ausscheidet. Demzufolge kann an dieser Stelle festgehalten werden, daß gewährleistungsrechtliche Ansprüche des Anlegers (trotz Nr. 8 SBW) beim Erwerb am Sekundärmarkt nicht Platz greifen.

IV. Rechtsfolgen

Zur Sollbeschaffenheit gehören insbesondere Eigenschaften, die der Käufer nach „öffentlichen Äußerungen erwarten kann". Damit liegt ein

---

593 Vgl. Begr. RegE BT-Drucksache 13/8933, S. 76 f.; Ellenberger, S. 40 f.; Zimmer, WM 2004, 9, 16; Kort, AG 1999, 9, 12; kritisch hinsichtlich der Dauer von sechs Monaten: Förster, S. 144-146.
594 Zimmer, WM 2004, 9, 16; OLG Frankfurt am Main, NJW 2003, 1258, 1259.

Sachmangel vor, wenn das Recht im Zeitpunkt des Gefahrübergangs keine solchen Eigenschaften aufweist. Dann besteht eine Diskrepanz zwischen Soll- und Istbeschaffenheit, was bestimmte gewährleistungsrechtliche Ansprüche nach sich zieht. Gemäß § 453 I BGB ist § 437 BGB entsprechend anwendbar. Bevor die sich aus dieser Rechtsgrundverweisung[595] ergebenden Rechtsfolgen des Verkaufs eines sachmängelbehafteten Anteiles untersucht werden, wird auf die Frage eingegangen, wer Anspruchsgegner etwaiger gewährleistungsrechtlicher Ansprüche des Anteilskäufers ist.

1. Anspruchsgegner

Gegner gewährleistungsrechtlicher Ansprüche des Käufers ist der Verkäufer. Wer Anspruchsgegner ist, ist entsprechend der Unterscheidung zwischen Primärmarkt- und Sekundärmarkttransaktion näher zu beleuchten.

a) Anteilserwerb am Primärmarkt

Am Primärmarkt kommt ein Kaufvertrag zwischen einer der beteiligten Konsortialbanken und dem Anleger zustande. Daher kann der Anleger im Zusammenhang mit „öffentlichen Äußerungen" gewährleistungsrechtliche Ansprüche gegen eine Emissionsbank haben. Hingegen lassen sich Ansprüche gegen den Emittenten nur bei der heute freilich unüblichen Selbstemission begründen.

b) Anteilserwerb am Sekundärmarkt

Beim Anteilserwerb am Sekundärmarkt ist Verkäufer und damit Anspruchsgegner entweder eine Konsortialbank, die Aktien an eine im Auftrag eines Anlegers handelnde, nicht am Emissionskonsortium beteiligte Bank verkauft. Oder die Ansprüche richten sich – sofern es nicht um den Erwerb gerade emittierter Aktien geht und auch nicht der „Zentrale Kontrahent" an der Frankfurter Wertpapierbörse eingeschaltet wird – gegen eine als Verkaufskommissionär tätig werdende Effektenbank. Unmittelbarer Anspruchsinhaber ist jeweils die vom Anleger mit dem Kauf von Aktien beauftragte Bank. Allerdings kann der Anleger die von ihm beauftragte Bank gemäß Nr. 8 SBW in Anspruch nehmen. Danach haftet sie gegen-

595 Bergjan, S. 193.

über dem Anleger für die ordnungsgemäße Erfüllung des Ausführungsgeschäftes durch ihren Vertragspartner. Wie oben gezeigt wurde, wird dies aber nicht praktisch relevant, da die Kaufentscheidung der im Auftrag des Anlegers handelnden Bank nicht durch „öffentliche Äußerungen" beeinflußt wird. Aus diesem Grund wird es dem Verkäufer stets gelingen, den Entlastungsbeweis nach der dritten Variante von § 434 I 3 letzter Halbsatz BGB zu führen.

Vor diesem Hintergrund könnte Bedeutung erlangen, daß in der Literatur erwogen wird, die Regelung von § 453 I BGB in Verbindung mit § 434 I 3 BGB unter Rekurs auf eine extensive Auslegung des Begriffes „Werbung" auf prospektähnliche Informationen zu erstrecken.[596] Diese Überlegungen werden im Hinblick auf etwaige Schadensersatzansprüche von Anlegern gegen die Gesellschaft oder deren Organe wegen unrichtiger Ad hoc-Mitteilungen angestellt, ohne zwischen Primär- und Sekundärmarkttransaktion zu unterscheiden.[597] Von einer Bank als Anspruchsgegner ist nicht die Rede. Hinter diesen Ausführungen scheint die These auf, es lasse sich eine gewährleistungsrechtliche Haftung der *Gesellschaft* gegenüber dem Anleger begründen. Ob dies beim Anteilserwerb am Sekundärmarkt trotz der Einschaltung von Banken sowie „Zentralem Kontrahenten" zutrifft, ist nun zu untersuchen.

Man könnte argumentieren, es müsse nicht notwendigerweise auf die Existenz kaufvertraglicher Beziehungen abgestellt werden. So komme zwischen der Gesellschaft und dem Anleger dadurch eine Sonderverbindung zustande, daß eine an das Anlegerpublikum gerichtete Äußerung der Gesellschaft vorliege.[598] Jedoch ist mit Recht darauf hingewiesen worden, bei Sekundärmarkttransaktionen fehle es an jeglichem sozialen Kontakt zwischen dem einzelnen Anleger und der Gesellschaft. Das Anlegerpublikum ist anonym.[599] Des weiteren ist zu beachten, daß die These von der Sonderverbindung zwischen dem einzelnen Anleger und der Gesellschaft im Zusammenhang mit der bürgerlich-rechtlichen Prospekthaftung formuliert wird[600] und dementsprechend eine in der Literatur

---

596 Barnert, WM 2002, 1473, 1483.

597 Vgl. Barnert, WM 2002, 1473, 1483.

598 Vgl. Krause, ZGR 2002, 799, 828 f.; zumindest für den Primärmarkt mit dieser Ansicht sympathsierend Dühn, S. 109.

599 Ekkenga, ZGR 1999, 165, 171; Steinhauer, S. 133; LG Augsburg, ZIP 2002, 530 f.; Rützel, AG 2003, 69, 71; bezüglich des Sekundärmarktes ebenso Dühn, S. 109.

600 Krause, ZGR 2002, 799, 829.

geäußerte Ansicht fortführt, wonach die bürgerlich-rechtliche Prospekthaftung auf Zwischenberichte[601] sowie Ad hoc-Mitteilungen[602] Anwendung finden soll. Hier geht es aber um die Anwendung von Gewährleistungsrecht, welches eine kaufvertragliche Beziehung voraussetzt. Das Vorliegen eines irgendwie gearteten Schuldverhältnisses reicht nicht aus. Da zwischen Anleger und Gesellschaft jedoch kein Anteilskaufvertrag existiert, kommt allenfalls eine Analogie in Betracht. Eine solche läßt sich aber nicht aus § 453 I BGB selbst folgern. Denn diese Norm sieht zwar eine „entsprechende Anwendung" vor, jedoch bezieht sich diese Formulierung lediglich auf die „Vorschriften über den Sachkauf". Unberührt davon bleibt, daß es sich gemäß § 453 I BGB um einen Kauf (von Rechten) handeln muß. Daher kann man – wenn überhaupt – alleine eine entsprechende Anwendung des Gewährleistungsrechts auf kaufvertragsähnliche Schuldverhältnisse in Erwägung ziehen. Eine Analogie bedarf sowohl einer planwidrigen Lücke als auch der Gleichheit der Interessenlage.[603] Es fehlt bereits an einer Lücke. Denn selbst wenn ein Schuldverhältnis aufgrund der öffentlichen Erklärungen der Gesellschaft gegenüber dem Anlegerpublikum vorliegen sollte, kann bei etwaigen Pflichtverletzungen das allgemeine Leistungsstörungsrecht (§§ 280 ff. BGB) unmittelbar angewendet werden. Eines Rückgriffs auf das Gewährleistungsrecht bedarf es nicht. Folglich ist die hinter den Ausführungen *Barnerts* aufscheinende Schlußfolgerung nicht haltbar, mit Hilfe des Gewährleistungsrechts ließen sich Schadensersatzansprüche des Anlegers gegen die Gesellschaft oder dessen Organe wegen fehlerhafter Ad hoc-Mitteilungen konstruieren.

Deshalb bleibt es dabei, daß die Anwendung von § 453 I BGB in Verbindung mit § 434 I 3 BGB auf die üblichen Konstellationen eines Anteilserwerbes am Sekundärmarkt nicht zur Begründung von Ansprüchen des Käufers führt. Mithin ist im Rahmen der sich nun anschließenden Betrachtung der Rechtsbehelfe des Käufers alleine auf den Anteilserwerb am Primärmarkt einzugehen.

---

601 Vgl. dazu Assmann/Schütze-Assmann, § 7, Rn. 50; Brondics/Mark, AG 1989, 339, 346; B/H-Merkt, § 47 BörsG, Rn. 4; Schwark, BörsG, § 44, Rn. 12 f.

602 So Braun/Rotter, BKR 2003, 918, 923 f. zumindest für solche Ad hoc-Mitteilungen, die vor dem Inkrafttreten von § 37 c WpHG am 01.07.2002 veröffentlicht wurden. Ohne Differenzierung B/H-Merkt, § 47 BörsG, Rn. 4.

603 Larenz/Canaris, S. 191-202; Bydlinski, S. 472-478.

2. Nacherfüllung

Primärer Rechtsbehelf des Käufers ist die Nacherfüllung gemäß § 453 I BGB in Verbindung mit §§ 437 Nr. 1, 439 BGB. Der Vorrang des Nacherfüllungsanspruches gegenüber Rücktrittsrecht und Schadensersatzanspruch ergibt sich daraus, daß sowohl § 281 I 1 BGB als auch § 323 I BGB eine erfolglose Fristsetzung zur Leistung oder Nacherfüllung vorsehen.[604] Es sind zwei unterschiedliche Formen der Nacherfüllung auseinanderzuhalten. § 439 I BGB gewährt dem Käufer ein Wahlrecht, ob er die Beseitigung des Mangels (Nachbesserung) oder die Lieferung eines mangelfreien Rechtes (Nachlieferung) verlangen möchte.

a) Nachbesserung

Bezogen auf den Anteilserwerb am Primärmarkt hätte ein Nachbesserungsanspruch des Anteilskäufers zum Inhalt, daß die verkaufende Konsortialbank verpflichtet wäre, den Mangel des gelieferten Anteiles zu beseitigen. Wie oben gezeigt, richtet sich die Beschaffenheit des Anteiles vermittels „öffentlicher Äußerungen" regelmäßig nach der Beschaffenheit des Unternehmens. Um der sich aus dem Inhalt der öffentlichen Äußerungen resultierenden Diskrepanz zwischen Ist- und Sollbeschaffenheit des Anteiles abzuhelfen, muß der Verkäufer Einfluß auf das Unternehmen nehmen können.

Im Zusammenhang mit dem Unternehmenskauf im Wege des „share deals" wird zu Recht darauf hingewiesen, daß dies insofern bedenklich ist, als der Verkäufer durch die Nacherfüllung nochmals Einfluß auf das Unternehmen gewinnen kann. Nur wenn sich die Mangelhaftigkeit auf einzelne Gegenstände des Unternehmensvermögens bezieht, erheben sich solche Bedenken nicht.[605] Dann können etwa Substratmängel des Unternehmens durch Nachlieferung einzelner Gegenstände ausgeglichen werden.[606] Eine solche Konstellation wird bereits beim Unternehmens-

---

604 Westermann, NJW 2002, 241, 248; Übernahmerecht-Reiner, § 56, Rn. 185; Bamberger/Roth-Faust, § 439, Rn. 2; Erman-Grunewald, § 440, Rn. 1; Staudinger 2004-Matusche-Beckmann, § 437, Rn. 6, § 439, Rn. 5; MüKo-Westermann, § 437, Rn. 4.

605 Rödder/Hötzel/Mueller-Thuns, § 9, Rn. 94; § 10, Rn. 52; Triebel/Hölzle, BB 2002, 521, 526; MüKo-Westermann, § 453, Rn. 44; vgl. auch Schröder-Frerkes, S. 407.

606 Büdenbender, S. 39; Gaul, ZHR 166 (2002), 35, 54; Gronstedt/Jörgens, ZIP 2002, 52, 61; Mandatshandbuch-Lips/Stratz/Rudo, § 4, Rn. 36; Knott, NZG 2002, 249, 252; Triebel/Hölzle, BB 2002, 521, 526; Wieling/Finkenauer, S. 31, Fn. 20; Maier-Reimer, S. 78;

kauf recht selten vorkommen.[607] Beim Erwerb eines einzelnen Anteiles hat diese noch größeren Seltenheitswert. Denn die Mangelhaftigkeit einzelner Unternehmensgegenstände muß auf den Wert des Unternehmens „durchschlagen", um Einfluß auf den Wert des einzelnen Anteiles zu haben. Alleine dann ist auch der Wert des einzelnen Anteiles berührt und die Beschaffenheit einzelner Gegenstände des Unternehmensvermögens kann zur Beschaffenheit des Anteiles gezählt werden.[608] Zudem kann die Beseitigung von Mängeln gemäß § 275 BGB unmöglich sein.[609] Als Beispiel dafür wird das Fehlen eines für die Existenz des Unternehmens notwendigen Patentes genannt.[610] Gleiches gilt für Falschangaben über wirtschaftlichen Kennziffern des Unternehmens, soweit sie sich auf zurückliegende Geschäftsjahre beziehen. Denn diese bilanzmäßigen Angaben sind vergangenheitsbezogen und können nicht mit den zutreffenden wirtschaftlichen Kennziffern unterlegt werden, um auf diese Weise eine Nachbesserung zu erreichen.[611] Handelt es sich demgegenüber um Angaben in einer Gewinn-und-Verlustrechnung als Grundlage für eine Prognose der zukünftigen Erträge, ist eine Nachbesserung nicht unmöglich. Solche Mängel sind für die Zukunft ausgleichbar.[612] Ebenso lassen sich Verbindlichkeiten tilgen.[613] Insofern ist ein Nachbesserungsanspruch beim Unternehmenskauf nicht notwendigerweise ausgeschlossen.

Dessen ungeachtet kommt ein Mängelbeseitigungsanspruch hinsichtlich des Erwerbs von Aktien am Primärmarkt generell nicht in Betracht. Insbesondere trägt die im Zusammenhang mit dem Unternehmenskauf aufge-

---

Übernahmerecht-Reiner, § 56, Rn. 187; Bergjan, S. 195; uneindeutig Larisch, S. 84 einerseits, S. 85 andererseits.

607 Kindl, WM 2003, 409, 412.

608 Siehe oben ausführlich D.II.5.c).

609 Henssler/Graf von Westphalen-Graf von Westphalen, § 453, Rn. 19; Westermann, NJW 2002, 241, 246, 248; Bamberger/Roth-Faust, § 439, Rn. 34; Staudinger 2004-Matusche-Beckmann, § 439, Rn. 38; MüKo-Westermann, § 439, Rn. 14.

610 Rödder/Hötzel/Mueller-Thuns, § 9, Rn. 94; Bergjan, S. 196 f.

611 Barnert, WM 2003, 416, 422; Wertenbruch, S. 504 f.; Gaul, ZHR 166 (2002), 35, 54; Hölters-Semler, N 192 k, Fn. 2; Weitnauer, NJW 2002, 2511, 2514; Wolf/Kaiser, DB 2002, 411, 418; Wunderlich, WM 2002, 981, 986; Maier-Reimer, S. 79; Larisch, S. 84; a.A. Henssler/Graf von Westphalen-Graf von Westphalen, § 453, Rn. 12; Büdenbender, wiedergegeben bei Arnold, S. 54.

612 Maier-Reimer, S. 79.

613 Büdenbender, S. 39; Gronstedt/Jörgens, ZIP 2002, 52, 61; Niewiarra, S. 78; Bergjan, S. 195 f.; Mandatshandbuch-Lips/Stratz/Rudo, § 4, Rn. 36; Knott, NZG 2002, 249, 252; Maier-Reimer, S. 79; Larisch, S. 84.

baute Argumentation nicht die Verpflichtung der Konsortialbank, Mängel des verkauften Anteiles zu beseitigen. Denn zwischen einem Unternehmenskauf und dem Erwerb von emittierten Aktien besteht folgender erheblicher Unterschied:

Der Verkäufer eines Unternehmens kann (vor der Veräußerung) aufgrund der Größe seiner Beteiligung Einfluß auf die Gesellschaft nehmen. Demgegenüber ist die feste Übernahme von Anteilen durch die Konsortialbanken und ihre damit verbundene Stellung als Aktionäre emissionstechnisch bedingt. Die Konsortialbanken verfolgen mit ihrer Beteiligung keine eigenen, strategischen Interessen, machen daher keinen Einfluß auf die Geschicke der Gesellschaft geltend, sondern treten wirtschaftlich als Emissionshelfer der Gesellschaft auf. Dementsprechend treffen die zwischen der Gesellschaft und dem Bankenkonsortium geschlossenen Übernahmeverträge keine Regelungen etwa zum Abstimmungsverhalten in der Hauptversammlung.[614] Den Konsortialbanken geht es auch nicht um die Ausrichtung des Unternehmens am Markt zur Erzielung wirtschaftlicher Erfolge. Sie erbringen in Gestalt der Organisation und Durchführung der Aktienemission eine Dienstleistung für das Unternehmen, um über die damit verbundenen Provisionszahlungen ihre eigene wirtschaftliche Position zu verbessern.[615] Deshalb erscheint es folgerichtig, den mit einer Konsortialbank kontrahierenden Anlegern statt Mängelbeseitigungsansprüchen alleine solche Ansprüche zuzusprechen, die wie ein Schadensersatzanspruch oder ein Anspruch aus Minderung im Ergebnis auf die Zahlung von Geld gerichtet sind. Dabei handelt es sich nicht um eine Form der Nacherfüllung.[616] Des weiteren kann der Anleger den Konsortialbanken keinen Zugang zum Unternehmensvermögen zur Beseitigung von Mängeln des Unternehmens verschaffen, die auf die Beschaffenheit seines Anteiles „durchschlagen“. Ihm fehlt es an der Verfügungsbefugnis.[617] Auch aus diesem Grund scheidet der Rechtsbehelf der Nachbesserung beim Anteilserwerb am Primärmarkt aus.

614 Vgl. die Muster bei BuB-Groß, 10/324 und 10/326.

615 Zur Rolle der Konsortialbanken siehe auch unten D.VI.3.b).

616 Deshalb greifen die von Büdenbender, S. 39 f.; Kindl, WM 2003, 409, 412; Wieling/Finkenauer, S. 31, Fn. 19; Maier-Reimer, S. 80; MüKo-Westermann, § 453, Rn. 45, im Zusammenhang mit dem Unternehmenskauf geäußerten Bedenken wegen einer vermeintlichen Kommerzialisierung des Nachbesserungsanspruches nicht.

617 Vgl. Wertenbruch, S. 509 zum „share deal“.

b) Nachlieferung

Ob Nachlieferungsansprüche beim Anteilserwerb am Primärmarkt überhaupt in Betracht kommen, ist sehr fraglich. Gegenstand eines Nachlieferungsanspruches wäre die Verpflichtung der als Verkäuferin auftretenden Konsortialbank, dem Anleger einen mangelfreien Anteil aus der Emission zu liefern. Im Hinblick auf den Unternehmenskauf wird zutreffend darauf hingewiesen, daß eine Nachlieferung angesichts der dynamischen Eigenschaften des Unternehmens, die schon durch das Auftreten am Markt ständigen Veränderungen unterliegen, nicht möglich sei.[618] Deshalb stelle sich der Unternehmenskauf als Stückkauf dar.[619] Bereits aus diesem Grund ist die Nachlieferung eines neuen Gesellschaftsanteiles unmöglich. Der Anteil nimmt an den dynamischen Veränderungen des Unternehmensvermögens insofern teil, als sich diese zunächst im Wert des Unternehmens und dann in dessen Werthaltigkeit niederschlagen. Versteht man den Nachlieferungsanspruch richtigerweise als Folge des Erfüllungsanspruches aus § 433 I 2 BGB[620], so leuchtet wegen des Charakters des Unternehmens als „lebender Organismus" ein, daß es sich bei der Lieferung eines neuen Anteiles nicht mehr um eine Erfüllung der ursprünglichen Verpflichtung handelt. Hinzu kommt, daß es der mit dem Anleger kontrahierenden Konsortialbank im Falle einer erfolgreichen Plazierung der von ihr üblicherweise fest übernommenen Aktien am Markt unmöglich ist, aus der Emission stammende Anteile nachzuliefern. Vielmehr müßte sie sich am Sekundärmarkt mit Anteilen des Emittenten eindecken, um etwaige Nachlieferungsansprüche des Anlegers zu erfüllen. Dies wäre jedoch nicht als Nachlieferung im Sinne von § 439 I BGB zu qualifizieren. Die Lieferung von am Sekundärmarkt umlaufenden Anteilen kann nicht als Erfüllung der auf den Erwerb von Aktien am Primärmarkt lautenden Verpflichtung der Konsortialbank begriffen werden. Denn das Unternehmen wird im Moment der Geltendmachung eines Nachlieferungsanspruches regelmäßig nach wie vor nicht mit dem Inhalt der öffentlichen Äußerungen übereinstimmen. Die Anteile sind ebenso wie die ursprünglich gelieferten sachmängelbehaftet. Daher kann eine Nachlieferung von Anteilen das Leistungsinteresse des Anlegers nicht zufrieden-

---

618 Rödder/Hötzel/Mueller-Thuns, § 9, Rn. 94.

619 Bergjan, S. 194; Larisch, S. 93; Niewiarra, S. 78 f.; Büdenbender, S. 38; Mandatshandbuch-Lips/Stratz/Rudo, § 4, Rn. 36; Triebel/Hölzle, DB 2002, 521, 526; Wieling/Finkenauer, S. 31, Fn. 20; Übernahmerecht-Reiner, § 56, Rn. 186.

620 Rödder/Hötzel/Mueller-Thuns, § 9, Rn. 92; Triebel/Hölzle, DB 2002, 521, 526; Bamberger/Roth-Faust, § 439, Rn. 6; MüKo-Westermann, § 437, Rn. 1 und § 439, Rn. 2.

stellen, solange nicht der Emittent seine wirtschaftlichen Grundlagen dem Inhalt der öffentlichen Äußerungen angepaßt hat. Eine derartige Konsolidierung der wirtschaftlichen Kennziffern wird aber kaum jemals praktisch werden.

c) Zwischenergebnis

Beide Arten der Nacherfüllung kommen beim Erwerb im Rahmen von Aktienemissionen nicht in Betracht. Daher braucht auf das in § 439 III BGB geregelte Leistungsverweigerungsrecht des Verkäufers im Falle unverhältnismäßiger Kosten einer Form der Nacherfüllung nicht eingegangen zu werden.

3. Rücktritt vom Vertrag

Beim Rücktrittsrecht handelt es sich um ein Gestaltungsrecht. Der Käufer kann vom Vertrag unter anderem zurücktreten, wenn der Schuldner eine fällige Leistung nicht vertragsgemäß erbracht hat (§ 453 I BGB in Verbindung mit §§ 437 Nr. 2, 323 I BGB). Nicht vertragsgemäß ist die Leistung, wenn sie mängelbehaftet ist (§ 433 I 2 BGB). Dementsprechend ist nicht von vornherein ausgeschlossen, daß der Anteilskäufer am Primärmarkt berechtigt sein kann, vom Vertrag mit einer Konsortialbank zurückzutreten. Allerdings ist das Rücktrittsrecht gemäß § 453 I BGB in Verbindung mit §§ 437 Nr. 2, 323 V 2 BGB ausgeschlossen, wenn dem Schuldner nur eine unerhebliche Pflichtverletzung zur Last fällt. Wann diese Voraussetzung erfüllt ist, wird im Hinblick auf den Unternehmenskauf für bedeutsam gehalten.[621] Beim Anteilserwerb wird diese Frage aber kaum praktisch relevant werden, da alleine solche Mängel einzelner Unternehmensgegenstände zugleich einen Mangel des Anteils begründen, die sich auf den Wert des Unternehmens und damit auch auf die Werthaltigkeit eines Anteiles auswirken.[622] Auch der Vorrang der Nacherfüllung steht einem Rücktritt des Käufers nicht entgegen. Denn das Rücktrittsrecht greift gemäß § 453 I BGB in Verbindung mit §§ 437 Nr. 2, 326 V BGB auch in dem Fall, daß dem Verkäufer – wie beim Anteilserwerb am Primärmarkt – eine Nacherfüllung gemäß § 275 BGB nicht möglich oder zumutbar ist.

621 Rödder/Hötzel/Mueller-Thuns, § 9, Rn. 97; Büdenbender, S. 43; Wolf/Kaiser, DB 2002, 411, 418; Übernahmerecht-Reiner, § 56, Rn. 191; MüKo-Westermann, § 453, Rn. 49; a.A. Gaul, ZHR 166 (2002), 35, 55.

622 Siehe oben D.II.5.c).

Tritt der Käufer vom Kaufvertrag zurück, so sind die empfangenen Leistungen nach § 346 I BGB zurückzugewähren und die gezogenen Nutzungen herauszugeben. Die Rückabwicklung erfolgt beim Anteilskauf in der Weise, daß es zu einer Umbuchung im Aktiendepot des Anlegers zugunsten der Konsortialbank[623] und zu einer Rückzahlung des ursprünglich geleisteten Kaufpreises an den Anleger kommt.

a) Leerlaufen des Rücktrittsrechts

§ 346 II BGB sieht für bestimmte Konstellationen vor, daß an die Stelle des Rückgewähranspruches des Verkäufers ein Anspruch auf Wertersatz tritt. Im Hinblick auf den Unternehmenskauf wird argumentiert, das Unternehmen sei als lebender Organismus ständigen Veränderungen unterworfen und könne daher nicht ohne praktische Schwierigkeiten einige Zeit nach Vertragsschluß zurückgegeben werden.[624] Dies gelte insbesondere für die Fälle, daß das Unternehmen nach dem Erwerb grundlegend umgestaltet werde, wobei im einzelnen umstritten ist, wann eine solche Umgestaltung vorliegt.[625] Dann finde § 346 II 1 Nr. 2 BGB Anwendung, welcher dem Verkäufer einen Wertersatzanspruch in Höhe des Kaufpreises gebe. Diesen könne er dem Rückgewähranspruch des Käufers entgegenhalten, so daß dessen Rücktrittsrecht im Ergebnis ins Leere gehe.[626] Diese Argumentation läßt sich jedoch nicht auf den Kauf von Aktien von einer Konsortialbank übertragen. Es handelt sich dabei um einen Rechtskauf. Der Kauf von Vermögensgegenständen ist damit nicht verbunden. Das Rücktrittsrecht ist auf den Kauf und die Rückgewähr einzelner Sachen oder Rechte zugeschnitten.[627] Deshalb schließen diese im Zusam-

623 Vgl. zur Entmaterialisierung des Effektenverkehrs oben D.I.1.a).

624 Rödder/Hötzel/Mueller-Thuns, § 9, Rn. 99, § 10, Rn. 63; Rotthege/Wassermann, Rn. 1172; Niewiarra, S. 79; Neues Schuldrecht-Haas, Kap. 5, Rn. 552; Henssler/Graf von Westphalen-Graf von Westphalen, § 453, Rn. 12; Kindl, WM 2003, 409, 413; Wolf/Kaiser, DB 2002, 411, 418; Maier-Reimer, S. 82; Larisch, S. 21 f.; MüKo-Westermann, § 453, Rn. 47.

625 Vgl. Rödder/Hötzel/Mueller-Thuns, § 9, Rn. 100; Rotthege/Wassermann, Rn. 1170; Neues Schuldrecht-Haas, Kap. 5, Rn. 552; Büdenbender, S. 41 f.; Gaul, ZHR 166 (2002), 35, 56; Gronstedt/Jörgens, ZIP 2002, 52, 62; Larisch, S. 92 f.; MüKo-Westermann, § 453, Rn. 47 f.

626 Rödder/Hötzel/Mueller-Thuns, § 9, Rn. 100; Rotthege/Wassermann, Rn. 1174; Henssler/Graf von Westphalen-Graf von Westphalen, § 453, Rn. 12; Büdenbender, S. 41 f.; Kindl, WM 2003, 409, 413; Seibt/Reiche, DStR 2002, 1135, 1140; Wolf/Kaiser, DB 2002, 411, 418; Maier-Reimer, S. 84; MüKo-Westermann, § 453, Rn. 48.

627 Rödder/Hötzel/Mueller-Thuns, § 9, Rn. 101.

menhang mit dem Unternehmenskauf erhobenen Einwände nicht aus, daß der Anteilskäufer beim Erwerb am Primärmarkt ein Rücktrittsrecht haben kann, auch wenn sich der wirtschaftliche Gehalt der Anteile infolge von Veränderungen des Unternehmens geändert haben mag.[628] § 346 II 1 Nr. 2 BGB greift nicht ein. Anders stellt sich die Rechtslage für den Fall dar, daß der Anleger die erworbenen Aktien vor der Ausübung des Rücktrittsrechtes bereits weiterveräußert hat.[629] Dann kann die verkaufende Konsortialbank nicht Rückgewähr der Anteile, sondern gemäß § 346 II 1 Nr. 2 BGB Wertersatz für die Aktien vom Anleger verlangen. Bei der Bestimmung der Höhe des Wertersatzanspruches ist der geleistete Kaufpreis zugrundezulegen, § 346 II 2 Hs. 1 BGB. Demzufolge stehen sich ein Rückzahlungsanspruch des Anlegers und ein Wertersatzanspruch der Konsortialbank gegenüber, jeweils in Höhe des Kaufpreises. Aufgrund dessen läuft das Rücktrittsrecht in dieser Konstellation praktisch leer.

b) Rückabwicklung als unpassende Rechtsfolge?

Wie gesehen, hilft das Rücktrittsrecht einem solchen Anleger nicht weiter, der die erworbenen Aktien bereits veräußert hat. Wenn eine Rückabwicklung des Kaufvertrages den Gegebenheiten des Anteilserwerbes am Primärmarkt nicht gerecht würde, wäre dieses Ergebnis sogar zu begrüßen. Somit stellt sich auch und gerade für den Fall, daß der Anleger seine Anteile behält, die (rechtspolitische) Frage, ob ihm überhaupt die Möglichkeit eingeräumt werden sollte, die erworbenen Anteile zurückzugeben, oder ob das Rücktrittsrecht ausgeschlossen sein sollte. Rechtskonstruktiv ließe sich ein Ausschluß des Rücktrittsrechts damit begründen, § 453 I BGB ordne lediglich eine „entsprechende Anwendung" der Vorschriften über den Sachkauf und damit auch des § 437 Nr. 2 in Verbindung mit §§ 346 bis 348 BGB an. Diese Vorschriften sollen nur Anwendung finden, „soweit sie passen".[630] In den Materialien zu den einschlägigen Vorschriften des BGB findet sich zu einem Rücktrittsrecht beim Anteilserwerb am Primärmarkt keine Aussage. Jedoch brachte der Gesetzgeber hinsichtlich der börsengesetzlichen Prospekthaftung durch § 44 I 1 BörsG klar zum Ausdruck, die Rückgabe von Wertpapieren sei kein unpassender Rechtsbehelf, um die Folgen falscher Angaben in diesem Teilbereich der Pri-

---

628 Bergjan, S. 299; so auch Rotthege/Wassermann, Rn. 1171, für die „meisten Fälle" des „share deals"; a.A. Larisch, S. 198.

629 Vgl. Geibel, S. 125.

630 Begr. RegE BT-Drucksache 14/6040, S. 242.

märmarktpublizität zu bewältigen. Nach der erwähnten Norm kann der Erwerber von Wertpapieren von den für den unrichtigen Prospekt Verantwortlichen die Übernahme der Wertpapiere gegen Erstattung des Erwerbspreises verlangen. Demgegenüber wird vor allem im Zusammenhang mit der Haftung wegen Falschinformationen des Sekundärmarktes, insbesondere wegen fehlerhafter Ad hoc-Mitteilungen, darauf hingewiesen, daß der Anleger durch Rückgabe der Wertpapiere das allgemeine Marktrisiko auf die Gesellschaft verlagern könne. Diese übernehme dadurch die Position eines „Versicherers" gegen Marktentwicklungen, die sich nachteilig auf den Börsenkurs des Wertpapieres auswirken.[631]

Indes unterscheidet sich die am Primärmarkt üblicherweise auftretende Erwerbskonstellation grundlegend von der für den Erwerb am Sekundärmarkt typischen Situation. Dies hängt mit der für die Kaufentscheidung des Anlegers wesentlichen Rolle des Prospektes zusammen. Dieser ist anders als die Mittel der Sekundärmarktpublizität vorrangig ein Verkaufsinstrument. Typischerweise investieren die Anleger im Vertrauen auf die Richtigkeit der im Prospekt gemachten Angaben.[632] Eine solche Typizität läßt sich hingegen für Informationen etwa in Ad hoc-Mitteilungen nicht feststellen. Denn am Sekundärmarkt kaufen die Anleger üblicherweise allenfalls „zu teuer" oder verkaufen „zu billig".[633] Des weiteren ist zu berücksichtigen, daß ein Gewährleistungsanspruch des Käufers von Wertpapieren gegen eine Konsortialbank tatbestandlich voraussetzt, daß letzterer die „öffentliche Äußerung" personell zuzurechnen ist. Dies hängt davon ab, inwiefern sie die Verantwortung für den Inhalt des Prospektes übernahm.[634] Nur insoweit ist es gerechtfertigt, sie für dessen Inhalt haftbar zu machen.[635]

---

631 Fleischer, BB 2002, 1869, 1871 f.; Fuchs/Dühn, BKR 2002, 1063, 1069; Rützel, AG 2003, 69, 76; vgl. speziell zur Prospekthaftung Fleischer/Kalss, AG 2002, 329, 331; a.A. A/S-Sethe, §§ 37 b, 37 c, Rn. 59, der meint, dies könne über eine Anwendung der Grundsätze der Vorteilsausgleichung verhindert werden. Zur Vorteilsausgleichung siehe unten D.IV.5.f). Generell a.A. Möllers/Leisch, BKR 2002, 1071, 1075 f.

632 Baums, ZHR 167 (2003), 139, 185 f.; Fleischer, BB 2002, 1869, 1871; A/S-Sethe, §§ 37 b, 37 c, Rn. 48; Veil, ZHR 167 (2003), 365, 391; Schmitz, S. 207.

633 Baums, ZHR 167 (2003), 139, 185; Fleischer, BB 2002, 1869, 1871; Fuchs/Dühn, BKR 2002, 1063, 1069; Rützel, AG 2003, 69, 75; Schmitz, S. 207; zweifelnd Keßler,S. 43 f.

634 Siehe oben unter D.II.4.a)aa)aaa).

635 Vgl. Veil, ZHR 167 (2003), 365, 390. Dies ist wohl der Umstand, den Fleischer, BB 2002, 1869, 1870 f., 1873, mit seinem nicht näher definierten Postulat eines „Näheverhältnisses" zwischen Schädiger und geschädigtem Anleger im Auge hat. Zum Gedanken

Indes ist zu konzedieren, daß das Rücktrittsrecht zeitlich unbeschränkt geltend gemacht werden kann. Dies eröffnet dem Käufer – entgegen dem ersten Anschein – aber nicht die Möglichkeit, zu Lasten der Konsortialbank zu spekulieren.[636] Zwar wird ein rationaler Käufer das Wertpapier nicht weiterveräußern, wenn dessen Kurs nach Bekanntwerden der Unrichtigkeit der Angaben über den Einkaufspreis steigt. Er wird dann auch nicht seinen Rücktritt vom Kaufvertrag erklären. Kommt es hingegen zu einem nachhaltigen Nachgeben des Börsenkurses unter den Ausgabepreis, wird ein rationaler Käufer das Wertpapier weiterveräußern und könnte zudem geneigt sein, seinen Rücktritt von dem mit der Konsortialbank geschlossenen Kaufvertrag zu erklären. Dies hätte jedoch lediglich zur Folge, daß sich ein Wertersatzanspruch der Konsortialbank und ein Rückgewähranspruch in gleicher Höhe gegenüberstünden. Das Rücktrittsrecht liefe praktisch leer. Mittels des Rücktrittsrechts kann es einem Käufer also nicht gelingen, risikolos auf Kosten der Konsortialbank zu spekulieren. Daher ist das Rücktrittsrecht zumindest für denjenigen Erwerber am Primärmarkt ein tauglicher Rechtsbehelf, der die Anteile noch nicht weiterveräußerte. Einer Einschränkung oder eines Ausschlusses des Rücktrittsrechtes bedarf es nicht.

4. Minderung

Ein weiterer Rechtsbehelf des Anteilskäufers ist die Minderung gemäß § 453 I BGB in Verbindung mit §§ 437 Nr. 2, 441 BGB.

a) Voraussetzungen

Aus der Formulierung „statt zurückzutreten" folgt, daß dieses Gestaltungsrecht dem Käufer unter den gleichen Voraussetzungen zusteht wie das Rücktrittsrecht.[637] Das bedeutet, daß die Minderung ebenso wie die-

---

eines „Näheverhältnisses" zwischen Anleger und Emittenten: Kalss, S. 165-169 und Sauer, S. 56 f.

636 Vgl. die von Baums, ZHR 167 (2003), 139, 187, im Zusammenhang mit einem Schadensersatzanspruch des Anlegers erhobenen Bedenken.

637 Übernahmerecht-Reiner, § 56, Rn. 194, folgert daraus, wenn man das Rücktrittsrecht für eine inadäquate Rechtsfolge halte, müsse dies in gleicher Weise für das Minderungsrecht gelten. Dabei verkennt er aber, daß der Verkäufer nur im Rahmen des Rückabwicklungsverhältnisses die Möglichkeit hat, einen Wertersatzanspruch gegen den Käufer gemäß § 346 II BGB geltend zu machen.

ses gegenüber dem Anspruch auf Nacherfüllung nachrangig ist.[638] Da aber eine Nacherfüllung beim Anteilserwerb am Primärmarkt nicht in Betracht kommt, kann der Anleger den Kaufpreis mindern, ohne eine Frist zur Nacherfüllung gesetzt zu haben. Ist der Kaufpreis bereits gezahlt worden, kann der Käufer den Minderungsbetrag gemäß § 441 IV BGB zurückfordern.

b) Berechnung der Minderung

Infolge der Erklärung der Minderung ist der Kaufpreis gemäß § 441 III BGB in dem Verhältnis herabzusetzen, in welchem der Wert des Anteiles im mangelfreien Zustand zu dessen tatsächlichem Wert im Zeitpunkt des Vertragsschlusses gestanden hat. Die Höhe des geminderten Kaufpreises errechnet sich nach folgender Formel:

$$\frac{\text{Kaufpreis x tatsächlicher Wert}}{\text{Wert im mangelfreien Zustand}}$$ [639]

Wenn der Kaufpreis bereits gezahlt wurde, besteht der nach § 441 IV BGB zurückzugewährende Minderungsbetrag in der Differenz zwischen gezahltem und dem nach der genannten Formel berechneten, geminderten Kaufpreis.[640] Der Minderungsbetrag ist der Höhe nach auf den Betrag des Kaufpreises beschränkt.[641] Diese Beschränkung ist dem Begriff der Minderung immanent.[642] Minderung bedeutet Herabsetzung des Kaufpreises.[643] Außerdem käme die Minderung ansonsten wirtschaftlich dem Ersatz des positiven Interesses als „Schadensersatz statt der Leistung" gleich.[644] Allerdings steht es den Vertragsparteien frei, eine andere Ver-

638 Rödder/Hötzel/Mueller-Thuns, § 9, Rn. 102; Gaul, ZHR 166 (2002), 35, 57; Wieling/Finkenauer, S. 31 f.; Übernahmerecht-Reiner, § 56, Rn. 200; Bamberger/Roth-Faust, § 441, Rn. 3; Staudinger 2004-Matusche-Beckmann, § 441, Rn. 3; MüKo-Westermann, § 441, Rn. 1.

639 Rödder/Hötzel/Mueller-Thuns, § 9, Rn. 103; Rotthege/Wassermann, Rn. 1182; Bamberger/Roth-Faust, § 441, Rn. 8; MüKo-Westermann, § 441, Rn. 12. Vgl. auch Staudinger 2004-Matusche-Beckmann, § 441, Rn. 13 f.

640 Rotthege/Wassermann, Rn. 1183.

641 Rödder/Hötzel/Mueller-Thuns, § 9, Rn. 86, § 10, Rn. 55; Staudinger 2004-Matusche-Beckmann, § 441, Rn. 10; vgl. Assmann, FS Lange, S. 360.

642 Rotthege/Wassermann, Rn. 1185.

643 Staudinger-Honsell, § 472, Rn. 2; Staudinger 2004-Matusche-Beckmann, § 441, Rn. 10; Palandt-Putzo, § 441, Rn. 3.

644 So aber Triebel/Hölzle, DB 2002, 521, 527.

einbarung zu schließen, was beim Anteilserwerb am Primärmarkt freilich selten praktisch relevant werden dürfte. Zumindest wird dann aber eine Anwendung von § 434 I 3 BGB ausscheiden, da § 434 I 1 BGB im Falle von Individualvereinbarungen vorrangig ist.

aa) Tatsächlicher Wert

Der Kaufpreis ist nach der oben aufgeführten Formel mit dem tatsächlichen Wert des Anteiles im Zeitpunkt des Vertragsschlusses zu multiplizieren. Um den tatsächlichen Wert des Anteiles im Zeitpunkt des Vertragsschlusses zu erhalten, kann auf den Börsenkurs abgestellt werden.[645] Dies gilt unabhängig davon, ob es sich um ein Unternehmen handelt, welches bereits börsennotiert ist oder ob es sich um das erstmalige börsenmäßige Angebot von Anteilen an einer Gesellschaft im Rahmen eines IPO handelt. Allerdings kann der im Zeitpunkt des Vertragsschlusses vorliegende Börsenkurs nicht unbesehen zur Bestimmung des tatsächlichen Wertes des Anteiles herangezogen werden. Denn dieser spiegelt nicht den Wert des mangelhaften Anteiles wider. § 453 I BGB in Verbindung mit § 434 I 3 BGB stellt zur Konkretisierung der Sollbeschaffenheit des Anteiles auf „öffentliche Äußerungen" ab. Dazu zählen unter anderem Emissionsprospekte. Der Inhalt der in diesen Äußerungen enthaltenen Angaben wird Bestandteil des Kaufvertrages. Zugleich sind diese Äußerungen dem Kapitalmarktpublikum per definitionem zumindest zugänglich und damit im Börsenkurs im Zeitpunkt des Vertragsschlusses (mehr oder weniger) stark verarbeitet. Daher ist der Börsenkurs im Zeitpunkt des Vertragsschlusses allenfalls ein Spiegelbild des Wertes des Anteiles, wie er kaufvertraglich geschuldet ist, nicht aber seines tatsächlichen Wertes. Vielmehr entspricht sein tatsächlicher Wert demjenigen, der sich bei ordnungsgemäßer Kapitalmarktinformation ergeben hätte. Aufgrund dessen ist zur Ermittlung des Wertes des Anteiles im mangelhaften Zustand der Börsenkurs entscheidend, wie er sich im Zeitpunkt des Vertragsschlusses bei ordnungsgemäßem Kommunikationsverhalten ergeben hätte. Es ist danach zu fragen, welcher Börsenkurs vorgelegen hätte, wenn die Kapitalmarktinformation nicht fehlerhaft gewesen wäre.

Bestechend einfach erscheint die in anderem Zusammenhang angestellte Überlegung, dazu auf die prozentuale oder absolute Kursveränderung unmittelbar nach Bekanntwerden der Fehlerhaftigkeit der Kapitalmarktin-

645 Vgl. BGH WM 1995, 882, 891; OLG Düsseldorf, WM 1996, 1366, 1371.

formation zu rekurrieren.[646] Diese scheinbar so elegante Lösung weist aber entscheidende Schwächen auf. Sie birgt die Gefahr, daß allgemeine Markteinflüsse Berücksichtigung finden, die nichts mit dem Bekanntwerden der Unrichtigkeit der Kapitalmarktinformation zu tun haben. Des weiteren entspricht die Marktreaktion auf das Öffentlichwerden der Fehlerhaftigkeit nicht notwendigerweise der hypothetischen Marktreaktion zu einem früheren Zeitpunkt.[647] Finanzwissenschaftler haben dieses Problem identifiziert und Modelle entwickelt, die im Wege der Induktion aus dem Kursausschlag unmittelbar nach Bekanntwerden der Fehlerhaftigkeit der Kapitalmarktreaktion auf den „richtigen" Wert des Wertpapieres im Zeitpunkt des Vertragsschlusses schließen lassen.[648] Vereinfacht gesagt, sind dabei zwei Schritte vorzunehmen. Zunächst ist festzustellen, in welchem Maße die Kapitalmarktinformation den Börsenkurs beeinflußt. Als Denkmodell ist dabei davon auszugehen, daß Kapitalmärkte informationseffizient sind. Danach sollen neue Kapitalmarktinformationen umgehend verarbeitet und in die Wertpapierkurse „eingepreist" werden (Theorie informationseffizienter Kapitalmärkte).[649] Daran wird zum Teil Kritik unter Hinweis auf das mitunter nur allmähliche Einsickern von Informationen in den Kapitalmarkt geäußert. Dann finden Kursanpassungen schleichend statt. Wären Kapitalmärkte tatsächlich informationseffizient, ließe sich zudem kaum erklären, warum es zum Insiderhandel, also dem Ausnutzen von Informationsvorsprüngen kommt. Transaktionskosten bleiben ebenfalls unberücksichtigt.[650]

Die Begründer und Vertreter der Theorie informationseffizienter Kapitalmärkte sind indes nicht weltfremd. Vielmehr ist zu berücksichtigen, daß es sich bei der Vorstellung, Kapitalmärkte würden Informationen sofort verarbeiten, um ein Denkmodell handelt. Dieses verfolgt nicht den Ansatz, Kapitalmärkte so zu erfassen, wie sie sind, sondern geht hypothetisch von effizienten Kapitalmärkten aus und fragt, wie *diese* auf Informationen reagieren.[651] Behält man dies im Auge, spricht nichts dagegen, in

---

646 Vgl. Maier-Reimer/Webering, WM 2002, 1857, 1861 f.; Rössner/Bolkart, WM 2003, 953, 957; Möllers/Leisch, BKR 2002, 1071, 1078; ähnlich Baums, ZHR 167 (2003), 139, 189 f.

647 Dühn, S. 162 f.

648 Vgl. Fleischer, BB 2002, 1869, 1873, m.w.N.

649 Ausführlich Steinhauer, S. 61-70; Perridon/Steiner, S. 269-271.

650 Vgl. die Darstellungen bei Steinhauer, S. 64-67 und Dühn, S. 59 f.

651 Zutreffend Steinhauer, S. 69; Dühn, S. 60 f.; Veil, ZHR 167 (2003), 365, 379. Dies wird bei Feldhaus, S. 121, übersehen.

einem *ersten Schritt* von dieser idealtypischen Vorstellung auszugehen und einen Beobachtungszeitraum festzulegen. Beobachtungsende ist der auf das Bekanntwerden der Unrichtigkeit der Kapitalmarktinformation zeitlich folgende Tag.[652] Der Beginn des Beobachtungszeitraumes kann nicht allgemeingültig bestimmt werden. Denn die Fehlerhaftigkeit der ursprünglichen Kapitalmarktinformation wird häufig nur scheibchenweise bekannt. So werden fehlerhafte Informationen nicht immer durch eine bestimmte Korrekturmeldung, gewissermaßen „offiziell" berichtigt.[653] Versuchte man, dem durch eine entsprechend großzügige Vorverlagerung des Beobachtungsbeginnes Rechnung zu tragen, erhöhte sich die Gefahr, daß zahlreiche andere Umstände in die Kursberechnung eingehen, die nichts mit der fehlerhaften Kapitalmarktinformation zu tun haben.[654] Ohnehin sind in der auf diese Weise ermittelten Kursveränderung allgemeine Markteinflüsse berücksichtigt, die zwischen Vertragsschluß und Bekanntwerden der Unrichtigkeit der Kapitalmarktinformation den Börsenkurs beeinflußten. Diese nicht unternehmensspezifischen Einflußgrößen sind in einem *zweiten Schritt* herauszurechnen. Dabei empfiehlt es sich, das von Finanzwissenschaftlern in den 60er Jahren des vorigen Jahrhunderts entwickelte Capital Asset Pricing Model (CAPM) heranzuziehen.[655] Dieses setzt die vergangene Renditeentwicklung in Relation zur Entwicklung des Gesamtmarkts oder eines Aktienindexes. Gestützt auf empirische Daten, läßt sich auf diese Weise eine Annäherung an den „wahren" Wert einer Kapitalanlage vornehmen.[656] Subtrahiert man die auf diese Weise ermittelte, sogenannte „abnormale Rendi-

---

652 Fleischer, BB 2002, 1869, 1873; A/S-Sethe, §§ 37 b, 37 c, Rn. 60; Steinhauer, S. 275; a.A. Sauer, S. 372-375, der für eine einzelfallbezogene Betrachtungsweise plädiert.

653 Baums, ZHR 167 (2003), 139, 188; Möllers/Leisch, BKR 2002, 1071, 1078; Rützel, AG 2003, 69, 77.

654 Fleischer, BB 2002, 1869, 1873; Möllers/Leisch, BKR 2002, 1071, 1078; Steinhauer, S. 275; Sauer, S. 371.

655 Fleischer, BB 2002, 1869, 1873; Escher-Weingart/Lägeler/Eppinger, WM 2004, 1845, 1852-1856; Dühn, S. 163 f.; Fleischer/Kalss, AG 2002, 329, 333; Fuchs/Dühn, BKR 2002, 1063, 1069; Zimmer, WM 2004, 9, 18; Steinhauer, S. 276-278; Sauer, S. 376-380; wohl auch A/S-Sethe, §§ 37 b, 37 c, Rn. 60 f. und Veil, ZHR 167 (2003), 365, 387; allgemein Hopt/Voigt, WM 2004, 1801, 1804; generell a.A. Schwark, Diskussion, P 133 und Hennrichs, FS Kollhosser, S. 208.

656 Zu Einzelheiten siehe Steinhauer, S. 57-60, 276-281; Dühn, S. 164; Franke/Hax, S. 351-358; Escher-Weingart/Lägeler/Eppinger, WM 2004, 1845, 1850-1856; Perridon/Steiner, S. 119-121, S. 269-283; Feldhaus, S. 119 f.; Sauer, S. 366-386.

te"[657] vom tatsächlichen Börsenkurs im Zeitpunkt des Vertragsschlusses, ergibt sich der Wert des Anteiles mit Mangel. Zwar lassen sich mittels des CAPM nicht sämtliche Markteinflüsse aus dem Börsenkurs „eliminieren". Ein Unsicherheitsfaktor ist insbesondere die Bestimmung des Beobachtungsbeginnes, wenn die Fehlerhaftigkeit der Information erst allmählich am Markt bekannt wird. Auch blendet das CAPM den Umfang der Volatilität des jeweiligen Marktes sowie die Marktkapitalisierung des Emittenten aus.[658] Bisher sind die Modellannahmen des CAPM jedoch nicht empirisch widerlegt worden.[659] Ohnehin darf die Minderung gemäß § 441 III 2 BGB geschätzt werden. Dabei sind sowohl der Wert im mangelfreien Zustand als auch der tatsächliche Wert zu schätzen und sodann ins Verhältnis zueinander zu setzen. Der Minderungsbetrag als solcher darf regelmäßig nicht direkt geschätzt werden.[660] Prozessual lassen sich diese Vorgaben seitens des erkennenden Gerichts unter Rückgriff auf § 287 II ZPO umsetzen.[661] Nach dieser Bestimmung reduzieren sich die Anforderungen an die Darlegung sowie das Beweismaß.[662] In diesem Rahmen kann der Anleger gegebenenfalls durch Einholung eines Sachverständigengutachtens darlegen und beweisen, welcher Kurs sich mit überwiegender Wahrscheinlichkeit bei einer ordnungsgemäßen Kapitalmarktinformation ergeben hätte. Dies ermöglicht eine für die Ermittlung des geminderten Kaufpreises hinreichende Annäherung an den tatsächlichen Wert des Wertpapieres bei Vertragsschluß.[663] Es fällt der Konsortialbank prozessual zur Last, darzulegen und zu beweisen, daß der so ermittelte Wert nicht ausreichend um allgemeine Markteinflüsse bereinigt wurde. Dies ist auch gerechtfertigt, da ihr eher als dem Anleger für die Bewer-

---

657 Vgl. zum Begriff Fleischer, BB 2002, 1869, 1873; Escher-Weingart/Lägeler/Eppinger, WM 2004, 1845, 1852; Steinhauer, S. 277; Sauer, S. 369, 375 f.

658 Dühn, S. 165; Perridon/Steiner, S. 121. Allgemein Steinhauer, S. 281.

659 Perridon/Steiner, S. 281-283; vgl. auch Escher-Weingart/Lägeler/Eppinger, WM 2004, 1845, 1854, 1856 und Sauer, S. 176.

660 Bamberger/Roth-Faust, § 441, Rn. 14; a.A. Henssler/Graf von Westphalen-Graf von Westphalen, § 441, Rn. 11; Palandt-Putzo, § 441, Rn. 18; Neues Schuldrecht-Haas, Kap. 5, Rn. 215; Staudinger 2004-Matusche-Beckmann, § 441, Rn. 36.

661 Henssler/Graf von Westphalen-Graf von Westphalen, § 441, Rn. 11; Staudinger 2004-Matusche-Beckmann, § 441, Rn. 36; ähnlich Palandt-Putzo, § 441, Rn. 18.

662 Zöller-Greger, § 287, Rn. 1; BGH NJW 1994, 663, 664 f.

663 Vgl. Dühn, S. 165; Fleischer/Kalss, AG 2002, 329, 333; Fleischer, BB 2002, 1869, 1873; A/S-Sethe, §§ 37 b, 37 c, Rn. 62; Fuchs/Dühn, BKR 2002, 1063, 1069; Rützel, AG 2003, 69, 77; Steinhauer, S. 281 f.; a.A. Baums, ZHR 167 (2003), 139, 189 f.; Schwark, FS Hadding, S. 1117, 1137.

tung des Preises des Wertpapieres relevante Informationen zur Verfügung stehen.[664]

bb) Wert im mangelfreien Zustand

Das Produkt der Multiplikation von Kaufpreis und tatsächlichem Wert des Anteiles ist gemäß der obigen Formel durch den Wert des Anteiles im mangelfreien Zustand zu dividieren. Um eine Vergleichbarkeit der beiden in Relation zu setzenden Werte zu gewährleisten, sind dieselben Bewertungsverfahren zu verwenden.[665] Also ist auch hier auf den Börsenkurs zur Ermittlung des Wertes des Anteiles im mangelfreien Zustand abzustellen. Allerdings ändert sich die Perspektive. Denn der Wert des Anteiles im mangelfreien Zustand ist der Wert, der sich ergeben würde, wenn der Inhalt der unrichtigen Kapitalmarktinformationen zuträfe. Es kommt mithin auf den Börsenkurs unter Berücksichtigung der einschlägigen (unrichtigen) „öffentlichen Äußerung" an. Demgegenüber war hinsichtlich des Wertes im mangelhaften Zustand an die Berichtigung respektive das Bekanntwerden der Fehlerhaftigkeit der „öffentlichen Äußerung" anzuknüpfen. Demzufolge ist entscheidend, wann die fehlerhafte Kapitalmarktinformation vollständig in den Börsenkurs eingegangen ist. Es wurde bereits darauf hingewiesen, daß Kapitalmärkte lediglich in der Theorie sämtliche Informationen sofort aufnehmen. Praktisch kann es durchaus eine gewisse Zeit dauern, bis Kapitalmarktinformationen entsprechend im Börsenkurs verarbeitet wurden. Ebenso können Informationen schon vor ihrer (förmlichen) Bekanntgabe mittels einer „öffentlichen Äußerung" in den Kapitalmarkt eingesickert sein. Dies muß in der oben dargelegten Weise bei der Festlegung des Beobachtungszeitraumes berücksichtigt werden. Des weiteren ist zu bedenken, daß es bei einem IPO im Moment des Vertragsschlusses noch an der Feststellung eines Börsenkurses fehlen kann, dann beginnt der Beobachtungszeitraum frühestens mit dem ersten nach Vertragsschluß festgestellten Börsenkurs. Allerdings birgt die unbesehene Zugrundelegung des Börsenkurses die Gefahr, daß allgemeine Markteinflüsse Berücksichtigung finden, die nichts mit dem Inhalt der „öffentlichen Äußerungen" zu tun haben. So kann der Kaufvertrag zwischen Konsortialbank und Anleger in einem Moment allgemeiner

---

664 Vgl. Dühn, S. 165; Fleischer, BB 2002, 1869, 1874; Fleischer/Kalss, AG 2002, 329, 333.

665 Büdenbender, S. 40; Gaul, ZHR 166 (2002), 35, 58; allgemein MüKo-Westermann, § 441, Rn. 14.

Marktschwäche und damit tendenziell niedrigerer Börsenkurse erfolgt sein. Auch ist es beispielsweise denkbar, daß ein IPO in ein schlechtes Marktumfeld hinein erfolgte und der erstmalig festgestellte Börsenkurs dies entsprechend widerspiegelte. Daraus ergibt sich, daß der zur Ermittlung des tatsächlichen Wertes eines Anteils zugrundezulegende Börsenkurs um solche allgemeinen Marktrisiken zu bereinigen ist. Diesbezüglich ermöglicht das CAPM eine Annäherung, die in Verbindung mit der Möglichkeit der Schätzung gemäß § 441 III 2 BGB den Minderungsbetrag ausreichend genau bestimmen läßt.[666]

cc) Minderung als unpassende Rechtsfolge?

Im Hinblick auf die bereits im Zusammenhang mit dem Rücktrittsrecht geäußerten Bedenken[667] stellt sich auch hier die Frage, ob die Minderung eine für den Anteilserwerb am Primärmarkt unpassende Rechtsfolge ist. Zwar führt die Ausübung des Minderungsrechts durch den Käufer grundsätzlich nicht zur Rückabwicklung des mit der Konsortialbank geschlossenen Kaufvertrages. Insoweit kann der Käufer nicht auf Kosten der Konsortialbank risikolos spekulieren. Jedoch ist bei der Berechnung der Minderung darauf zu achten, daß nicht allgemeine Marktveränderungen der Konsortialbank im Ergebnis aufgebürdet werden. Dies ist nicht allein rechtspolitisch geboten, sondern der Tatbestand von § 441 BGB selbst zwingt dazu, indem er hinsichtlich der Berechnung des tatsächlichen und des hypothetischen Wertes des Kaufgegenstandes vorschreibt, jeweils auf den Zeitpunkt des Vertragsschlusses abzustellen. Spätere, nach dem Erwerb der Aktien auftretende Marktentwicklungen dürfen daher tatbestandlich nicht berücksichtigt werden.[668] Dem kann aber durch die oben beschriebenen wirtschaftswissenschaftlichen Verfahren Rechnung getragen werden. Des weiteren ist die Minderung grundsätzlich unabhängig davon, ob der Käufer die Anteile bereits veräußerte. Denn es besteht keine Pflicht, dem Verkäufer die erworbenen Anteile zurückgewähren. Lediglich ausnahmsweise, wenn der Kaufpreis infolge der Minderung auf Null absinkt, soll der Käufer gemäß § 346 I BGB analog verpflichtet sein, den Kaufgegenstand zurückzugeben.[669] Hat der Käufer in

---

666 Vgl. oben D.IV.4.b)aa).

667 Siehe oben D.IV.3.b).

668 Allgemein Soergel-U. Huber, § 472, Rn. 5; Palandt-Putzo, § 441, Rn. 13; teilweise a.A. Bamberger/Roth-Faust, § 441, Rn. 11 f.

669 Bamberger/Roth-Faust, § 441, Rn. 27; Staudinger-Honsell, § 472, Rn. 11; so auch i.E. Niewiarra, S. 79.

dieser Konstellation die Anteile bereits weiterveräußert, müßte dem Verkäufer zumindest ein Wertersatzanspruch nach § 346 II 1 Nr. 2 BGB analog zustehen, um Wertungswidersprüche zum Rücktrittsrecht zu vermeiden.[670] Abgesehen von diesem Ausnahmefall hat die Weiterveräußerung der Anteile keine Auswirkungen auf das Minderungsbegehren. Insbesondere ist ein dabei erzielter Veräußerungsgewinn nicht vom Minderungsbetrag abzuziehen.[671] Gleiches gilt für etwaige Erträge wie beispielsweise Dividenden, die der Erwerber aus dem Kaufgegenstand zog. Denn der Minderungsbetrag ist auf den Zeitpunkt des Vertragsschlusses zurückzurechnen.[672] Auch deshalb ist die Minderung nach § 453 I BGB in Verbindung mit §§ 437 Nr. 2, 441 BGB eine Rechtsfolge, die auf den Anteilserwerb am Primärmarkt „paßt".

dd) Mitverschulden

Zwar handelt es sich bei der Minderung nicht um einen Schadensersatzanspruch. § 254 BGB findet daher keine unmittelbare Anwendung. Gleichwohl ist anerkannt, daß ein etwaiges Mitverschulden des Käufers hinsichtlich der Entstehung oder des Umfanges des Mangels zu einer Verringerung des Minderungsbetrages führt.[673] Beim Anteilserwerb am Primärmarkt hat der Anleger aber regelmäßig weder mit dem Inhalt der „öffentlichen Äußerungen" noch mit dem Zustand des Unternehmens oder des Anteiles etwas zu tun, so daß ein Mitverschulden diesbezüglich in der Regel ausscheidet.

5. Schadensersatzanspruch

Der Verkauf eines nach den „öffentlichen Äußerungen" mangelhaften Anteiles kann einen Anspruch auf Schadensersatz statt der (ganzen) Leistung nach sich ziehen. Angesichts der Unmöglichkeit der Nacherfüllung beim Anteilserwerb am Primärmarkt braucht der Käufer dem Verkäufer keine angemessene Frist zur Nacherfüllung zu setzen. Er darf sofort

---

670 Die Notwendigkeit einer Abstimmung des Minderungsrechts mit den Wertungen des Rücktrittsrechts betont auch Bamberger/Roth-Faust, § 441, Rn. 27.
671 Staudinger-Honsell, § 472, Rn. 12.
672 Allgemein MüKo-HGB-Lieb, Anh § 25, Rn. 123; Soergel-U. Huber, § 472, Rn. 5, 11.
673 Palandt-Putzo, § 441, Rn. 17; Bamberger/Roth-Faust, § 441, Rn. 29: § 254 BGB analog; MüKo-Oetker, § 254, Rn. 23: § 242 BGB.

Schadensersatz geltend machen.[674] Überdies besteht der Schadensersatzanspruch unabhängig davon, ob es sich um einen schon bei Vertragsschluß bestehenden oder einen nachträglich auftretenden Mangel handelt. Dies bestimmt für den ersteren Fall § 453 I BGB in Verbindung mit §§ 437 Nr. 3, 280 I, III, 283 BGB, für den letzteren Fall folgt dies aus § 453 I BGB in Verbindung mit §§ 437 Nr. 3, 311 a II 1 BGB. Die Verschaffung eines mangelhaften Rechtes stellt eine Pflichtverletzung dar. Denn die Mangelfreiheit des Anteiles zählt gemäß § 453 I BGB in Verbindung mit § 433 I 2 BGB zu den Hauptleistungspflichten der veräußernden Konsortialbank. Der Verkäufer muß diese Pflichtverletzung zu vertreten haben, was gemäß § 453 I BGB in Verbindung mit §§ 437 Nr. 3, 280 I 2 bzw. 311 a II 2 BGB vermutet wird. Einfache Fahrlässigkeit reicht aus, § 276 I 1, II BGB. Es liegt am Verkäufer, die Vermutung des Vertretenmüssens zu widerlegen.[675] Das Vertretenmüssen bezieht sich entweder auf die Verursachung oder Nichtbeseitigung eines nach Vertragsschluß auftretenden Mangels oder folgt aus der Kenntnis oder dem Kennenmüssen einer bei Vertragsschluß vorhandenen, nicht behebbaren Mangelhaftigkeit.[676] Zur Berechnung des Schadensersatzanspruches ist ein Gesamtvermögensvergleich vorzunehmen, in welchen die beiderseitigen Ansprüche der Vertragsparteien infolge der Geltendmachung des Schadensersatzanspruches als unselbständige Rechnungsposten einfließen.[677] Der Käufer ist gemäß § 249 S. 1 BGB so zu stellen, als weise der Kaufgegenstand keinen Mangel auf.[678] Ein Anspruch auf Naturalrestitution kommt aber nicht in Betracht, da diese rechtlich unmöglich ist. Das nach §§ 280 I, III, 283 bzw. § 311 a II 1 BGB ersatzfähige positive Inte-

---

674 Vgl. Henssler/Graf von Westphalen-Dedek, § 283, Rn. 3 f.; Henssler/Graf von Westphalen-Graf von Westphalen, § 440, Rn. 9; Bamberger/Roth-Faust, § 440, Rn. 18; Palandt-Putzo, § 440, Rn. 9.

675 Wunderlich, WM 2002, 981, 987; Henssler/Graf von Westphalen-Dedek, § 280, Rn. 9; Bamberger/Roth-Faust, § 437, Rn. 86; Palandt-Heinrichs, § 280, Rn. 34; Staudinger 2004-Otto, § 280, Rn. D 3 f.

676 Übernahmerecht-Reiner, § 56, Rn. 203; Bamberger/Roth-Faust, § 437, Rn. 70, 105; Oetker/Maultzsch, S. 120. Dies ist verkannt bei Homann, S. 260-262, der das Vertretenmüssen auf die „öffentliche Äußerung" bezieht.

677 MüKo-Emmerich, Vor § 281, Rn. 7; Bamberger/Roth-Grüneberg, § 281, Rn. 34.

678 Henssler/Graf von Westphalen-Graf von Westphalen, § 437, Rn. 27. So auch Geibel, S. 9. Allerdings behandelt Geibel im Rahmen seiner Untersuchung mit Ausnahme von § 463 BGB a.F. ausdrücklich nicht das (positive) Interesse an der Erfüllung der vertraglichen Leistungspflichten des Hauptvertrages (vgl. S. 9 f., 32 f.).

resse wird daher gemäß § 251 I Alt. 1 BGB in Geld ersetzt.[679] Mit dem „Schadensersatz statt der Leistung" und dem „Schadensersatz statt der ganzen Leistung" sind zwei unterschiedliche Arten von Schadensersatzansprüchen auseinanderzuhalten, deren Wahl – bei Vorliegen der jeweiligen Voraussetzungen – im Belieben des Käufers steht.[680]

a) „Schadensersatz statt der Leistung"

Beim „Schadensersatz statt der Leistung" gemäß § 453 I BGB in Verbindung mit §§ 437 Nr. 3, 280 I, III, 283 BGB respektive § 311 a II BGB behält der Käufer das gekaufte Recht und kann einen Ausgleich in Geld in Höhe des Minderwerts verlangen. Dies entspricht dem sogenannten „kleinen Schadensersatzanspruch".[681] Der Käufer wird so gestellt, als entspräche das Unternehmen den Angaben in den „öffentlichen Äußerungen", insbesondere im Emissionsprospekt.[682] Zu ersetzen ist das positive Interesse. Gleichwohl wird trotz der Schuldrechtsreform, namentlich § 453 I BGB in Verbindung mit § 434 I 3 BGB, apodiktisch daran festgehalten, der fehlerhaft informierte Kapitalanleger könne in keinem Fall verlangen, so gestellt zu werden, als sei die fehlerhafte Information inhaltlich zutreffend gewesen. Denn den Kapitalanlegern sei vertraglich keine ordnungsgemäße Kapitalmarktinformation geschuldet.[683] Zwar ist zutreffend, daß die Erstellung eines Prospektes vor der Emission von Aktien gesetzlich vorgeschrieben ist. Jedoch sind bereits die Konsortialbanken, soweit sie für den Inhalt des Prospektes die Verantwortung übernehmen, ohne Konsortialführer zu sein, rechtlich dazu nicht verpflichtet. Noch viel gewichtiger ist, daß es im Rahmen von § 434 I 3 BG nicht um eine ver-

---

679 Geibel, S. 9; vgl. auch Bamberger/Roth-Faust, § 437, Rn. 128; Henssler/Graf von Westphalen-Graf von Westphalen, § 437, Rn. 29.

680 Übernahmerecht-Reiner, § 56, Rn. 206; Bamberger/Roth-Grüneberg, § 281, Rn. 67; Henssler/Graf von Westphalen-Dedek, § 281, Rn. 50; Palandt-Heinrichs, § 281, Rn. 48; Staudinger 2004-Otto, § 280, Rn. E 8.

681 Vgl. Rödder/Hötzel/Mueller-Thuns, § 9, Rn. 107; Rotthege/Wassermann, Rn. 1188; Bamberger/Roth-Grüneberg, § 281, Rn. 65; Henssler/Graf von Westphalen-Dedek, § 281, Rn. 48; Larisch, S. 115. Zu Unrecht sieht Messer, S. 210-213, den „Minderwert" der Beteiligung als im Rahmen der culpa in contrahendo ersatzfähigen Schaden an. Dabei verwischt sie aber den von ihr in abstracto betonten Unterschied zwischen Vertrauensschaden und Erfüllungsinteresse (vgl. Messer, S. 217).

682 Vgl. Barnert, WM 2003, 419, 422 f.; Gaul, ZHR 166 (2002), 35, 60.

683 Möllers/Leisch, BKR 2002, 1071, 1072; Rössner/Bolkart, ZIP 2002, 1471, 1475; Dühn, S. 147 f.; Geibel, S. 50 f.; früher schon Assmann, FS Lange, S. 350 f.; ders., Prospekthaftung, S. 367.

tragliche Pflicht des Verkäufers zur ordnungsgemäßen Information des Käufers geht, sondern darum, daß der Inhalt „öffentlicher Äußerungen“ zur Konkretisierung der Beschaffenheit des Kaufgegenstandes herangezogen und somit Vertragsinhalt wird. Dies darf nicht mit einer etwaigen vertraglichen Pflicht gegenüber dem Anleger zur richtigen Kapitalmarktinformation verwechselt werden. Deshalb ist der Schadensersatzanspruch statt der Leistung nicht notwendigerweise auf den Erwerbspreis beschränkt, sondern zielt auf den Ausgleich einer absoluten Wertdifferenz.[684] Insofern unterscheidet sich der Schadensersatzanspruch inhaltlich von der Minderung, die der Höhe nach auf den Kaufpreis begrenzt ist und zudem in Relation zu diesem zu setzen ist.[685] Ferner kann der Ersatz des positiven Interesses mehr als den bloßen Ausgleich des Minderwertes des Kaufgegenstandes umfassen.[686] Richtig ist aber, daß die Berechnung des Minderwerts in ähnlicher Weise wie bei der Minderung erfolgen kann.[687] Der Minderwert des Anteiles ergibt sich aus der absoluten Differenz zwischen dem (nach den „öffentlichen Äußerungen“) geschuldeten Wert des Anteiles und seinem tatsächlichen Wert. Als geschuldeter Wert kann derjenige Börsenkurs zugrundegelegt werden, in welchem die „öffentliche Äußerung“, etwa der Inhalt des Prospektes, vollständig verarbeitet wurde. Von diesem Wert ist der Börsenkurs abzuziehen, der die Fehlerhaftigkeit der „öffentlichen Äußerung“ vollständig reflektiert. Beide Kurse sind um allgemeine Markteinflüsse zu bereinigen. Hinsichtlich der Ermittlung der jeweiligen Börsenkurse, insbesondere die Funktionsweise des CAPM, kann auf die obigen Ausführungen verwiesen werden.[688] Hinzuweisen ist noch darauf, daß das Gericht § 287 ZPO heranziehen kann, um die Höhe des Schadens zu schätzen.[689] Es reicht aus, daß das Gericht von der überwiegenden Wahrscheinlichkeit des Schadens überzeugt ist. Der Anleger kann sich der Hilfe von Sachverständigen(-gutachten) bedienen.[690] Hinsichtlich des Restwerts der Anlage kommt es nach dem oben Gesagten nicht auf den Zeitpunkt der letzten mündlichen Verhandlung an, sondern die Ermittlung des Schadens wird zurückbezo-

---

684 Vgl. Rödder/Hötzel/Mueller-Thuns, § 10, Rn. 60.

685 Dies ist verkannt bei Triebel/Hölzle, BB 2002, 521, 527. Zutreffend hingegen Maier-Reimer, S. 86; Larisch, S. 115.

686 Siehe unten D.IV.5.d) zur Ersatzfähigkeit eines etwaigen entgangenen Gewinnes.

687 Büdenbender, S. 45; vgl. auch Gaul, ZHR 166 (2002), 35, 60.

688 Oben D.IV.4.b)aa).

689 Dühn, S. 165; Fleischer, BB 2002, 1869, 1874; vgl. Geibel, S. 137.

690 Dühn, S. 165; andeutend Fleischer, BB 2002, 1869, 1873 f.

gen auf den Zeitpunkt des Vertragsschlusses.[691] Deshalb stellt sich auch nicht das Problem, wie der Anleger in Unkenntnis der Kursentwicklung bis zum Tag der letzten mündlichen Verhandlung einen den Anforderungen des § 253 I ZPO entsprechenden Antrag im Moment der Klageeinreichung formulieren kann.[692]

b) „Schadensersatz statt der ganzen Leistung"

Anstelle des „Schadensersatzes statt der Leistung" kann der Käufer – in der Terminologie von § 281 V BGB n.F. – „Schadensersatz statt der ganzen Leistung" wählen, sofern die Pflichtverletzung erheblich ist. Das folgt aus § 281 I 3 BGB, der sowohl bei anfänglichen Mängeln (vgl. § 311 a II 3 BGB) als auch bei nachträglichen Mängeln (vgl. § 283 S. 2 BGB) Anwendung findet. Die Erheblichkeit wird beim Anteilserwerb am Primärmarkt wegen des auf der Tatbestandsseite erforderlichen „Durchschlagens" auf den Wert des Anteiles regelmäßig zu bejahen sein.[693] Folge des Schadensersatzbegehrens ist, insofern parallel zum Rücktritt, die Rückabwicklung des Kaufvertrages, § 281 V BGB[694] in Verbindung mit §§ 346 bis 348 BGB. Dann kann der Käufer gegen Rückübertragung des Anteiles den Ersatz des Schadens verlangen, der ihm infolge der Nichterfüllung des Kaufvertrages entstanden ist. Diese Art der Schadensberechnung wird auch „großer Schadensersatzanspruch" genannt.[695] Als Mindestschaden kann die Rückzahlung des geleisteten Kaufpreises geltend gemacht werden.[696] Dies ist regelmäßig der Preis, der gemäß §§ 16 I Nr. 5, 17 Nr. 2 BörsZulV im Prospekt als Zeichnungs-, Verkaufs- oder Ausgabepreis angegeben ist. Der Schadensersatzanspruch umfaßt auch Nebenerwerbskosten wie den Preisaufschlag auf den Nennwert eines Wert-

691 Vgl. D.IV.4.b)aa).

692 Zu diesem Problem siehe Geibel, S. 138-140.

693 Siehe oben D.IV.3.

694 § 311 a II 3 BGB und § 283 S. 2 BGB verweisen auf diese Bestimmung. Sofern im folgenden der besseren Lesbarkeit halber von § 281 V BGB die Rede ist, sind die besagten Verweisungsnormen mitzudenken.

695 Rödder/Hötzel/Mueller-Thuns, § 9, Rn. 107; Rotthege/Wassermann, Rn. 1188; Bamberger/Roth-Grüneberg, § 281, Rn. 66; Henssler/Graf von Westphalen-Dedek, § 281, Rn. 48; Larisch, S. 115 f.

696 Bamberger/Roth-Grüneberg, § 281, Rn. 44; Palandt-Heinrichs, § 281, Rn. 23; BGHZ 62, 119, 120; BGH NJW 1998, 2360, 2364; a.A. Bamberger/Roth-Faust, § 437, Rn. 132.

papieres (Agio).[697] Daneben kommt die Erstattung eines eventuell entgangenen Gewinns in Betracht.[698]

Allerdings ist ein „Schadensersatz statt der ganzen Leistung“ verlangender Käufer gemäß § 281 V BGB in Verbindung mit § 346 I BGB verpflichtet, den erworbenen Anteil zurückzugeben. Hat er diesen bereits veräußert, hat er Wertersatz gemäß § 281 V BGB in Verbindung mit § 346 II 1 Nr. 2 BGB zu leisten. Die Höhe des Wertersatzanspruches des Verkäufers richtet sich laut § 346 II 2 Hs. 1 BGB nach dem Kaufpreis. Diesen kann aber – wie soeben dargestellt – auch der Käufer im Wege des Schadensersatzanspruches als Mindestschaden geltend machen. Nur *insoweit* gleichen sich Wertersatz- und Schadensersatzanspruch wirtschaftlich aus. Darüber hinausgehend umfaßt der Schadensersatzanspruch „statt der ganzen Leistung“ auch angefallene Veräußerungsnebenkosten[699] und einen eventuell entgangenen Gewinn. Insoweit läuft der Schadensersatzanspruch „statt der ganzen Leistung“ anders als das Rücktrittsrecht (§ 453 I BGB in Verbindung mit §§ 437 Nr. 2, 323 I BGB) nicht wirtschaftlich leer. Deshalb ist an dieser Stelle auf die Bedenken zurückzukommen, wonach eine Rückabwicklung es dem Anleger ermögliche, risikolos auf Kosten des Verkäufers zu spekulieren.[700] Die Geltendmachung des Anspruches auf Schadensersatz „statt der ganzen Leistung“ kann zeitlich unbegrenzt erfolgen. Fällt der Kurs nachhaltig unter den Einkaufspreis, wird ein rationaler Käufer die Anteile weiterveräußern und Schadensersatz „statt der ganzen Leistung“ geltend machen. Der Kursrückgang muß aber nicht notwendigerweise auf das Bekanntwerden der Unrichtigkeit „öffentlicher Äußerungen“ zurückzuführen sein, sondern kann auch auf einer allgemeinen Marktschwäche beruhen. In letzterem Fall könnte der Anleger dieses von ihm zu tragende allgemeine Marktrisiko auf die Konsortialbank abwälzen. Jedoch ist zu beachten, daß die Vorschriften über den Sachkauf nach § 453 I BGB „entsprechend anzuwenden“ sind. „Soweit sie passen“, finden sie Anwendung. Die Rechtsfolge „Schadensersatz statt der ganzen Leistung“ ist hinsichtlich des Erwerbs von Anteilen am Primärmarkt aber untauglich. Denn sie bietet anders als die Minderung oder der Schadensersatzanspruch „statt

---

697 Vgl. Assmann, FS Lange, S. 355 f.; Geibel, S. 294-296; Förster, S. 73 f.

698 Siehe unten D.IV.5.d).

699 Vgl. Förster, S. 74; Assmann, FS Lange, S. 355.

700 Dort waren die Bedenken aber wegen der wirtschaftlichen Ausgeglichenheit von Wertersatzanspruch und Rückgewähranspruch nicht durchschlagend, vgl. oben D.IV.3.a).

der Leistung“ dogmatisch keinen Ansatzpunkt dafür, die erwähnten allgemeinen Markteinflüsse bei der Schadensermittlung herauszurechnen. Es würde auch nicht genügen, es als anspruchsausschließende Tatsache anzusehen, daß der Käufer alleine wegen der Realisierung allgemeiner Marktrisiken den Anspruch auf „Schadensersatz statt der ganzen Leistung“ wählt. Prozessual würde der Beweis einer derartigen inneren Tatsache kaum jemals gelingen. Aufgrund dessen kann den Bedenken nur dadurch abgeholfen werden, daß „Schadensersatz statt der ganzen Leistung“ beim Anteilserwerb am Primärmarkt ausgeschlossen ist. Eine entsprechende Anwendung von §§ 281 I 3, 281 V BGB scheidet deshalb aus. Gegen einen solchen Ausschluß des „Schadensersatzes statt der ganzen Leistung“ spricht auch nicht, daß der Gesetzgeber für den Bereich der börsengesetzlichen Prospekthaftung die Rückgabe der Anteile in § 44 I BörsG ausdrücklich als Rechtsfolge vorsieht. Zum einen ist die Rückgewährpflicht des Verkäufers auf den Erwerbspreis und die mit dem Erwerb verbundenen üblichen Kosten beschränkt, geschuldet ist gerade nicht das positive Interesse, namentlich entgangener Gewinn. Zum anderen setzt der Anspruch des Käufers tatbestandlich voraus, daß das Erwerbsgeschäft binnen sechs Monaten nach erstmaliger Einführung der Wertpapiere abgeschlossen wurde. Dies beschränkt die Möglichkeit zur Spekulation auf Kosten des Verkäufers im Unterschied zum „Schadensersatz statt der ganzen Leistung“ erheblich.

c) Haftungsausfüllende Kausalität

Nach § 453 I BGB in Verbindung mit §§ 437 Nr. 3, 283 bzw. 311 a II 1, 280 I 1 kann der Käufer den Ersatz des „hierdurch entstehenden Schadens“ verlangen. Also muß ein Kausalzusammenhang zwischen der Pflichtverletzung und dem Schaden bestehen (haftungsausfüllende Kausalität).[701] Die Pflichtverletzung im Sinne von § 280 I 1 BGB besteht darin, daß der Verkäufer seine Hauptleistungspflicht aus § 433 I 2 BGB nicht erfüllte, dem Käufer eine mangelfreie Sache zu verschaffen. Anknüpfungspunkt dafür ist gemäß § 453 BGB in Verbindung mit §§ 437 Nr. 3, 280 I, 283 bzw. 311 a II 1 BGB, daß der Verkäufer einen mangelhaften Anteil lieferte. Die im Rahmen der Prospekthaftung relevante Frage, ob der Anleger seine Kaufentscheidung auch ohne die unrichtige Angabe im Prospekt getroffen hätte, also ob der Schaden in vollem Umfang auf die

---

701 Vgl. Palandt-Heinrichs, § 280, Rn. 38; Bamberger/Roth-Grüneberg, § 280, Rn.73; Henssler/Graf von Westphalen-Dedek, § 280, Rn. 7.

Anlageentscheidung zurückgeht,[702] stellt sich beim gewährleistungsrechtlichen Schadensersatzanspruch „statt der Leistung“ nicht.[703] Dies nimmt auch kaum wunder, da dieser anders als die Prospekthaftung auf den Ersatz des positiven Interesses gerichtet ist. Demzufolge bedeutet haftungsausfüllende Kausalität im hier interessierenden Zusammenhang, daß der Minderwert auf der Lieferung eines Anteiles beruhen muß, welcher (gemessen am Inhalt der „öffentlichen Äußerungen“) eine Diskrepanz zwischen Ist- und Sollbeschaffenheit aufweist. Dies wird zumindest im Hinblick auf den Minderwert des Anteiles regelmäßig zu bejahen sein.[704]

d) Entgangener Gewinn

Kann der Käufer wegen der Mangelhaftigkeit des Kaufgegenstandes Schadensersatz „statt der Leistung“ verlangen, gehört zum ersatzfähigen Schaden auch ein entgangener Gewinn (§ 252 BGB).[705] Im Rahmen der zivilrechtlichen Prospekthaftung kann der Anleger den Schaden geltend machen, der dadurch entstanden ist, daß er aufgrund dieser Investition eine Anlage mit höherer Rendite nicht getätigt hatte.[706] Dies läßt sich auch damit begründen, daß die bürgerlich-rechtliche Prospekthaftung nicht durch das Erfüllungsinteresse begrenzt ist.[707] Demgegenüber wird beim Schadensersatz „statt der Leistung“ das positive Interesse ersetzt. Deshalb ist der aus dem Unterlassen eines anderen, gewinnträchtigeren Anlagegeschäfts folgende Schaden nicht ersatzfähig.[708] Vielmehr kann der Anleger im Rahmen des Schadensersatzanspruches „statt der Leistung“ lediglich den entgangenen Gewinn aus einem gescheiterten Weiterverkauf verlangen.[709] Dagegen kann nicht eingewendet werden, daß dies überhaupt nicht praktisch werden könne, da der am Primärmarkt als Käu-

---

702 Vgl. Ellenberger, S. 42, 98; Assmann, Prospekthaftung, S. 360; Förster, S. 69 f.

703 Allerdings finden sich Elemente dieser Fragestellung auf der Tatbestandsseite. Denn § 434 I 3 letzter Halbsatz Var. 3 BGB eröffnet dem Verkäufer den anspruchsausschließenden Einwand, die „öffentliche Äußerung“ habe die Kaufentscheidung nicht beeinflußt. Siehe dazu oben D.III.3.

704 Zur Ersatzfähigkeit des entgangenen Gewinnes siehe unten D.IV.5.d).

705 MüKo-Emmerich, Vor § 281, Rn. 7, 12; vgl. auch Palandt-Heinrichs, § 252, Rn. 1; Bamberger/Roth-Grüneberg, § 252, Rn. 2.

706 BGH WM 1983, 1387, 1388 f.; Assmann, FS Lange, S. 360-362.

707 Vgl. Förster, S. 75.

708 Vgl. Dühn, S. 166.

709 Vgl. BGH NJW 1968, 2375; Bamberger/Roth-Grüneberg, § 281, Rn. 37; Palandt-Heinrichs, § 281, Rn. 26.

fer auftretende Anleger bei einem Weiterverkauf rechtlich nicht als Verkäufer anzusehen sei. Richtig ist zwar, daß Verkäuferin bei Sekundärmarkttransaktionen regelmäßig die vom Anleger beauftragte Bank ist. Da diese aber als Kommissionärin auf Rechnung des Anlegers handelt, treffen letzteren auch die wirtschaftlichen Folgen.

e) Mitverschulden des Käufers

Im Rahmen des vorzunehmenden Gesamtvermögensvergleichs ist ein etwaiges, den Schadensersatzanspruch ausschließendes oder minderndes Mitverschulden des Käufers gemäß § 254 BGB zu berücksichtigen. So wird in der Literatur die Ansicht vertreten, dem Anleger obliege es, bei sinkenden Kursen seine Anteile zu veräußern[710] oder zumindest seine Ansprüche gegenüber dem Anspruchsgegner unverzüglich anzuzeigen[711], um auf diese Weise den Schaden gemäß § 254 II 1 Var. 3 BGB gering zu halten.

aa) Verkaufsobliegenheit des Anlegers?

Eine Verkaufsobliegenheit des Anlegers läßt sich schon nicht in bezug auf Schadensersatzansprüche begründen, die auf den Ersatz des negativen Interesses gerichtet sind. Einer derartigen Verkaufsobliegenheit wird zu Recht entgegengehalten, sie sei bei wirtschaftlicher Betrachtungsweise zur Schadensminderung ungeeignet, da sie lediglich zu einer Schadensverlagerung vom Erst- auf den Zweiterwerber führe.[712] Zwar wird auf die Unterscheidung zwischen dem Erwerb am Primär- und demjenigen am Sekundärmarkt hingewiesen.[713] Am Primärmarkt spielt der Emissionsprospekt als Verkaufsinstrument eine entscheidende Rolle. Mit zu-

---

710 Thümmel, DB 2001, 2331, 2333; Sittmann, NZG 1998, 490, 495; im Einzelfall bejahend Geibel, S. 465-468; Rieckers, BB 2002, 1213, 1219; LG Augsburg, WM 2001, 1944, 1946; ausdrücklich offenlassend BGH ZIP 2004, 1593, 1599.

711 Schwark, BörsG, §§ 45, 46, Rn. 40 (mittlerweile aber aufgegeben: Schwark-Schwark, §§ 44, 45 BörsG, Rn. 67); RGZ 80, 196, 202 f. In bestimmten Konstellationen soll es dem Anleger nach Geibel, S. 467, sogar obliegen, die Anlage dem Anspruchsgegner zur bestmöglichen Verwertung unter Anrechnung des Erlöses auf den Schadensersatz anzubieten. Insoweit zustimmend Messer, S. 235. Ausdrücklich offenlassend BGH ZIP 2004, 1593, 1599.

712 Fleischer/Kalss, AG 2002, 329, 335; Förster, S. 163 f.; Schwark-Schwark, §§ 44, 45 BörsG, Rn. 68; Dühn, S. 158 f.; Schwark-Zimmer, §§ 37 b, 37 c WpHG, Rn. 94; so auch im Ergebnis Fleischer, DB 2004, 2031, 2035; a.A. insoweit Rützel, AG 2003, 69, 78.

713 Rothenhöfer, WM 2003, 2032, 2034.

nehmendem zeitlichem Abstand zur Emission nimmt die Bedeutung des Prospektes ab. Daran anknüpfend wird behauptet, *regelmäßig* sei der Zweiterwerber nicht durch dieselbe fehlerhafte Kapitalmarktinformation zum Kauf(auftrag) bewegt worden.[714] Diese Schlußfolgerung geht jedoch zu weit. Die Grenze zwischen Primär- und Sekundärmarkt ist insofern fließend, als die Anteile schon kurz nach der Aktienemission börsenmäßig gehandelt werden. Außerdem ist der Erwerb von gerade emittierten Anteilen von einer Nichtkonsortialbank als Sekundärmarkttransaktion zu qualifizieren.[715] Ob der Anleger aber von einer Konsortial- oder einer Nichtkonsortialbank neue Aktien erwirbt, ergibt hinsichtlich seiner Motivation durch den (unrichtigen) Prospekt keinen Unterschied. Daraus kann insbesondere nicht abgeleitet werden, der Zweiterwerber ziehe den Börsenprospekt in der Regel nicht zur Entscheidungsfindung heran.[716] Insofern käme es in der Tat häufig zu einer Schadensverlagerung. Des weiteren darf nicht lediglich die vertragliche Beziehung zwischen Anleger und Konsortialbank betrachtet werden, sondern es sind auch die ökonomische Auswirkungen einer Verkaufsobliegenheit auf den Kapitalmarkt in den Blick zu nehmen. Würden alle Anleger, welche aufgrund eines fehlerhaften Prospektes Aktien am Primärmarkt erworben haben, ihre Anteile bei sinkenden Kursen verkaufen müssen, um ihrer Schadensminderungsobliegenheit zu genügen, könnte der Börsenkurs abstürzen. Zumindest aber würde der Kursverfall verstärkt.[717] Des weiteren setzt eine Verkaufsobliegenheit implizit voraus, daß es dem Käufer obliegt, den Kurs des betreffenden Emittenten zu beobachten. Denn nicht jedes Sinken des Wertpapierkurses darf zu einer Verkaufsobliegenheit führen.[718] Eine solche Kursbeobachtungsobliegenheit läßt sich aber nicht aus § 254 II 1 BGB ableiten.[719] Es mag zwar im Interesse eines Anlegers liegen, Kurse zu beobachten, da er dadurch das Risiko verringert, eine für ihn günstige

---

714 Rothenhöfer, WM 2003, 2032, 2034.
715 Siehe oben D.I.1.c)bb).
716 Ellenberger, S. 64; a.A. Rothenhöfer, WM 2003, 2032, 2034.
717 Rothenhöfer, WM 2003, 2032, 2034; Fleischer/Kalss, AG 2002, 329, 335; Rützel, AG 2003, 69, 78; Dühn, S. 158; Förster, S. 164; Messer, S. 234; Schwark-Zimmer, §§ 37 b, 37 c WpHG, Rn. 94; so auch bezüglich einer etwaigen Anzeigeobliegenheit Schwark-Schwark, §§ 44, 45 BörsG, Rn. 67, unter stillschweigender Aufgabe seiner bisher vertretenen Auffassung in Schwark, BörsG, §§ 45, 46, Rn. 40; a.A. OLG Düsseldorf, WM 1996, 1366, 1371.
718 Sittmann, NZG 1998, 490, 495.
719 Fleischer/Kalss, AG 2002, 329, 334 f.; Möllers/Rotter-Möllers/Leisch, § 14, Rn. 130; Schwark-Zimmer, §§ 37 b, 37 c WpHG, Rn. 94; a.A. insoweit Rützel, AG 2003, 69, 78.

Verkaufsgelegenheit zu verpassen.[720] Allerdings wird diese Betrachtungsweise dem tatsächlich unterschiedlichen Anlageverhalten nicht gerecht. Holzschnittartig ausgedrückt gibt es Anleger, die den Aktienerwerb zu kurzfristigen, spekulativen Zwecken betreiben, wie es ebenso Anleger gibt, die Aktien als langfristige Kapitalanlage ansehen.[721] Darüber hinaus verlangt eine Verkaufsobliegenheit eine Entscheidung des Anlegers darüber, ob es sich beim sinkenden Börsenkurs um ein kurzzeitiges, einer allgemeinen Marktschwäche geschuldetes Phänomen oder einen nachhaltigen Kursverfall handelt. Diese Differenzierung wird namentlich ein nicht-institutioneller Anleger kaum leisten können.[722] Deshalb könnte der Anleger einer Verkaufsobliegenheit praktisch nicht nachkommen. Es existieren keine Anhaltspunkte dafür, wann sie verletzt ist und welcher Zeitraum dem Anleger zur Beobachtung des Kurses einzuräumen ist. Selbst wenn man insofern an die Berichtigung der fehlerhaften Kapitalmarktinformation und deren vollständige Einpreisung in den Börsenkurs anknüpfen würde, ist doch der zukünftige Kursverlauf nicht vorhersehbar. Auch läßt sich angesichts der Volatilität des Börsenkurses nicht verläßlich sagen, ob ein Kurseinbruch von vorübergehender oder dauerhafter Natur ist.[723] Demzufolge vermag die Annahme einer Verkaufsobliegenheit des Anlegers schon für den Ersatz des negativen Interesses nicht zu überzeugen. Für den im Rahmen von § 453 I BGB in Verbindung mit §§ 437 Nr. 3, 280 I, III, 283 bzw. § 311 a II BGB geschuldeten Ersatz des positiven Interesses treten weitere Argumente gegen eine Verkaufsobliegenheit hinzu. Diese würde im Ergebnis dazu führen, daß der Käufer gezwungen wäre, sich seines Rücktrittsrechtes zu begeben. Denn das Rücktrittsrecht läuft praktisch leer, wenn der Anleger seine Anteile zuvor veräußert hat.[724] Dies widerspräche der Wertung des BGB n.F. Nach § 325 BGB soll ein Nebeneinander von Rücktrittsrecht und Schadensersatz „statt der Leistung“ möglich sein, würde aber faktisch durch die Annahme einer Verkaufsobliegenheit stark eingeschränkt. Oben wurde bereits ausgeführt, daß eine Verkaufsobliegenheit zur Schadensminderung ungeeignet ist. Dies gilt in besonderem Maße für den Schadensersatzan-

720 Rothenhöfer, WM 2003, 2032, 2034.

721 Ähnlich Ellenberger, S. 67.

722 Vgl. Rothenhöfer, WM 2003, 2032, 2035.

723 Rothenhöfer, WM 2003, 2032, 2035; Dühn, S. 158; Fleischer/Kalss, AG 2002, 329, 335; Ellenberger, S. 67 f.; Rützel, AG 2003, 69, 78; Möllers/Rotter-Möllers/Leisch, § 14, Rn. 130; Schwark-Zimmer, §§ 37 b, 37 c WpHG, Rn. 94; Messer, S. 234; ähnlich Förster, S. 164.

724 Vgl. oben D.IV.3.b).

spruch „statt der Leistung". Zum einen zählt der Inhalt einer Kapitalmarktinformation zum Vertragsinhalt. Der Schaden besteht hier in der Nichterfüllung des Kaufvertrages. Der Anleger kann insofern auf die Richtigkeit der Information vertrauen.[725] Zum anderen wird der Schadensersatzanspruch ähnlich wie die Minderung auf den Zeitpunkt des Vertragsschlusses unter Ausklammerung allgemeiner Markteinflüsse berechnet.[726] Deshalb bleibt für eine an Kursentwicklungen nach Vertragsschluß anknüpfende Betrachtungsweise kein Raum.[727]

bb) Anzeigeobliegenheit des Anlegers?

Eine Obliegenheit des Anlegers, seinen Schadensersatzanspruch dem Anspruchsgegner unverzüglich mitzuteilen, nachdem ihm die Unrichtigkeit der Kapitalmarktinformation bekannt wurde, läßt sich ebenfalls nicht rechtfertigen. Eine solche Anzeigeobliegenheit ist nicht zur Schadensminderung geeignet. Es wird zwar behauptet, sie ermögliche es dem Anspruchsgegner, auf die Unrichtigkeit der Kapitalmarktinformation zu reagieren. Der (professionelle) Verkäufer könne besser als der nichtinstitutionelle Anleger feststellen, ob es sich um einen kurzzeitigen, auf eine allgemeine Marktschwäche zurückzuführenden oder einen nachhaltigen Kurseinbruch handele. Auf der Grundlage dieser Einschätzung könne er dem Anleger zum Halten oder zum Verkauf der Wertpapiere raten.[728] Jedoch wird der Schaden beim Schadensersatzanspruch „statt der Leistung" auf den Zeitpunkt des Vertragsschlusses zurückbezogen ermittelt. Danach eintretende Kursveränderungen sind unbeachtlich. Des weiteren stößt die Auffassung auf Bedenken, der Verkäufer könne dem Anleger infolge der Anzeige raten, was er zu tun habe. Denn die entscheidende Frage, ob der Anleger diesem „Rat" zu folgen habe, müßte konsequenterweise bejaht werden. Damit setzt die Anzeigeobliegenheit implizit eine Obliegenheit des Anlegers zur Veräußerung der Anteile voraus, sofern ihm dies seitens des Anspruchsgegners „empfohlen" wird. Dann sähe sich der Anleger mittelbar gezwungen, sich seines Rücktrittsrechtes zu begeben, welches ihm aber gemäß § 325 BGB neben dem Schadensersatzanspruch „statt der Leistung" zustehen soll. Folglich läßt

---

725 Vgl. Dühn, S. 166.

726 Vgl. oben D.IV.4.b) und D.IV.5.a).

727 Dühn, S. 166; Rützel, AG 2003, 69, 78; Möllers/Rotter-Möllers/Leisch, § 14, Rn. 130; so auch i.E. A/S-Sethe, §§ 37 b, 37 c, Rn. 63.

728 Rothenhöfer, WM 2003, 2032, 2036.

sich auch eine Anzeigeobliegenheit schwerlich mit der Wertung von § 325 BGB in Einklang bringen. Eine Anzeigeobliegenheit stünde zu weiteren gesetzgeberischen Wertungen in Widerspruch. Ein gewährleistungsrechtlicher Anspruch gegen die Konsortialbank kommt über § 453 I BGB in Verbindung mit 434 I 3 BGB nur zustande, wenn ihr die „öffentliche Äußerung" zuzurechnen ist. Dies erfordert im Hinblick auf einen Emissionsprospekt, daß es sich beim Anspruchsgegner um die den Prospekt unterzeichnende Konsortialführerin oder zumindest eine Konsortialbank handelt, die in sonstiger Weise die Verantwortung für dessen Inhalt übernommen hat.[729] Insofern ist diese für den Inhalt des Prospektes verantwortlich. Den Anleger auf eine unverzügliche Anzeige der Fehlerhaftigkeit der darin enthaltenen Angaben zu verweisen, würde diese Verantwortlichkeit konterkarieren. Ferner ist der Emittent Adressat von Informationspflichten (etwa nach § 15 WpHG).[730] Diesem steht die verkaufende Bank schon wegen des Konsortialvertrages näher als ein Anleger. Außerdem hat die Bank regelmäßig mehr Informationen über die Richtigkeit einer „öffentlichen Äußerung" als der Anleger. Auch aus diesem Grund kann eine Anzeigeobliegenheit des Anlegers nicht überzeugen.[731]

f) Grundsätze der Vorteilsausgleichung

Zugunsten des Verkäufers können nach den von der Rechtsprechung entwickelten Grundsätzen der Vorteilsausgleichung diejenigen Vorteile in die Schadensberechnung einzubeziehen sein, die zum schädigenden Ereignis in einem adäquaten Kausalzusammenhang stehen, deren Anrechnung dem Geschädigten zumutbar ist, den Schädiger nicht unbillig entlastet und dem Zweck des Schadensersatzes entspricht.[732] In der Literatur wird vorgeschlagen, allgemeine Markteinflüsse über die Grundsätze der Vorteilsausgleichung zu berücksichtigen. Daher bedürfe es keines Ausschlusses einer Rückabwicklung des Anlagegeschäftes.[733] Dem steht aber bereits entgegen, daß die Grundsätze der Vorteilsaus-

729 Vgl. oben D.II.4.a).
730 Vgl. Fleischer/Kalss, AG 2002, 329, 335 f.
731 Diesen Einwänden sieht sich auch das von Roller/Hackenberg, VuR 2004, 239, 241, als „sicherster Weg" empfohlene Anbieten der streitgegenständlichen Kapitalanlage ausgesetzt.
732 BGHZ 74, 103, 113 f.; BGHZ 77, 151, 153 f.; BGH NJW 1982, 1145, 1146; MüKo-Emmerich, Vor § 281, Rn. 13; Förster, S. 75 f.; Assmann, FS Lange, S. 363; Geibel, S. 403.
733 A/S-Sethe, §§ 37 b, 37 c, Rn. 59, 65.

gleichung allenfalls auf Kurssteigerungen Anwendung finden können. Denn bei den praktisch besonders relevanten Kurseinbrüchen handelt es sich nicht um „Vorteile" des Anlegers. Noch stärker fällt ins Gewicht, daß es an einem adäquaten Kausalzusammenhang zwischen dem schädigenden Ereignis, also der Lieferung eines mangelhaften Anteiles, und der späteren Kurserholung fehlt. Die Berechnung des Schadensersatzanspruches „statt der Leistung" knüpft daran an, daß der Anleger am Anlagegeschäft festhält.[734] Dementsprechend läßt selbst eine günstigere Weiterveräußerung des erworbenen Anteiles den entstandenen Schaden unberührt und ist daher nicht im Wege der Vorteilsausgleichung abzuziehen.[735] Da das positive Interesse ersetzt wird, muß sich der Anleger auch nicht etwaige, mittels der Kapitalanlage ersparte Steuern oder ausgeschüttete Dividenden auf den geltend gemachten Schaden anrechnen lassen. Diese wären bei ordnungsgemäßer Erfüllung des Kaufvertrages ebenfalls angefallen oder erzielt worden.[736]

6. Aufwendungsersatzanspruch

Der Anteilskäufer kann gemäß § 453 I BGB in Verbindung mit §§ 437 Nr. 3, 284 BGB seine Aufwendungen ersetzt verlangen. Dies gilt auch im Falle schon bei Vertragsschluß vorliegender und nicht behebbarer Mängel (vgl. § 311 a II 1 BGB), obwohl § 437 Nr. 3 BGB explizit nur bezüglich des Schadenersatzanspruches auf § 311 a BGB verweist. Dabei handelt es sich aber um ein Redaktionsversehen.[737] Der Anspruch tritt an die Stelle des Schadensersatzes statt der Leistung und unterliegt daher denselben Voraussetzungen, insbesondere verlangt er ein Vertretenmüssen des Verkäufers.[738] Aufwendungen im Sinne von § 284 BGB sind freiwillige Vermögensopfer, die der Käufer im Vertrauen auf den Abschluß des Kaufvertrages und seine ordnungsgemäße Durchführung gemacht hat

---

734 Vgl. Dühn, S. 166.

735 Bamberger/Roth-Faust, § 437, Rn. 130; Henssler/Graf von Westphalen-Graf von Westphalen, § 437, Rn. 29; BGH NJW 1981, 45, 46; OLG München, NJW 1980, 1581 f.

736 Vgl. Dühn, S. 167; Geibel, S. 138, 410 f.

737 Übernahmerecht-Reiner, § 56, Rn. 209.

738 Mandatshandbuch-Lips/Stratz/Rudo, § 4, Rn. 46; Rödder/Hötzel/Mueller-Thuns, § 9, Rn. 112; Henssler/Graf von Westphalen-Graf von Westphalen, § 437, Rn. 33; Staudinger 2004-Otto, § 284, Rn. 15.

und billigerweise machen durfte.[739] Zu kurz griffe es aber, den Aufwendungsersatz als eine Art Vertrauensschadensersatz zu qualifizieren und den Gläubiger lediglich so zu stellen, wie wenn der Vertrag ordnungsgemäß erfüllt worden wäre. Dann könnten Vertragskosten nicht über § 284 BGB ersetzt werden, da sie das Vermögen im Falle der Erfüllung ebenso belastet hätten.[740] Jedoch verkennt eine solche Argumentation, daß § 284 BGB im Unterschied zum Schadensersatzanspruch frustrierte Aufwendungen erfaßt, selbst wenn sie bei ordnungsgemäßer Vertragserfüllung angefallen wären.[741] So kann der Anleger etwaige an die Konsortialbank entrichtete Ausgabeaufschläge ersetzt verlangen. Hat der Anleger zudem eigens zum Zweck des Erwerbes der Aktien ein Depot eröffnet, sind die dafür angefallenen Kosten ebenfalls als Aufwendungen gemäß § 284 BGB zu qualifizieren. Darüber hinaus sind die Kosten für die Einschaltung von Beratern ersatzfähig.[742]

7. Zwischenergebnis

Als Rechtsbehelfe des Anteilskäufers beim Erwerb am Primärmarkt kommen das Rücktrittsrecht (sofern die Anteile noch nicht weiterveräußert wurden) oder stattdessen die Minderung, ein Schadensersatzanspruch „statt der Leistung" oder ein Aufwendungsersatzanspruch in Betracht.

Rücktritt und Minderung können nicht nebeneinander geltend gemacht werden. Das folgt aus dem Wortlaut von § 437 Nr. 2 BGB („oder").[743] Ein weiterer Beleg für ihre Alternativität ist der Umstand, daß nach der Schuldrechtsreform auch die Minderung als Gestaltungsrecht zu qualifi-

---

739 Rödder/Hötzel/Mueller-Thuns, § 9, Rn. 111; Rotthege/Wassermann, Rn. 1190; Henssler/Graf von Westphalen-Graf von Westphalen, § 437, Rn. 33; Larisch, S. 120; Staudinger 2004-Otto, § 284, Rn. 20.

740 Vgl. Gsell, S. 334.

741 Gsell, S. 334; Larisch, S. 118 f.; vgl. Mandatshandbuch-Lips/Stratz/Rudo, § 4, Rn. 46; Gronstedt/Jörgens, ZIP 2002, 56, 63; Knott, NZG 2002, 249, 253; Übernahmerecht-Reiner, § 56, Rn. 101; Bamberger/Roth-Faust, § 437, Rn. 131; Henssler/Graf von Westphalen-Dedek, § 284, Rn. 3; Staudinger 2004-Otto, § 284, Rn. 10.

742 Niewiarra, S. 80; Lips/Stratz/Rudo, § 4, Rn. 46; Seibt/Reiche, DStR 2002, 1135, 1140; Triebel/Hölzle, BB 2002, 521, 527; Übernahmerecht-Reiner, § 56, Rn. 99.

743 Bamberger/Roth-Faust, § 437, Rn. 162; Palandt-Heinrichs, § 281, Rn. 41; Jauernig-Chr. Berger, § 437, Rn. 12; so auch i.E. Palandt-Putzo, § 437, Rn. 27; a.A. Henssler/Graf von Westphalen-Graf von Westphalen, § 437, Rn. 34.

zieren ist.[744] Wegen des eindeutigen Wortlauts von § 437 Nr. 2 BGB ist auch kein Raum für eine analoge Anwendung von § 325 BGB.[745] Demgegenüber können eine Rücktrittserklärung und ein Anspruch auf Schadensersatz statt der (ganzen) Leistung kombiniert werden.[746] Ausgangspunkt der Betrachtung ist § 325 BGB. Danach wird das Recht, bei einem gegenseitigen Vertrag Schadensersatz zu verlangen, durch den Rücktritt nicht ausgeschlossen. Dies sowie die Verknüpfung von § 437 Nr. 2 und § 437 Nr. 3 BGB durch ein „und" sind Belege für eine Kumulation von Rücktritt und Schadensersatzverlangen.[747] Ob dies auch bedeutet, daß dem Käufer ein ius variandi zusteht oder ob er an den einmal erklärten Rücktritt gebunden ist, ist fraglich. Dagegen könnte eingewendet werden, die Rücktrittserklärung ziehe wie nach altem Recht eine Umwandlung des Schuldverhältnisses in ein Abwicklungsverhältnis nach sich.[748] Einer solchen Schlußfolgerung ist jedoch entgegenzuhalten, daß es dem Käufer nach der Rechtslage vor Inkrafttreten des Schuldrechtsmodernisierungsgesetzes möglich war, vom „kleinen" auf den „großen" Schadensersatz überzugehen. Dafür, daß der Gesetzgeber diese Möglichkeit beseitigen wollte, gibt es keinen Anhaltspunkt.[749] Außerdem sollten mit der Neuregelung des § 325 BGB Behelfslösungen wie die (zweifelhafte) Uminterpretation einer Rücktrittserklärung in ein Schadensersatzverlangen[750] das Wasser abgegraben werden. Diese würden indes wiederaufleben, ginge man von einer Alternativität von Rücktritt und Schadensersatz „statt der Leistung" aus.[751] Demzufolge kann der Käufer auch nach einer Rücktrittserklärung Schadensersatz auf der Basis der ihm erbrachten (mangelhaften) Leistung verlangen. Namentlich bei einer Kombination

---

744 Bamberger/Roth-Faust, § 437, Rn. 162; Henssler/Graf von Westphalen-Graf von Westphalen, § 437, Rn. 14; Erman-Grunewald, § 437, Rn. 43.

745 So aber Derleder, S. 425.

746 Bamberger/Roth-Grothe, § 325, Rn. 14; Bamberger/Roth-Faust, § 437, Rn. 163; Derleder, S. 415-423; Palandt-Heinrichs, § 281, Rn. 41; Palandt-Putzo, § 437, Rn. 27; Erman-Grunewald, § 437, Rn. 44.

747 Bamberger/Roth-Faust, § 437, Rn. 163; Erman-Grunewald, § 437, Rn. 44; Staudinger 2004-Otto, § 280, Rn. E 63, § 325, Rn. 1, 18.

748 Boerner, ZIP 2001, 2264, 2270; Bamberger/Roth-Grothe, § 325, Rn. 14; Bamberger/Roth-Faust, § 437, Rn. 162; MüKo-Ernst, § 323, Rn. 187, § 325, Rn. 23; Staudinger 2004-Otto, § 323, Rn. D 16 und § 325, Rn. 29.

749 Ähnlich Derleder, S. 419, der von einer „teleologischen Interpretation des § 437 Nr. 2, 3 in Verbindung mit § 325 BGB" spricht. So auch im Ergebnis Gsell, JZ 2004, 643, 648 f. und Canaris, JZ 2001, 499, 501.

750 Vgl. BGH LM Nr. 5 zu § 326 (Ea); BGH NJW 1982, 1279, 1280.

751 Derleder, S. 420-422.

von Rücktritt und Anspruch auf Schadensersatz statt der Leistung kann der Käufer dieselbe Rechtsfolge wie beim Schadensersatz statt der ganzen Leistung dadurch erreichen, daß er vom Kaufvertrag zurücktritt und den darüber hinausgehenden Schaden ersetzt verlangt.[752] Dies ist insofern unbedenklich, als § 281 I BGB an § 323 V BGB angepaßt wurde und Wertungswidersprüche insbesondere aufgrund des einheitlichen Merkmales der Erheblichkeit vermieden werden können.[753] Zu beachten ist allerdings, daß ein Nebeneinander von Rücktritt und Schadensersatz „statt der Leistung" dergestalt, daß ein Rückgewähranspruch neben dem Schadensersatzanspruch bestehen bliebe, nicht in Betracht kommt. Dies würde ein venire contra factum proprium darstellen.[754]

Angesichts der parallelen Ausgestaltung kann für das Verhältnis zwischen Minderung und Schadensersatz nach § 437 Nr. 3 BGB nichts anderes als für die Beziehung zwischen Rücktritt und Schadensersatz gelten. Sowohl beim Rücktritt als auch bei der Minderung handelt es sich um Gestaltungsrechte. Auch spricht die sprachliche Verknüpfung von § 437 Nr. 2 und § 437 Nr. 3 BGB („und") für einen Übergang von Minderung zum Schadensersatz.[755] Insofern läßt sich eine analoge Anwendung von § 325 BGB rechtfertigen.[756] Allerdings ist auch hier bezüglich der Rechtsfolgen der Grundsatz des venire contra factum proprium zu beachten.

Ein Aufwendungsersatzanspruch kann ebenfalls neben dem Rücktritt geltend gemacht werden. Allerdings gilt zu beachten, daß § 347 II 1 BGB bezüglich notwendiger Verwendungen der Regelung des § 284 BGB als lex specialis vorgeht.[757] Demgegenüber läßt sich einer Kombination des Anspruches auf Aufwendungsersatz mit einem Schadensersatzanspruch statt der Leistung der eindeutige Wortlaut von § 284 BGB (*„anstelle des Schadensersatzanspruches statt der Leistung"*) sowie § 437 Nr. 3 BGB

---

752 Daran knüpfte Canaris, JZ 2001, 499, 514, während des laufenden Gesetzgebungsverfahrens Bedenken.
753 Henssler/Graf von Westphalen-Dedek, § 281, Rn. 61.
754 Derleder, S. 422.
755 Bamberger/Roth-Faust, § 437, Rn. 164; Henssler/Graf von Westphalen-Graf von Westphalen, § 437, Rn. 34; Palandt-Putzo, § 437, Rn. 31; Erman-Grunewald, § 437, Rn. 44; a.A. Palandt-Heinrichs, § 281, Rn. 41; hinsichtlich des Verlangens von Schadensersatz statt der ganzen Leistung a.A. Neues Schuldrecht-Haas, Kap. 5, Rn. 198.
756 Derleder, S. 426.
757 Bamberger/Roth-Faust, § 437, Rn. 163.

(„oder") entgegenhalten.[758] Nicht ausgeschlossen soll aber ein Nebeneinander beider Ansprüche sein, wenn der Schadensersatzanspruch auf den Ersatz von „Begleitschäden" wie Rechtsberatungskosten gerichtet sei.[759] Dies überzeugt nicht. Denn derartige Schäden sind nicht als Schadensersatz statt der Leistung ersatzfähig, da sie bei ordnungsgemäßer Erfüllung ohnehin angefallen wären. Angesichts seiner tatbestandlichen Anlehnung an einen Anspruch auf Schadensersatz statt der Leistung muß dies auch für einen Aufwendungsersatzanspruch gelten.

V. Durchsetzbarkeit der gewährleistungsrechtlichen Ansprüche und Rechte

Der Durchsetzbarkeit der erwähnten gewährleistungsrechtlichen Ansprüche und Rechte können bestimmte Einreden und Einwendungen des Verkäufers entgegenstehen. Dem ist im folgenden nachzugehen. Hinsichtlich der Ausschlußtatbestände des § 434 I 3 BGB („es sei denn") kann nach oben verwiesen werden, zumal diese alleine für die der Durchsetzbarkeit vorgelagerte Frage der Anspruchsentstehung relevant sind.[760] Auch das Problem des Mitverschuldens des Käufers wurde bereits erörtert.[761] Demgegenüber spielt die im Zusammenhang mit dem „asset deal" angesprochene Frage einer (analogen) Anwendung von § 377 II HGB[762] beim Anteilserwerb am Primärmarkt keine Rolle und wird deshalb im folgenden nicht behandelt.

1. Einrede der Verjährung

Nach § 453 I BGB in Verbindung mit § 438 I BGB kann der Verkäufer gegen einen etwaigen Nacherfüllungsanspruch (§ 437 Nr. 1 BGB), gegen den Schadensersatzanspruch statt der Leistung sowie gegen den Aufwendungsersatzanspruch (§ 437 Nr. 3 BGB) die Einrede der Verjährung erheben. Demgegenüber können sowohl das Minderungs- als auch das

---

758 Derleder, S. 426; Palandt-Heinrichs, § 284, Rn. 5; Bamberger/Roth-Grüneberg, § 284, Rn. 3; Henssler/Graf von Westphalen-Dedek, § 284, Rn. 14; Jauernig-Chr. Berger, § 437, Rn. 4; Erman-Grunewald, § 437, Rn. 41; insofern zutreffend auch Bamberger/Roth-Faust, § 437, Rn. 166; Staudinger 2004-Otto, § 284, Rn. 18; a.A. Gsell, JZ 2004, 643, 646.
759 Bamberger/Roth-Faust, § 437, Rn. 166; Staudinger 2004-Otto, § 284, Rn. 18. Weitgehender Gsell, S. 338-340; andeutungsweise auch Canaris, JZ 2001, 499, 517.
760 D.III.
761 Siehe oben D.IV.5.e).
762 Dazu Wunderlich, WM 2002, 981, 988-990; Rotthege/Wassermann, Rn. 1192.

Rücktrittsrecht (§ 437 Nr. 2 BGB) nicht verjähren, da es sich um Gestaltungsrechte handelt. Gemäß § 194 I BGB unterliegen aber nur Ansprüche der Verjährung. Deshalb nimmt § 438 I 1 BGB nicht Bezug auf § 437 Nr. 2 BGB. Allerdings kann die Ausübung des Minderungs- oder des Rücktrittsrechts gemäß § 438 IV 1 BGB bzw. § 438 V BGB in Verbindung mit § 218 BGB unwirksam sein, wenn sich der Käufer auf die Verjährung eines etwaigen Nacherfüllungsanspruchs beruft. Daß ein Nacherfüllungsanspruch beim Anteilserwerb am Primärmarkt wegen Unmöglichkeit nicht in Betracht kommt, steht dem nicht entgegen. § 218 I 2 BGB bestimmt ausdrücklich, daß die Rechtsfolge der Unwirksamkeit selbst dann eintritt, wenn der Schuldner gemäß § 275 BGB nicht zur Nacherfüllung verpflichtet ist, der Anspruch aber verjährt wäre. § 438 I BGB sieht vier unterschiedliche Verjährungsfristen vor: Dreißig Jahre (§ 438 I Nr. 1 BGB), fünf Jahre (§ 438 I Nr. 2 BGB) sowie zwei Jahre (§ 438 I Nr. 3 BGB). Hinzukommt die drei Jahre betragende allgemeine Verjährungsfrist des § 195 BGB, wenn der Käufer den Mangel arglistig verschwiegen hat (§ 438 III BGB).

Hinsichtlich des im Mittelpunkt dieser Abhandlung stehenden Kaufes eines einzelnen, nach § 453 I BGB in Verbindung mit § 434 I 3 BGB mangelhaften Anteiles herrscht Einigkeit darüber, daß die Verjährungsfrist gemäß § 453 I BGB in Verbindung mit § 438 I Nr. 3 BGB zwei Jahre beträgt. Denn die Ausnahmefälle der § 438 I Nr. 1 und Nr. 2 BGB knüpfen an den Besitz an und „passen" daher nur auf den Sachkauf.[763] Ob die zweijährige Verjährungsfrist des § 438 I Nr. 3 BGB auch gilt, wenn der verkaufte Anteil etwa infolge Nichtigkeit einer Kapitalmaßnahme nicht existiert[764], ist umstritten. Geht man mit der überwiegenden Ansicht in der Literatur davon aus, daß in der Nichtexistenz des Anteiles ein Rechtsmangel zu erblicken ist[765], findet Gewährleistungsrecht Anwendung.[766]

---

763 Wälzholz, DStR 2002, 500, 503; Heerstraßen/Reinhard, BB 2002, 1429, 1434; Übernahmerecht-Reiner, § 56, Rn. 236 f.; Maier-Reimer, S. 95 f.; MüKo-Westermann, § 438, Rn. 7; a.A. Henssler/Graf von Westphalen-Graf von Westphalen, § 453, Rn. 13, in bezug auf den „asset deal", wenn Grundstücke oder Bauwerke mitveräußert werden. Dagegen zu Recht MüKo-Westermann, § 453, Rn. 56. Teilweise a.A. auch Bamberger/Roth-Faust, § 438, Rn. 17; Erman-Grunewald, § 453, Rn. 24.

764 So führt ein der Anfechtungsklage gegen einen Kapitalerhöhungsbeschluß stattgebendes, rechtskräftiges Urteil zur Nichtigkeit des Beschlusses und zum Erlöschen der aufgrund dessen emittierten Aktien, vgl. Ellenberger, S. 116; Hüffer, § 248, Rn. 7 a.

765 Roth/Altmeppen-Altmeppen, § 15, Rn. 15; Henssler/Graf von Westphalen-Graf von Westphalen, § 15, Rn. 15; Heerstraßen/Reinhard, BB 2002, 1429, 1430; Mandatshandbuch-Lips/Stratz/Rudo, § 4, Rn. 27; Holzapfel/Pöllath, Rn. 419; Jauernig-Chr. Berger,

Dann ist es nur konsequent, auch die Bestimmung des § 438 BGB anzuwenden, welche als lex specialis den allgemeinen Verjährungsvorschriften vorgeht.[767] Deshalb kann aus dem Umstand, daß es bei einem lediglich scheinbar existenten Recht allenfalls vermeintlich zu dessen Übertragung kommt, nicht der Schluß gezogen werden, mangels Gefahrüberganges laufe überhaupt keine Verjährungsfrist.[768]

Nach § 453 I BGB in Verbindung mit § 438 II BGB beginnt die Verjährungsfrist mit der „Ablieferung" des Kaufgegenstandes zu laufen. Die Gesetzesbegründung trifft keine Aussage dazu, was hinsichtlich des Anteilskaufes darunter zu verstehen ist.[769] Im Zusammenhang mit dem Unternehmenskauf wird insoweit auf den Betriebsübergang, die tatsächlichen Einwirkungsmöglichkeiten des Käufers oder die einvernehmliche Übertragung des unmittelbaren Besitzes an den Betriebsmitteln, Grundstücken und am Vermögen abgestellt.[770] Diese Kriterien helfen aber nicht weiter, da der Kauf eines einzelnen Anteiles dem Erwerber nicht die von ihnen implizit vorausgesetzte unternehmerische Leitungsmacht über das Unternehmen vermittelt.[771] Angesichts dessen bietet es sich an, für den Anteilserwerb am Primärmarkt auf den eindeutig zu ermittelnden Zeitpunkt der dinglichen Übertragung des Anteiles abzustellen.[772] Wegen der Entmaterialisierung des Effektenverkehrs wird die Verjäh-

---

§ 453, Rn. 4; a.A. Bamberger/Roth-Faust, § 453, Rn. 12; Grunewald, NZG 2003, 372, 373 f.; Palandt-Putzo, § 453, Rn. 19; Rotthege/Wassermann, Rn. 1147; Staudinger 2004-Beckmann, § 453, Rn. 4 und 6.

766 Ausgehend davon, daß die Verschaffung eines nichtexistenten Rechts keinen Rechtsmangel darstellt, wenden Erman-Grunewald, § 453, Rn. 7 f.; dies., NZG 2003, 372, 373 f. und Palandt-Putzo, § 453, Rn. 19, 31, folgerichtig § 195 BGB an. Inkonsequent insofern Bamberger/Roth-Faust, § 438, Rn. 18, § 453, Rn. 12; MüKo-Westermann, § 438, Rn. 7, und Staudinger 2004-Beckmann, § 453, Rn. 4 und 6.

767 Wälzholz, DStR 2002, 500, 503.; Bamberger/Roth-Faust, § 438, Rn. 18.

768 So aber Seibt/Reiche, DStR 2002, 1181, 1183; ähnlich Brink, WM 2003, 1355, 1361.

769 Vgl. RegE BT-Drucksache 14/6040, S. 227.

770 Triebel/Hölzle, BB 2002, 521, 534; Wälzholz, DStR 2002, 500, 504; Wunderlich, WM 2002, 981, 988; Gaul, ZHR 166 (2002), 35, 67; Knott, NZG 2002, 249, 254; Erman-Grunewald, § 453, Rn. 24; Staudinger 2004-Matusche-Beckmann, § 438, Rn. 60.

771 Seibt/Reiche, DStR 2002, 1181, 1184.

772 Vgl. Heerstraßen/Reinhard, BB 2002, 1429, 1434 f.; Übernahmerecht-Reiner, § 56, Rn. 240; Müller, ZGS 2002, 297, 299; allgemein Palandt-Putzo, § 453, Rn. 31 b; Anwaltskommentar-Büdenbender, § 453, Rn. 7; Brink, WM 2003, 1355, 1361; Erman-Grunewald, § 453, Rn. 11; Larisch, S. 198-200; MüKo-Westermann, § 438, Rn. 8; Amann/Brambring/Hertel-Rombach, S. 555; teilweise abweichend Staudinger 2004-Matusche-Beckmann, § 438, Rn. 64.

rungsfrist demzufolge häufig im Zeitpunkt der Umbuchung des Depots des Anlegers beginnen.

2. Ausschluß von Rechten des Käufers gemäß § 442 BGB

Hat der Käufer Kenntnis vom Mangel, führt dies gemäß § 453 I BGB in Verbindung mit 442 I 1 BGB zu einem Ausschluß seiner Rechte „wegen dieses Mangels“. Kenntnis bedeutet positive Kenntnis im Zeitpunkt des Vertragsschlusses.[773] Dann darf der Käufer sich nicht auf die in § 437 BGB erwähnten Rechtsfolgen stützen. Dies gilt auch bei grob fahrlässiger Unkenntnis des Käufers vom Mangel, sofern nicht der Verkäufer den Mangel arglistig verschwiegen oder eine Garantie für die Beschaffenheit abgegeben hat. Zumindest letzteres wird beim Anteilserwerb am Primärmarkt jedoch kaum praktisch relevant werden, da es regelmäßig nicht einmal zu einer Beschaffenheitsvereinbarung kommt. Im übrigen würde § 434 I 3 BGB dann als subsidiäre Norm ohnehin nicht anwendbar sein.

3. Haftungsausschluß gemäß § 444 BGB

§ 453 I BGB in Verbindung mit § 444 BGB regelt, daß sich der Verkäufer auf einen vereinbarten Haftungsausschluß oder eine vereinbarte Haftungsbeschränkung nur berufen darf, wenn er den Mangel nicht arglistig verschwiegen und auch keine Garantie für die Beschaffenheit abgegeben hat. Zur zweiten Alternative dieser Bestimmung hat sich eine lebhafte, umfängliche Diskussion darüber entsponnen, ob die in der bisherigen Praxis des Unternehmenskaufs übliche Abbedingung der gesetzlichen Gewährleistungsregeln durch sogenannte selbständige Garantieabreden weiterhin uneingeschränkt möglich ist.[774] Mittlerweile ist auch der Ge-

---

773 Henssler/Graf von Westphalen-Graf von Westphalen, § 442, Rn. 2; Erman-Grunewald, § 442, Rn. 4, 7; Bamberger/Roth-Faust, § 442, Rn. 5, 14-17; Palandt-Putzo, § 442, Rn. 7 f.; MüKo-Westermann, § 442, Rn. 4.

774 Barnert, WM 2003, 416, 420 f.; Büdenbender, S. 48; Dauner-Lieb/Thiessen, ZIP 2002, 108, 110-114; Fischer, DStR 2004, 281 f.; Gaul, ZHR 166 (2002), 35, 62 f.; von Gierke/Paschen, GmbHR 2002, 457, 459-461; Gronstedt/Jörgens, ZIP 2002, 52, 56-58; Hilgard/Kraayvanger, MDR 2002, 678, passim; U. Huber, AcP 202 (2002), 179, 238-241; Kindl, WM 2003, 409, 413-415; Knott, NZG 2002, 249, 255; Anwaltshandbuch-Picot, § 22, Rn. 149-153; Schmidt-Räntsch, AnwBl 2003, 529, 533-535; Seibt/Reiche, DStR 2002, 1181 f.; Triebel/Hölzle, BB 2002, 521, 530-532; Weitnauer, NJW 2002, 2511, 2517; Wertenbruch, S. 509-512; Rotthege/Wassermann, Rn. 1215-1217; Rödder/Hötzel/Mueller-Thuns,

setzgeber auf den Plan getreten und hat die entstandene Rechtsunsicherheit dadurch beseitigt, daß er das Wort „wenn“ jeweils durch ein „soweit“ ersetzte.[775] Diese Debatte braucht jedoch für die hier interessierende Gewährleistungshaftung nach § 453 I BGB in Verbindung mit § 434 I 3 BGB beim Anteilserwerb am Primärmarkt nicht nachgezeichnet zu werden, da sie diesbezüglich keine praktische Bedeutung hat. Die Konsortialbank und der erwerbende Anleger treffen regelmäßig weder Garantieabreden noch Vereinbarungen über Haftungsbeschränkungen oder gar –ausschlüsse. Sollten sie doch einmal die Beschaffenheit des Anteiles individualvertraglich regeln, wäre die im Mittelpunkt dieser Abhandlung stehende Norm des § 453 I BGB in Verbindung mit § 434 I 3 BGB ohnehin tatbestandlich nicht erfüllt, weil diese voraussetzt, daß die Parteien keine Vereinbarung über die Beschaffenheit geschlossen haben. § 434 I 3 BGB ist gegenüber § 434 I 1 BGB subsidiär. Deshalb ist auch die gelegentlich zu lesende Empfehlung, die Anwendung von § 434 I 3 BGB ausdrücklich individualvertraglich auszuschließen,[776] sachlich unzutreffend. Es besteht insofern keine Notwendigkeit für einen expliziten Ausschluß von § 434 I 3 BGB. Denn sobald die Parteien eine Vereinbarung über die Beschaffenheit getroffen haben, kann § 434 I 3 BGB nicht mehr Platz greifen.[777]

VI. Rechtspolitische Erwägungen

1. Rückzug der Konsortialbanken aus dem Emissionsgeschäft?

Im Unterschied zur börsengesetzlichen Prospekthaftung kommen gewährleistungsrechtliche Ansprüche des Anlegers gegen eine Konsortialbank nicht nur bei grober Fahrlässigkeit (§ 45 I BörsG), sondern tatbestandlich unabhängig von deren Verschulden in Betracht. Allerdings ist Verschulden in der Rechtsfolge zumindest im Rahmen eines Schadensersatzanspruches statt der Leistung sowie eines Aufwendungsersatzan-

---

§ 10, Rn. 8 f.; Zerres, MDR 2003, 368, passim; Maier-Reimer, S. 88-91; Bergjan, S. 321-331; Larisch, S. 218-233; Picot-Picot, Teil I., Rn. 100; Amann/Brambring/Hertel-Rombach, S. 560-564; Staudinger 2004-Beckmann, § 453, Rn. 44; Schröder-Frerkes, S. 413-417.

775 BGBl. I 2004, S. 3103; Gesetzentwurf der Fraktion der CDU/CSU, BT-Drucksache 15/1096; Beschlußempfehlung und Bericht des Rechtsausschusses (6. Ausschuß), BT-Drucksache 15/3483, S. 7 und S. 22 f.; kritisch dazu Graf von Westphalen, ZGS 2004, 281; uneingeschränkt zustimmend hingegen Seibt, NZG 2004, 801 ff., passim.

776 Übernahmerecht-Reiner, § 56, Rn. 155.

777 Vgl. oben D.II.1.a).

spruches Voraussetzung. Dabei genügt im Unterschied zur börsenrechtlichen Prospekthaftung leichte Fahrlässigkeit. Auch ist die Haftung des Verkäufers anders als bei § 44 I BörsG nicht auf den Erwerbspreis beschränkt. Des weiteren fehlt es an einer § 44 I 1 BörsG entsprechenden ausdrücklichen Regelung, wonach das Erwerbsgeschäft innerhalb von sechs Monaten nach erstmaliger Einführung der Wertpapiere getätigt sein muß, um etwaige börsenrechtliche Prospekthaftungsansprüche auslösen zu können. Allerdings kann § 434 I 3 BGB im Sinne einer derartigen zeitlichen Beschränkung ausgelegt werden.[778] Die gleichwohl verbleibenden Unterschiede könnten Anlaß zu der rechtspolitischen Befürchtung geben, die Haftung sei unüberschaubar, so daß sich selbst seriöse Banken aus dem Emissionsgeschäft zurückziehen werden. Die Bereitschaft von Emissionsbanken, Börsengänge oder Kapitalerhöhungen zu begleiten, leide folglich unter der Anwendung des Gewährleistungsrechts. Ähnliche Bedenken wurden bislang erhoben, sobald es im Hinblick auf den Verschuldensmaßstab um eine Angleichung der börsenrechtlichen an die allgemeine zivilrechtliche Prospekthaftung ging, welche ein Einstehenmüssen bereits für leichte Fahrlässigkeit vorsieht.[779]

Sie vermögen aber aus mehreren Gründen nicht zu überzeugen. Basis für die Haftung einer Konsortialbank aus Gewährleistungsrecht ist der mit einem Anleger geschlossene Kaufvertrag. Nur bei Vorliegen einer solchen kaufvertraglichen Beziehung kann sich ein Anspruch des Anlegers aus § 453 I BGB in Verbindung mit § 437 BGB ergeben. Versteht man den Maßstab der groben Fahrlässigkeit mit der Gesetzesbegründung zur Neuregelung der börsenrechtlichen Prospekthaftung als „Ausgleich" für den Umstand, daß die Prospekthaftung nicht an einen rechtsgeschäftlichen Kontakt anknüpft,[780] geht dieses Argument bei einer Anwendung von Gewährleistungsrecht ins Leere. Zudem bleibt es der Emissionsbank unbenommen, wegen eines etwaigen höheren Haftungsrisikos eine höhere Emissionsprovision zu verlangen.[781] Dann würde diesbezüglich Kos-

---

778 Vgl. oben D.III.3.

779 Vgl. Kort, AG 1999, 9, 19 f.; Groß, AG 1999, 199, 205; Kümpel, 9.363; Bankrecht-Handbuch-Bartz, § 50, Rn. 92; Miller, S. 168 f.; Meyer, WM 2003, 1301, 1303; ähnlich Fleischer, Gutachten, F 61 f. Ganz allgemein Schwark, Diskussion, P 108.

780 Begr. RegE BT-Drucksache 13/8933, S. 80; ebenso Canaris, Bankvertragsrecht, Rn. 2280.; Miller, S. 169; Meyer, WM 2003, 1301, 1303; gegen dieses Verständnis Ellenberger, S. 58; Köndgen, AG 1983, 120, 128.

781 Hopt, Banken, Rn. 121, und Brondics/Mark, AG 1989, 339, 345, berichten davon, daß Provisionen in Höhe von bis zu 1 % des Nennbetrages der eingeführten Aktie üblich seien.

tentransparenz herrschen, was einer effizienteren Allokation von Kapital dienlich wäre. Der Anleger könnte ausrechnen, für wie groß die Emissionsbank das „Gewährleistungsrisiko" hält.[782] Des weiteren ist der Kontakt zwischen Emittent und Konsortialbank gerade bei der heutzutage üblichen „festen Übernahme" der Aktien durch ein Übernahmekonsortium sehr eng.[783] Der Emittent ist emissionsvertraglich verpflichtet, der Bank sämtliche für das Gelingen der Aktienemission erforderlichen Daten zu überlassen.[784] Aufgrund dessen verfügt eine Konsortialbank auch eher als der Anleger über nähere Informationen über den Emittenten.[785] Dem steht nicht entgegen, daß eine bankinterne Weitergabe der Informationen eine Nebenpflichtverletzung des auf dem Bankvertrag beruhenden Bankgeheimnisses darstellen würde.[786] Denn *im Verhältnis zum Anleger* sind der Konsortialbank als solcher die Informationen über den Emittenten, die in einer ihrer Abteilungen vorhanden sind, nach den Grundsätzen des BGH über die Wissenszurechnung[787] zuzurechnen.[788] Des weiteren belegt die Entwicklung des Emissionsvolumens an englischen und US-amerikanischen Börsen, daß die in den dortigen Rechtsordnungen vorgesehene Anordnung einer verschuldensunabhängigen Haftung[789] nicht zum Rückzug der Emissionsbanken vom Primärmarkt führt.[790] Dies ist mangels gegenteiligen empirischen Materials auch für den deutschen organisierten Kapitalmarkt zu erwarten. Im übrigen entspricht eine Haftung für leichte Fahrlässigkeit der Rechtslage in den meisten europäischen Mitgliedstaaten.[791]

Siehe auch Ellenberger, S. 25; Bankrecht-Grundmann, § 112, Rn. 52, 55. Skeptisch Schönenberger, S. 142.

782 Vgl. Förster, S. 152; Köndgen, AG 1983, 120, 128; Grundmann/Selbherr, WM 1996, 985, 989; Schwark-Heidelbach, § 1 VerkProspG, Rn. 36. Dagegen kritisch Miller, S. 169.

783 Vgl. Köndgen, AG 1983, 120, 124.

784 Ellenberger, S. 54; Technau, AG 1998, 455, 456.

785 Köndgen, AG 1983, 120, 124, 128; ähnlich Grundmann/Selbherr, WM 1996, 985, 989.

786 Ellenberger, S. 54; a.A. Groß, AG 1999, 199, 206.

787 Vgl. BGHZ 132, 30, 37.

788 Ellenberger, S. 53 f.; so auch i.E. Schwark, §§ 45, 46, Rn. 23; a.A. Groß, AG 1999, 199, 206.

789 Assmann, FG Kübler, S. 317, 342; Grundmann/Selbherr, WM 1996, 985, 986.

790 Ellenberger, S. 58; ähnlich Hopt, Banken, Rn. 80; zweifelnd Groß, AG 1999, 199, 205.

791 Weber, NZG 2004, 360, 366; Fleischer, Gutachten, F 60 f.; Köndgen, FS Druey, S. 791, 810.

2. Kompatibilität mit dem Grundsatz der Kapitalerhaltung

Wie soeben erörtert, existiert kein Anhaltspunkt für die Annahme, die gewährleistungsrechtliche Haftung werde einen Exodus der Konsortialbanken vom Primärmarkt nach sich ziehen. Vielmehr ist eine solche Möglichkeit der Inanspruchnahme der Konsortialbanken sogar zu begrüßen. Denn sie trifft nicht auf die Bedenken, denen sich insbesondere Prospekthaftungsansprüche gegen den Emittenten ausgesetzt sehen würden. Von der Rechtsfolge her sind diese Ansprüche mit solchen aus Gewährleistungsrecht durchaus vergleichbar. Zum einen führt die Ausübung des Rücktrittsrechts ebenso wie der börsenrechtliche Prospekthaftungsanspruch aus § 44 I 1 BörsG zu einer Rückübertragung der Aktien auf den Verkäufer gegen Rückzahlung des Kaufpreises. Zum anderen sind Minderung, Schadensersatzanspruch „statt der Leistung" sowie der Aufwendungsersatzanspruch mit dem Anspruch auf Zahlung des Unterschiedsbetrages gemäß § 44 II 1 BörsG zumindest insofern vergleichbar, als der Verkäufer zu einem Ausgleich in Geld verpflichtet ist. Deshalb lohnt es sich, den Einwänden im folgenden nachzugehen. Sie beruhen auf einer Kontroverse, die bis zu den Anfängen des vorherigen Jahrhunderts zurückreicht[792] und prima vista das Verhältnis von börsenrechtlichen Prospekthaftungsansprüchen und Kapitalerhaltungserhaltungsgrundsatz betrifft, im Kern jedoch ein Beleg für die Kollision von Gläubiger- mit Anlegerschutz ist.[793]

a) Verbot des Erwerbs eigener Aktien

Als Rechtfolge eines Sachmangels des Anteiles kann dem Käufer ein Rücktrittsrecht zustehen. Übt er dieses aus, ist der Käufer verpflichtet, die Anteile an den Verkäufer zurückzugewähren. Handelt es sich beim Verkäufer wie bei der heutzutage seltenen Selbstemission um den Emittenten, stellt diese Rechtsfolge[794] einen gemäß § 71 AktG unzulässigen Erwerb eigener Aktien dar. Denn sie wird nicht von einem der Erlaubnistatbestände des § 71 I 1 AktG erfaßt. Insbesondere liegt kein Fall von § 71 I 1 Nr. 1 AktG vor, da die Erfüllung eines Gewährleistungsanspru-

---

792 Siehe die umfängliche Darstellung bei Gebauer, S. 133-159.

793 Dühn, S. 94; GK-Henze, § 57, Rn. 18; Krämer/Baudisch, WM 1998, 1161, 1163; Schwark, FS Raisch, S. 269, 279; Sauer, S. 221.

794 Demgegenüber braucht auf die Rechtsfolge des Schadensersatzes „statt der ganzen Leistung" nicht eingegangen zu werden, da diese nicht auf den Anteilserwerb am Primärmarkt im Sinne von § 453 I BGB „paßt", vgl. oben D.IV.5.b).

ches ebensowenig wie die Erfüllung eines Anspruches aus § 44 BörsG[795] als Abwendung eines der Gesellschaft drohenden Schadens qualifiziert werden kann. Damit scheint die aktienrechtliche Unzulässigkeit der in § 44 BörsG angeordneten Rechtsfolge festzustehen. Um diese Schlußfolgerung zu vermeiden, geht die in Literatur und Rechtsprechung überwiegend vertretene und vom nationalen Gesetzgeber im Jahre 1998 bestätigte Ansicht davon aus, die Regelungen des Börsengesetzes genössen als leges posteriores und leges speciales Vorrang gegenüber dem aktienrechtlichen Verbot des Rückerwerbs eigener Aktien. Daher stehe § 71 AktG einer Übernahme der Wertpapiere gegen Erstattung des Erwerbspreises gemäß § 44 I 1 BörsG nicht im Wege.[796] Zwar ist diese Ansicht im Hinblick auf die Attraktivität und Effizienz des organisierten Kapitalmarktes sowie den Schutz der Anleger rechtspolitisch durchaus begrüßenswert.[797] Dies gilt nicht zuletzt angesichts eines überholten Kapitalschutzsystems[798], das mit seiner Anknüpfung an im Handelsregister eingetragene Grundkapitalziffern das angestrebte Ziel eines effektiven Gläubigerschutzes nicht erreicht.[799]

Gleichwohl vermag die Bezugnahme auf allgemeine Auslegungsgrundsätze hinsichtlich einer Ableitung von Ansprüchen aus dem Gewährleistungsrecht des BGB nicht zu überzeugen, auch wenn zu konzedieren ist,

---

795 Dühn, S. 90 f.;Groß, AG 1999, 199, 208; Schwark, FS Raisch, S. 269, 278.

796 Begr. RegE BT-Drucksache 13/8933, S. 78; LG Frankfurt am Main, ZIP 1998, 641, 645; OLG Frankfurt am Main, AG 2000, 132, 134; Groß, AG 1999, 199, 208; Hopt, 50 Jahre BGH, S. 526 f.; Krämer/Baudisch, WM 1998, 1161, 1164 f.; Renzenbrink/Holzner, BKR 2002, 434, 436; Schwark-Zimmer, §§ 37 b, 37 c WpHG, Rn. 11; so auch i.E. Möllers, Bankrecht 2002, S. 313. Inkonsequent Weitnauer, DB 2003, 1719, 1722, der zwischen Primär- und Sekundärmarkt differenziert.

797 Vgl. Fleischer, Gutachten, F 73 f.; GK-Henze, § 57, Rn. 20; Keusch/Wankerl, BKR 2003, 744, 745; Krämer/Baudisch, WM 1998, 1161, 1165, 1167; Baums, ZHR 167 (2003), 139, 169 f.

798 Dieses gerät durch Bestrebungen auf der europäischen Ebene unter zunehmenden Druck, vgl. Aktionsplan der EU-Kommission vom 21.05.2003, Modernisierung des Gesellschaftsrechts und Verbesserung der Corporate Governance in der Europäischen Union, Mitteilung an den Rat und das Europäische Parlament (KOM [2003] 284 endgültig; abgedruckt in NZG 2003, Sonderbeilage zu Heft 13); dazu Merkt, ZGR 2004, 305, 306 f.; van Hulle/Maul, ZGR 2004, 484, 498 f.; Lüken, S. 354-356; Drygala, ZEuP 2004, 337, 358 f. Mittlerweile liegt auch ein entsprechender Richtlinienvorschlag der Kommission vor, dazu Maul/Eggenhofer/Lanfermann, BB-Special 6/2004, S. 5 ff.

799 Escher-Weingart, S. 119-127, 240-242; Kübler, AG 1994, 141, 145 f.; Krämer/Baudisch, WM 1998, 1161, 1165; Schwark, FS Raisch, S. 269, 283 f.; Merkt, ZGR 2004, 305, 317; a.A. Möllers, ZGR 1997, S. 334-336 und passim.

daß die gewährleistungsrechtlichen Vorschriften das gegenüber § 71 AktG jüngere Recht darstellen. Aber schon eine Spezialität der gewährleistungsrechtlichen Vorschriften gegenüber dem aktienrechtlichen Kapitalerhaltungsgrundsatz läßt sich schwerlich begründen. Insofern erweist sich die formale Argumentation als nicht sehr tragfähig.[800] Überdies lenkt die Debatte über die allgemeinen Auslegungsgrundsätze vom zentralen Gesichtspunkt ab. Auch gegenüber den vom Verfasser geteilten rechtspolitischen Desiderata ist entscheidend, daß § 71 AktG auf der sogenannten Kapitalrichtlinie der EG[801] beruht. Dieser Umstand wird in der Diskussion merkwürdigerweise stark vernachlässigt.[802]

Nach Art. 20 I lit. d) Alt. 1 der Kapitalrichtlinie ist der Erwerb eigener Aktien zwar zulässig, wenn sie *„auf Grund einer gesetzlichen Verpflichtung (...) erworben werden."* Den diesbezüglich bestehenden Freiraum[803] hat der nationale Gesetzgeber jedoch nicht genutzt. Insbesondere sieht das deutsche Aktienrecht keine Vorschrift vor, wonach der Erwerb eigener Aktien zur Erfüllung von gesetzlichen Verpflichtungen wie gewährleistungsrechtlichen Ansprüchen oder Prospekthaftungsansprüchen zulässig ist.[804] Auch die kürzlich verabschiedete und bis zum 01.07.2005 in nationales Recht[805] zu transformierende Wertpapierprospektrichtlinie[806] än-

---

800 Vgl. Dühn, S. 92, 94, 154; Horn, FS Ulmer, S. 817, 826; Hommelhoff/van Aerssen, EWiR § 57 AktG 1/98, S. 580; MüKo-AktG-Bayer, § 57, Rn. 23; Hirte, FS Kirchhof, S. 223, 241.

801 Zweite Richtlinie vom 13.12.1976 (77/191/EWG), ABl. EG Nr. L 26 vom 31.01.1977, S. 1 ff., auch abgedruckt bei Lutter, Unternehmensrecht, S. 114-127.

802 Beachte jedoch Gebauer, S. 205 f.; Groß, AG 1999, 199, 208; andeutungsweise Bayer, Beiheft 71 zur ZHR, S. 137, 161; MüKo-AktG-Bayer, § 57, Rn. 24; Veil, ZHR 167 (2003), 365, 389, Fn. 122; KK-Lutter, § 71, Rn. 69 a.E.; Technau, AG 1998, 445, 455. Demgegenüber hält Schwark, FS für Raisch, S. 269, 274, die Richtlinie im Hinblick auf die hier interessierende Frage wohl für inhaltlich bedeutungslos. Dem entspricht die Beobachtung von Hopt/Voigt, WM 2004, 1801, 1803, die Bedenken hinsichtlich der Vereinbarkeit mit dem Kapitalerhaltungsgrundsatz befänden sich „europaweit auf dem Rückzug".

803 Drinkuth, S. 204 f.; Lüken, S. 119 f., 136.

804 Insofern zutreffend Groß, AG 1999, 199, 208; vgl. auch Reichert/Weller, ZRP 2002, 49, 55. Die Anspruchsgrundlage selbst kann nicht als Umsetzung von Art. 20 I lit. d) Alt. 1 der Kapitalrichtlinie ausgelegt werden, so aber anscheinend Veil, ZHR 167 (2003), 365, 389, Fn. 122.

805 Vgl. dazu den Regierungsentwurf eines sogenannten Prospektrichtlinie-Umsetzungsgesetzes, abrufbar unter www.bdb.de (zuletzt abgerufen am 06.01.2005).

806 Richtlinie 2003/71/EG des Europäischen Parlaments und des Rats vom 04.12.2003 betreffend den Prospekt, der beim öffentlichen Angebot von Wertpapieren oder bei deren Zulassung zum Handel zu veröffentlichen ist, und zur Änderung der Richtlinie 2001/34/EG,

dert daran nichts. Sie bestimmt in Art. 6 I, II lediglich, daß die Mitgliedstaaten überhaupt eine Prospekthaftung vorzusehen haben, ohne aber deren Ausgestaltung im einzelnen vorzugeben.[807] Etwas anderes folgt auch nicht aus Art. 21 der konsolidierten Börsenrichtlinie.[808] Denn diese sieht bezüglich des Kapitalerhaltungsgrundsatzes keine ausdrückliche Bereichsausnahme vor.[809]

Nach der lex lata muß es daher bei dem in Art. 18 I der Kapitalrichtlinie statuierten Verbot des Rückerwerbs eigener Aktien bleiben. Damit kollidieren § 44 I 1 BörsG und das Rücktrittsrecht nach § 453 I BGB in Verbindung mit § 437 Nr. 2 BGB, sofern der Emittent Anspruchsgegner ist. Dieser Normkonflikt kann mittels einer richtlinienkonformen Auslegung aufgelöst werden. Dieses europarechtliche Gebot erstreckt sich nicht nur auf das unmittelbar zur Umsetzung einer Richtlinie geschaffene Recht, sondern auf die gesamte nationale Rechtsordnung.[810] § 44 I BörsG kann in der Weise richtlinienkonform ausgelegt werden, daß eine Übernahme der Wertpapiere gegen Erstattung des Erwerbspreises nicht in Betracht kommt, falls der Emittent in Anspruch genommen wird.[811] Dies ist auch

---

ABl. EG Nr. L 345 vom 31.12.2003, S. 64 ff.; zugleich abgedruckt als Sonderbeilage zu NZG Heft 08/2004; vgl. auch die Verordnung (EG) Nr. 809/2004 der Kommission vom 29.04.2004 zur Umsetzung der Richtlinie 2003/71/EG des Europäischen Parlaments und des Rates vom 04.11.2003 betreffend die in Prospekten enthaltenen Informationen mittels Verweis und die Veröffentlichung solcher Prospekte und die Verbreitung von Werbung, ABl. EG Nr. L 149 vom 30.04.2004, S. 1 ff.

807 Weber, NZG 2004, 360, 366; Fleischer, BKR 2003, 608, 610; Micklitz, S. 312; Kort, AG 2005, 21, 22.

808 Richtlinie über die Zulassung von Wertpapieren zur amtlichen Börsennotierung und über die hinsichtlich dieser Wertpapiere zu veröffentlichenden Informationen vom 28.05.2001, ABl. EG vom 06.07.2001, Nr. L 184, S. 1 ff. A.A. Mülbert, JZ 2002, 826, 833 f.

809 Vgl. die parallele Argumentation zur Insiderrichtlinie (ABl. EG Nr. L 334 vom 18.11.1989, S. 30 ff.) bei Veil, ZHR 167 (2003), 365, 395.

810 Gebauer, S. 205; EuGH NJW 1984, 2021, 2022; allgemein KK-Lutter, § 71, Rn. 7. Verkürzt MüKo-AktG-Oechsler, § 71, Rn. 35 („richtlinienkonforme Auslegung der §§ 71 bis 71 e").

811 Demgegenüber verneint Gebauer, S. 205, die Möglichkeit einer richtlinienkonformen Auslegung im Hinblick auf die börsenrechtliche Prospekthaftung, da er bei seiner Betrachtung nicht auf § 44 I BörsG, sondern isoliert auf Art. 2 II EGHGB abstellt. Art. 2 II EGHGB sieht zwar im Zusammenspiel mit § 29 II EGAktG und § 18 EGAktG i.d.F. von 1937 einen Vorrang des Börsenrechts gegenüber dem Aktienrecht vor (vgl. Gebauer, S. 202-204). Ohne daß an dieser Stelle en détail auf die Anwendung geschriebener Kollisionsregeln eingegangen zu werden braucht (dazu sogleich unter D.VI.2.b)), ist jedoch festzuhalten, daß das Tatbestandsmerkmal „Reichsgesetze" in Art. 2 II EGHGB u.a. auf § 44 I BörsG Bezug nimmt und dadurch einen Ansatzpunkt für eine richtlinienkonforme Auslegung bietet.

insofern unbedenklich, als der Norm bei richtlinienkonformer Auslegung immer noch ein weiter Anwendungsbereich verbleibt, weil Ansprüche gegen andere Prospektverantwortliche als den Emittenten bestehen können. Auch gewährleistungsrechtliche Ansprüche sind der richtlinienkonformen Auslegung zugänglich. Dies folgt aus der Verweisungsnorm des § 453 I BGB, die ihrem Wortlaut nach („entsprechende Anwendung") die Rechtsfolgen des Sachmängelgewährleistungsrechts ebenfalls für eine richtlinienkonforme Auslegung öffnet. Deshalb kommt ein Rücktritt nicht in Betracht, wenn und soweit der Emittent zur Rückübernahme der Anteile verpflichtet ist.

b) Verbot der Einlagenrückgewähr

Die Erfüllung von auf Geld gerichteten Ansprüchen gegen den Emittenten wie die Minderung, der Schadensersatzanspruch statt der Leistung sowie der Aufwendungsersatzanspruch könnte gegen § 57 I 1 AktG verstoßen. Danach dürfen Einlagen nicht an Aktionäre zurückgewährt werden. Es stellt sich aber die Frage, ob der Tatbestand des § 57 AktG überhaupt erfüllt ist. Diesbezüglich gilt es, zwei Argumentationslinien auseinanderzuhalten.

Nach einem Begründungsansatz soll § 57 AktG tatbestandlich zu verneinen sein, wenn die Belastung der Gesellschaft durch etwaige auf Geld gerichtete Ansprüche des Anlegers bilanziell von entsprechenden Regreßansprüchen der Gesellschaft gegen ihre Organe ausgeglichen wird.[812] Ein solcher Ausgleich setzt allerdings voraus, daß überhaupt Regreßansprüche gegen die Organe bestehen. Gewährleistungsrechtlich läßt sich keine Verantwortlichkeit der Organe des Emittenten begründen. Außerdem müssen etwaige Regreßansprüche werthaltig sein. Angesichts der hohen Emissionsvolumina können Regreßansprüche beträchtliche Größenordnungen erreichen, die durch das (haftende) Privatvermögen der betroffenen Organmitglieder nicht abgedeckt werden. Selbst wenn Directors` and Officers` Liability Insurances („D&O-Versicherungen")[813] abgeschlossen worden sein sollten, wird der entstandene Schaden nicht

812 Gebauer, S. 193-195.

813 Zu aktienrechtlichen Problemen siehe Kästner, AG 2000, 113, 115-122; Mertens, AG 2000, 447, passim; Notthoff, NJW 2003, 1350, 1353 f.; Vetter, AG 2003, 453, passim. Vgl. zu versicherungsvertraglichen Fragen Kiethe, BB 2003, 537, 538-542; Notthoff, NJW 2003, 1350, 1351-1353.

umfassend abgedeckt sein.[814] Die Werthaltigkeit und Durchsetzbarkeit von Regreßansprüchen sind daher mit erheblichen Zweifeln behaftet. Angesichts dessen knüpft ein zweiter Argumentationsstrang daran an, daß die Kapitalmarktinformation sich an den Anspruchsberechtigten als Teil des allgemeinen Marktpublikums gerichtet habe. Er habe der Gesellschaft wie jeder außenstehende Dritte gegenübergestanden. Der Anspruchsberechtigte sei deshalb nicht „Aktionär" im Sinne von § 57 I 1 AktG.[815] Denn diese Bestimmung verbiete allein solche Leistungen, die gerade wegen oder im Hinblick auf die mitgliedschaftliche Stellung des Aktionärs gewährt werden.[816] Dieser kapitalmarktrechtlichen Perspektive wird wiederum entgegengehalten, es sei kein Zufall, daß Aktionär- und Gläubigerstellung zusammenfielen. Der schadensrechtliche Ausgleich des Anlegers sei Geschäften des Emittenten mit Dritten nicht vergleichbar und daher unzulässig.[817] Jedoch verbietet § 57 I AktG ebensowenig wie Art. 15 der Kapitalrichtlinie sämtliche Geschäfte zwischen der Aktiengesellschaft und ihren Aktionären. Ein Aktionär darf durchaus Gläubiger seiner Gesellschaft sein.[818] Der Kapitalrichtlinie ist insofern lediglich ein Verbot solcher Zuwendungen an die Mitglieder zu entnehmen, welche das Grundkapital oder die Rücklagen vermindern. Eine abschließende Regelung bezüglich aller Transaktionen zwischen der Aktiengesellschaft und ihren Mitgliedern wird nicht getroffen.[819] Deshalb führt eine richtlinienkonforme Auslegung nicht zu einem anderen Ergebnis. § 57 I AktG ist tatbestandlich nicht erfüllt.

Selbst wenn man den Tatbestand des § 57 I AktG für einschlägig hielte, würde zumindest die börsenrechtliche Prospekthaftung davon nicht be-

---

814 Dühn, S. 96, 307 f.; Mülbert, JZ 2002, 826, 832; Spindler, DStR 2002, 1576, 1580; Sauer, S. 221 f.; a.A. Gebauer, S. 197; Sieg, DB 2002, 1759, 1761; ähnlich wie dieser Maier-Reimer/Webering, WM 2002, 1857, 1864.

815 Gebauer, S. 197 f.; Fuchs/Dühn, BKR 2002, 1063, 1070; Zimmer, WM 2004, 9, 11; Schwark-Zimmer, §§ 37 b, 37 c WpHG, Rn. 12; Messer, S. 242; Kissner, S. 126; Spindler, WM 2004, 2089, 2094; Dühn, S. 97-100, spricht von einer „teleologischen Reduktion" (S. 98); a.A. insofern Schwark-Schwark, §§ 44, 45 BörsG, Rn. 13.

816 Dühn, S. 97.

817 GK-Henze, § 57, Rn. 19; Keusch/Wankerl, BKR 2003, 744, 745; Renzenbrink/Holzner, BKR 2002, 434, 435 f.; Schwark, FS Raisch, S. 269, 276; Rieckers, BB 2002, 1213,1220; Sauer, S. 228; so auch i.E. Bericht der Regierungskommission Corporate Governance, Rn. 182.

818 Möllers/Rotter-Möllers/Leisch, § 14, Rn. 135; Drinkuth, S. 187; KK-Lutter, § 57, Rn. 15; Gebauer, S 205; a.A. Krämer/Baudisch, WM 1998, 1161, 1163.

819 Drinkuth, S. 187; Sauer, S. 235 f.

rührt. Dies folgt aber nicht aus einer Anwendung allgemeiner Auslegungsgrundsätze[820], sondern aus der lex scripta. Das EGHGB enthält in Art. 2 eine Kollisionsregel für die hier interessierende Konstellation. Nach Art. 2 I EGHGB kommen die Vorschriften des BGB bei Handelssachen[821] nur insoweit zur Anwendung, als das HGB oder das EGHGB nichts anderes bestimmen. Des weiteren stellt § 57 I AktG eine andere Bestimmung im Sinne von Art. 2 I EGHGB dar. Zwar handelt es sich dabei nicht um eine Norm des HGB. Jedoch bestimmt § 29 II EGAktG, daß an die Stelle der Vorschriften des HGB, die gemäß § 18 I EGAktG i.d.F. von 1937 aufgehoben worden, die entsprechenden Normen des AktG treten. Ursprünglich trafen §§ 213, 226 HGB a.F. Regelungen zur Kapitalerhaltung und zum Erwerb eigener Aktien. Auf diese bezog sich bis zu deren Aufhebung im Jahre 1937 die Kollisionsregel des Art. 2 I EGHGB, so daß unter anderen § 57 AktG im Rahmen von Art. 2 EGHGB ihren Platz einnimmt. Deshalb verdrängt § 57 AktG nach Art. 2 I EGHGB in Verbindung mit § 29 II EGAktG die gewährleistungsrechtlichen Vorschriften des BGB.[822] Etwas anderes gilt aber für die börsenrechtliche Prospekthaftung. Denn Art. 2 I EGHGB gilt nur für das Verhältnis zum Bürgerlichen Recht. Hinsichtlich des Verhältnisses zu anderen Gesetzen greift Art. 2 II EGHGB ein, wonach die Vorschriften der „Reichsgesetze" durch das HGB (und die gemäß § 29 II EGAktG an deren Stelle tretenden Vorschriften des AktG) nicht berührt werden. Das Börsengesetz von 1896 ist ein solches „Reichsgesetz". Also geht das Börsenrecht anders als das Gewährleistungsrecht des BGB dem Verbot der Einlagenrückgewähr in § 57 AktG kraft geschriebenen Rechts vor.[823]

---

820 So aber Groß, AG 1999, 199, 208; GK-Henze, § 57, Rn. 20; Keusch/Wankerl, BKR 2003, 744, 745; Fuchs/Dühn, BKR 2002, 1063, 1070; Begr. RegE BT-Drucksache 13/8933, S. 78; Schwark-Zimmer, §§ 37 b, 37 c WpHG, Rn. 11; LG Frankfurt am Main, BKR 2003, 766, 769; OLG Frankfurt am Main, AG 2000, 132, 134; LG Frankfurt am Main, ZIP 1998, 641, 644 f.

821 Eine Handelssache liegt gemäß § 95 I Nr. 1 GVG vor, da die Aktiengesellschaft gemäß § 3 I AktG Formkaufmann ist.

822 Gebauer, S. 201 f.

823 Gebauer, S. 203 f.

3. Gatekeeper theory

Die ökonomische Sinnhaftigkeit der rechtlichen Inpflichtnahme der Konsortialbanken läßt sich mittels der gatekeeper theory erklären.[824] Dieses Denkmodell knüpft daran an, daß die Auferlegung von Pflichten und Sanktionen unmittelbar und alleine gegen den eigentlichen Adressaten nicht ausreicht, um bestimmte Ziele zu erreichen.[825] Zunächst ist den Unzulänglichkeiten einer Haftung des Emittenten nachzugehen, um dann die ökonomischen Vorteile einer Haftung der Emissionsbanken für fehlerhafte Kapitalmarktinformationen am Primärmarkt darzustellen.

a) Unzulänglichkeiten einer Haftung des Emittenten

Eine Schadensersatzpflicht des Emittenten ist nicht nur im Hinblick auf den soeben erörterten Kapitalerhaltungsgrundsatz fraglich, sondern wird auch unter anderen Gesichtspunkten kritisch beurteilt. Nicht von ungefähr wird im Zusammenhang mit der Haftung für fehlerhafte Kapitalmarktinformationen, insbesondere am Sekundärmarkt, des öfteren de lege ferenda[826] für eine Haftung der Organe des Emittenten zumindest bei grob fahrlässigem oder vorsätzlichem Verhalten plädiert.[827] Zu nennen ist vor allem das (vorübergehend auf Eis gelegte) Vorhaben der Bundesregierung, im Rahmen eines sogenannten Kapitalmarktinformationshaftungsgesetzes (KapInHaG)[828] eine persönliche Haftung der Organmitglieder

---

824 Hopt, Banken, Rn. 65-73, m.w.N.; Miller, S. 127; so wohl auch Spindler, DStR 2002, 1576, 1578.
825 Hopt, Banken, Rn. 65; Miller, S. 127.
826 Schmitz, S. 262-320, insbesondere S. 262-276, meint sogar, bereits die lex lata biete in Gestalt des Vertrages mit Schutzwirkung für Dritte eine taugliche Anspruchsgrundlage.
827 Abram, NZG 2003, 307, 312; Horn, FS Ulmer, S. 817, 828; Baums, ZHR 167 (2003), 139, 171-177; Bayer, Beiheft 71 zur ZHR, 137, 162; Reichert, Beiheft 71 zur ZHR, 165, 199; Beschlüsse des Deutschen Juristentages, 1. Block Punkt d), 1.11, NJW 2002, 3073, 3082; Bericht der Regierungskommission, Rn. 187; Holzborn/Foelsch, NJW 2003, 932, 937; Hutter/Leppert, NZG 2002, 649, 654; MüKo-AktG-Bayer, § 57, Rn. 24; Reichert/Weller, ZRP 2002, 49, 56; Rieckers, BB 2002, 1213, 1220; Rössner/Bolkart, ZIP 2002, 1471, 1476 f. und WM 2003, 953, 954; Hellwig, P 63 f.; Weber, NJW 2003, 18, 21; Fleischer, BKR 2003, 608, 612-616; ders., ZGR 2004, 437, 464-467; dezidiert a.A. Dühn, S. 252 f., 306-319; Miller, S. 138 f.; Fuchs/Dühn, BKR 2002, 1063, 1071; Mülbert, JZ 2002, 826, 832; Zimmer, WM 2004, 9, 12-14; Kiethe, DStR 2003, 1982, passim; ders., NStZ 2004, 73, 77; Veil, ZHR 167 (2003), 365, 397 f.; Ekkenga, ZIP 2004, 781, 791 f.; Spindler, WM 2004, 2089, 2094-2098.
828 Diskussionsentwurf eines Gesetzes zur Verbesserung der Haftung für falsche Kapitalmarktinformationen, abgedruckt in NZG 2004, 1042-1051.

einer Aktiengesellschaft gegenüber Anlegern für fehlerhafte Kapitalmarktinformationen in das Wertpapierhandelsgesetz (§§ 37 ff. WpHG) zu integrieren.[829] Auch der Aktionsplan der Europäischen Kommission sieht eine „collective responsibility of all board members" für fehlerhafte Kapitalmarktinformationen vor.[830] Eine Haftung gerade von am Rande der Insolvenz stehenden Gesellschaften beschleunigt die Abwärtsbewegung weiter.[831] Insofern führt die Geltendmachung von Ansprüchen wegen fehlerhafter Kapitalmarktinformationen gegen solche Gesellschaften tendenziell eher zu einer Marktbereinigung als zu einer wirtschaftlichen Befriedigung des einzelnen (geschädigten) Anlegers, zumal Rückgriffsansprüche des Emittenten gegen seine Organe nach der derzeitigen lex lata keinen ausreichenden Schutz gewähren.[832] So wird noch im Jahre 1998 davon berichtet, Prospekthaftungsansprüche würden erst geltend gemacht, wenn die Krise des Emittenten augenfällig sei und ein Vorgehen gegen den Emittenten wirtschaftlich keinen Erfolg mehr verspreche. Anspruchsgegner seien dann die emissionsbegleitenden Kreditinstitute.[833] Diese sind, unabhängig vom Bestehen eines Versicherungsschutzes, insbesondere angesichts der Überwachung durch die Bankenaufsicht regelmäßig wirtschaftlich potent, um etwaige Ansprüche der Anleger befriedigen zu können.[834] Daß Emittenten sich gegen Risiken aus einer Haftung für fehlerhafte Kapitalmarktinformationen versichern könnten[835], ändert an der insbesondere unter Anlegerschutzgesichtspunkten betrüblichen Einschätzung nichts. Denn den Anlegern fehlt eine ausreichende Marktmacht, gegenüber den Emittenten den Abschluß von entsprechenden Versiche-

---

829 Siehe bereits oben B.III.3.

830 Aktionsplan der EU-Kommission vom 21.05.2003, Modernisierung des Gesellschaftsrechts und Verbesserung der Corporate Governance in der Europäischen Union, Mitteilung an den Rat und das Europäische Parlament (KOM [2003] 284 endgültig; abgedruckt in NZG 2003, Sonderbeilage zu Heft 13); dazu Hoffmann-Becking, ZGR 2004, 355, 361 f.; van Hulle/Maul, ZGR 2004, 484, 495; Fleischer, ZGR 2004, 437, 467, 469 f.; Maul, WM 2004, 2146, passim.

831 Köndgen, FS Druey, S. 791, 803; Hutter/Leppert, NZG 2002, 649, 654; Rössner/Bolkart, WM 2003, 953; Schwark-Zimmer, §§ 37 b, 37 c WpHG, Rn. 4; ähnlich Miller, S. 168; a.A. Dühn, S. 259-261.

832 Daher fordern Dühn, S. 307; Baums, ZHR 167 (2003), 139, 167; Zimmer, WM 2004, 9, 19 f.; Spindler, WM 2004, 2089, 2095; Assmann, P 23, eine Verbesserung der Regreßmöglichkeiten des Emittenten im Innenverhältnis.

833 Krämer/Baudisch, WM 1998, 1161, 1164, 1167; so schon bereits Schwark, FS Raisch, S. 269, 273.

834 Erman, AG 1964, 327, 328.

835 So Köndgen, FS Druey, S. 791, 803.

rungsverträgen durchzusetzen. Außerdem ist zu bezweifeln, daß die in derartigen Verträgen üblichen Haftungshöchstsummen überhaupt das angesichts der hohen Emissionsvolumina beträchtliche Risiko von Schadensersatzansprüchen vollumfänglich abdecken würden. Selbst wenn eine Inanspruchnahme der Gesellschaft wirtschaftlich zum Erfolg führen sollte, erheben sich doch Bedenken dagegen, daß die Aktionäre ihre Ansprüche dann letztlich aus eigenen Mitteln erfüllen.[836] Zu Recht wird darauf hingewiesen, Unternehmen des Neuen Marktes seien nicht in der Lage gewesen, allfällige Ansprüche aus dem freien Vermögen zu erfüllen.[837]

b) Ökonomische Sinnhaftigkeit einer Inpflichtnahme der Emissionsbank

Nicht alleine wegen der nicht ausreichenden Haftung des Emittenten ist eine Inpflichtnahme der Emissionsbanken sinnvoll. Vielmehr ist sie sowohl im Hinblick auf die Prävention von Schäden aus Emissionen als auch im Hinblick auf deren Verteilung ökonomisch geboten.

aa) Schadensprävention

Eine gewährleistungsrechtliche Haftung der Konsortialbanken trägt insofern zur Schadensprävention bei, als diese ihre Mitwirkung an Emissionen unseriöser Unternehmen verweigern könnten.[838] Zur Beurteilung der Seriosität sind sie angesichts ihrer Marktkenntnis und Analysemöglichkeiten im besonderen Maße in der Lage.[839] Sie werden von diesem Instrumentarium auch aus eigenem Antrieb Gebrauch machen, um ihren Ruf bei den Anlegern nicht zu verspielen und bei künftigen Geschäftsab-

---

836 Rudolph, BB 2002, 1036, 1039; Baums, Gutachten, F 225; ders., ZHR 166 (2002), 375, 379 (teilweise a.A. aber ders., ZHR 167 (2003), 139, 167); Köndgen, FS Druey, S. 791, 804; Maier-Reimer, Diskussion, P 121; Ekkenga, ZIP 2004, 781, 792; Rössner/Bolkart, WM 2003, 953, 954. Das halten Fleischer, Gutachten, F 99 f.; Schwark-Zimmer, §§ 37 b, 37 c WpHG, Rn. 4, und Dühn, S. 252 f., 307, jedoch nicht für rechtspolitisch bedenklich, weil dieses Risiko dem Anteilseigentum immanent sei.

837 Baums, ZHR 167 (2003), 139, 169; vgl. auch Reichert/Weller, ZRP 2002, 49, 56.

838 In Anlehnung an strafrechtliche Kategorien ordnet Schlobach, S. 307 f., haftungsrechtliche Normen, die auf potentielle Schädiger abschreckend wirkend sollen, in den Bereich der negativen Generalprävention ein.

839 Hopt, Banken, Rn. 68, 72. Pointiert Handbuch GbR-Schücking, § 32, Rn. 41, wonach insbesondere das Interesse der konsortialführenden Bank dem eines Unternehmenskäufers ähnele.

schlüssen eingeschaltet zu werden.[840] Rein theoretisch bliebe solchen Unternehmen, denen Banken ihre Mitwirkung verweigern, die Möglichkeit, Aktien im Wege der Selbstemission zu begeben. Praktisch fehlt es aber vor allem noch nicht börsennotierten Unternehmen am Zugang zu den Anlegern. Zwecks einer breiten Streuung der Anteile bedarf es eines Verteilungsapparates, über welchen regelmäßig lediglich Emissionsbanken mit ihren Filialnetzen und ihren laufenden Geschäftsbeziehungen verfügen. Sie fungieren gleichsam als „Mittler" zwischen Emittent und Anleger[841], auch wenn namentlich Kleinanleger angesichts des Internets und der damit verbundenen Informationsmöglichkeiten[842] nicht mehr in gleichem Umfang wie noch in früheren Jahren auf die Hilfe der Banken angewiesen sind. Abgesehen davon, profitiert ein Emittent von der Reputation, die eine Bank am Markt hat.[843] Daß Banken sich generell von der Emissionsbegleitung am Primärmarkt zurückziehen, steht nach dem oben Gesagten nicht zu erwarten.[844] Eine drohende gewährleistungsrechtliche Haftung könnte jedoch dazu führen, daß Banken *im Einzelfall* einem Emittenten ihre Mitwirkung an der Plazierung der Anteile am Kapitalmarkt versagen. Dies wäre der besseren Allokation des Anlagekapitals dienlich.[845]

bb) Verteilung von Schäden

Aber selbst wenn es nicht einmal in Einzelfällen zur Schadensprävention kommt, weil Banken insbesondere aufgrund fehlerhafter Einschätzungen der Risiken emissionsbegleitend tätig werden[846], ist dies aus Anlegerschutzgesichtspunkten wenig bedenklich. Denn dann könnte eine Emissionsbank, die etwa die Verantwortung für den Inhalt eines Prospektes übernommen hat, über Gewährleistungsrecht herangezogen werden. Sie „bleibt" aber nicht auf dem Schaden aus einer unseriösen Emission „sit-

840 Miller, S. 62; vgl. auch Handbuch GbR-Schücking, § 32, Rn. 40 f.
841 Hopt, Banken, Rn. 61 f.; Brondics/Mark, AG 1989, 339, 346; Köndgen, AG 1983, 120, 125; knapp Miller, S. 127.
842 Vgl. Schilling, Informationen zum Kapitalmarkt im Internet, passim; Merkt, S. 433 f.
843 Hopt, Banken, Rn. 74; Hellwig, P 60; Spindler, DStR 2002, 1576, 1578; Ellenberger, S. 25; Handbuch GbR-Schücking, § 32, Rn. 15; Erman, AG 1964, 327, 328. Schönenberger, S. 56, 68 f., leitet daraus ab, es bedürfe keiner gesetzlichen Haftungsregelung.
844 Siehe D.VI.1.
845 Hopt, Banken, Rn. 68.
846 Vgl. Hopt, Banken, Rn. 70 unter Hinweis auf den Sachverhalt bei BGH NJW 1982, 2823, 2825 („BuM").

zen", sondern kann diesen teils im voraus, teils nachträglich weiterreichen. So ist es ihr möglich, sich das Haftungsrisiko vom Emittenten entsprechend vergüten zu lassen[847] oder sich zu versichern.[848] Die Kosten für die Versicherungsprämie kann sie ebenso wie Kosten der Schadenskompensation an alle Kunden, also auch Anleger, über eine Anpassung ihrer Preise weitergeben.[849] Daß dies wegen einer besseren Transparenz der Kosten zu begrüßen ist, wurde bereits ausgeführt.[850] Angesichts dieser Möglichkeiten, Schäden zu sozialisieren, relativiert sich allerdings jede präventive Wirkung von Haftungstatbeständen auf potentielle Schädiger.[851]

4. Zwischenergebnis

Eine gewährleistungsrechtliche Haftung der Emissionsbank hat gegenüber einer Inanspruchnahme des Emittenten den Vorzug, daß eine Rückgabe der Wertpapiere nicht gegen den europarechtlich abgesicherten Kapitalerhaltungsgrundsatz verstößt oder von diesem verdrängt wird. Darin liegt insofern eine Rückkehr zur Intention des historischen Gesetzgebers, als dieser bei der Einführung der Prospekthaftung im Jahre 1896 alleine eine Haftung der Emissionsbanken im Blickfeld hatte.[852] Des weiteren ist eine Inpflichtnahme der Emissionsbank unter Zugrundelegung der gatekeeper theory ökonomisch sinnvoll.

VII. Verhältnis zu anderen Ansprüchen wegen fehlerhafter Kapitalmarkinformationen beim Anteilserwerb am Primärmarkt

Eine gewährleistungsrechtliche Haftung läßt sich nicht in bezug auf Sekundärmarkttransaktionen, sondern nur in bezug auf den Anteilserwerb am Primärmarkt begründen. In den dort praktisch häufigsten Fällen der Fremdemission[853] kann sich eine Konsortialbank dann Ansprüchen von

847 Hopt, Banken, Rn. 69, 121; Brondics/Mark, AG 1989, 339, 345.
848 Brondics/Mark, AG 1989, 339, 345.
849 Hopt, Banken, Rn. 69, 80, 170; allgemein Schwark, Diskussion, P 110.
850 Siehe oben D.VI.1.
851 Vgl. Schlobach, S. 318 f., 413-415, und Schönenberger, S. 104, 141 f., der aber meint, eine vollständige Abwälzung der zusätzlichen Kosten sei tatsächlich unmöglich. Die Möglichkeit der Sozialisierung der Kosten wird von Miller, S. 120 f., 261 f., verkannt.
852 Vgl. Gebauer, S. 133, m.w.N.; Erman, AG 1964, 327, 328.
853 Deshalb wird das Verhältnis der verschiedenen Ansprüche bei einer Selbstemission dazu nur erörtert werden, wenn es der besseren Verständlichkeit dient.

Anlegern aus § 453 I BGB in Verbindung mit § 437 BGB ausgesetzt sehen. Im folgenden geht es um das Verhältnis dieser Haftung zu anderen möglichen Ansprüchen des Anlegers.

1. Haftung aus §§ 280, 281, 311 II, 241 II BGB

Nach § 311 II BGB entsteht ein Schuldverhältnis mit dem Pflichtenkreis aus § 241 II BGB unter anderem durch die Aufnahme von Vertragsverhandlungen. Eine Pflichtverletzung kann dann unter den weiteren Voraussetzungen der §§ 280 f. BGB Schadensersatzansprüche nach sich ziehen. Die vormals richterrechtliche Figur der culpa in contrahendo ist dadurch gesetzlich verankert worden.[854] Diejenigen, die die Anwendung von Sachmängelgewährleistungsrecht auf den Rechtskauf für systemwidrig halten, gelangen statt dessen zu einer Anwendung der Vorschriften über die culpa in contrahendo.[855] Ansonsten stellt sich die Frage, welcher Raum für die Bestimmungen der §§ 280, 281, 311 II, 241 II BGB verbleibt. Bei Fremdemissionen könnte durchaus eine Haftung des *Emittenten* aus culpa in contrahendo begründet werden.[856] Denn anders als bei einer Anwendung des Gewährleistungsrechts bedarf es nicht notwendigerweise (kauf-)vertraglicher Beziehungen zwischen dem Anspruchsberechtigten und dem Anspruchsgegner. Dies ergibt sich aus § 311 III 1 BGB.[857]

Hingegen ist die Frage einer parallelen Anwendung von culpa in contrahendo und Gewährleistungsrecht umstritten. Denn der Gesetzgeber hat die Konkurrenzfrage nicht ausdrücklich entschieden, aber zumindest im Zusammenhang mit dem Unternehmenskauf seine Präferenz für einen Vorrang des Gewährleistungsrechts gegenüber der culpa in contrahendo zu erkennen gegeben.[858] Es fragt sich daher, ob neben einem gewährleistungsrechtlichen Anspruch gegen die Konsortialbank wegen fehlerhaf-

---

854 Erman-Kindl, § 311, Rn. 16; Bamberger/Roth-Faust, § 311, Rn. 37; Barnert, WM 2003, 416; MüKo-Emmerich, § 311, Rn. 50.

855 Vgl. U. Huber, AcP 202 (2002), 179, 229-236.

856 Zur bürgerlich-rechtlichen Prospekthaftung siehe unten D.VII.4.

857 Da sie die Vorschrift des § 434 I 3 BGB in diesem Zusammenhang übersehen, leiten Seibt/Reiche, DStR 2002, 1135, 1139, eine Haftung der Bank alleine aus § 311 III BGB ab. Dann würde sich die Frage nach dem Verhältnis von culpa in contrahendo und Gewährleistungsrecht im Fall der Fremdemission gar nicht stellen. Ähnlich auch Lehmann, DB 2002, 1090, 1091.

858 Begr. RegE BT-Drucksache 14/6040, S. 161 f. und S. 242.

ter Kapitalmarktinformationen auch ein Anspruch aus §§ 280, 281, 311 II, 241 II BGB in Betracht kommt. Für ein Nebeneinander wird allgemein angeführt, das Gewährleistungsrecht habe sich insofern an die culpa in contrahendo angenähert, als infolge des Fortfalls von § 463 S. 2 BGB a.F. ein Schadensersatzanspruch auch bei Fahrlässigkeit in Betracht komme.[859] Außerdem wird behauptet, es bestehe ein Bedürfnis für die Anwendung der culpa in contrahendo, da die Unterschiede hinsichtlich der Verjährung auch durch die Schuldrechtsreform nicht „entschärft" worden seien.[860] Selbst wenn man die Prämisse teilt, § 477 BGB a.F. habe eine unangemessen kurze Verjährungsfrist vorgesehen, ist doch durch die Regelung des § 438 BGB eine Annäherung an die Verjährungsvorschriften der §§ 195, 199 BGB erfolgt.[861] Allerdings ist zu konzedieren, daß die Verjährung bei der culpa in contrahendo frühestens ab Kennenmüssen des Anspruchsberechtigten von den anspruchsbegründenden Tatsachen und der Person des Schuldners zu laufen beginnt und daher erheblich käuferfreundlicher ausfallen kann als die objektiv an die Ablieferung des Kaufgegenstandes anknüpfende Vorschrift des § 438 BGB.[862] Aus Unterschieden wie diesen schließt eine teilweise in der Literatur vertretene Ansicht auf eine parallele Anwendung von culpa in contrahendo und Gewährleistungsrechts. Es handele sich um gänzlich unterschiedliche Haftungssysteme, welche andere Voraussetzungen hätten und andere Zwecke verfolgten. Daher würden die Beschränkungen des Gewährleistungsrechtes ihre Bedeutung bei einer parallelen Anwendung nicht verlieren.[863] Dem kann nicht gefolgt werden. Gerade § 434 I 3 BGB belegt, daß das mittels der culpa in contrahendo geschützte Informationsinteresse des Käufers in die anspruchsbegründenden Voraussetzungen des Gewährleistungsrechtes aufgenommen wurde.[864] Des weiteren regelt § 437 Nr. 3 BGB durch die Verweisung auf § 284 BGB auch die Ersatzfähigkeit eines Vertrauensschadens und läßt daher die beschränkte

---

859 Häublein, NJW 2003, 388, 391; Larisch, S. 159; U. Huber, AcP 202 (2002), 179, 232 f.; vgl. Weiler, ZGS 2002, 249, 253.

860 Emmerich, FS Honsell, S. 209, 219 f.

861 Berger, JZ 2004, 276, 282; Gaul, ZHR 166 (2002), 35, 43 f.; Wolf/Kaiser, DB 2002, 411, 418; ähnlich Anwaltskommentar-Krebs, § 311, Rn. 34.

862 Vgl. Emmerich, FS Honsell, S. 209, 220; Weiler, ZGS 2002, 249, 254; Barnert, WM 2003, 416, 423 f.; Wieling/Finkenauer, S. 34.

863 Bamberger/Roth-Faust, § 437, Rn. 181; Häublein, NJW 2003, 388, 391-393; MüKo-Emmerich, § 311, Rn. 138; Barnert, WM 2003, 416, 424 f.

864 Weiler, ZGS 2002, 249, 254; Erman-Kindl, § 311, Rn. 46.

Schadensersatzhaftung des § 463 BGB a.F. hinter sich.[865] Deshalb läßt sich die These von völlig voneinander zu trennenden Haftungssystemen nicht aufrechterhalten. Außerdem ist aus den bestehenden Unterschieden von culpa in contrahendo und Gewährleistungsrecht auf einen Vorrang des letzteren zu schließen. Ansonsten könnte das Recht des Verkäufers auf „zweite Andienung" in Gestalt des Nacherfüllungsrechts überspielt werden,[866] wenngleich einzuräumen ist, daß dieses beim Anteilserwerb am Primärmarkt ohnehin ausscheidet. Auch sind sowohl Minderung als auch das Rücktrittsrecht anders als der Anspruch aus §§ 280, 281, 311 II, 241 II BGB verschuldensunabhängig.

Soweit sein Anwendungsbereich reicht[867], verdrängt das Gewährleistungsrecht demzufolge als lex specialis die Bestimmungen der culpa in contrahendo.[868] Aufgrund dessen kann eine Haftung der Konsortialbank wegen fehlerhafter Kapitalmarktinformationen beim Anteilserwerb am Primärmarkt nicht zugleich auf §§ 280, 281, 311 II, 241 II BGB gestützt werden. Da das Unterlassen von Kapitalmarktinformationen ebensowenig wie Nebenpflichtverletzungen[869] von § 453 I BGB in Verbindung mit § 434 I 3 BGB erfaßt wird, wird insoweit eine Anwendung der culpa in contrahendo nicht gesperrt. Inhaltlich richten sich vertragliche Neben-

865 Canaris, S. 88; Brors, WM 2002, 1780, 1782; vgl. Gaul, ZHR 166 (2002), 35, 66.
866 Anwaltskommentar-Krebs, § 311, Rn. 33; Canaris, S. 88; Weiler, ZGS 2002, 249, 253 f.; Büdenbender, S. 47; a.A. Bamberger/Roth-Faust, § 437, Rn. 181, der dem durch die Figur des Rechtsmißbrauches Rechnung tragen will. Angesichts seines Ausgangspunktes zweier voneinander unabhängiger Haftungssysteme muß er sich aber den Vorwurf der Inkonsequenz gefallen lassen. Gleiches gilt für die Ansicht von Häublein, NJW 2003, 388, 393, das Verweigern einer Nacherfüllung durch den Käufer sei im Rahmen von § 254 BGB zu berücksichtigen.
867 Grigoleit/Herresthal, JZ 2003, 118, 126; Henssler/Graf von Westphalen-Graf von Westphalen, Vorbemerkung zu §§ 433 ff., Rn. 7; § 434, Rn. 68 f.; Weiler, ZGS 2002, 249, 255 f.; Erman-Kindl, § 311, Rn. 46; Larisch, S. 161 f.; Wieling/Finkenauer, S. 33.
868 Canaris, S. 88; Brors, WM 2002, 1780, 1783; Wertenbruch, S. 512; Holzapfel/Pöllath, Rn. 432; Wolf/Kaiser, DB 2002, 411, 418; Rotthege/Wassermann, Rn. 1198-1200; Wieling/Finkenauer, S. 33; Übernahmerecht-Reiner, § 56, Rn. 288-290; Seibt/Reiche, DStR 2002, 1181, 1185; Wolf, LM Nr. 84 BGB § 276 (Fb); Maier-Reimer, S. 92; Homann, S. 281; Picot-Picot, Teil I., Rn. 86; Bergjan, S. 248 f., 301 f.; Staudinger 2004-Matusche-Beckmann, § 437, Rn. 66; fein differenzierend MüKo-Westermann, § 437, Rn. 58 f.; so auch i.E. Brüggemeier, WM 2002, 1376, 1384; a.A. Bergjan, S. 255, der Gewährleistungsrecht sogar unabhängig von der Existenz eines Vertragsschlusses für vorrangig hält. Dagegen zu Recht Erman-Kindl, § 311, Rn. 45.
869 Vgl. Henssler/Graf von Westphalen-Graf von Westphalen, Vorbemerkung zu §§ 433 ff., Rn. 7.

pflichten der Emissionsbank insbesondere auf die Beratung und Aufklärung des Anlegers. Beispielsweise ist sie dazu verpflichtet, den Käufer auf die ihr bekannten Prospektmängel aufmerksam zu machen und ihn auf Wunsch zu beraten.[870] Ein daraus folgender Anspruch verjährt gemäß der spezielleren Vorschrift des § 37 a WpHG nach drei Jahren, gerechnet ab dem Zeitpunkt, in dem der Anspruch entstanden ist.[871] Auf eine Kenntnis des Anlegers kommt es nicht an.

2. Deliktsrechtliche Haftung

Neben Ansprüche aus Gewährleistungsrecht kann beim Anteilserwerb am Primärmarkt auch eine deliktsrechtliche Haftung der Konsortialbank treten. Gewährleistungsrechtliche Ansprüche schließen solche aus Deliktsrecht nicht aus.[872] In Betracht kommen Ansprüche des Anlegers aus § 826 BGB[873] sowie aus § 823 II BGB in Verbindung mit der Verletzung eines Schutzgesetzes. Zu den in diesem Zusammenhang relevanten Schutzgesetzen zählt § 264 a StGB.[874] Danach wird insbesondere die Weitergabe vorteilhafter unrichtiger Angaben sowie das Verschweigen nachteiliger Tatsachen beim Erwerb von Kapitalanlagen unter Strafe gestellt. Insofern erfaßt § 264 a StGB im Gegensatz zu § 434 I 3 BGB auch das Unterlassen von Kapitalmarktinformationen. Täter kann jeder sein, beispielsweise ein Bankmitarbeiter, wenn die von ihm etwa in einem

---

870 Ellenberger, S. 117 f.; Canaris, Bankvertragsrecht, Rn. 2272.
871 Dazu ausführlich Ellenberger, S. 119-121; Schwark-Schwark, § 37 a WpHG, Rn. 1, 4.
872 Palandt-Putzo, § 437, Rn. 56; Bamberger/Roth-Faust, § 437, Rn. 188; Erman-Grunewald, § 437, Rn. 32; Staudinger 2004-Matusche-Beckmann, § 437, Rn. 55.
873 Vgl. Möllers/Leisch, WM 2001, 1648, 1649 ff.; Möllers/Rotter-Möllers/Leisch, § 15, passim; Möllers, WM 2003, 2393, passim; Fuchs/Dühn, BKR 2002, 1063, 1067 f.; Schwark-Schwark, §§ 44, 45 BörsG, Rn. 74 f.; Ellenberger, S. 128 f.; Siebel/Gebauer, WM 2001, 173, 188; Krause, ZGR 2002, 799, 820-825; Dühn, S. 133-143; Rieckers, BB 2002, 1215, 1217 f.; Reichert/Weller, ZRP, 49, 53; Schwark, FS Hadding, S. 1117, 1130-1132. Jüngst hat der BGH die Norm des § 826 BGB in mehreren Grundsatzentscheidungen herangezogen, um eine Schadensersatzpflicht von Organmitgliedern einer Aktiengesellschaft für grob unrichtige Ad hoc-Mitteilungen zu begründen, vgl. BGH ZIP 2004, 1593, 1596-1599 (=BB 2004, 1816 ff.); BGH ZIP 2004, 1599, 1602-1604 (=BB 2004, 1812 ff.); BGH ZIP 2004, 1604; grundsätzlich zustimmend Leisch, ZIP 2004, 1573, 1575-1577; Fleischer, DB 2004, 2031, passim; Edelmann, BB 2004, 2031, passim; eher verhalten Spindler/Christoph, BB 2004, 2197, 2200; bezüglich § 826 BGB ablehnend Kort, AG 2005, 21, 24-26.
874 BGH ZIP 2004, 1593, 1596; BGH ZIP 2004, 1599, 1602; BGH WM 1991, 2090, 2092; OLG Frankfurt am Main, WM 1992, 572, 576; Ellenberger, S. 103, 128; Möllers/Rotter-Leisch, § 16, Rn. 52; Barnert, WM 2002, 1473, 1477; Dühn, S. 191 f.; Krause, ZGR 2002, 799, 817 f.; Schwark, FS Hadding, S. 1117, 1133.

Prospekt wiedergegebenen Angaben falsch sind.[875] Auch kann die Emissionsbank gemäß § 823 II BGB in Verbindung mit § 399 I Nr. 4 AktG in Anspruch genommen werden, wenn sie zum Beispiel an falschen Angaben bei der Anmeldung einer Kapitalerhöhung zum Handelsregister mitgewirkt hat.[876] Zwar wird unter anderem §§ 264 II 1, 297 II HGB[877], §§ 331, 334 HGB[878] sowie § 400 I Nr. 1 AktG[879] ebenfalls Schutzgesetzqualität beigemessen. Jedoch unterscheiden sich diese Normen dadurch von § 264 a StGB, daß sie sich primär an den Emittenten richten. Denn sie knüpfen daran an, daß die Gesellschaft Adressat der Vorschriften über die Pflichtpublizität ist.[880] Nur diese ist ausdrücklich in den besagten Normen als Verantwortliche genannt. Deshalb ist Anspruchsgegner in diesen Fällen nicht die Emissionsbank, sondern der Emittent. Aufgrund deliktischer Ansprüche kann der Anleger von der Konsortialbank im Wege der Naturalrestitution gegebenenfalls eine Rückabwicklung des Wertpapiergeschäftes verlangen.[881] Sofern ihm die Rückgabe der Wertpapiere infolge einer Weiterveräußerung nicht mehr möglich ist, ist ein etwaiger Anspruch auf Geld gerichtet. Deliktische Ansprüche verjähren gemäß § 195 BGB binnen drei Jahren.[882] Die Verjährungsfrist beginnt nach § 199 I BGB ab dem Schluß des Jahres zu laufen, in dem der Anspruch entstanden ist und der Anspruchsberechtigte Kenntnis von den anspruchsbegründenden Umständen und der Person des Anspruchsgegners erlangte oder zumindest erlangen mußte.

---

875 Schönke/Schröder-Cramer, § 264 a, Rn. 38; Möllers/Rotter-Wilga, § 12, Rn. 94; Park-Park, § 264 a StGB, Rn. 44.

876 Schwark-Schwark, §§ 44, 45 BörsG, Rn. 76; allgemein Ellenberger, S. 128; Park-Südbeck, § 399 AktG, Rn. 9.

877 Ekkenga, ZIP 2004, 781, 788 f.; Dühn, S. 197-199; a.A. BGHZ 125, 366, 377-379 (zu § 41 GmbHG); LG Bonn, AG 2001, 484, 485 f.; B/H-Merkt, § 238, Rn. 19.

878 Ekkenga, ZIP 2004, 781, 788 f.; Dühn, S. 202 f.; LG Bonn, AG 2001, 484, 486; B/H-Merkt, § 331, Rn. 1; Schwark, FS Hadding, S. 1117, 1132; Park-Südbeck, § 331 HGB, Rn. 9.

879 Ekkenga, ZIP 2004, 781, 788 f.; Dühn, S. 205; BGH ZIP 2005, 78, 79-81; BGH ZIP 2004, 1593, 1596; BGH ZIP 2004, 1599, 1601 f.; BGH NJW 2001, 3622, 3624; Groß, WM 2002, 477, 483; Rieckers, BB 2002, 1213, 1215; Möllers/Rotter-Leisch, § 16, Rn. 50; Krause, ZGR 2002, 799, 819 f.; Kiethe, NStZ 2004, 73, passim; Schwark, FS Hadding, S. 1117, 1132; Park-Südbeck, § 400 AktG, Rn. 5.

880 Vgl. Ekkenga, ZIP 2004, 781, 791; Fuchs/Dühn, BKR 2002, 1063, 1070. Speziell zu § 400 I AktG: Schwark-Schwark, §§ 44, 45 BörsG, Rn. 77.

881 Vgl. zu den verschiedenen Berechnungswegen: Dühn, S. 148-150, m.w.N.

882 Schwark-Schwark, §§ 44, 45 BörsG, Rn. 74.

3. Börsenrechtliche Prospekthaftung

Die Haftung der Konsortialbank aus § 453 I BGB in Verbindung mit § 437 BGB kann ausweislich der Regelung des § 47 II BörsG in Idealkonkurrenz zu Ansprüchen des Anlegers aus der börsenrechtlichen Prospekthaftung treten.[883] Deren Tatbestand und Rechtsfolgen sollen im folgenden dargestellt werden.

Soweit es sich um Börsenzulassungsprospekte im Sinne von § 36 III 2 BörsG handelt, ist § 44 BörsG Grundlage für einen Prospekthaftungsanspruch. Diese Vorschrift gilt kraft Verweisung in § 13 I VerkProspG auch für Verkaufsprospekte sowie gemäß § 55 BörsG für Unternehmensberichte.[884] Voraussetzung für einen Anspruch aus börsenrechtlicher Prospekthaftung ist eine unrichtige oder unvollständige Angabe über für die Beurteilung der Wertpapiere wesentliche Angaben.[885] Daher erfaßt § 44 BörsG im Unterschied zur kaufrechtlichen Gewährleistung insoweit auch das Unterlassen von Kapitalmarktinformationen. Ein weiterer Unterschied in der Reichweite der beiden Normkomplexe liegt darin, daß der „Erwerber" bei der börsenrechtlichen Prospekthaftung Anspruchsinhaber ist, sofern das Erwerbsgeschäft binnen sechs Monaten nach der erstmaligen Einführung der Wertpapiere (§ 44 I 1 BörsG) respektive nach dem ersten öffentlichen Angebot im Inland (§ 13 I Nr. 1 VerkProspG) abgeschlossen wurde. Dieses an den „Erwerb" anknüpfende Konzept bezieht auch Zweit- und Dritterwerber in den Kreis der Anspruchsberechtigten ein.[886] Auf diese Weise wird eine Schutzlücke geschlossen, die bei der alleinigen Anwendung des Gewährleistungsrechts offenbliebe. Denn ohne eine solche Erstreckung der Prospekthaftung in den Sekundärmarkt hinein müßte danach differenziert werden, ob der Käufer von einer Konsortialbank oder einer Nichtkonsortialbank Aktien erworben hat. Über Gewährleistungsrecht läßt sich alleine ein Anspruch desjenigen Käufers herleiten, der am Primärmarkt mit einer Konsortialbank kontrahierte.[887] Dies läßt sich aber angesichts einer oftmals noch am Tag der Aktienemission er-

---

883 Wolf/Kaiser, DB 2002, 411, 418; Übernahmerecht-Reiner, § 56, Rn. 154.

884 Die folgenden Ausführungen zur Haftung hinsichtlich des Börsenzulassungsprospektes beziehen sich daher auch auf diese Publizitätsinstrumente, sofern nicht ausdrücklich etwas anderes angegeben wird.

885 Vgl. Ellenberger, S. 31-38; Groß, AG 1999, 199, 201-204; Kort, AG 1999, 9, 10; Schwark-Schwark, §§ 44, 45 BörsG, Rn. 17-34.

886 Ellenberger, S. 63 f.; Förster, S. 135; Groß, AG 1999, 199, 205; Kort, AG 1999, 9, 12.

887 Vgl. oben D.III.4.

folgenden Überschreitung der Grenze zwischen Primär- und Sekundärmarkt sachlich nicht rechtfertigen. Außerdem wäre dies für den Absatz der Wertpapiere insofern kontraproduktiv, als der Ersterwerber die fehlende Ausdehnung der Prospekthaftung auf den Sekundärmarkt als eigenes Absatzrisiko in den Kaufpreis einrechnen würde.[888] Die Liquidität des Marktes würde dementsprechend leiden.

Des weiteren unterscheidet sich die börsenrechtliche Prospekthaftung vom zumindest tatbestandlich verschuldensunabhängigen Sachmängelgewährleistungsrecht dadurch, daß § 45 I BörsG es dem Anspruchsgegner gestattet, sich mittels Nachweises eines unterhalb der Schwelle grober Fahrlässigkeit liegenden Verhaltens zu enthaften.[889]

Außerdem muß der Anteilserwerb „auf Grund des Prospektes" zustande gekommen sein. Diese Voraussetzung galt bis zur Novellierung des Börsengesetzes im Jahre 1998 durch das Dritte Finanzmarktförderungsgesetz als neu-ralgischer Punkt. Denn bis zu diesem Zeitpunkt traf den Anleger die Darlegungs- und Beweislast dafür, daß er seine Anlageentscheidung aufgrund der (unrichtigen oder unvollständigen) Angaben im Emissionsprospekt tätigte.[890] Da dieser Beweis schwer zu führen ist, entwickelte die Rechtsprechung das Konzept der sogenannten Anlagestimmung. Der Anleger durfte sich auf eine allgemeine Anlagestimmung berufen, selbst wenn er keine Kenntnis vom Inhalt des Prospektes hatte.[891] Mit der Novellierung des Börsengesetzes im Jahre 1998 ist diese Kausalitätsvermutung in modifizierter Form durch § 45 BörsG a.F. (nun § 44 I 1 BörsG) kodifiziert worden.[892] Ein ursächlicher Zusammenhang zwischen den Angaben des Prospektes und dem Anteilserwerb wird für die Dauer von sechs Monaten nach der erstmaligen Einführung der Wertpapiere bzw. ihrem öffentlichem Angebot (§ 13 I Nr. 1 VerkProspG) widerleglich vermutet. Deshalb darf der Prospektverantwortliche beweisen, daß

---

888 Baums, ZHR 167 (2003), 139, 149 f.

889 Detailliert Ellenberger, S. 42-59; Förster, S. 148-155; Groß, AG 1999, 199, 205-207.

890 Vgl. Ellenberger, S. 39; Groß, AG 1999, 199, 205.

891 RGZ 80, 196, 204 f.; BGH WM 1982, 867 f.; BGHZ 139, 225, 233 f.; OLG Frankfurt am Main WM 1994, 291, 298; OLG Frankfurt am Main, WM 1996, 1216, 1219; Ellenberger, S. 39; Kissner, S. 114 f.

892 Ellenberger, S. 40; Förster, S. 143 f.; Begr. RegE BT-Drucksache 13/8933, S. 78; Groß, AG 1999, 199, 205; Kort, AG 1999, 9, 12 f.

gegenläufige Faktoren die Anlagestimmung schon vor Ablauf von sechs Monaten zerstörten (vgl. § 45 II Nr. 1 BörsG).[893]

Gemäß § 44 I 1 BörsG haften diejenigen gesamtschuldnerisch, die für den Prospekt die Verantwortung übernommen haben (Nr. 1) und von denen dessen Erlaß ausgeht (Nr. 2). Verantwortung in diesem Sinne übernehmen diejenigen, die den Prospekt unterzeichnet haben und dadurch wie der Emittent, der Emissionsbegleiter und die im Prospekt als Verantwortliche Bezeichneten nach außen erkennbar hervortreten.[894] Erlasser eines Prospektes ist derjenige, der ein eigenes geschäftliches Interesse an der Emission hat, ohne nach außen in Erscheinung zu treten.[895] Daher sind alle am Emissionskonsortium beteiligten Banken unabhängig davon Prospektverantwortliche, ob sie die Verantwortung für dessen Inhalt nach außen erkennbar übernommen haben.[896]

Rechtsfolge von § 44 BörsG ist ein Anspruch des Erwerbers auf Übernahme der Wertpapiere gegen Erstattung des Erwerbspreises und der mit dem Erwerb verbundenen üblichen Kosten. Allerdings setzt dies voraus, daß der Erwerbspreis nicht den ersten Ausgabepreis der Wertpapiere übersteigt.[897] Daß diese Rechtsfolge im Hinblick auf den europarechtlich abgesicherten Kapitalerhaltungsgrundsatz fragwürdig ist, wurde bereits ausgeführt.[898] Sofern der Erwerber nicht mehr Inhaber der Wertpapiere ist, steht ihm ein Anspruch auf Ersatz der Differenz zwischen Erwerbspreis, soweit er den Erstausgabepreis nicht übersteigt, und Verkaufspreis zuzüglich Erwerbs- und Veräußerungskosten zu.

Der Anspruch aus § 44 BörsG verjährt gemäß § 46 BörsG in einem Jahr ab Kenntnis des Erwerbers von dem Prospektmangel, spätestens jedoch nach drei Jahren, gerechnet ab Veröffentlichung des Prospektes. Dem-

---

893 Ellenberger, S. 40; Kort, AG 1999, 9, 12 f.; Groß, AG 1999, 1999, 205; Förster, S. 146 f.; Schwark-Schwark, §§ 44, 45 BörsG, Rn. 44.

894 Ellenberger, S. 24; Groß, AG 1999, 199, 200; Heidel-Bergdolt, Kap. 3, § 44 BörsG, Rn. 47-50.

895 Ellenberger, S. 23 f.; Assmann/Schütze-Assmann, § 7, Rn. 204; Groß, AG 1999, 199, 201; Schwark-Schwark, §§ 44, 45 BörsG, Rn. 9.

896 Ellenberger, S. 26; Förster, S. 127; Groß, AG 1999, 199, 201; Hopt, 50 Jahre BGH, S. 528.

897 Dazu Ellenberger, S. 60; Förster, S. 155-161; Schwark-Schwark, §§ 44, 45 BörsG, Rn. 60.

898 Vgl. D.VI.2.a).

gegenüber sieht § 453 I BGB in Verbindung mit § 438 I Nr. 3 BGB eine zweijährige Verjährungfrist ab Übertragung des Gesellschaftsanteiles vor. Soweit unter diesem Gesichtspunkt Bedenken gegen eine Idealkonkurrenz von Gewährleistungsrecht und börsenrechtlicher Prospekthaftung erhoben werden[899], greifen diese nicht durch. Denn der Gesetzgeber hat durch § 47 II BörsG klar zum Ausdruck gebracht, ein Nebeneinander vertraglicher Ansprüche und der börsenrechtlichen Prospekthaftung zuzulassen.[900]

Hinsichtlich des Verhältnisses von börsenrechtlicher Prospekthaftung und der Haftung aus culpa in contrahendo ist § 47 II BörsG entsprechend anzuwenden.[901] Ebenso kann die deliktische Haftung zur börsenrechtlichen Prospekthaftung in Idealkonkurrenz treten, wenn und soweit *vorsätzliche* unerlaubte Handlungen eines Prospektverantwortlichen in Rede stehen, § 47 II BörsG.[902]

4. Bürgerlich-rechtliche Prospekthaftung

Von der soeben dargestellten börsenrechtlichen Prospekthaftung zu unterscheiden ist die bürgerlich-rechtliche Haftung für Prospekte[903]. Diese wiederum wurde vor der Schuldrechtsreform in eine Prospekthaftung im engeren und eine in weiterem Sinne unterteilt. Die zivilrechtliche Prospekthaftung im engeren Sinne knüpfte an das typisierte Vertrauen des Anlegers auf die Richtigkeit und Vollständigkeit der von den Prospektverantwortlichen[904] getroffenen Angaben an. Deshalb kam es auf einen rechtsgeschäftlichen Kontakt zwischen Anspruchssteller und Anspruchsgegner nicht an.[905] Gleiches galt für die Prospekthaftung im weiteren Sinne, wonach diejenigen Vertreter oder sonstige Sachwalter für fehler-

---

899 Holzapfel, wiedergegeben bei Thiessen/Muthers, Diskussionsbericht, S. 121.
900 Vgl. Schwark-Schwark, §§ 44, 45 BörsG, Rn. 74, § 47 BörsG, Rn. 2.
901 Vgl. Schwark-Schwark, §§ 44, 45 BörsG, Rn. 4; Förster, S. 172; Kort, AG 1999, 9, 18; so auch i.E. Heidel-Bergdolt, Kap. 3, § 47 BörsG, Rn. 3.
902 Der Anspruch aus vorsätzlicher unerlaubter Handlung unterliegt indes nicht den Beschränkungen der §§ 44, 45 BörsG: OLG Frankfurt am Main, BKR 2003, 259, 260 f. (= NJW 2003, 1258 f.); Lenenbach, 8.111; a.A. Kort, AG 1999, 9, 18.
903 Zum Prospektbegriff siehe Meyer, WM 2003, 1301, 1302 f.; Grumann, BKR 2002, 311-313; Kiethe, ZIP 2000, 216, 218 f.; Schwark, FS Hadding, S. 1117, 1128 f.; Braun/Rotter, BKR 2003, 918, 924 f.; BGH ZIP 2004, 1593, 1595; BGH ZIP 2004, 1599, 1600, jeweils m.w.N.
904 Dazu Ellenberger, S. 96 f.; MüKo-Emmerich, § 311, Rn. 164-168.
905 Ellenberger, S. 95-97.

hafte oder unvollständige Prospekte hafteten, die besonderes persönliches Vertrauen in Anspruch genommen hatten.[906] So unterlagen die Mitglieder des Vorstands einer Aktiengesellschaft bei der Emission von Aktien im Freiverkehr der bürgerlich-rechtlichen Prospekthaftung.[907] Auch eine Emissionsbank haftete nach den Regeln der culpa in contrahendo, wenn sie neben ihrer Funktion als Konsortialbank gegenüber ihren Kunden besonderes persönliches Vertrauen beanspruchte.[908]

Die unterschiedlichen dogmatischen Ausgangspunkte der beiden Spielarten der bürgerlich-rechtlichen Prospekthaftung behalten auch nach der Schuldrechtsreform ihre Gültigkeit. Allerdings führt diese dadurch zu einer Vereinheitlichung, daß sich die bürgerlich-rechtliche Prospekthaftung unterschiedslos unter § 311 II, III BGB subsumieren läßt. Dem steht nicht entgegen, daß § 311 III 2 BGB alleine die Inanspruchnahme persönlichen Vertrauens ausdrücklich nennt. Denn dies ist nicht abschließend gemeint, wie sich aus dessen Wortlaut („insbesondere") ergibt.[909] Deshalb bleibt es bei der Regelung des § 311 III 1 BGB, wonach ein Schuldverhältnis mit Pflichten nach § 241 II BGB auch zu Personen entstehen kann, die wie im Fall des typisierten Vertrauens nicht Vertragspartei[910] werden. Demzufolge stellen sowohl die bürgerlich-rechtliche Prospekthaftung im engeren Sinne als auch diejenige im weiteren Sinne Ansprüche aus §§ 280 I, 311 II, III, 241 II BGB dar.[911] Insofern unterscheidet sich die bürgerlich-rechtliche Prospekthaftung von der Haftung nach § 453 I BGB in Verbindung mit § 437 BGB, bei der das Vorliegen eines Kaufvertrages als notwendig vorausgesetzt wird.

Der Prospektfehler muß zum Erwerb der Kapitalanlage geführt haben, was im Falle der Fehlerhaftigkeit oder Unvollständigkeit des Prospektes vermutet wird.[912] Anders als im Rahmen der sogenannten Anlagestim-

---

906 Ellenberger, S. 100 f.; Förster, S. 36, 81.
907 BGHZ 123, 106, 109 ff.; OLG Frankfurt am Main, WM 1988, 1161, 1162.
908 Ellenberger, S. 101; Förster, S. 67; Bankrecht-Siol, § 45, Rn. 41-44; MüKo-Emmerich, § 311, Rn. 168.
909 Begr. RegE BT-Drucksache 14/6040, S. 163.
910 Vgl. Messer, S. 22 f., die über § 311 III 1 BGB Äußerungen von Vorstandsmitgliedern einer AG erfaßt sieht.
911 Lux, NJW 2003, 2966, 2967; Erman-Kindl, § 311, Rn. 52; MüKo-Emmerich, § 311, Rn. 164, 174 f.; B/H-Hopt, Anh § 177 a, Rn. 60; Messer, S. 70-78, insbesondere S. 78; zwischen Prospekthaftung im engeren und im weiteren Sinne differenzierend Meyer, WM 2003, 1301, 1302; Grumann, BKR 2002, 310 f.; Palandt-Heinrichs, § 280, Rn. 54, 57.
912 MüKo-Emmerich, § 311, Rn. 172; Ellenberger, S. 98; Förster, S. 68 f.

mung bei § 44 BörsG fehlt es hier an einer zeitlichen Begrenzung auf sechs Monate. Des weiteren haften die Prospektverantwortlichen gemäß § 276 BGB bereits für fahrlässiges Verhalten. Dies wird bei einem fehlerhaften Prospekt gemäß § 280 I 2 BGB widerleglich vermutet.[913] Damit nähert sich die bürgerlich-rechtlichen Prospekthaftung an eine der Rechtsfolgen der Lieferung eines mangelhaften Anteiles, den Schadensersatzanspruch statt der Leistung, an. Denn diesbezüglich bestimmt sich der Verschuldensmaßstab ebenfalls nach § 276 BGB; auch ist § 280 I 2 BGB anwendbar.

Demgegenüber ist die Rechtsfolge der bürgerlich-rechtlichen Prospekthaftung nicht wie ein Anspruch auf Schadensersatz „statt der Leistung" auf den Ersatz des positiven Interesses, sondern darauf gerichtet, den Anleger so zu stellen, als hätte er seine Investition nicht getätigt. Aufgrund dessen kann dieser gemäß § 249 I BGB seine Erwerbskosten Zug um Zug gegen Rückübertragung der werthaltigen Anteile ersetzt verlangen. Ist der Anleger nicht mehr im Besitz der Aktien, kann er die Erstattung der Differenz zwischen dem Erwerbs- und dem Verkaufszins verlangen. Im Unterschied zur börsenrechtlichen Prospekthaftung erstreckt sich der Anspruch auch auf einen gegebenenfalls entgangenen Gewinn.[914]

Umstritten ist, innerhalb welcher Frist Ansprüche aus bürgerlich-rechtlicher Prospekthaftung verjähren. In der Literatur wird die Ansicht vertreten, es sei auch nach der Schuldrechtsreform daran festzuhalten, daß – soweit es um die Beteiligung an Publikumsgesellschaften geht – Ansprüche aus Prospekthaftung im engeren Sinne gemäß § 20 V KAGG, § 12 V AuslInvestmG sowie § 46 BörsG analog in einem Jahr von der Kenntnis des Prospektmangels an, spätestens jedoch in drei Jahren nach dem Anteilserwerb verjähren. Im übrigen finde die Regelverjährung der §§ 195, 199 BGB Anwendung.[915] Die darin zum Ausdruck kommende Unterscheidung zwischen Prospekthaftung im engeren und im weiteren Sinne hat nach der Schuldrechtsreform angesichts § 311 II, III BGB an

---

913 MüKo-Emmerich, § 311, Rn. 172; Ellenberger, S. 98; Förster, S. 71.

914 MüKo-Emmerich, § 311, Rn. 171; Ellenberger, S. 98 f.; Förster, S. 72-75; Braun/Rotter, BKR 2003, 918, 926.

915 Palandt-Heinrichs, § 280, Rn. 58; Bamberger/Roth-Grüneberg, § 311, Rn. 108; B/H-Hopt, Anh § 177 a, Rn. 65, § 347, Rn. 39; Geibel, S. 399; Handbuch KG-Gummert, § 69 PublKG, Rn. 97-103; Jauernig-Stadler, § 311, Rn. 65; Assmann, AG 2004, 435, 444. Zur Rechtslage vor der Schuldrechtsreform: Ellenberger, S. 99 f.; Förster, S. 77-79, 82; Bankrecht-Siol, § 45, Rn. 67-70.

Überzeugungskraft verloren. Dem widerspräche es, wenn man hinsichtlich der Verjährung diese herkömmliche Differenzierung fortführen würde. Zudem stünde dies im Widerspruch zum gesetzgeberischen Ziel, das Verjährungsrecht zu vereinheitlichen. Deshalb nutzte der Gesetzgeber auch nicht die Gelegenheit, bezüglich der bürgerlich-rechtlichen Prospekthaftung im Rahmen der Schuldrechtsreform eine spezielle Verjährungsregelung zu schaffen. In jedem Fall der bürgerlich-rechtlichen Prospekthaftung findet daher – vorbehaltlich etwaiger leges speciales[916] – § 195 BGB Anwendung, wonach der Anspruch innerhalb von drei Jahren nach Kenntnis von den anspruchsbegründenden Umständen und der Person des Schuldners verjährt.[917]

Soweit sein Anwendungsbereich reicht, geht das Gewährleistungsrecht als lex specialis den Bestimmungen der §§ 311, 241 II, 280 BGB vor.[918] Daher tritt die nach der Schuldrechtsreform einheitlich in §§ 311 II, III, 280 BGB zu verankernde bürgerlich-rechtliche Prospekthaftung insoweit hinter die Vorschriften einer gewährleistungsrechtlichen Haftung zurück. Ansonsten kann die bürgerlich-rechtliche Prospekthaftung Platz greifen. Dann stellt sich aber die Frage nach dem Verhältnis zur Prospekthaftung gemäß § 44 BörsG. Gegen einen Vorrang der börsenrechtlichen vor der bürgerlich-rechtlichen Prospekthaftung könnte sprechen, daß beide Ausprägungen der zivilrechtlichen Prospekthaftung nach der Schuldrechtsreform als Anwendungsfälle von §§ 311 II, III, 280 BGB zu begreifen sind. Nimmt man hinzu, daß § 47 II BörsG auf Ansprüche aus culpa in contrahendo analog anwendbar ist, könnte dies prima vista auf ein Nebeneinander schließen lassen.[919] Allerdings ist zu berücksichtigen, daß es um eine entsprechende Anwendung von § 47 II BörsG geht. Eine Analogie erfordert das Vorliegen einer planwidrigen Regelungslücke.[920] Schon der Gesetzgeber des dritten Finanzmarktförderungsgesetzes blieb im Jahre 1998 mit der Neuregelung der spezialgesetzlichen Prospekthaftung bewußt hinter der allgemeinen zivilrechtlichen Prospekthaftung zurück.[921]

---

916 Beispielsweise § 37 a WpHG, siehe dazu Förster, S. 221-223.

917 MüKo-Emmerich, § 311, Rn. 172; Lux, NJW 2003, 2966, 2967; Hahn, Prospekthaftung, S. 91 f.; knapp Braun/Rotter, BKR 2003, 918, 921, Fn. 32; a.A. Assmann, AG 2004, 435, 444; wohl auch a.A. Förster, S. 217 f.

918 Siehe oben D.VII.1.

919 So früher schon i.E. Canaris, Rn. 2294, 2296; Grundmann/Selbherr, WM 1996, 985, 988 f.

920 Larenz/Canaris, S. 191-202; Bydlinski, S. 472-475.

921 RegBegr. BT-Drucksache 13/8933, S. 81; Ellenberger, S. 107.

Bei der jüngsten Novellierung des Börsengesetzes im Rahmen des 4. Finanzmarktförderungsgesetzes im Jahre 2002 unterließ es der Gesetzgeber, § 47 II BörsG auf die bürgerlich-rechtliche Prospekthaftung zu erstrecken, obwohl zu diesem Zeitpunkt §§ 311 II, III, 280 BGB bereits in Kraft getreten waren. Dadurch brachte er sein Festhalten an der gesetzgeberischen Einschätzung aus dem Jahre 1998 zum Ausdruck. Soweit der Anwendungsbereich der börsenrechtlichen Prospekthaftung reicht, kann mangels planwidriger Regelungslücke keine Analogie zu § 47 II BörsG in bezug auf die bürgerlich-rechtliche Prospekthaftung als Anwendungsfall der §§ 311 II, III, 280 BGB begründet werden. Die börsenrechtliche Prospekthaftung hat insoweit Vorrang.[922]

5. Haftung für fehlende oder fehlerhafte Ad hoc-Mitteilungen gemäß §§ 37 b, 37 c WpHG

Ad hoc-Mitteilungen sind überwiegend ein Instrument der Sekundärmarktpublizität. Da aus Gewährleistungsrecht lediglich für den Anteilserwerb am Primärmarkt Ansprüche abgeleitet werden können, spielt das Verhältnis zwischen gewährleistungsrechtlichen Ansprüchen und der Haftung für fehlende oder fehlerhafte Ad hoc-Mitteilungen gemäß §§ 37 b, 37 c WpHG eine eher untergeordnete Rolle. Gleichwohl darf diese nicht völlig vernachlässigt werden. Insbesondere wenn bereits börsennotierte Aktiengesellschaften weitere Aktien emittieren, können der Begebung der Anteile vorausgehende Umstände Gegenstand von Ad hoc-Mitteilungen sein.[923] Dann sind Ad hoc-Meldungen gewissermaßen primärmarktbezogen.

§ 37 b WpHG sieht eine Haftung für das Unterlassen oder die verzögerte Abgabe[924] von Ad hoc-Mitteilungen vor, und § 37 c WpHG knüpft an die

---

922 So auch i.E. Köndgen, AG 1983, 120, 130; Heidel-Bergdolt, Kap. 3, § 47 BörsG, Rn. 8; OLG Frankfurt am Main, WM 1997, 361, 363; Assmann, FG Kübler, S. 317, 338; Kort, AG 1999, 9, 19; Groß, AG 1999, 199, 209; Sittmann, NZG 1998, 490, 492; Schwark-Schwark, §§ 44, 45 BörsG, Rn. 74.

923 Siehe oben D.II.4.c)aa).

924 RegE BR-Drucksache 936/01, S. 260; A/S-Sethe, §§ 37 b, 37 c, Rn. 23; Fleischer, NJW 2002, 2977, 2979; Möllers/Rotter-Möllers/Leisch, § 14, Rn. 14 f.; Schwark-Zimmer, §§ 37 b, 37 c WpHG, Rn. 29. Ebenso § 37 b I WpHG n.F., der durch das AnSVG (BGBl. I 2004, S. 2630) geändert wurde.

Veröffentlichung unwahrer[925] Tatsachen im Rahmen einer Ad hoc-Mitteilung an. Folglich erfassen die Regelungen des WpHG auch die Konstellation fehlender Kapitalmarktinformationen, wohingegen das Gewährleistungsrecht des BGB stets die Existenz einer „öffentlichen Äußerung" voraussetzt. Ein weiterer Unterschied der Regelungskomplexe liegt darin, daß Gegner eines Anspruches aus §§ 37 b, 37 c WpHG lediglich der Emittent ist.[926] Eine Verantwortlichkeit der Emissionsbank oder eines anderen Vertragspartners des Anlegers folgt daraus nicht. Demgegenüber kann zumindest im praktisch häufigsten Fall der Fremdemission alleine die Konsortialbank gewährleistungsrechtlichen Ansprüchen ausgesetzt sein. Die Konkurrenzfrage stellt sich daher nicht. Anders ist dies bei der tatsächlich selten vorkommenden Selbstemission. Dort ist der Emittent selbst Vertragspartner des Anlegers und haftet deshalb möglicherweise für Mängel des Anteiles. § 37 c V WpHG enthält eine Kollisionsregel, die der Bestimmung des § 47 II BörsG wörtlich entspricht.[927] Demnach stehen Ansprüche aus § 37 c WpHG und solche aus Gewährleistungsrecht in Idealkonkurrenz zueinander.[928] Der Anspruch aus § 37 c WpHG ist auf den Ersatz des Schadens gerichtet, den der Anspruchsberechtigte dadurch erleidet, daß er auf die Richtigkeit der Tatsache vertraut. Vorgaben zur inhaltlichen Ausgestaltung des Schadensersatzanspruches hat sich der Gesetzgeber enthalten. Es gilt jedoch zu beachten, daß es im Unterschied zum Schadensersatz statt der Leistung nicht um den Ersatz des positiven Interesses geht. Vielmehr sollen diejenigen Anleger geschützt werden, die zu billig verkauft oder zu teuer eingekauft haben.[929] Die Berechnung des Schadens ist Gegenstand von Diskussio-

---

925 Dazu A/S-Sethe, §§ 37 b, 37 c, Rn. 34; Maier-Reimer/Webering, WM 2002, 1857, 1858; Möllers/Leisch, NZG 2003, 112, 114; Rössner/Bolkart, ZIP 2002, 1471, 1473; Dühn, S. 176 f.; Möllers/Rotter-Möllers/Leisch, § 14, Rn. 16-21; Schwark-Zimmer, §§ 37 b, 37 c WpHG, Rn. 35 f. So auch § 37 c I WpHG n.F. nach der Änderung durch das AnSVG (BGBl. I 2004, S. 2630).

926 A/S-Sethe, §§ 37 b, 37 c, Rn. 20; Fleischer, NJW 2002, 2977, 2979; Rössner/Bolkart, ZIP 2002, 1471, 1476; Veil, ZHR 167 (2003), 365, 373; Schwark-Zimmer, §§ 37 b, 37 c WpHG, Rn. 19, 21.

927 A/S-Sethe, §§ 37 b, 37 c, Rn. 77. Diese Regelung hat auch nach der Novellierung des WpHG Bestand (vgl. AnSVG, BGBl. I 2004, S. 2630). Siehe oben D.VII.3. zu § 47 II BörsG.

928 Im folgenden steht daher alleine der Anspruch aus § 37 c WpHG im Mittelpunkt der Betrachtung.

929 A/S-Sethe, §§ 37 b, 37 c, Rn. 3, 36, 38; Fleischer, NJW 2002, 2977, 2980; Maier-Reimer/Webering, WM 2002, 1857, 1860 f.; Rössner/Bolkart, ZIP 2002, 1471, 1475; Veil, ZHR 167 (2003), 365, 386; Dühn, S. 174-176; Schwark-Zimmer, §§ 37 b, 37 c WpHG,

nen im Schrifttum.[930] Die in § 37 c II WpHG vorgesehene Beweislastumkehr, wonach der Anspruchsgegner sich bei Beweis der Unkenntnis oder zumindest nicht grob fahrlässiger Unkenntnis von der Unrichtigkeit der unwahren Tatsache exkulpieren kann, stellt eine erhebliche Erleichterung für den Anspruchsteller dar.[931] Ob eine solche Erleichterung dem Anleger auch im Hinblick auf die haftungsbegründende Kausalität zugute kommen kann, indem § 45 II Nr. 1 BörsG und die Grundsätze über die Anlagestimmung entsprechend angewendet werden, ist streitig, wird aber zu Recht mangels Vorliegens einer planwidrigen Regelungslücke abgelehnt.[932] Auch eine in der Literatur vorgeschlagene teleologische Reduktion von §§ 37 b, 37 c WpHG im Hinblick auf die haftungsbegründende Kausalität läßt sich nicht rechtfertigen.[933]

Die Verjährung eines Anspruchs aus § 37 c WpHG bestimmt sich derzeit noch nach dessen Absatz 4, welcher der Regelung des § 46 BörsG nachgebildet ist.[934] Die Bundesregierung beabsichtigt allerdings, unter anderem[935] die Schadensersatzansprüche nach § 37 b I und § 37 c I WpHG im Interesse eines möglichst einheitlichen Verjährungsrechts in

---

Rn. 5. Auf diesen Betrag wollen Hopt/Voigt, WM 2004, 1801, 1804, jeden Anspruch des Kapitalanlegers aus Prospekt- und Kapitalmarktinformationshaftung beschränken.

930 A/S-Sethe, §§ 37 b, 37 c, Rn. 50-65; Escher-Weingart/Lägeler/Eppinger, WM 2004, 1845; Fleischer, NJW 2002, 2977, 2980 f.; Hutter/Leppert, NZG 2002, 649, 654 f.; Maier-Reimer/Webering, WM 2002, 1857, 1860 f.; Rössner/Bolkart, WM 2003, 953, 954-958; Veil, ZHR 167 (2003), 365, 386-392; Dühn, S. 179 f.; Möllers/Rotter-Möllers/Leisch, § 14, Rn. 77-110; Schwark-Zimmer, §§ 37 b, 37 c WpHG, Rn. 86-89, 91-93; Schwark, FS Hadding,
S. 1117, 1136 f.; Handelsrechtsausschuß, NZG 2004, 703, 707; Leisch, ZIP 2004, 1573, 1578 f.; Hahn, S. 214-217; Hennrichs, FS Kollhosser, S. 206 f.

931 A/S-Sethe, §§ 37 b, 37 c, Rn. 7, 40-43; Rössner/Bolkart, ZIP 2002, 1471, 1474; Dühn, S. 179; Schwark-Zimmer, §§ 37 b, 37 c WpHG, Rn. 62. Diese Vorschrift wird von der geplanten Änderung des WpHG durch das AnSVG (BGBl. I 2004, S. 2630) nicht berührt.

932 Dühn, S. 177 f.; Fleischer, NJW 2002, 2977, 2980; Rützel, AG 2003, 69, 78 f.; Hennrichs, FS Kollhosser, S. 204 f.; Rössner/Bolkart, WM 2003, 953, 954 (a.A. noch dies., ZIP 2002, 1471, 1476); so auch i.E. A/S-Sethe, §§ 37 b, 37 c, Rn. 67 f.; Veil, ZHR 167 (2003), 365, 381-383; Gerber, DStR 2004, 1793, 1797; Sauer, S. 302-304; a.A. Fleischer/Kalss, AG 2002, 329, 333. Für Beweiserleichterungen aber A/S-Sethe, §§ 37 b, 37 c, Rn. 69; Möllers/Rotter-Möllers/Leisch, § 14, Rn. 113; Fleischer, NJW 2002, 2977, 2980; Messer, S. 196-205. Dagegen zu Recht Dühn, S. 178; Rützel, AG 2003, 69, 79.

933 So aber Schwark, FS Hadding, S. 1117, 1136.

934 Um Wiederholungen zu vermeiden, sei auf die Ausführungen unter D.VII.3. verwiesen. Rechtspolitische Kritik bei A/S-Sethe, §§ 37 b, 37 c, Rn. 76; Rössner/Bolkart, ZIP 2002, 1471, 1477.

935 Siehe dazu auch unten E.III.2.a) und b).

den Anwendungsbereich der regelmäßigen Verjährung gemäß §§ 195, 199 BGB einzubeziehen.[936]

6. Zwischenergebnis

Eine Konsortialbank kann neben gewährleistungsrechtlichen Ansprüchen auch Ansprüchen aus der börsenrechtlichen Prospekthaftung ausgesetzt sein. Insoweit besteht Idealkonkurrenz. Demgegenüber werden Ansprüche aus §§ 311 II, III, 241 II, 280 BGB verdrängt, soweit der Anwendungsbereich des spezielleren Gewährleistungsrechts reicht. Dies gilt auch für das Verhältnis der Mängelhaftung zur bürgerlich-rechtlichen Prospekthaftung, welche nach der Schuldrechtsreform unter § 311 II, III BGB subsumiert werden kann. Gewährleistungsrechtliche und deliktische Ansprüche wegen der Verletzung von Schutzgesetzen oder § 826 BGB wiederum konkurrieren ideal miteinander.

VIII. Ergebnis

Ausgangspunkt der Betrachtung war die Frage, ob es angesichts der Neuregelung des Gewährleistungsrechts des BGB, insbesondere § 434 I 3 BGB, überhaupt der vielfach propagierten Änderungen der lex lata bedarf, um eine Haftung für fehlende oder fehlerhafte Kapitalmarktinformationen am organisierten Kapitalmarkt sicherzustellen. Dies ist nach dem Gang der Untersuchung für den Sekundärmarkt zu bejahen. Denn über die Anwendung von Gewährleistungsrecht läßt sich allenfalls der Anteilserwerb am organisierten Primärmarkt erfassen. Das hinsichtlich des Erwerbs von Anteilen an börsennotierten Gesellschaften rechtspolitisch brisantere Geschehen am Sekundärmarkt kann mittels § 453 I BGB in Verbindung mit § 434 I 3 BGB nicht erfaßt werden. Insofern trägt die Schuldrechtsreform nichts dazu bei, das mitunter problematische Informationsverhalten von Aktiengesellschaften am Sekundärmarkt rechtlich in den Griff zu bekommen.

Aber auch hinsichtlich des Primärmarktes ist die Anwendung von Gewährleistungsrecht nicht genügend, da dessen Anwendungsbereich recht schmal ist. Dies liegt vor allem an der tatbestandlichen Anknüpfung an den Abschluß von Kaufverträgen. Lediglich der Käufer von Wertpapieren

---

936 Stellungnahme des Bundesrates und Gegenäußerung der Bundesregierung, BT-Drucksache 15/3355; S. 3 und S. 6.

ist anspruchsberechtigt. Bereits wenn man bedenkt, daß im Zusammenhang mit der kürzlich erfolgten Einführung von §§ 37 b, 37 c WpHG sogar über die Aufgabe eines Transaktionserfordernisses diskutiert wurde, um Anleger zu schützen, die den Erwerb oder die Veräußerung von Anteilen aufgrund fehlender oder fehlerhafter Kapitalmarktinformationen zeitlich aufschieben,[937] erheben sich Zweifel zu einem solchen Konzept. Nicht von ungefähr ist die börsenrechtliche Prospekthaftung tatbestandlich an den „Erwerb" von Wertpapieren angebunden. Auf diese Weise schützen §§ 44 ff. BörsG auch Zweit- und Dritterwerber, sofern der Erwerb innerhalb der Sechs-Monate-Frist des § 44 I 1 BörsG erfolgte. Diese Verlängerung der Prospekthaftung in den Sekundärmarkt hinein ist rechtspolitisch geboten. Ohne eine solche litte der Absatz von Wertpapieren, da Erstkäufer dies als eigenes Absatzrisiko in die Kaufpreisbildung einbeziehen müßten.[938] Die Anknüpfung an kaufvertragliche Beziehungen zwischen Anspruchsteller und Anspruchsgegner zieht für den praktisch häufigsten Fall der Fremdemission des weiteren eine Differenzierung der Anleger danach nach sich, ob sie mit einer Konsortialbank oder einer nicht emissionsbegleitenden Bank kontrahieren. Nur solche Anleger, die von einer Konsortialbank Aktien kaufen, können gewährleistungsrechtliche Ansprüche gegen diese haben. Von welcher Bank der Anleger aber emittierte Aktien erwirbt, hängt ebenso vom Zufall ab wie der Umstand, daß die kontrahierende Bank zugleich Emissionsbegleiterin derjenigen Gesellschaft ist, deren Aktien der Käufer erwirbt. Auch insofern vermag eine gewährleistungsrechtliche Haftung für fehlerhafte Kapitalmarktinformationen nicht zu überzeugen.

Hinzutritt, daß § 434 I 3 BGB eine „öffentliche Äußerung" voraussetzt und darunter alleine die Abgabe (fehlerhafter) Kapitalmarktinformationen, nicht aber das Unterlassen subsumiert werden kann. Dies stellt eine weitere Beschränkung des Anwendungsbereiches des Gewährleistungsrechts dar. Gewährleistungsrechtliche Ansprüche gegen den Emittenten kommen lediglich in den seltenen Fällen einer Selbstemission in Betracht. Daß hauptsächlich eine Haftung der Emissionsbank und nur bei der wenig praktisch werdenden Selbstemission eine Inanspruchnahme des Emittenten begründet werden kann, ist demgegenüber rechtspolitisch nicht zu beanstanden, weil es für den Primärmarkt ökomisch ohnehin sinnvoller

937 Vgl. Baums, ZHR 167 (2003), 139, 177-179; Reichert/Weller, ZRP 2002, 49, 55; Zimmer, WM 2004, 16 f.

938 Vgl. Baums, ZHR 167 (2003), 139, 149 f.

ist, auf eine verstärkte Verantwortlichkeit von Emissionsbanken zu setzen. Gleichwohl bedarf es im Hinblick auf das ausgefeilte System der zivilrechtlichen und börsenrechtlichen Prospekthaftung keiner Einführung eines allgemeinen Haftungstatbestandes für fehlende und fehlerhafte Kapitalmarktinformationen am Primärmarkt. Es ist auch davor zu warnen, einen solchen alleine zum Zwecke der Vereinheitlichung von primärmarktlicher Prospekthaftung und sekundärmarktlicher Informationshaftung zu schaffen. Denn dies würde den Unterschieden von Primär- und Sekundärmarkt nicht gerecht.[939]

Festzuhalten bleibt jedoch, daß in bezug auf den Sekundärmarkt trotz der Änderungen, welche die Schuldrechtsreform, namentlich die Einführung von § 434 I 3 BGB mit sich brachte, eine Regelungslücke vorliegt. Insofern untermauert diese Abhandlung methodisch die Auffassung, wonach ein allgemeiner Haftungstatbestand für den Erwerb von Anteilen an börsennotierten Gesellschaften am Sekundärmarkt erst noch zu schaffen ist. Soweit dabei eine Haftung des Emittenten in den Blick genommen wird, ist auf die Bedeutung des Kapitalerhaltungsgrundsatzes hinzuweisen. Wie oben ausführlich dargelegt, reicht der Hinweis auf allgemeine Auslegungsgrundsätze wie die Spezialität oder das Alter von Vorschriften nicht aus, um das europarechtlich abgesicherte Verbot des Rückerwerbs eigener Aktien (§ 71 AktG) beiseite zu schieben. Dieses ist einschlägig, sobald der Emittent im Falle von fehlerhaften oder fehlenden Kapitalmarktinformationen verpflichtet sein soll, erworbene Wertpapiere zurückzunehmen. Daher müßte der Katalog des § 71 I AktG um eine weitere Bereichsausnahme ergänzt werden. Dies wäre auch europarechtlich möglich, da der dies gestattende Art. 20 I lit. d) Alt. 1 der Kapitalrichtlinie bislang noch seiner Umsetzung harrt. Aber auch im Hinblick auf die lex lata, welche wie § 44 I 1 BörsG als Rechtsfolge die Übernahme der Wertpapiere gegen Rückerstattung des Erwerbspreises durch den Emittenten vorsieht, ist eine Umsetzung von Art. 20 I lit. d) Alt. 1 der Kapitalrichtlinie geboten.

An dieser Stelle soll noch kurz angedeutet werden, daß jede Änderung der lex lata nur „hölzernes Eisen“ wäre, wenn sie nicht von entsprechen-

939 So zu Recht Köndgen, FS Druey, S. 791, 805 f.; Baums, ZHR 167 (2003), 139, 149 f.; Veil, ZHR 167 (2003), 365, 398-400; Sauer, S. 30. Siehe aber auch Schwark, FS Hadding, S. 1117, 1121 f.

den prozessualen Regelungen begleitet würde. Deshalb darf die Betrachtung nicht allein unter materiell-rechtlichen Gesichtspunkten erfolgen.[940]

940 Vgl. die einzelnen Vorschläge in der Literatur und Praxis: Baums, Gutachten, F 24-39, F 256-263; Beschlüsse des Deutschen Juristentages, 1. Block, Punkt g) 1.15., NJW 2002, 3073, 3082; Fleischer, Gutachten, F 115-118; Hellwig, P 62; Reuschle, WM 2004, 966, passim; ders., NZG 2004, 590, passim; ders., WM 2004, 2334, passim; Rössner/Bolkart, WM 2003, 953, 958-960; Heß, AG 2003, 113, passim; ders., WM 2004, 2329, passim; Heß/Michailidou, WM 2003, 2318, passim; dies., ZIP 2004, 1381, passim; Dühn, S. 321-329; Möllers/Rotter-Rotter, § 19, passim; Möllers/Rotter-Wilga, § 20, Rn. 41-118; Braun/Rotter, BKR 2004, 296, passim; Seibt, WM 2004, 2137, passim; Sessler, WM 2004, 2344, passim; Jahn, BB 2005, 5, passim; Regierungsentwurf eines Gesetzes zur Unternehmensintegrität und Modernisierung des Anfechtungsrechts (UMAG), BR-Drucksache 3/05, zugleich abgedruckt in: ZIP 2004, 2455; Regierungsentwurf eines Gesetzes zur Einführung von Kapitalanleger-Musterverfahren (KapMuG), BR-Drucksache 2/05, zugleich abgedruckt in: ZBB 2004, 522.

E. Der Anteilserwerb am nicht-organisierten Kapitalmarkt nach der Schuldrechtsreform

Im folgenden sind die Auswirkungen der Schuldrechtsreform auf den Anteilserwerb am nicht-organisierten Kapitalmarkt darzustellen. Dieser wurde in Abgrenzung zum organisierten Kapitalmarkt als Markt definiert, an dem Kapitalanlagen nicht über Wertpapierbörsen sowie über Banken oder Versicherungsgesellschaften vertrieben oder gehandelt werden.[941] Diese Abgrenzung könnte zwar durch die im Zuge des sogenannten „Anlegerschutzverbesserungsgesetzes" (AnSVG) vorgenommenen Änderungen an Bedeutung verlieren. Insbesondere erstreckt sich das VerkProspG nun auf öffentlich angebotene, nicht in Wertpapieren verbriefte Kapitalanlagen erstreckt und sieht eine Prospektpflicht nebst entsprechender Haftung auch diesbezüglich vor.[942] Dessen ungeachtet ist für die Zwecke dieser Abhandlung an der Unterscheidung zwischen dem organisierten und dem nicht-organisierten Kapitalmarkt festzuhalten, zumal noch nicht absehbar ist, welche Folgen die erwähnten Änderungen der Rechtslage in der Praxis haben werden.

Im Mittelpunkt der Betrachtung steht hier ebenso wie bei den Ausführungen zum Anteilserwerb am organisierten Kapitalmarkt die Bestimmung des § 434 I 3 BGB, welche gemäß § 453 I BGB entsprechende Anwendung findet. Um aber Wiederholungen zu vermeiden, wird lediglich auf diejenigen Tatbestandsmerkmale eingegangen werden, hinsichtlich derer sich Änderungen gegenüber der Lage am organisierten Kapitalmarkt ergeben.

---

941 B.I.

942 Vgl. BGBl. I 2004, S. 2630; Referentenentwurf eines AnSVG vom 10.03.2004, abrufbar unter www.bmj.bund.de (zuletzt abgerufen am 16.03.2004), abgedruckt in ZBB 2004, S. 168 ff.; Gesetzentwurf der Bundesregierung vom 24.05.2004, BT-Drucksache 15/3174; Stellungnahme des Bundesrates und Gegenäußerung der Bundesregierung, BT-Drucksache 15/3355; Beschlußempfehlung und Bericht des Finanzausschusses (7. Ausschuß), BT-Drucksache 15/3493. Siehe auch Kuthe, ZIP 2004, 883, 888; Duhnkrack/Hasche, DB 2004, 1351, passim; Heisterhagen, DStR 2004, 1089, passim; Moritz/Grimm, BB 2004, 1352, passim.

I. Anwendungsbereich von § 453 I BGB

1. „Rechte“

Jeder Gesellschaftsanteil ist als Recht im Sinne von § 453 I BGB anzusehen. Am nicht-organisierten Kapitalmarkt werden mannigfaltige Gesellschaftsanteile wie GmbH-Anteile, Kommanditanteile an einer GmbH & Co. KG oder Beteiligungen an einer stillen Gesellschaft vertrieben.[943] Gleichwohl soll das Hauptaugenmerk auf den Erwerb von Kommanditanteilen an einer GmbH & Co. KG[944] gelenkt werden, da der Vertrieb dieser Kapitalanlageform für den nicht-organisierten Kapitalmarkt paradigmatisch ist. Deshalb gelten die folgenden Ausführungen auch für Publikumspersonengesellschaften, die in anderen Gesellschaftsformen organisiert sind. Nötigenfalls wird auf rechtsformbedingte Unterschiede hingewiesen.

2. „Kauf“

§ 453 I BGB knüpft an den „Kauf“ von „Rechten“ an. Ob und gegebenenfalls in welchen Konstellationen Transaktionen am nicht-organisierten Kapitalmarkt als Anteilskauf zu qualifizieren sind, ist Gegenstand der folgenden Untersuchung. Dabei ist zwischen dem erstmaligen Vertrieb von Anteilen und nachfolgenden Anteilsübertragungen zu differenzieren.

a) Erstmaliger Vertrieb von Anteilen

Kommanditanteile an einer GmbH & Co. KG werden unter Einbeziehung zahlreicher Beteiligter wie Gründern, Initiatoren[945] einer Anlagegesellschaft, Emissionshelfern, Anlagevermittlern, –beratern oder Treuhändern erstmalig vertrieben. Angesichts dessen erstaunt es kaum, daß die Beteiligung an einer Publikums-KG nicht stets auf dieselbe Weise, mit denselben Vertragspartnern zustande kommt.

---

943 Oben B.II.

944 Hingegen bleibt der Erwerb von Anteilen an der Komplementär-GmbH außer Betracht, da diese üblicherweise von den Gründungsgesellschaftern gehalten und nicht vertrieben respektive veräußert werden.

945 Iniatoren sind die Herausgeber des Prospektes oder sonstige für dessen Erstellung verantwortliche Personen, siehe Vortmann-Eyles, § 2, Rn. 34.

aa) Arten des Beitritts

aaa) Vertragspartner des Beitretenden

Der Beitritt setzt grundsätzlich den Abschluß eines Aufnahmevertrages des Beitretenden mit allen übrigen Gesellschaftern voraus. Die Gesellschaft selbst ist nicht Vertragspartnerin.[946] Jedoch ist die Zustimmung jedes einzelnen Altgesellschafters zum Beitritt aufgrund der Größe von Publikumspersonengesellschaften unpraktikabel. Daher darf die Aufnahme von Kommanditisten gesellschaftsvertraglich erleichtert werden. Dann können die Altgesellschafter die Kommanditgesellschaft[947] oder – dies ist die Regel[948] – die Komplementär-GmbH[949] bevollmächtigen[950], Aufnahmeverträge mit weiteren Kommanditisten in eigenem Namen und mit Wirkung für die anderen Gesellschafter abzuschließen. Meistens werden die Altgesellschafter zumindest eine konkludente Bevollmächtigung zum Abschluß von Beitrittsverträgen erteilt haben. Dies folgt aus ihrer Mitgliedschaft in einer Gesellschaft, deren Gesellschaftsvertrag die Aufnahme weiterer Gesellschafter vorsieht.[951]

946 RGZ 128, 172, 176; BGHZ 76, 160, 164; BGHZ 26, 330, 333; Bertram, S. 140; Kellermann/Stodolkowitz, S. 172 f.; Binz/Sorg, § 13, Rn. 11; Picot-Picot/Müller-Eising, Teil II., Rn. 31; Sudhoff-Reichert, § 27, Rn. 3. Für eine GbR: Assmann/Schütze-Wagner, § 25, 36. A.A. OLG Schleswig, ZIP 2003, 74 f., für einen Ausnahmefall, in dem eine AG atypische stille Gesellschafter warb.

947 BGH NJW 1978, 1000; Bertram, S. 140; Hüffer, JuS 1979, 457, 461; Handbuch KG-Gummert, § 62 PublKG, Rn. 7.

948 BGHZ 72, 382, 384; Assmann/Schütze-Assmann, § 7, Rn. 106; Köndgen, AG 1983, 120; Picot-Picot/Müller-Eising, Teil II., Rn. 21.

949 BGH NJW 1983, 1117; Bertram, S. 141; Hüffer, JuS 1979, 457, 461; Kellermann/Stodolkowitz, S. 172 f.; Handbuch KG-Gummert, § 62 PublKG, Rn. 6.

950 Daß der BGH (BGH NJW 1978, 1000; ebenso Sudhoff-Reichert, § 27, Rn. 12 und Assmann/Schütze-Wagner, § 23, Rn. 60) mitunter terminologisch unscharf von „Ermächtigung" der Gesellschaft spricht, darf nicht als Verpflichtungsermächtigung gemäß § 185 BGB analog verstanden werden (a.A. Binz/Sorg, § 13, Rn. 13). Dies führt zu einer Umgehung der Voraussetzungen der rechtsgeschäftlichen Stellvertretung. Ohnehin verwendet der BGH die Begriffe „Ermächtigung" und „Bevollmächtigung" synonym (vgl. BGH NJW 1982, 877, 879). Dazu deutlich Bertram, S. 142 f., m.w.N.; vgl. auch MüKo-HGB-Grunewald, § 161, Rn. 132.

951 Bertram, S. 144; Binz/Sorg, § 13, Rn. 13.

bbb) Person des Beitretenden

Der Anleger kann der Publikumsgesellschaft selbst beitreten. Dies ist aber nicht zwingend. In Betracht kommt auch eine Beteiligung über einen Treuhänder[952], der eingeschaltet wird, um organisatorischen Aufwand geringzuhalten, die Willensbildung sowie Beschlußfassung in der Publikumsgesellschaft zu erleichtern und den Kapitalanleger zu entlasten.[953] Praktisch am häufigsten ist die Gestaltung als sogenannte kupierte Publikumspersonengesellschaft, bei der ein Treuhänder den Gesellschaftsanteil alleine im Interesse des oder (im Falle der Mehrfachtreuhand) der Anleger hält.[954] Im Innenverhältnis ist der sogenannte echte Treuhänder dem Anleger gegenüber verpflichtet, ihn so stellen, als sei er Kommanditist.[955] Die Person des Treuhänders steht als Bestandteil des Anlageangebots fest. Treuhänder sind in praxi meistens die Initiatoren und Gründer der Anlagegesellschaft oder eine eigens zu diesem Zweck von ihnen gegründete Gesellschaft.[956] Dadurch soll der Einfluß der Anleger möglichst gering und die Herrschaft der Initiatoren und Gründer zementiert werden.[957] Hingegen verpflichtet sich der Treuhänder im tatsächlich seltenen Fall der sogenannten unechten Treuhand, mitgliedschaftsrechtliche Rechte im Namen des Anlegers auszuüben.[958] Der Anleger nimmt im Sinne einer unmittelbaren Beteiligung an der Gesellschaft die Stellung eines Kommanditisten ein.

---

952 Armbrüster, S. 88, berichtet davon, Anlegern werde in Anbetracht ihrer steuerrechtlichen Anerkennung als Mitunternehmer wahlweise die Möglichkeit eingeräumt, sich selbst oder über einen Treuhänder zu beteiligen. A.A. Maulbetsch, S. 23. Vgl. auch den Sachverhalt bei BGH NJW 1980, 1162.

953 Dazu und zu weiteren Motiven Armbrüster, S. 50-83; Bertram, S. 36 f.; Krenzel, S. 19-23; Singhof/Seiler/Schlitt-Singhof/Seiler, Rn. 497-500.

954 Repräsentative Statistiken dazu existieren nicht. Vgl. aber die Untersuchung von Maulbetsch, S. 23. Ähnlich Grundmann, S. 489 f., Fn. 36; Armbrüster, S. 32 f., 84, 88.

955 Vgl. BGHZ 10, 44, 49 f.; Engler, S. 41; Lenenbach, 9.8; Handbuch KG-Gummert, § 63 PublKG, Rn. 5, 8; Armbrüster, S. 88.

956 Handbuch KG-Gummert, § 69 PublKG, Rn. 46; Maulbetsch, S. 33 f., 125; Armbrüster, S. 50, 88, 165; MüKo-HGB-Schmidt, Vor § 230, Rn. 79.

957 Maulbetsch, S. 34.

958 Engler, S. 40; Lenenbach, 9.7; Handbuch KG-Gummert, § 63 PublKG, Rn. 3; Sudhoff-Schlitt, § 39, Rn. 31; Singhof/Seiler/Schlitt-Singhof/Seiler, Rn. 587.

bb) Abschluß von Kaufverträgen?

Unabhängig davon, ob sich der Anleger unmittelbar oder über einen Treuhänder an einer Publikumspersonengesellschaft beteiligt, ist allen Konstellationen gemeinsam, daß es sich beim jeweils zu schließenden Aufnahmevertrag nicht um einen „Kauf" im Sinne von § 453 I BGB handelt. Der Anleger respektive der Treuhänder bei der sogenannten echten Treuhand schließt anders als der Erwerber von Aktien[959] keinen Kaufvertrag über den Gesellschaftsanteil. Es kommt nicht zu einem zweiseitigen Austauschvertrag, vielmehr geht der Anleger oder der Treuhänder mit einer Vielzahl von Personen, den übrigen Gesellschaftern, eine von Treuepflichten geprägte gesellschafterliche Bindung ein.[960] Deshalb greift § 453 I BGB tatbestandlich nicht ein.

cc) Analoge Anwendung von Kaufrecht?

Zwar ist der Beitritt zu einer Publikumspersonengesellschaft nicht als „Kauf" im Sinne von § 453 I BGB zu qualifizieren. Allerdings wird in der Literatur gelegentlich darauf hingewiesen, der Beitritt ähnele dem Kauf eines Rentenpapiers oder dem Erwerb einer Immobilie.[961] Auch der Bundesgerichtshof hat im Zusammenhang mit der Frage der Verjährung von Prospekthaftungsansprüchen beim sogenannten Bauherrenmodell auf Parallelen zum Kaufrecht aufmerksam gemacht.[962] Kürzlich begründete der Bundesgerichtshof in einer bahnbrechenden Entscheidung die Anwendung verbraucherdarlehensrechtlicher Vorschriften auf den Beitritt zu einer Anlagegesellschaft damit, dieser sei *„aufgrund des wirtschaftlichen Zwecks und der Schutzbedürftigkeit des Anlegers einem Vertrag über eine entgeltliche Leistung gleichzustellen"*.[963] In dieser Konstellation seien auch die Prospektverantwortlichen und Gründungsgesellschafter *„wie ein Verkäufer"* zu behandeln.[964] Zutreffend ist, daß der Anleger in praxi nicht dadurch motiviert ist, mit einer Vielzahl anderer Personen eine gesellschafterliche Bindung einzugehen. Statt dessen stehen die Anlage von

---

959 Die Unterschiede zwischen den Erwerbsvorgängen bei Aktien und KG-Anteilen betonend auch Schwark, FS Raisch, S. 269, 280.

960 Bertram, S. 144; so auch i.E. Schwark, FS Raisch, S. 269, 280.

961 Bertram, S. 144; vgl. Steder, AG 1978, 173, 184.

962 BGH BB 1990, 1437, 1439.

963 BGH WM 2004, 1521, 1524 (=BGH NJW 2004, 2731, 2733 f.); zustimmend Doehner/Hoffmann, ZIP 2004, 1884, 1885 f. und passim.

964 BGH WM 2004, 1521, 1525 (=BGH NJW 2004, 2731, 2734).

Kapital oder die Erzielung von Steuervorteilen im Vordergrund.[965] Zugespitzt wird auch vom „Anlagegesellschafter" in Abgrenzung zum „Unternehmergesellschafter" gesprochen.[966] Insofern besteht durchaus eine gewisse Ähnlichkeit des Beitrittsvertrages zu einem zweiseitigen Austauschgeschäft.[967]

Jedoch darf diese gläubigerähnliche Stellung des Anlegers nicht dazu verführen, zu einer entsprechenden Anwendung von Kaufrecht, namentlich § 453 I BGB zu gelangen, welcher wiederum das „Tor" zum Gewährleistungsrecht öffnen würde. Denn eine Analogie setzt das Vorliegen einer planwidrigen Regelungslücke voraus. Der Beitritt ist aber gesellschaftsrechtlich einzuordnen. Durch diesen begründet der Beitretende eine gesellschafterliche Bindung, die ihn gegenüber einer Personenmehrheit, seinen Mitgesellschaftern zur Treue verpflichtet. Hingegen besteht die Pflicht des Schuldners zur Leistungstreue bei einem Austauschvertrag nicht gegenüber einer Vielzahl von Personen, sondern alleine gegenüber seinem Gläubiger.[968] Es würde eine Überschreitung der dogmatischen Grenzen der Relativität der Schuldverhältnisse darstellen, das auf zweiseitige Austauschgeschäfte zugeschnittene Kaufrecht auf den Beitritt zu einer Personengesellschaft anzuwenden. Im Hinblick darauf, daß in anderen, namentlich betriebsverfassungsrechtlichen Zusammenhängen die Relativität der Schuldverhältnisse überwunden wurde[969], und in Anlehnung an das US-amerikanische Recht das Unternehmen als „Netzwerk von Verträgen" verstanden wird[970], könnte dies aber auch hier hinzunehmen sein. Allerdings würde eine Analogie zum Kaufrecht den Boden dafür bereiten, Anleger und Verbraucher gleichzustellen. Das Anlegerschutzrecht würde zu einer Art Verbraucherschutzrecht. Dem steht jedoch entgegen, daß zwischen Verbraucher- und Anlegerschutzrecht zu unterscheiden ist.[971] Insbesondere trennt die sogenannte Marktmißbrauchs-

---

965 Bertram, S. 144; Assmann/Schütze-Schütze, § 7, Rn. 103; Assmann, Prospekthaftung, S. 334; Moll, BB Beilage 3/1982, 1, 9; Handbuch KG-Gummert, § 63 PublKG, Rn. 4; Finanzplatz, S. 6; BGH WM 2004, 1521, 1524.

966 Moll, BB Beilage 3/1982, 1, 8 f.

967 Demgegenüber erkennen Kort, DB 1991, 1057, 1058 und Kiethe, BB 1999, 2253, 2255 f., ders., ZIP 2000, 216, 223, gar keine Ähnlichkeit zwischen dem Abschluß eines Kaufvertrages und dem Beitritt zu einer Publikumspersonengesellschaft.

968 Bertram, S. 144 f.

969 Vgl. Kübler, S. 15 f.

970 Unternehmensübernahmen-Kübler, § 3, Rn. 3.

971 Wagner, BKR 2003, 649, 651.

richtlinie der EG zwischen Verbraucher- und Anlegerschutz.[972] Auch schützt die europarechtliche Kapitalverkehrsfreiheit nicht den Verbraucher, sondern den Kapitalanleger.[973] Des weiteren wirft eine Gleichstellung von Anleger und Verbraucher das Folgeproblem eines situativen Verbraucherschutzes auf.[974]

Für eine analoge Anwendung von Kaufrecht streiten auch nicht die oben zitierten Entscheidungsgründe des Urteils des Bundesgerichtshofs,[975] da diesem ein anderer Sachverhalt zugrundelag. Es ging nicht um einen bloßen Anteilserwerb, sondern um einen darlehensfinanzierten Beitritt zu einem Immobilienfonds, bei dessen Vorbereitung sich die den Beitritt finanzierende Bank der Mitwirkung von Initiatoren bediente.[976] Um seine Auffassung zu begründen, der Darlehensvertrag und der Gesellschaftsbeitritt seien ein verbundenes Geschäft im Sinne von § 358 III BGB (früher § 9 VerbrKrG), führt der Bundesgerichtshof aus, der Beitritt zu einer Anlagegesellschaft sei einem Vertrag über eine entgeltliche Leistung gleichzustellen. Daraus folgert er, der Anleger sei *„ebenso wie der an einem entgeltlichen Vertrag beteiligte Verbraucher davor zu schützen, daß er den Kredit auch dann in voller Höhe zurückzahlen muß, wenn Störungen im Rahmen des finanzierten Geschäfts auftreten.“*[977] Also war nicht über die Frage einer (analogen) Anwendung von Kaufrecht zu entscheiden. Eine Gesamtanalogie stand nicht im Raum. Vielmehr betrieb der Bundesgerichtshof den skizzierten Begründungsaufwand im Hinblick auf die Anwendbarkeit eines verbraucherdarlehensrechtlichen Tatbestandsmerkmals („Vertrag über eine entgeltliche Leistung“, § 9 VerbrKrG a.F.).

dd) Zwischenergebnis

Da der Abschluß eines Vertrages über den Beitritt zu einer Publikumspersonengesellschaft nicht als Kaufvertrag anzusehen ist und sich auch keine analoge Anwendung von Kaufrecht begründen läßt, scheiden gewährleistungsrechtliche Ansprüche des Beitretenden aus.

---

972 Richtlinie 2003/6/EG des Europäischen Parlaments und des Rates vom 28.01.2003 über Insider-Geschäfte und Marktmanipulationen, ABl. Nr. L 96 vom 12.04.2003, S. 16 ff.
973 Wagner, BKR 2003, 649, 651.
974 Wagner, BKR 2003, 649, 653 f.
975 BGH WM 2004, 1521, 1524 f.
976 BGH WM 2004, 1521, 1524.
977 BGH WM 2004, 1521, 1524.

b) Anteilsübertragung

Weder das Bürgerliche Gesetzbuch noch das Handelsgesetzbuch sehen eine Übertragung von Anteilen an (Publikums-)personengesellschaften vor. Deren Veräußerlichkeit ist aber ungeachtet der Regelung des § 719 BGB allgemein anerkannt.[978] Angesichts der teilweise vorkommenden Einschaltung von Treuhändern ist im folgenden zwischen der Anteilsübertragung durch den unmittelbar beteiligten Anleger und derjenigen bei einer mittelbaren Beteiligung des Anlegers an der Gesellschaft zu differenzieren.

aa) Anteilsübertragung durch den unmittelbar beteiligten Anleger

Da für Anteile an Publikumspersonengesellschaften allenfalls ein kaum entwickelter Sekundärmarkt existiert,[979] muß sich der Gesellschafter selbst Erwerbsinteressenten für die Gesellschaftsanteile suchen. Insofern ist die Fungibilität der Anteile an Publikumspersonengesellschaften gegenüber in Wertpapieren verkörperten Anteilen deutlich herabgesetzt.[980] Gleichwohl ist eine Anteilsübertragung möglich, sofern dies der Gesellschaftsvertrag zuläßt oder alle Mitgesellschafter zustimmen.[981] Diesbezüglich kann auf die obigen Ausführungen verwiesen werden.[982] Der Kommanditist und der Erwerbsinteressent schließen einen Kaufvertrag über die Anteile[983], in dessen Folge der Erwerbsinteressent in die gesellschafterliche Stellung des Veräußernden einrückt.

---

978 BGHZ 13, 179, 182-184; Bamberger/Roth-Timm/Schöne, § 719, Rn. 1, 8; Handbuch KG-Piehler/Schulte, § 35 KG, Rn. 1; MüKo-Ulmer, § 719, Rn. 21.

979 Lenenbach, 1.12; Assmann/Schütze-Assmann, § 1, Rn. 74; § 7, Rn. 136; Schwark, FS Raisch, S. 269, 280; Hopt, Gutachten, G 33, 39; Grundmann, S. 501; Keßler, S. 27 f.; allgemein Fleischer, BKR 2004, 339.

980 Assmann/Schütze-Assmann, § 1, Rn. 74; Kohl/Kübler/Walz/Wüstrich, ZHR 138 (1974), 1, 14; Maulbetsch, S. 39; Krenzel, S. 199.

981 Picot-Picot/Müller-Eising, Teil II., Rn. 41; Binz/Sorg, § 6, Rn. 4.

982 E.I.2.a)aa)aaa).

983 Sudhoff-Reichert, § 28, Rn. 30; vgl. Hopt, Gutachten, G 33, 39. Für einen GbR-Anteil: Assmann/Schütze-Wagner, § 25, Rn. 38.

bb) Anteilsübertragung bei einer mittelbaren Beteiligung des Anlegers

An dieser Rechtslage ändert sich im Ergebnis nichts, wenn ein unechter Treuhänder eingeschaltet ist. Eine solche Gestaltung ist aber im Unterschied zur Einschaltung eines echten Treuhänders, der die Position eines Gesellschafters einnimmt, selten. Auch aufgrund dessen ist die Aufmerksamkeit auf die unterschiedlichen Konstellationen der Übertragung von Anteilen an einer Publikumspersonengesellschaft zu richten. Eine Anteilsübertragung wird indes nicht gerade häufig vorkommen. Wie bereits erwähnt, existiert kein entwickelter Sekundärmarkt für Anteile an Publikumspersonengesellschaften. Bei der Einschaltung eines Treuhänders tritt oft ein weiteres Problem hinzu. Ein Treuhänder hält meistens einen sehr hohen (Kommandit)anteil für eine Vielzahl von Anlegern. Obgleich ein Splitting der Beteiligung theoretisch möglich ist, setzt jener Umstand die schon geringe Fungibilität des Anteiles weiter herab.[984] Dies vorausgeschickt, ist nun auf verschiedene Konstellationen der Anteilsübertragung einzugehen und zu fragen, wann Kaufverträge geschlossen werden.

Der echte Treuhänder kann „ausgewechselt" werden. Darunter ist der Übergang der Beteiligung in ihrer treuhänderischen Gebundenheit auf einen Dritten als neuen Treuhänder zu verstehen. Ein Kaufvertrag über den Gesellschaftsanteil wird in diesem Zusammenhang nicht geschlossen. Statt dessen setzt eine Auswechslung des Treuhänders neben der Anteilsübertragung eine Vertragsübernahme voraus.[985]

Davon zu unterscheiden ist die treuwidrige Veräußerung der Beteiligung durch den Treunehmer an einen Dritten.[986] Dem kann als causa ein Kaufvertrag zwischen dem echten Treuhänder und dem Erwerber zugrundeliegen. Der kaufrechtlichen Gewährleistung des Treuhänders in dieser Konstellation soll im folgenden aber nicht weiter nachgegangen werden. Anderenfalls würde man verkennen, daß es sich bei der eigenmächtigen Übertragung der Beteiligung durch den Treuhänder auf einen

984 Vgl. Maulbetsch, S. 180 f.
985 Vgl. Armbrüster, S. 135; Krenzel, S. 187-189; MüKo-HGB-Schmidt, Vor § 230, Rn. 84; Singhof/Seiler/Schlitt-Singhof/Seiler, Rn. 613; Sachverhalt bei BGH NJW 1979, 1503, 1504.
986 Dazu Armbrüster, S. 137, 162-164; Maulbetsch, S. 180 f.; Eden, S. 88 f.; MüKo-HGB-Schmidt, Vor § 230, Rn. 69. Zu Sicherungsmöglichkeiten des Treugebers: Hegmanns, ZIP 1989, S. 900, passim; Eden, S. 90 f.; Singhof/Seiler/Schlitt-Singhof/Seiler, Rn. 584 f.

Dritten um ein Hauptproblem des Treuhandrechts handelt. Es geht in diesem Zusammenhang jedoch nicht um den Schutz des Erwerbers im Falle unrichtiger Kapitalmarktinformationen, sondern um den Schutz des Treugebers vor einer treuwidrigen Veräußerung.[987]

Ferner kann der Treugeber die Rechtsstellung aus dem Treuhandverhältnis auf einen Dritten übertragen. Bei einer wirtschaftlichen Betrachtung handelt es sich dabei um die Übertragung der mittelbaren Beteiligung, wenngleich der Anteil als solcher, rechtlich gesehen, nicht Gegenstand der Transaktion ist.[988] Insofern kann sich der Anleger von seiner (mittelbaren) Beteiligung durch Verkauf der Treugeberrechte lösen.[989] Hingegen ist die Übertragung des Anteiles im Zuge einer Beendigung des Treuhandverhältnisses etwa durch Kündigung nur theoretisch möglich, praktisch aber ausgeschlossen. Rechtlich wäre der Treuhänder dann zwar verpflichtet, die Beteiligung an den Treugeber selbst oder auf dessen Weisung an einen Dritten zu übertragen.[990] Jedoch ist darauf hinzuweisen, daß eine unmittelbare Beteiligung der Anleger in praxi sehr häufig vertraglich ausgeschlossen ist.[991] Dann bewirkt die Beendigung des Treuhandverhältnisses nicht die Umwandlung der mittelbaren in eine unmittelbare Beteiligung des Anlegers an der Gesellschaft. Vielmehr scheidet dieser infolge der Kündigung aus der mittelbaren Beteiligung aus.[992] Erfolgte die Kündigung durch den Treugeber zu Recht, darf der Treuhänder eine entsprechende Herabsetzung der von ihm weiterhin gehaltenen Beteiligung an der Gesellschaft verlangen.[993]

---

987 Es nimmt daher kaum wunder, daß diese Konstellation stets aus der Perspektive des Schutzes des Treugebers diskutiert wird, vgl. exemplarisch Armbrüster, S. 162-164; Beuthien, ZGR 1974, 26, 59.

988 MüKo-HGB-Schmidt, Vor § 230, Rn. 85; Armbrüster, S. 139 f.; Eden, S. 100.

989 In diese Richtung wohl Krenzel, S. 199, 201, Fn. 3.

990 BGH WM 1971, 306, 307; Armbrüster, S. 105, 153, 158-161; Krenzel, S. 205; MüKo-HGB-Schmidt, Vor § 230, Rn. 91.

991 Vgl. Armbrüster, S. 164 f.

992 Krenzel, S. 189; Armbrüster, S. 164 f.

993 Vgl. Armbrüster, S. 164 f.

c) Zwischenergebnis

Dem erstmaligen Vertrieb von Gesellschaftsanteilen am nicht-organisierten Kapitalmarkt und dem damit verbundenen Beitritt liegen keine Kaufverträge zugrunde. § 453 I BGB findet weder unmittelbar noch entsprechend Anwendung. Anders stellt sich die Rechtslage hinsichtlich der Anteilsübertragung dar. Beim Folgeerwerb verpflichtet sich der unmittelbar oder mittelbar beteiligte Anleger kaufvertraglich, den Gesellschaftsanteil respektive die Rechtsstellung aus dem Treuhandverhältnis und damit wirtschaftlich gesehen die Beteiligung auf den Erwerber zu übertragen. Dies ist als Rechtskauf im Sinne von § 453 I BGB zu qualifizieren.

II. „Entsprechende Anwendung“ von § 434 I 3 BGB auf den Erwerb eines Anteiles am nicht-organisierten Kapitalmarkt

Der Folgeerwerb von Anteilen an Publikumspersonengesellschaften stellt sich als Rechtskauf dar (§ 453 I BGB). Ob Sachmängelgewährleistungsrecht, also auch § 434 I 3 BGB auf den Erwerb von Kommanditanteilen anwendbar ist, ist umstritten. Nach dem oben Gesagten kann dies nicht bereits mit der Begründung verneint werden, ein Recht könne keinen Sachmangel aufweisen.[994] Auch die in der Literatur vorgeschlagene Differenzierung danach, ob die Anteile eines persönlich haftenden oder eines beschränkt haftenden Gesellschafters Kaufgegenstand seien,[995] überzeugt nicht. Denn diese Unterscheidung knüpft an die Überlegung an, alleine ein persönlich haftender Gesellschafter nehme eine beherrschende Stellung ein, die es rechtfertigen könne, Anteilserwerb und Unternehmenskauf gleichzustellen.[996] Dabei wird der Charakter des § 453 I BGB als Rechtsgrundverweisung verkannt.[997] Diese Bestimmung führt dazu, daß auf jeden Rechtskauf Sachmängelgewährleistungsrecht, also auch § 434 I 3 BGB, anwendbar ist. Damit ist aber noch nicht gesagt, daß dessen Voraussetzungen erfüllt sind. Deshalb bedarf es einer Prüfung der einzelnen Tatbestandsmerkmale.

---

994 D.II.2.a).
995 Bergjan, S. 294.
996 Vgl. Bergjan, S. 294.
997 Siehe dazu D.I.2.b).

1. Subsidiarität von § 434 I 3 BGB

Auf den Inhalt öffentlicher Äußerungen kommt es zur Bestimmung der Beschaffenheit des Kaufgegenstandes nicht an, wenn und soweit die Parteien Beschaffenheitsvereinbarungen im Sinne von § 434 I 1 BGB getroffen haben. Die Regelung des § 434 I 3 BGB ist subsidiär.[998] Mangels eines funktionierenden Sekundärmarktes sind der Anteilserwerber und der Veräußerer nicht anonym. Regelmäßig werden sie sich unmittelbar gegenübertreten, zumal der Anteilsverkäufer sich seine Käufer selbst suchen muß. Deshalb werden die Kaufvertragsparteien in den meisten Konstellationen der Übertragung von Anteilen an Publikumspersonengesellschaften individuelle Vereinbarungen schließen. Dann darf zur Konkretisierung der Beschaffenheit nicht auf „öffentliche Äußerungen" des Verkäufers oder seiner Gehilfen zurückgegriffen werden. Angesichts dessen wird der ohnehin schon kleine Anwendungsbereich von § 453 I BGB in Verbindung mit § 434 I 3 BGB für den Anteilserwerb am nicht-organisierten Kapitalmarkt weiter schrumpfen. Die folgenden Ausführungen beziehen sich daher nur auf einen sehr geringen Ausschnitt der am nicht-organisierten Kapitalmarkt mit Gesellschaftsanteilen getätigten Transaktionen.

2. „Eigenschaften" des Anteiles

Die Beschaffenheit des von der Publikumspersonengesellschaft betriebenen Unternehmens kann „Eigenschaft" eines ihrer Anteile sein, welche wiederum über § 453 I BGB in Verbindung mit § 434 I 3 BGB zur Beschaffenheit des Anteiles zählen kann. Um Wiederholungen zu vermeiden, soll auf die obigen Ausführungen zu den „Eigenschaften" des Anteiles weitgehend Bezug genommen werden.[999] Die dortige Argumentation trifft *im Ergebnis* auch auf den Erwerb von Anteilen am nicht-organisierten Kapitalmarkt zu. Allerdings unterscheiden sich börsennotierte Gesellschaften und Publikumspersonengesellschaften. Die von der Rechtsform der Gesellschaften abhängigen Unterschiede dürfen nicht verkannt werden. Insofern ist im folgenden auf einzelne Argumentationsschritte einzugehen, die nicht ohne weiteres übertragbar sind:

---

998 D.II.1.a).
999 D.II.2.

Aus § 453 III BGB kann nicht im Umkehrschluß abgeleitet werden, die Beachtlichkeit der Beschaffenheit des Unternehmens hänge davon ab, in welcher Höhe sich der Käufer an der Gesellschaft beteilige.[1000] Die Norm erfaßt den Erwerb eines Anteiles am nicht-organisierten Kapitalmarkt nicht. Sie setzt voraus, daß das verkaufte Recht dem Erwerber ein Recht zum Besitz einer Sache gewährt. Sachen der GmbH & Co. KG werden aber von der Kommanditgesellschaft besessen. Der Kommanditist hat keinen Besitz.[1001] Demgegenüber wurde früher zur GbR überwiegend die Auffassung vertreten, der Besitz an Sachen sei den die tatsächliche Sachherrschaft ausübenden Gesellschaftern zuzuordnen.[1002] Daran kann nach der Anerkennung der Teilrechtsfähigkeit der BGB-Gesellschaft durch den BGH[1003] nicht mehr festgehalten werden. Die Gesellschaft kann danach Träger von Rechten und Pflichten sein, also auch die tatsächliche Sachherrschaft innehaben, sofern nur ein entsprechender Besitzwille derjenigen natürlichen Person vorliegt, welche die tatsächliche Herrschaft für die Gesellschaft ausübt.[1004] Im übrigen erfaßt § 453 III BGB auch nicht die Beteiligung als stiller Gesellschafter. Diese berechtigt nicht zum Besitz einer Sache. Denn die stille Gesellschaft hat per definitionem kein Gesellschaftsvermögen, sämtliches Vermögen ist dem Inhaber des Handelsgewerbes zugeordnet (vgl. § 230 HGB).[1005]

Des weiteren sind nicht lediglich solche Merkmale des Unternehmens beachtlich, die eine gewisse Dauerhaftigkeit aufweisen. Dies folgt aus dem oben erwähnten Paradigmenwechsel im Gewährleistungsrecht.[1006] Außerdem beeinflussen die Ertragsfähigkeit sowie die von den wirtschaftlichen Kennziffern des Unternehmens abhängige Werthaltigkeit des Un-

---

1000 So aber Eidenmüller, ZGS 2002, 290, 294; Grunewald, NZG 2003, 372, 373; U. Huber, AcP 202 (2002), 179, 230 f.; Rotthege/Wassermann, Rn. 1148; Bamberger/Roth-Faust,
§ 453, Rn. 21; Grigoleit/Herresthal, JZ 2003, 118, 125; Übernahmerecht-Reiner, § 56, Rn. 43.

1001 Handbuch KG-Neubauer, § 28, Rn. 10; BGH JZ 1968, 69; vgl. auch BGHZ 57, 166, 168.

1002 BGHZ 86, 300, 307; weitere Nachweise bei MüKo-Ulmer, § 718, Rn. 35 in Fn. 41.

1003 BGH NJW 2001, 1056 („Arge Weißes Roß"). Siehe die Nachweise dazu bei Erman-Westermann, Vor § 705, Rn. 18.

1004 MüKo-Ulmer, § 718, Rn. 36-38; Erman-Westermann, § 718, Rn. 4; Bamberger/Roth-Timm/Schöne, § 718, Rn. 2; Handbuch GbR-Gummert, § 17, Rn. 45.

1005 Statt aller: MüKo-HGB-Schmidt, § 230, Rn. 3, 9, m.w.N.; Singhof/Seiler/Schlitt-Singhof, Rn. 2.

1006 Vgl. Text bei Fn. 394.

ternehmens die Ertragsfähigkeit und Werthaltigkeit des einzelnen Gesellschaftsanteiles.[1007] Jedoch kann im Unterschied zum Anteilserwerb am organisierten Kapitalmarkt die Dynamik der wirtschaftlichen Situation des Unternehmens nicht noch als zusätzliches Argument herangezogen werden. Publikumspersonengesellschaften sind anders als börsennotierte Unternehmen nicht gesetzlich zu einer unterjährigen Information gegenüber dem Anlegerpublikum verpflichtet. Bis in die jüngste Vergangenheit hinein existierte noch nicht einmal eine Pflicht, einen Prospekt für öffentlich angebotene, nicht in Wertpapieren verkörperte Anteile zu erstellen.[1008]

3. „Öffentliche Äußerung"

Publikumspersonengesellschaften unterliegen weniger gesetzlichen Informationspflichten als Gesellschaften, die an der Börse notiert sind. Welche „öffentlichen Äußerungen" im Zusammenhang mit dem Kauf von Anteilen am nicht-organisierten Kapitalmarkt in Betracht kommen, soll im folgenden dargestellt werden.

Momentan besteht noch keine Pflicht, einen Verkaufsprospekt für öffentlich angebotene, nicht in Wertpapieren verkörperte Anteile zu erstellen und zu verbreiten. Häufig erfolgt der Vertrieb von Anteilen am nicht-organisierten Kapitalmarkt daher mittels des sogenannten „cold calling". Darunter versteht man unerbetene Telefonanrufe provisionsabhängiger Anlagevermittler, die potentielle Anleger zum Erwerb einer Beteiligung bewegen wollen.[1009] Jene Anrufe laufen zwar nach einem „Strickmuster" ab und sind ebenso wie Werbebriefe[1010] als „öffentliche Äußerungen" im Sinne von § 434 I 3 BGB zu qualifizieren. Jedoch erfolgen sie im Zusammenhang mit dem erstmaligen Vertrieb von Beteiligungen am nicht-organisierten Kapitalmarkt, regelmäßig nicht aber hinsichtlich nachfolgender Anteilsübertragungen. Nur letzteren können Kaufverträge zugrundeliegen. Deshalb kann die auf den Primärmarkt beschränkte Praxis des „cold calling" im folgenden außer Betracht bleiben.

1007 Vgl. Wolf/Kaiser, DB 2002, 411, 416; Mandatshandbuch-Lips/Stratz/Rudo, § 4, Rn. 29.

1008 Allerdings erweitert das AnSVG (BGBl. I 2004, S. 2630), das am 30.10.2004 in Kraft trat, das VerkProspG um eine solche Prospektpflicht.

1009 Berger/Möller, Die Bank 2000, 382, 388 f.; Klaffke, S. 37; Finanzplatz, S. 19 f.

1010 Bamberger/Roth-Faust, § 434, Rn. 81.

Wiewohl Anbieter am nicht-organisierten Kapitalmarkt nicht zur Erstellung eines Prospektes verpflichtet sind, verwenden schon jetzt viele von ihnen prospektähnliche Materialien, um für ihre Kapitalanlageformen zu werben.[1011] Allerdings fallen diese Prospekte inhaltlich sehr unterschiedlich aus. Dessen ungeachtet sind sie als „öffentliche Äußerungen“ anzusehen. Eine gewisse Vereinheitlichung ihres Inhalts wird nunmehr dadurch eintreten, daß das VerkProspG im Zuge des AnSVG eine erhebliche Ausweitung seines Anwendungsbereiches erfahren hat. § 8 f VerkProspG n.F.[1012] verpflichtet Anbieter von Anteilen am nicht-organisierten Kapitalmarkt, einen Verkaufsprospekt zu erstellen und zu veröffentlichen. Die Anforderungen an dessen Inhalt ergeben sich aus § 8 g VerkProspG n.F.[1013] Zwar handelt es sich bei Prospekten um Publizitätsinstrumente des Primärmarktes. Der Anleger, der seine Beteiligung weiterveräußern will, ist nicht zur Erstellung eines Verkaufsprospektes verpflichtet. Zudem ist Kaufrecht auf den Beitritt zu Publikumspersonengesellschaften nicht anwendbar. Jedoch kann der Inhalt des im Zusammenhang mit dem erstmaligen Vertrieb veröffentlichten Prospektes beim Folgeerwerb fortwirken. So ist nicht auszuschließen, daß sich Käufer von Anteilen an Publikumspersonengesellschaften zumindest auch aufgrund von Prospekten zum Anteilserwerb bewegen lassen.[1014]

Weitere „öffentliche Äußerungen“ am nicht-organisierten Kapitalmarkt stammen aus dem Bereich der Rechnungslegungspublizität. Nach § 242 I 1 HGB hat jeder Kaufmann einen Jahresabschluß aufzustellen. Diese Pflicht trifft insbesondere auch Personengesellschaften.[1015] Darüber hinaus sind solche Gesellschaften, deren persönliche haftender Gesellschaf-

---

1011 Dieser allenfalls faktische Prospektzwang (dazu Assmann/Schütze-Assmann, § 1, Rn. 72 a.E.; Lenenbach, 9.24; Kiethe, ZIP 2000, 216, 218; Hopt, Gutachten, G 35) darf aber nicht mit einer rechtlichen Prospektpflicht verwechselt werden. Eine solche besteht nicht, insbesondere können unverbriefte Gesellschaftsbeteiligungen nicht als „Wertpapiere“ im Sinne von § 1 VerkProspG eingeordnet werden, so jedoch Schröder, S. 62.

1012 Mit VerkProspG n.F. wird der Stand des Verkaufsprospektgesetzes in der Fassung des AnSVG (BGBl. I 2004, S. 2630) bezeichnet. Auf etwaige, im Gesetzgebungsverfahren erfolgte Änderungen wird nötigenfalls ausdrücklich hingewiesen.

1013 BGBl. I 2004, S. 2630; Referentenentwurf eines AnSVG vom 10.03.2004, abrufbar unter www.bmj.bund.de (zuletzt abgerufen am 16.03.2004), abgedruckt in ZBB 2004, S. 168 ff.; Gesetzentwurf der Bundesregierung vom 24.05.2004, BT-Drucksache 15/3174; Beschlußempfehlung und Bericht des Finanzausschusses (7. Ausschuß), BT-Drucksache 15/3493.

1014 Handbuch KG-Gummert, § 69 PublKG, Rn. 59; Vortmann-Eyles, § 2, Rn. 55.

1015 Statt aller: B/H-Merkt, § 238, Rn. 7.

ter wie üblicherweise bei der GmbH & Co.KG keine natürliche Personen sind, gemäß § 264 a I Nr. 1 HGB in Verbindung mit § 264 HGB verpflichtet, den Jahresabschluß um einen Anhang und einen Lagebericht zu erweitern. Dadurch wird die GmbH & Co. KG weitgehend der Kapitalgesellschaft gleichgestellt.[1016] Diese Gleichstellung erstreckt sich auch auf eine gegebenenfalls erforderliche Konzernrechnungslegung.[1017] Des weiteren sind Emittenten von nicht in Wertpapieren verbrieften Anteilen unabhängig von ihrer Rechtsform nach § 8 h I VerkProspG n.F. verpflichtet, einen den Anforderungen der §§ 264 ff. HGB genügenden Jahresabschluß und Lagebericht aufzustellen und gemäß §§ 317 ff. HGB prüfen zu lassen. Von dieser Verpflichtung ist der Emittent nur im Falle eines Hinweises auf die fehlende Aufstellung und Prüfung des Jahresabschlusses und Lageberichtes an herausgehobener Stelle des Prospektes befreit (§ 8 h II VerkProspG n.F.).[1018] Die genannten Publizitätsinstrumente sind ebenfalls als „öffentliche Äußerungen" zu qualifizieren.

4. Person des Äußernden

a) „Öffentliche Äußerung" des Verkäufers

In den wegen des Fehlens eines funktionierenden Sekundärmarktes seltenen Fällen der Anteilsveräußerung ist derjenige Anleger Verkäufer, der den zu verkaufenden Anteil ursprünglich anläßlich dessen erstmaligen Vertriebes erwarb. Ob es sich um eine „öffentliche Äußerung" des Verkäufers handelt, bemißt sich danach, ob dieser dem Markt Angaben zugänglich macht.[1019] Demzufolge kommt es entscheidend auf dessen Marktauftritt an.

Der für eine Beteiligung an einer Publikumspersonengesellschaft erfolgreich geworbene (Erst-)anleger hat nichts mit dem Inhalt des Prospektes bzw. des Jahresabschlusses und Lageberichtes zu tun. Dieser ist vor seinem Beitritt erstellt worden. Adressat der in § 8 f I VerkProspG n.F. vorgesehenen Pflicht, einen Verkaufsprospekt zu erstellen, ist denn auch

---

1016 Binz/Sorg, § 15, Rn. 19 f.; B/H-Merkt, § 264 a, Rn. 1; Lutter/Hommelhoff-Kleindiek, Vor § 41, Rn. 8 f.

1017 Binz/Sorg, § 15, Rn. 32 f.; Lutter/Hommelhoff-Kleindiek, Vor § 41, Rn. 9.

1018 Heisterhagen, DStR 2004, 1089, 1091; Moritz/Grimm, BB 2004, 1352, 1355; Fleischer, BKR 2004, 339, 342; kritisch zu dieser Regelung Handelsrechtsausschuß, NZG 2004, 703, 708.

1019 Weiler, WM 2002, 1784, 1786 f.; Bamberger/Roth-Faust, § 434, Rn. 81.

ausschließlich der Anbieter. Das ist derjenige, der für das öffentliche Angebot der Vermögensanlage verantwortlich ist und den Anlegern gegenüber nach außen erkennbar als Anbieter auftritt.[1020] Regelmäßig ist der Emittent als Anbieter anzusehen, wenn er die Vermögensanlage erstmalig auf den Markt bringt und für seine Rechnung unmittelbar oder durch Dritte öffentlich zum Erwerb anbietet. Des weiteren können Instrumente der Rechnungslegungspublizität nicht als „öffentliche Äußerungen" des Anlegers begriffen werden. Denn typischerweise hat dieser keinen solchen Einfluß auf die Geschicke des Emittenten, daß der Inhalt etwa des Jahresabschlusses als seine eigene Äußerung erscheint.

b) „Öffentliche Äußerung" von „dessen Gehilfen"

Neben „öffentlichen Äußerungen" des Verkäufers können derartige Äußerungen seiner Gehilfen ebenfalls gemäß § 434 I 3 BGB beachtlich sein.

aa) Emittent als „Gehilfe"?

Man könnte erwägen, den Emittenten als „Gehilfen" des veräußernden Gesellschafters anzusehen. Die auf diese Weise rechtlich mögliche Zurechnung „öffentlicher Äußerungen" ist für den Anteilserwerb von einem Gesellschafter von Bedeutung, da dieser nach dem oben Gesagten praktisch keine eigenen „öffentlichen Äußerungen" abgibt. Allerdings setzt eine Gehilfeneigenschaft der Gesellschaft deren Rechtsfähigkeit voraus. Die GmbH & Co. KG ist gemäß § 124 I HGB (teil-)rechtsfähig, auch ist die (Teil-)rechtfähigkeit der GbR zumindest seit einer Grundsatzentscheidung des BGH weithin anerkannt.[1021] Demgegenüber mangelt es der stillen Gesellschaft an der Fähigkeit, Träger von Rechten und Pflichten zu sein.[1022] Schon aufgrund dessen sind rechtlich keine Äußerungen der stillen Gesellschaft als solcher, sondern lediglich von GmbH & Co. KG oder GbR denkbar. Damit ist jedoch noch nicht gesagt, daß zumindest diese als „Gehilfen" des veräußernden Gesellschafters anzusehen sind. Dem steht entgegen, daß dieser die Gesellschaft nicht bewußt einschaltet. Plastischer Beleg dafür ist das Fehlen eines funktionierenden Sekun-

---

1020 Begr. RegE BT-Drucksache 15/3174, S. 42.
1021 BGH NJW 2001, 1056 („Arge Weißes Roß"); siehe die reichhaltigen Nachweise bei Erman-Westermann, Vor § 705, Rn. 18.
1022 MüKo-HGB-Schmidt, § 230, Rn. 8; Handbuch KG-Bezzenberger/Keul, § 72 StG, Rn.18.

därmarktes, was auch darauf zurückzuführen ist, daß die Anlagegesellschaften nach dem erstmaligen Vertrieb der Anteile kaum in deren Weiterveräußerung involviert sind. Des weiteren hat der typische Anlagegesellschafter, namentlich der an einer GmbH & Co. KG beteiligte, aufgrund seiner kommanditistischen Beteiligung keinen derartigen Einfluß auf die Gesellschaft, daß er diese in seine Verkaufsbemühungen einschalten kann.

bb) Treuhänder als „Gehilfe"?

Abgesehen vom Emittenten könnte der Treuhänder „Gehilfe" des veräußernden Anlegers sein. Denn mitunter sieht der Gesellschaftsvertrag vor, daß der Treuhänder austrittswilligen Anlegern Käufer vermitteln darf.[1023] Es kommt daher zum einen entscheidend darauf an, ob sich der Treuhänder „öffentlich äußert" im Sinne von § 434 I 3 BGB, und zum anderen, ob etwaige Äußerungen dem Anleger zuzurechnen sind.

Wenn der echte Treuhänder Initiator der Gesellschaft ist und für den Inhalt der prospektähnlichen Informationen oder des Jahresabschlusses nach außen erkennbar Verantwortung übernimmt, handelt es sich um dessen „öffentlichen Äußerungen". Dies kann durch eine Unterschrift unter die genannten Publizitätsinstrumente geschehen. Die bloße Weitergabe des Informationsmaterials etwa durch den Geschäftsführer des Treuhandkommanditisten reicht hingegen ebensowenig aus wie der Umstand, daß der Treuhänder darin namentlich aufgeführt wird.[1024] Mit Wirkung vom 01.07.2005 kommt eine weitere Möglichkeit einer Verantwortungsübernahme hinzu. Dann soll § 8 g II Nr. 1 VerkProspG n.F. es „Personen oder Gesellschaften" ermöglichen, Verantwortung für den Prospektinhalt zu übernehmen. Diese Verantwortungsübernahme entspricht der im Zusammenhang mit dem Anteilserwerb am organisierten Kapitalmarkt anwendbaren lex lata (vgl. § 14 BörsZulV), so daß insofern nach oben verwiesen werden kann.[1025]

Jedoch steht einer Zurechnung des Inhalts der genannten Äußerungen entgegen, daß das Tatbestandsmerkmal „Gehilfe" im Sinne von § 434 I 3

1023 Grundmann, S. 512; Krenzel, S. 199, Fn. 39.

1024 Vgl. BGH WM 1986, 583, 584; BGH NJW 1995, 1025; Assmann/Schütze-Assmann, § 7, Rn. 109.

1025 D.II.4.a)aa)aaa).

BGB nur diejenigen Personen erfaßt, die sich mit Wissen und Wollen des Verkäufers öffentlich geäußert haben.[1026] Wegen des Wissenselements sind Dritte bezüglich derjenigen Äußerungen nicht als Gehilfen anzusehen, welche sie eigenmächtig öffentlich abgaben.[1027] Im Zeitpunkt der Veröffentlichung des Prospektes und einer etwaigen Verantwortungsübernahme war der veräußernde Anleger noch nicht an der Gesellschaft beteiligt. Er hatte deshalb keine Kenntnis vom Ob und Wie einer etwaigen Verantwortungsübernahme des Treuhänders für den Inhalt des Prospektes. Vielmehr ist der Prospekt typischerweise Grundlage für die Investitionsentscheidung des nunmehr austrittswilligen Anlegers gewesen.[1028] Vor seinem Beitritt hat er regelmäßig keinerlei rechtlich relevante Beziehung zum Treuhänder, welche als Anknüpfungspunkt für eine Zurechnung des Inhalts von dessen „öffentlichen Äußerungen" dienen könnte. Insofern befand er sich damals in derselben Situation wie ein jetziger potentieller Käufer, der aufgrund des fortwirkenden Prospektinhalts an einem Erwerb der Beteiligung interessiert ist. Demzufolge ist der Treuhänder nicht als „Gehilfe" des austrittswilligen Anlegers zu qualifizieren.

c) Zwischenergebnis

„Öffentliche Äußerungen" des Veräußerers selbst spielen bei Anteilsübertragungen am nicht-organisierten Kapitalmarkt keine Rolle. Des weiteren können dem veräußernden Anleger weder derartige Äußerungen der Gesellschaft noch solche des Treuhänders gemäß § 453 I BGB in Verbindung mit § 434 I 3 BGB zugerechnet werden. Daher ist der Tatbestand des § 434 I 3 BGB nicht erfüllt.

5. Zwischenergebnis

Über eine Anwendung von § 453 I BGB in Verbindung mit § 434 I 3 BGB läßt sich keine gewährleistungsrechtliche Haftung des Veräußerers eines Anteiles am nicht-organisierten Kapitalmarkt begründen. Zum einen werden am Primärmarkt keine Anteilskaufverträge geschlossen. Zum anderen fehlt es hinsichtlich nachfolgender Anteilsveräußerungen an „öffentli-

---

1026 Bamberger/Roth-Faust, § 434, Rn. 78; Henssler/Graf von Westphalen-Graf von Westphalen, § 434, Rn. 36 f.; Weiler, WM 2002, 1784, 1789; Begr. RegE BT-Drucksache 14/6040, S. 214; Jauernig-Chr. Berger, § 434, Rn. 16; Westermann, NJW 2002, 241, 245; a.A. Henssler/Graf von Westphalen-Graf von Westphalen, § 434, Rn. 37.

1027 Zum ganzen siehe oben D.II.4.c).

1028 Vgl. Schwark, FS Hadding, S. 1117, 1135, Fn. 97.

chen Äußerungen" des Anlegers respektive an gemäß § 434 I 3 BGB zurechenbaren „öffentlichen Äußerungen" von Gehilfen.

III. Haftung für fehlerhafte Informationen beim Anteilserwerb am nicht-organisierten Kapitalmarkt nach anderen Anspruchsgrundlagen

Der Anleger am nicht-organisierten Kapitalmarkt hat bei fehlerhaften Kapitalmarktinformationen keine gewährleistungsrechtlichen Ansprüche. Deshalb drängt sich die Frage auf, welche Anspruchsgrundlagen statt dessen in Betracht kommen. Diese sollen im folgenden überblicksweise unter besonderer Berücksichtigung der im Zuge des AnSVG erfolgten Änderungen dargestellt werden. Angesichts des Fehlens eines Sekundärmarktes liegt dabei der Schwerpunkt auf dem Ersterwerb von Beteiligungen an Publikumspersonengesellschaften.

1. Deliktische Haftung

Im Zusammenhang mit dem Erwerb von Anteilen am nicht-organisierten Kapitalmarkt kann ein Schadensersatzanspruch aus § 823 II BGB in Verbindung mit der Verletzung eines Schutzgesetzes eine Rolle spielen. Als Schutzgesetze kommen die Straftatbestände des Betrugs (§ 263 StGB) und der Untreue (§ 266 StGB) sowie der Tatbestand der strafbaren Werbung (§ 4 UWG) in Betracht. Diesen Schutzgesetzen ist aber gemeinsam, daß sie sich in der Praxis als stumpfe Schwerter erwiesen haben.[1029] So fehlt es häufig an der für § 266 StGB erforderlichen Vermögensbetreuungspflicht des Prospektverwenders gegenüber dem Anleger.[1030] Hingegen verliert § 263 StGB[1031] dadurch an praktischer Bedeutung, daß die Norm ebenso wie § 4 UWG tatbestandlich eine auf Tatsachen bezogene Täuschungshandlung voraussetzt und zudem Unterlassen nur bei Vorliegen einer Garantenstellung des Prospektverwenders strafbar ist. In bezug auf § 4 UWG kommt hinzu, daß das Wettbewerbsrecht lediglich die inhaltliche Richtigkeit von Werbeangaben, nicht aber notwendigerweise deren Vollständigkeit verlangt.[1032] Demgegenüber schließt das Schutz-

---

1029 Vgl. Vortmann-Eyles, § 2, Rn. 82.

1030 Vortmann-Eyles, § 2, Rn. 80; Assmann/Schütze-Worms, § 8, Rn. 27 f.

1031 Ausführlich Assmann/Schütze-Worms, § 8, Rn. 7-25; Park-Zieschang, § 263 StGB, Rn. 1 ff.; a.A. Hild, S. 121 f.

1032 Vortmann-Eyles, § 2, Rn. 81; Schwark-Schwark, §§ 44, 45 BörsG, Rn. 78. Zu § 4 UWG insgesamt Assmann/Schütze-Worms, § 8, Rn. 29-33.

gesetz des § 264 a StGB entsprechende Strafbarkeitslücken. Treuhänderische Beteiligungen stellen dessen Hauptanwendungsbereich dar. Nicht erfaßt werden indes Beteiligungen, die wie bei Bauherren-, Bauträger- und Erwerbermodellen regelmäßig nicht am Ergebnis des Unternehmens beteiligt sind.[1033] Lediglich der Vollständigkeit halber sei auch auf einen Anspruch des Anlegers aus § 826 BGB hingewiesen.[1034]

2. Haftung nach novelliertem Verkaufsprospektgesetz

Infolge der geplanten Novellierung des Verkaufsprospektgesetzes erstreckt sich die Pflicht, einen Verkaufsprospekt zu erstellen und zu veröffentlichen, auch auf Anbieter von „anderen Vermögensanlagen" (vergleiche die Überschrift des neuen Abschnitts IIIa.). Zu diesen Vermögensanlagen zählen gemäß § 8 f I VerkProspG n.F. insbesondere öffentlich angebotene, nicht wertpapiermäßig verbriefte Anteile an Gesellschaften sowie Anteile an einem Vermögen, das ein Unternehmen in eigenem Namen für fremde Rechnung treuhänderisch verwaltet.[1035] Erfaßt werden somit namentlich Beteiligungen an Publikumskommanditgesellschaften, an BGB-Gesellschaften, stille Beteiligungen an diesen Gesellschaften sowie mittelbare Beteiligungen, sofern ein Unternehmen Treuhänder ist.[1036] Entsprechend der Erweiterung der Prospektpflicht auf „andere Vermögensanlagen" kommt nunmehr auch eine Haftung für dessen Inhalt gemäß § 13 I Nr. 3 VerkProspG n.F. in Verbindung mit §§ 44 ff. BörsG in Betracht. Eine auch im Hinblick auf wertpapiermäßig verbriefte Anteile

---

1033 Vortmann-Eyles, § 2, Rn. 82; Assmann/Schütze-Worms, § 8, Rn. 63 f.; Assmann/Lenz/Ritz-Assmann, § 13, Rn. 70; a.A. Hild, S. 114 f., der § 264 a StGB für praktisch bedeutungslos hält. Siehe dazu aber Park-Park, § 264 a StGB, Rn. 6.

1034 Vgl. Vortmann-Eyles, § 2, Rn. 77; Assmann/Lenz/Ritz-Assmann, § 13, Rn. 70.

1035 Etwas undeutlich noch der Referentenentwurf eines AnSVG vom 10.03.2004, abrufbar unter www.bmj.bund.de (zuletzt abgerufen am 16.03.2004), abgedruckt in ZBB 2004, S. 168 ff.; Gesetzentwurf der Bundesregierung vom 24.05.2004, BT-Drucksache 15/3174. Dies präzisieren – insofern der Kritik des Handelsrechtsausschusses, NZG 2004, 703, 707, folgend – Beschlußempfehlung und Bericht des Finanzausschusses (7. Ausschuß), BT-Drucksache 15/3493, S. 39: „Anteile an einem Vermögen, das der Emittent oder ein Dritter in eigenem Namen für fremde Rechnung hält oder verwaltet (...)". Der Finanzausschuß, BT-Drucksache 15/3493, S. 52 f., bewertet diese Änderung gegenüber dem Gesetzentwurf der Bundesregierung als „rein redaktionell"; zustimmend Moritz/Grimm, BB 2004, 1801.

1036 Gesetzentwurf der Bundesregierung vom 24.05.2004, BT-Drucksache 15/3174, S. 42; Heisterhagen, DStR 2004, 1089, 1090. So auch im Ergebnis Moritz/Grimm, BB 2004, 1352, 1353, infolge einer teleologischen Reduktion von § 8 f I 1 Var. 3 VerkProspG n.F.

neue Regelung[1037] enthält § 13 a VerkProspG n.F., wonach ein Unterlassen der Veröffentlichung eines Verkaufsprospektes ebenfalls haftungsrechtliche Konsequenzen nach sich zieht.

a) Haftung für unrichtige oder unvollständige Prospekte

Voraussetzung für eine Haftung ist das Vorliegen eines unrichtigen oder unvollständigen Prospektes. Unrichtig ist eine Prospektangabe, wenn sie entweder nicht mit den tatsächlichen Verhältnissen übereinstimmt oder die ihr zugrundeliegende Prognose nicht ausreichend durch Tatsachen gestützt wird oder kaufmännisch unvertretbar ist.[1038] Ein Prospekt ist unvollständig, wenn für die Investitionsentscheidung wesentliche Angaben fehlen.[1039] Anhaltspunkte zur Beurteilung der Richtigkeit und Vollständigkeit bieten die gesetzlichen Anforderungen in § 8 g I VerkProspG n.F. respektive diejenigen in der Verordnung über Vermögensanlagen-Verkaufsprospekte (VermVerkProspV).[1040]

Außerdem muß der Anteilserwerb „auf Grund des Prospektes" zustande gekommen sein. Im Jahre 1998 ist die von der Rechtsprechung Kausalitätsvermutung (sogenannte Anlagestimmung) in modifizierter Form durch § 45 BörsG a.F. (nun § 44 I 1 BörsG) kodifiziert worden.[1041] Ein ursächlicher Zusammenhang zwischen den Angaben des Prospektes und dem Anteilserwerb wird für die Dauer von sechs Monaten nach ihrem öffentlichem Angebot (§ 13 I Nr. 1 VerkProspG n.F.) widerleglich vermutet. Deshalb darf der Prospektverantwortliche beweisen, daß gegenläufige Faktoren die Anlagestimmung schon vor Ablauf von sechs Monaten zerstörten (vgl. § 45 II Nr. 1 BörsG).[1042] Des weiteren gestattet es § 13 I Nr. 3 VerkProspG n.F. in Verbindung mit § 45 I BörsG dem Anspruchsgegner,

---

1037 Siehe zur alten Rechtslage nur Schwark-Heidelbach, § 1 VerkProspG, Rn. 45.
1038 Heisterhagen, DStR 2004, 1089, 1092; Fleischer, BKR 2004, 339, 343; Vortmann-Eyles, § 2, Rn. 70, 73; Förster, S. 55.
1039 Heisterhagen, DStR 2004, 1089, 1092; Vortmann-Eyles, § 2, Rn. 71; Förster, S. 57, 107.
1040 Die Verordnung tritt gem. § 16 VermVerkProspV am 01.07.2005 in Kraft.
1041 Ellenberger, S. 40; Förster, S. 143 f.; Begr. RegE BT-Drucksache 13/8933, S. 78; Groß, AG 1999, 199, 205; Kort, AG 1999, 9, 12 f.
1042 Ellenberger, S. 40; Kort, AG 1999, 9, 13; Groß, AG 1999, 199, 205; Förster, S. 146 f.; Kort, AG 1999, 9, 12 f; Schwark-Schwark, §§ 44, 45 BörsG, Rn. 44; Heisterhagen, DStR 2004, 1089, 1092.

sich mittels Nachweises eines unterhalb der Schwelle grober Fahrlässigkeit liegenden Verhaltens zu enthaften.[1043]

Anspruchsinhaber ist der „Erwerber“, sofern das Erwerbsgeschäft binnen sechs Monaten nach dem ersten öffentlichen Angebot im Inland (§ 13 I Nr. 1 VerkProspG n.F.) abgeschlossen wurde. Dieses an den „Erwerb“ anknüpfende Konzept bezieht auch Zweit- und Dritterwerber[1044] in den Kreis der Anspruchsberechtigten ein.[1045]

Rechtsfolge von § 13 I Nr. 3 VerkProspG n.F. in Verbindung mit § 44 BörsG ist ein Anspruch des Erwerbers auf Übernahme der Anteile gegen Erstattung des Erwerbspreises[1046] und der mit dem Erwerb verbundenen üblichen Kosten. Im Unterschied zum Vertrieb von wertpapiermäßig verbrieften Anteilen darf der Erwerbspreis den Ausgabepreis übersteigen (vgl. § 13 I Nr. 3 b VerkProspG n.F.). Sofern der Erwerber nicht mehr Inhaber der Wertpapiere ist, steht ihm ein Anspruch auf Ersatz der Differenz zwischen Erwerbspreis und Verkaufspreis zuzüglich Erwerbs- und Veräußerungskosten zu. Gemäß § 13 I Nr. 3 VerkProspG n.F. in Verbindung mit § 44 I 1 BörsG haften diejenigen gesamtschuldnerisch, die für den Prospekt die Verantwortung übernommen haben (§ 44 I 1 Nr. 1 BörsG) und von denen dessen Erlaß ausgeht (§ 44 I 1 Nr. 2 BörsG). Verantwortung in diesem Sinne übernehmen diejenigen, die den Prospekt unterzeichnet haben und dadurch wie der Emittent[1047] und die im Prospekt als Verantwortliche Bezeichneten nach außen erkennbar hervortreten.[1048] Erlasser eines Prospektes ist derjenige, der ein eigenes ge-

1043 Fleischer, BKR 2004, 339, 345; detailliert Ellenberger, S. 42-59; Förster, S. 148-155; Groß, AG 1999, 199, 205-207.

1044 Angesichts der kaum vorhandenen Fungibilität der Anteile ist dies aber im Vergleich zum organisierten Kapitalmarkt praktisch weniger bedeutsam, so auch Assmann/Schütze-Assmann, § 7, Rn. 136.

1045 Fleischer, BKR 2004, 339, 344; Ellenberger, S. 63 f.; Förster, S. 135; Groß, AG 1999, 199, 205; Kort, AG 1999, 9, 12.

1046 Kritisch dazu Handelsrechtsausschuß, NZG 2004, 703, 709, der zu Recht anmerkt, die von §§ 13, 13 a VerkProspG n.F. erfaßten Sachverhalte könnten überhaupt nicht zu einer Minderung des Erwerbspreises, sondern allenfalls zu einer Minderung des Verkehrswertes der Anlage führen.

1047 Auf die gegen eine Inanspruchnahme des Emittenten bestehenden Bedenken wird unten gesondert eingegangen, siehe E.III.2.c).

1048 Moritz/Grimm, BB 2004, 1352, 1356; Fleischer, BKR 2004, 339, 343 f.; Ellenberger, S. 24; Groß, AG 1999, 199, 200; Heidel-Bergdolt, Kap. 3, § 44 BörsG, Rn. 47-50.

schäftliches Interesse an der Emission hat, ohne nach außen in Erscheinung zu treten.[1049]

Der Anspruch aus § 13 I Nr. 3 VerkProspG n.F. in Verbindung mit § 44 BörsG soll gemäß § 13 I Nr. 3 VerkProspG n.F. in Verbindung mit § 46 BörsG in einem Jahr ab Kenntnis des Erwerbers von dem Prospektmangel verjähren, spätestens jedoch nach drei Jahren, gerechnet ab Veröffentlichung des Prospektes. Allerdings plant die Bundesregierung, Ansprüche wegen des Unterlassens einer Prospektveröffentlichung (§ 13 a I, II, III VerkProspG n.F.) den Verjährungsregeln der §§ 195, 199 BGB zu unterstellen.[1050] Ansprüche aus § 13 VerkProspG n.F. werden in diesem Zusammenhang nicht genannt. Ob dies versehentlich geschah, ergibt sich aus den Gesetzgebungsmaterialien nicht.[1051]

b) Haftung für das Unterlassen der Veröffentlichung eines Prospektes

Ist ein Verkaufsprospekt entgegen der Verpflichtung in § 8 f VerkProspG n.F. nicht veröffentlicht[1052] worden, kann ein Erwerber die Übernahme der Vermögensanlagen gegen Erstattung des Erwerbspreises und der mit dem Erwerb verbundenen üblichen Kosten verlangen, § 13 a I 1 VerkProspG n.F. Anspruchsgegner ist der Emittent.[1053] Allerdings muß das Erwerbsgeschäft vor der Veröffentlichung eines Prospektes und binnen sechs Monaten nach dem ersten öffentlichen Angebot im Inland abgeschlosssen sein. Auf diese Weise erstreckt sich die Haftung, insofern parallel zur Rechtslage bei einem fehlerhaften Prospekt, auch auf Folgeerwerber[1054] und wird gewissermaßen in den (kaum entwickelten) Sekundärmarkt hineinverlängert. Für den Fall, daß der Erwerber die Vermögensanlagen bereits veräußerte, hat er einen Anspruch auf Zahlung des Differenzbetrages zwischen Erwerbs- und Veräußerungspreis (§ 13 a II

1049 Ellenberger, S. 23 f.; Fleischer, BKR 2004, 339, 344; Assmann/Schütze-Assmann, § 7, Rn. 204; Groß, AG 1999, 199, 201; Schwark-Schwark, §§ 44, 45 BörsG, Rn. 9.
1050 Stellungnahme des Bundesrates und Gegenäußerung der Bundesregierung, BT-Drucksache 15/3355, S. 3 und S. 6.
1051 Vgl. Stellungnahme des Bundesrates und Gegenäußerung der Bundesregierung, BT-Drucksache 15/3355, S. 3 und S. 6.
1052 Zur mitunter schwierigen Abgrenzung zu einem fehlerhaften Verkaufsprospekt siehe Fleischer, WM 2004, 1897, 1902 f. m.w.N.
1053 Dagegen erheben sich Bedenken, siehe unten E.III.2.c).
1054 Fleischer, WM 2004, 1897, 1901.

VerkProspG n.F.). Ursprünglich[1055] sah § 13 a IV 1 VerkProspG n.F. vor, daß derjenige nicht in Anspruch genommen werden kann, der darlegt und gegebenenfalls beweist, daß er die Prospektpflicht weder gekannt noch grob fahrlässig nicht gekannt hat. Die endgültige Gesetzesfassung enthält diese Regelung nicht.[1056] Die ersatzlose Aufgabe dieses Ausschlußgrundes spricht angesichts der Beibehaltung anderer Haftungsausschlußtatbestände dafür, daß bei Fehlen eines Prospektes nunmehr verschuldensunabhängig gehaftet werden soll.[1057] Die Anspruchsverpflichteten können gemäß § 13 a IV VerkProspG n.F. allenfalls einwenden, der Erwerber habe die Pflicht, einen Verkaufsprospekt zu veröffentlichen, beim Erwerb gekannt. Insofern ist die Regelung parallel zu § 45 II Nr. 3 BörsG ausgestaltet.[1058]

Zunächst enthielt § 13 a V VerkProspG n.F. auch eine an § 46 BörsG angelehnte Verjährungsregelung.[1059] Mittlerweile beabsichtigt die Bundesregierung, die Verjährung von Ansprüchen aus § 13 a VerkProspG n.F. durch §§ 195, 199 BGB zu regeln.[1060]

c) Einwände gegen eine Haftung des Emittenten nach §§ 13, 13 a VerkProspG n.F.

Bei der Haftung für fehlerhafte Verkaufsprospekte kann unter anderen der Emittent gemäß § 13 I Nr. 3 VerkProspG in Verbindung mit § 44 I 1 BörsG Anspruchsgegner sein. Im Falle des Unterlassens der Veröffentlichung eines Verkaufsprospektes ist die Inanspruchnahme des Emittenten und des Anbieters als Gesamtschuldner gemäß § 13 a I 1 VerkProspG n.F. vorgesehen. Häufig wird der Emittent als Publikumspersonengesellschaft, namentlich als Publikumskommanditgesellschaft verfaßt sein. Es muß verwundern, daß die geplante Einführung einer Prospekthaftung der

---

1055 Referentenentwurf eines AnSVG vom 10.03.2004, abrufbar unter www.bmj.bund.de (zuletzt abgerufen am 16.03.2004), abgedruckt in ZBB 2004, S. 168 ff.

1056 BGBl. I 2004, S. 2630.

1057 So auch Fleischer, WM 2004, 1897, 1901 f.; a.A. Spindler, NJW 2004, 3449, 3455.

1058 Fleischer, WM 2004, 1897, 1902.

1059 Referentenentwurf eines AnSVG vom 10.03.2004, abrufbar unter www.bmj.bund.de (zuletzt abgerufen am 16.03.2004), abgedruckt in ZBB 2004, S. 168 ff.; Gesetzentwurf der Bundesregierung vom 24.05.2004, BT-Drucksache 15/3174; dazu Moritz/Grimm, BB 2004, 1352, 1357; Fleischer, WM 2004, 1897, 1902; kritisch dazu Handelsrechtsausschuß, NZG 2004, 703, 709.

1060 Stellungnahme des Bundesrates und Gegenäußerung der Bundesregierung, BT-Drucksache 15/3355, S. 3 und S. 6.

Personengesellschaft bislang noch nicht auf Bedenken gestoßen ist. Denn die Fragestellung ist nicht neu.

Als in den 70er Jahren des vorherigen Jahrhunderts der „Entwurf eines Gesetzes über den Vertrieb von Vermögensanlagen“ (VermanlG-E)[1061] in § 7 I 1 bei Unrichtigkeit oder Unvollständigkeit des Vertriebsprospektes einen Anspruch des Kommanditisten auch gegen die Gesellschaft auf *„Übernahme des Anteiles gegen Erstattung des von ihm bezahlten Betrages“* vorsah[1062], wendeten sich insbesondere *Ulmer/Dopfer* gegen „tiefgreifende Einbrüche in das Personengesellschaftsrecht“, welche diese Regelung mit sich bringe.[1063] Diese und in der Folgezeit erhobene Einwände haben ihre Berechtigung nicht verloren. Sie gelten angesichts der in der Rechtsfolge identischen Formulierung von § 71 I 1 VermanlG-E und §§ 13, 13 a VerkProspG n.F. in gleicher Weise für die geplanten Änderungen des Verkaufsprospektgesetzes.

Die Prospekthaftung in Gestalt einer Übernahme der Anteile gegen Rückzahlung des Erwerbspreises gefährdet die Kapitalgrundlage der Kommanditgesellschaft zum Nachteil der Gläubiger, indem sie den Abfluß von Kapital unabhängig von ihren wirtschaftlichen Verhältnissen ermöglicht.[1064] Die Gefahr einer Gläubigerbenachteiligung resultiert insbesondere daraus, daß das VerkProspG n.F. ein Ausscheiden des Gesellschafters infolge eines Anspruchs auf Übernahme der Anteile vorsieht. Dem Anleger wird es ermöglicht, aus der Gesellschaft ohne Auseinandersetzung im Sinne von §§ 161 II, 105 III HGB in Verbindung mit § 738 HGB auszuscheiden. Demgegenüber müßte im Falle einer Kündigung (§§ 161 II, 105 III HGB in Verbindung mit § 736 BGB) eine solche erfolgen. Diesbezüglich bestimmt §§ 161 II, 105 III HGB in Verbindung mit § 733 I BGB, daß zunächst die Gesamthandsverbindlichkeiten zu tilgen sind. Also müßten die Forderungen der Gläubiger im Falle einer Kündigung der

---

1061 BT-Drucksache 8/1405, S. 1 ff. Der Wortlaut der Regelung des § 7 I 1 VermanlG-E findet sich auf S. 6.

1062 Diesem gingen Vorarbeiten in der Literatur, insbesondere von Kohl/Kübler/Walz/Wüstrich, ZHR 138 (1974), 1, passim, und Hopt, Gutachten, G 1 ff., voraus.

1063 Ulmer/Dopfer, BB 1978, 461; Ulmer, AG 1978, 186, 188.

1064 Ulmer/Dopfer, BB 1978, 461, 464; Hüffer, JuS 1979, 457, 464; OLG München, NJW-RR 2000, 624, 625; OLG Stuttgart, ZIP 2001, 692, 697. A.A. Gebauer, S. 216 f., der angesichts eines Anspruchs der Gesellschaft aus einer cessio legis gemäß § 426 II BGB von der Bilanzneutralität des Vorganges ausgeht.

Gesellschaft zuerst befriedigt werden. Es bestünde keine Gefahr einer Benachteiligung der Gläubiger durch vorrangige Befriedigung der Anleger.[1065] Des weiteren verstößt eine Prospekthaftung der Gesellschaft gegen den gesellschaftsrechtlichen Gleichbehandlungsgrundsatz. In einer Art „Windhundrennen" um die Rückforderung der Einlagen können sich diejenigen Anleger aus dem gemeinsamen Vermögen vorrangig befriedigen, die am raschesten einen Titel gegen die Gesellschaft erlangt haben.[1066] Die Zeitfolge der Rechtsdurchsetzung kann jedoch eine solche Ungleichbehandlung der Anleger, die alle mit denselben fehlerhaften Prospekten geworben wurden und daher „in einem Boot" sitzen, nicht rechtfertigen.[1067] Dies hätte sich durch die Einräumung eines Kündigungsrechts vermeiden lassen. Dann hätte der ausscheidende Gesellschafter seinen Anspruch auf Rückzahlung der Einlage als unselbständigen Rechnungsposten in eine Abschichtungsbilanz einstellen müssen und entgegen § 733 BGB nicht selbständig durchsetzen können.[1068] Ferner handelt es sich bei der „Übernahme der Anteile" um eine Rückgewähr der Einlage. Dies führt zu einem Wiederaufleben der Kommanditistenhaftung gemäß §§ 172 IV 1, 171 I HGB,[1069] wenn man den Anspruchsteller als Kommanditisten und nicht als Gläubiger[1070] qualifiziert. Ein weiteres Problem ergibt sich daraus, daß das Personengesellschaftsrecht eigene Anteile nicht kennt.[1071] Demnach verlangt die in §§ 13, 13 a VerkProspG n.F. vorgesehene Rechtsfolge vom Emittenten etwas rechtlich Unmögliches. In der Literatur zum VermanlG-E wurde den erhobenen Bedenken mit dem Argument entgegengetreten, jene Regelungen gingen als spätere Spezialgesetze vor.[1072] Zumindest der Umstand, daß Personengesellschaften keine eigenen Anteile innehaben können, läßt sich aber auch

1065 Vgl. Bertram, S. 195.
1066 Ulmer/Dopfer, BB 1978, 461, 464; Assmann, Prospekthaftung, S. 335; Assmann/Schütze-Assmann, § 7, Rn. 103; Hüffer, JuS 1979, 457, 464; Wiedemann/Schmitz, ZGR 1980, 129, 138; Vortmann-Eyles, § 2, Rn. 38; a.A. Moll, BB Beilage 3/1982, S. 1, 11; Steder, AG 1978, 173, 184.
1067 Ulmer/Dopfer, BB 1978, 461, 464; OLG München, ZIP 2000, 2295, 2302; OLG Stuttgart, ZIP 2001, 692, 697.
1068 Vgl. Bertram, S. 195; Ulmer/Dopfer, BB 1978, 461, 464.
1069 Ulmer/Dopfer, BB 1978, 461, 464; Ulmer, AG 1978, 186, 187 f.; Assmann, Prospekthaftung, S. 334, Fn. 18; Förster, S. 62, 214; Hüffer, JuS 1979, 457, 463 f.; Schwark, FS Raisch, S. 269, 280; Wiedemann/Schmitz, ZGR 1980, 129, 138; Vortmann-Eyles, § 2, Rn. 38; Steder, AG 1978, 173, 183.
1070 So aber Gebauer, S. 216.
1071 Hüffer, JuS 1979, 457, 463; Ulmer/Dopfer, BB 1978, 461, 464; Gebauer, S. 217.
1072 Moll, BB Beilage 3/1982, S. 1, 6; vgl. auch Hüffer, JuS 1979, 457, 464.

dadurch nicht argumentativ aus dem Weg räumen. Diesbezüglich bleibt lediglich das Argument, die Rechtsfolge der §§ 13, 13 a VerkProspG n.F. sehe ein Austrittsrecht unter Rückgewähr der Einlage vor, ohne daß eine Auseinandersetzung stattzufinden habe.[1073] Dem steht indes der klare Wortlaut („Übernahme der Anteile") entgegen. In der Gesetzesbegründung des insofern wortlautidentischen § 7 I 1 VermAnlG-E wurde diese Rechtsfolge denn auch als „modifiziertes Rücktrittsrecht" bezeichnet.[1074] Aufgrund dessen wird sich ein Anspruch aus § 13 VerkProspG n.F. nicht durchsetzen lassen, soweit es um eine „Übernahme der Anteile" durch den Emittenten gemäß § 13 I Nr. 3 VerkProspG n.F. in Verbindung mit § 44 I 1 BörsG geht. Es bleibt dann bei einer Haftung anderer Prospektverantwortlicher. Demgegenüber läuft die Regelung des § 13 a VerkProspG n.F. praktisch leer, soweit sie bei Fehlen eines Verkaufsprospektes eine gesamtschuldnerische Haftung von Anbieter und Emittent bestimmt. Lediglich in dem Fall, in dem der Anleger die Vermögensanlage bereits veräußerte, kann er auch den Emittenten in Anspruch nehmen. Dieser Fall wird aber angesichts des Fehlens eines entwickelten Sekundärmarkts äußerst selten eintreten. Zu einer gesamtschuldnerischen Haftung wird es deshalb kaum kommen.

d) Konkurrenzen

Wenn und soweit vorsätzliche unerlaubte Handlungen eines Prospektverantwortlichen in Rede stehen, tritt die Haftung für fehlerhafte Verkaufsprospekte gemäß § 13 I VerkProspG n.F. in Verbindung mit § 47 II BörsG zur deliktischen Haftung in Idealkonkurrenz.[1075] Gleiches gilt im Falle der Inanspruchnahme wegen des Fehlens eines Verkaufsprospektes nach § 13 a VI 2 VerkProspG n.F., welcher wortgleich mit § 47 II BörsG ist. Das Verhältnis von §§ 13, 13 a VerkProspG n.F. zur bürgerlich-rechtlichen Prospekthaftung wird unten erörtert.[1076]

1073 Steder, AG 1978, 173, 183; Ulmer/Dopfer, BB 1978, 461, 464 („im Auslegungsweg korrigierbare Unschärfe").

1074 Vgl. Begr. RegE BT-Drucksache 8/1405, S. 16, worauf Hüffer, JuS 1979, 457, 463 zu Recht hinweist. Auch Ulmer, AG 1978, 186, passim, interpretiert die Rechtsfolge als Rücktrittsrecht.

1075 Der Anspruch aus vorsätzlicher unerlaubter Handlung unterliegt indes nicht den Beschränkungen der §§ 44, 45 BörsG: OLG Frankfurt am Main, BKR 2003, 259, 260 f.; Lenenbach, 8.111; a.A. Kort, AG 1999, 9, 18.

1076 Siehe unten E.III.3.

3. Bürgerlich-rechtliche Prospekthaftung

Vor der Novellierung des VerkProspG im Zuge des AnSVG kam vor allem eine Haftung aus der sogenannten bürgerlich-rechtlichen Prospekthaftung in Betracht, welche in eine Prospekthaftung im engeren und im weiteren Sinne unterschieden wurde. Erstere knüpfte an das typisierte Vertrauen des Anlegers auf die Richtigkeit und Vollständigkeit der insbesondere von Initiatoren, Gründern und sonstigen Hinterleuten getroffenen Angaben an.[1077] Nach der bürgerlich-rechtlichen Prospekthaftung im weiteren Sinne hafteten diejenigen Vertreter oder sonstige Sachwalter für fehlerhafte oder unvollständige Prospekte, die wie Anlagevermittler, Treuhänder oder Kreditinstitute besonderes persönliches Vertrauen in Anspruch genommen hatten.[1078] Wie oben ausgeführt kann auch nach der Schuldrechtsreform an den unterschiedlichen dogmatischen Ausgangspunkten festgehalten werden. Allerdings läßt sich die zivilrechtliche Prospekthaftung nunmehr unterschiedslos unter § 311 II, III BGB subsumieren.[1079] Demzufolge stellen sowohl die bürgerlich-rechtliche Prospekthaftung im engeren Sinne als auch diejenige im weiteren Sinne Ansprüche aus §§ 280 I, 311 II, III, 241 II BGB dar.[1080]

Daß der Prospektfehler zum Erwerb der Kapitalanlage geführt hat, wird im Falle von dessen Fehlerhaftigkeit oder Unvollständigkeit vermutet, da der Anleger sich insbesondere für Kommanditbeteiligungen erst aufgrund eines Prospektes entscheidet.[1081] Anders als im Rahmen der sogenannten Anlagestimmung bei § 13 I VerkProspG n.F. in Verbindung mit § 44 BörsG fehlt es hier an einer zeitlichen Begrenzung auf sechs Monate. Des weiteren haften die Prospektverantwortlichen gemäß § 276 BGB bereits für fahrlässiges Verhalten. Dies wird bei einem fehlerhaften Prospekt gemäß § 280 I 2 BGB widerleglich vermutet.[1082]

1077 Heisterhagen, DStR 2004, 1089; Kiethe, ZIP 2000, 216, 221; Ellenberger, S. 95-97.

1078 Heisterhagen, DStR 2004, 1089; Ellenberger, S. 100 f.; Förster, S. 36, 81.

1079 Siehe oben D.VII.4.

1080 Lux, NJW 2003, 2966, 2967; Erman-J. Kindl, § 311, Rn. 52; MüKo-Emmerich, § 311, Rn. 164, 174 f.; B/H-Hopt, Anh § 177 a, Rn. 60; zwischen Prospekthaftung im engeren und im weiteren Sinne differenzierend Meyer, WM 2003, 1301, 1302; Grumann, BKR 2002, 310 f. und Palandt-Heinrichs, § 280, Rn. 54, 57.

1081 Schwark, FS Hadding, 1135, 1137, Fn. 97; vgl. auch MüKo-Emmerich, § 311, Rn. 172; Ellenberger, S. 98; Förster, S. 68 f.

1082 MüKo-Emmerich, § 311, Rn. 172; Förster, S. 71. Kritisch dazu Heisterhagen, DStR 2004, 1089, 1092.

Als Rechtsfolge der bürgerlich-rechtlichen Prospekthaftung ist der Anleger so zu stellen, als hätte er seine Investition nicht getätigt. Aufgrund dessen kann dieser gemäß § 249 I BGB seine Erwerbskosten Zug um Zug gegen Rückübertragung der werthaltigen Anteile ersetzt verlangen. Ist der Anleger nicht mehr im Besitz der Aktien, kann er die Erstattung der Differenz zwischen dem Erwerbs- und dem Verkaufszins verlangen. Nach umstrittener, aber zutreffender Auffassung verjähren Ansprüche aus bürgerlich-rechtlicher Prospekthaftung – vorbehaltlich etwaiger leges speciales – innerhalb von drei Jahren nach Kenntnis von den anspruchsbegründenden Umständen und der Person des Schuldners (§ 195 BGB).[1083]

Welcher Raum nach der Novellierung des VerkProspG für die bürgerlich-rechtliche Prospekthaftung verbleibt, kann unter Berücksichtigung der Gesetzesbegründung beantwortet werden. Danach ersetzt § 13 VerkProspG n.F. die Prospekthaftung im engeren Sinne. Diese wird dadurch gegenstandslos.[1084] Demgegenüber sollen die Grundsätze zur bürgerlich-rechtlichen Prospekthaftung im weiteren Sinne weiterhin Bestand haben. Folglich können Ansprüche hieraus in Betracht kommen, wenn es um die Prospektverantwortlichkeit von am Vertrieb „anderer Vermögensanlagen“ Beteiligten geht, die nicht von § 13 VerkProspG n.F. erfaßt werden.[1085] Als Beispiel dafür werden Anlagevermittler genannt, welche besonderes persönliches Vertrauen in Anspruch nahmen.[1086] Diese Erwägungen decken sich übrigens mit dem oben zum Verhältnis von börsengesetzlicher und bürgerlich-rechtlicher Prospekthaftung entwickelten Ergebnis, wonach die spezialgesetzliche Prospekthaftung soweit Vorrang gegenüber der zivilrechtlichen Prospekthaftung hat, wie ihr Anwendungsbereich reicht.[1087]

1083 Siehe oben D.VII.4., m.w.N.

1084 Heisterhagen, DStR 2004, 1089, 1091; Fleischer, BKR 2004, 339, 343.

1085 Begr. RegE BT-Drucksache 15/3174, S. 44; Heisterhagen, DStR 2004, 1089, 1091 f.; Moritz/Grimm, BB 2004, 1352, 1356; vgl. zur alten Rechtslage Kiethe, ZIP 2000, 216, 218; Assmann/Lenz/Ritz-Assmann, § 13, Rn. 70; Ellenberger, S. 93.

1086 Begr. RegE BT-Drucksache 15/3174, S. 44; Heisterhagen, DStR 2004, 1089, 1092; Moritz/Grimm, BB 2004, 1352, 1356.

1087 Siehe oben D.VII.4.

4. Zwischenergebnis

Der Anleger am nicht-organisierten Kapitalmarkt hat hinsichtlich des Erwerbs von Anteilen respektive einer mittelbaren Beteiligung keine gewährleistungsrechtlichen Ansprüche. Demgegenüber kommen Ansprüche des Anlegers aus Deliktsrecht, aus bürgerlich-rechtlicher Prospekthaftung (§§ 280, 311 II, III, 241 II BGB) sowie aus §§ 13, 13 a VerkProspG in Betracht. Diesen ist gemeinsam, daß sie im Unterschied zum Kaufrecht sämtlich nicht an das Vorliegen von Kaufverträgen anknüpfen.

IV. Ergebnis

Insbesondere im Zusammenhang mit der Novellierung des Verkaufsprospektgesetzes hat keine Auseinandersetzung mit etwaigen gewährleistungsrechtlichen Ansprüchen des Anlegers stattgefunden.[1087] Vielmehr wird, vor allem durch den Gesetzgeber des AnSVG, das rechtspolitische Bedürfnis nach einer Effektivierung des Anlegerschutzes im Bereich des Marktes für öffentlich angebotene, nicht wertpapiermäßig verbriefte Beteiligungen geäußert. Insofern harrte aber die Frage einer Klärung, ob diesbezüglich überhaupt eine Lücke existiert. Die Untersuchung von § 453 I BGB in Verbindung mit § 434 I 3 BGB hat erwiesen, daß das Gewährleistungsrecht hinsichtlich des Anteilserwerbs am nicht-organisierten Kapitalmarkt nicht weiterhilft, da der Tatbestand von § 434 I 3 BGB in keiner der einschlägigen Konstellationen erfüllt ist. Demzufolge läßt sich dem im Zuge der Schuldrechtsreform geänderten Gewährleistungsrecht unter methodischen Gesichtspunkten kein Argument dagegen entnehmen, im Verkaufsprospektgesetz nunmehr eine Prospektpflicht und entsprechende Haftung für dessen Inhalt oder Fehlen vorzusehen. Freilich hat die Untersuchung auch ergeben, daß die nach §§ 13, 13 a VerkProspG n.F. mögliche Inanspruchnahme des Emittenten auf eine „Übernahme der Anteile“ im Personengesellschaftsrecht an dogmatische Grenzen stößt. Vor allem ist unklar, wie sich diese Rechtsfolge damit vereinbaren läßt,

---

1087 In der gesamten Gesetzesbegründung zum AnSVG finden sich keinerlei Ausführungen zu etwaigen gewährleistungsrechtlichen Ansprüchen des Anlegers, vgl. Referentenentwurf eines AnSVG vom 10.03.2004, abrufbar unter www.bmj.bund.de (zuletzt abgerufen am 16.03.2004), abgedruckt in ZBB 2004, S. 168 ff.; Gesetzentwurf der Bundesregierung vom 24.05.2004, BT-Drucksache 15/3174; Stellungnahme des Bundesrates und Gegenäußerung der Bundesregierung, BT-Drucksache 15/3355; Beschlußempfehlung und Bericht des Finanzausschusses (7. Ausschuß), BT-Drucksache 15/3493.

daß eine Personengesellschaft nach bisherigem Verständnis keine eigenen Anteile halten kann.

F. Ergebnis

Ausgangspunkt der Untersuchung war die Frage, welche Auswirkungen die Schuldrechtsreform auf den Anteilserwerb am Kapitalmarkt hat. Insbesondere stellte sich die Frage, ob sich über § 453 I BGB in Verbindung mit § 434 I 3 BGB eine gewährleistungsrechtliche Haftung für fehlende oder fehlerhafte Kapitalmarktinformationen begründen läßt.

Bislang widmete die Literatur ihre Aufmerksamkeit vor allem der rechtlichen Beurteilung des Unternehmenskaufs. Dabei wurden allenfalls Teilaspekte der Fragestellung dieser Arbeit (mit-)abgehandelt. Deshalb erstaunt es nicht, daß den gesetzgeberischen Tätigkeiten seit dem Jahre 2002 keine zusammenhängende Analyse der durch die Schuldrechtsreform erfolgten Änderungen des Gewährleistungsrechts vorausging. Aus methodischer Sicht unbefriedigend erkannte man zwar allenthalben – mit Unterschieden in der Ausgestaltung – einen Regelungsbedarf im Hinblick auf fehlerhafte oder fehlende Kapitalmarkinformationen, ohne allerdings vorher überprüft zu haben, ob nicht eine Anwendung des Gewährleistungsrechts die Schaffung neuer Normen entbehrlich macht. Insofern dient diese Arbeit auch dazu, den teilweise vom Gesetzgeber bereits erhörten Ruf nach Änderungen de lege ferenda methodisch zu fundieren. Ihre Berechtigung zieht eine solche Grundlegung daraus, daß eine Haftung für fehlende oder fehlerhafte Kapitalmarktinformationen, wie vor allem Geschehnisse am Neuen Markt gezeigt haben, unabdingbar ist.

Das beruht auf der Bedeutung von Informationen für das Funktionieren des Kapitalmarktes. Unverzichtbare Voraussetzung für eine rationale Entscheidung über den Erwerb von Gesellschaftsanteilen ist eine verläßliche und zeitnahe Information der Anleger. Beleg dafür ist unter anderem die Existenz gesetzlicher Publizitätspflichten. Privatanleger sind wirtschaftlich nicht stark genug, um auf freiwilliger Basis ausreichende Informationen vom Emittenten zu erlangen und für deren Nichtweitergabe Abschläge von deren Preis durchzusetzen. Insofern zielen gesetzliche Publizitätsinstrumente und diese flankierende Haftungsvorschriften auch auf den Schutz des Anlegerpublikums, insbesondere der Privatanleger. Funktionen- und Individualschutz stehen daher gleichberechtigt nebeneinander, ein effizienter Individualschutz bedingt den Schutz der Marktfunktionen. Das dem Aspekt des Individualschutzes zuzuordnende Haftungsrecht hat überwiegend kompensatorische Wirkung. Etwaige präventive Effekte lassen den Gedanken der Schadenskompensation nicht in den Hintergrund treten. Indes werden sich Anleger in praxi nur selten mit Erfolg auf gewährleistungsrechtliche Regeln stützen können, um einen Ausgleich für Schäden zu erlangen.

Nach organisiertem und nicht-organisiertem Kapitalmarkt getrennt, hat die Untersuchung insofern ergeben, daß die Schuldrechtsreform Bestrebungen, de lege ferenda Änderungen der Haftung für fehlerhafte oder fehlende Kapitalmarktinformationen herbeizuführen, nicht obsolet gemacht hat. Namentlich die Regelungen der § 453 I BGB in Verbindung mit § 434 I 3 BGB erfassen nur sehr vereinzelt Konstellationen des Anteilserwerbes am Kapitalmarkt. Dies folgt allerdings nicht bereits daraus, daß Sachmängelvorschriften auf den Rechtskauf, also auch auf den Kauf eines Gesellschaftsanteiles, a priori keine Anwendung finden können. Denn § 453 I BGB nimmt als Rechtsgrundverweisung unterschiedslos auf „Vorschriften über den Kauf von Sachen“ Bezug. Des weiteren hängt eine Anwendung des Sachmängelgewährleistungsrechts nicht davon ab, wieviele Anteile Kaufgegenstand sind. Deshalb stellt sich in diesem Zusammenhang nicht die Frage, ab welchem Schwellenwert der Kauf von Anteilen einem Unternehmenskauf gleichzustellen sei. Der Kauf auch nur eines Anteiles ist ein Rechtskauf, für welchen gemäß § 453 I BGB Sachmängelvorschriften gelten. Die Höhe der Beteiligung spielt darüber hinaus keine Rolle dafür, ob die Beschaffenheit des Unternehmens eine Eigenschaft des verkauften Anteiles im Sinne von § 434 I 3 BGB darstellt. Vielmehr kommt es darauf an, ob ein durchschnittlicher Anteilskäufer erwarten kann, daß auch die Beschaffenheit einzelner Unternehmensbestandteile nach den „öffentlichen Äußerungen“ des Verkäufers oder der Gehilfen zur Eigenschaft des Anteiles zählt. Das ist der Fall, wenn es sich um „öffentliche Äußerungen“ über solche Merkmale des Unternehmens handelt, die für die Qualität und Ausführbarkeit der Unternehmenstätigkeit entscheidende Bedeutung haben. Zur Beschaffenheit des Unternehmens können insbesondere Angaben des Verkäufers über Umsatz, Ertrag, Gewinn, Ertragsfähigkeit und den Inhalt der Jahresabschlüsse gehören.

Trotzdem führt das Sachmängelgewährleistungsrecht lediglich in sehr wenigen Konstellationen des Anteilserwerbs am Kapitalmarkt zu Ansprüchen des Anlegers. Dies beruht zum einen auf Gründen, die unabhängig von der Unterscheidung zwischen organisiertem und nicht-organisiertem Kapitalmarkt sind. Alleine dem Käufer können gewährleistungsrechtliche Ansprüche zustehen. Dementsprechend verengt sich die Perspektive auf Rechtsbehelfe des Anteilskäufers. Folglich kann sich derjenige, der beispielsweise Anteile infolge fehlerhafter Kapitalmarktinformationen veräußert, nicht auf Gewährleistungsrecht stützen. Daher kommt allenfalls ein Schutz des Anlegers wegen seiner Investition, nicht aber wegen seines Desinvestments in Betracht. Eine weitere erhebliche Einschränkung seines Anwendungsbereichs erfährt das Gewährleistungsrecht dadurch, daß fehlende Kapitalmarktinformationen nicht als „öffentliche Äußerungen" im Sinne von § 434 I 3 BGB begriffen werden können. Deshalb wird das Unterlassen von Kapitalmarktinformationen nicht sanktioniert. Zum anderen hat die Begrenztheit einer gewährleistungsrechtlichen Haftung marktspezifische Ursachen. Sowohl die Gegebenheiten des sekundärmarktlichen Bereiches des organisierten Kapitalmarktes als auch die Umstände am nicht-organisierten Kapitalmarkt lassen sich im Ergebnis nicht unter § 434 I 3 BGB subsumieren. Insofern verbleibt für eine Gewährleistungshaftung mit den Käufen am organisierten Primärmarkt lediglich ein Ausschnitt der am gesamten Kapitalmarkt stattfindenden Anteilstransaktionen.

Hinsichtlich des nicht-organisierten Kapitalmarktes liegt dies daran, daß im Zusammenhang dem erstmaligen Vertrieb von Gesellschaftsanteilen und den damit verbundenen Beitritten zu einer Personengesellschaft keine Kaufverträge geschlossen werden. § 453 I BGB findet weder unmittelbare noch analoge Anwendung. Zu Kaufvertragsschlüssen kommt es allenfalls bei Folgeerwerben, wenn der Gesellschaftsanteil respektive die Rechtsstellung aus dem Treuhandverhältnis übertragen werden sollen. Diese haben aber angesichts des Fehlens eines funktionierenden Sekundärmarktes Seltenheitswert.

Demgegenüber werden am organisierten Kapitalmarkt zwar kaufvertragliche Verpflichtungen eingegangen. Vertragsparteien bei der am Primärmarkt häufigen Fremdemission sind eine Konsortialbank auf der einen und ein Anleger oder eine nicht am Konsortium beteiligte Bank auf der anderen Seite. Am Sekundärmarkt kommen Wertpapierkaufverträge entweder zwischen den beteiligten Effektenbanken oder (an der Frankfurter Wertpapierbörse) zwischen diesen und der „Zentralen Gegenpartei" zustande. Die Anleger selbst schließen keine Verträge miteinander. Über Nr. 8 SBW kann der Anleger aber gewährleistungsrechtliche Ansprüche gegen die von ihm beauftragte Bank haben. Indes ist diese Möglichkeit lediglich theoretischer Natur: Ist der „Zentrale Kontrahent" Vertragspartner, ergibt sich dies aus dem Fehlen eigener „öffentlicher Äußerungen". Auch können ihm keine solchen der Gesellschaft gemäß § 434 I 3 BGB zugerechnet werden. In den anderen Fällen des Anteilserwerbs am organisierten Sekundärmarkt existieren zwar zurechenbare Äußerungen der Gesellschaft. Allerdings liegen stets die Voraussetzungen des Ausschlußtatbestandes der dritten Variante von § 434 I 3 letzter Halbsatz BGB vor. Der Verkäufer kann sich dann immer darauf berufen, die „öffentliche Äußerung" habe die konkrete Kaufentscheidung nicht beeinflußt. Denn die erwerbende Bank schließt alleine deshalb einen Kaufvertrag über Gesellschaftsanteile, da sie von ihrem Kunden, dem Anleger, mit dem kommissionsweisen Erwerb von Wertpapieren beauftragt wurde. Also ist es nicht die Bank, sondern ihr Kunde, welcher sich aufgrund bestimmter „öffentlicher Äußerungen" zum Erwerb von Aktien entschlossen hat. Eine Zurechnung von dessen Entscheidung gemäß § 166 II BGB analog läßt sich ebenfalls nicht rechtfertigen. Bei Zweit- und weiteren Folgeerwerben am nicht-organisierten Kapitalmarkt fehlt es ähnlich wie im Fall der Einschaltung eines „Zentralen Kontrahenten" an der Frankfurter Wertpapierbörse an eigenen oder zurechenbaren „öffentlichen Äußerungen" Dritter. Weder der Emittent noch ein Treuhänder sind als Gehilfen im Sinne von § 434 I 3 BGB zu qualifizieren.

Mithin lassen sich Ansprüche des Anlegers nur bei Käufen am organisierten Primärmarkt auf Gewährleistungsrecht stützen, sofern „öffentliche Äußerungen" der verkaufenden Konsortialbank vorliegen. Das hängt davon ab, ob sie etwa durch Unterzeichnung des Prospektes oder durch eine Verantwortungsübernahme für dessen Inhalt am Markt nach außen auftritt. Tätigt lediglich der Emittent eine „öffentliche Äußerung" im Sinne von § 434 I 3 BGB, können der Konsortialbank dessen Äußerungen zugerechnet werden, wenn er als ihr Gehilfe anzusehen ist. Dazu müssen die Äußerungen in einem spezifischen Zusammenhang zur Emission der Aktien stehen.

Von den in § 437 BGB genannten gewährleistungsrechtlichen Rechtsbehelfen des Anteilskäufers am organisierten Primärmarkt kommen beide Arten der Nacherfüllung nicht in Betracht. Demgegenüber ist das Rücktrittsrecht zumindest für einen solchen Anleger ein tauglicher Rechtsbehelf, der die Anteile noch nicht weiterveräußerte. Anstatt zurückzutreten, kann der Käufer von seinem Minderungsrecht Gebrauch machen. Zwecks Ermittlung des Minderungsbetrages sind der tatsächliche und der hypothetische Wert des Kaufgegenstandes ins Verhältnis zueinander zu setzen. Dabei darf das Risiko allgemeiner Marktveränderungen nicht auf die Konsortialbank als Anspruchsgegnerin abgewälzt werden. In diesem

Zusammenhang ist auf das von Finanzwissenschaftlern entwickelte Capital Asset Pricing Model (CAPM) zurückzugreifen. Das CAPM ist auch heranzuziehen, wenn der Käufer im Rahmen eines Schadensersatzanspruches „statt der Leistung" das positive Interesse ersetzt verlangen kann. Er wird dann so gestellt, als entspräche das Unternehmen den Angaben in den „öffentlichen Äußerungen". Dabei bleibt unberücksichtigt, daß der Anleger an seiner Beteiligung trotz sinkender Kurse festgehalten oder etwaige Ansprüche dem Anspruchsgegner nicht unverzüglich angezeigt hat. Ein Mitverschulden folgt daraus nicht. Schließlich kann der Käufer einen Aufwendungsersatzanspruch haben.

Soweit Ansprüche des Anlegers aus Gewährleistungsrecht überhaupt begründbar sind, ist Anspruchsgegner eine Konsortialbank. Gleichwohl steht ein Rückzug der Emissionsbanken vom Primärmarkt nicht zu befürchten. Ohnehin stößt eine Inanspruchnahme von Konsortialbanken nicht auf die Bedenken, denen Ansprüche gegen den Emittenten im Hinblick auf den Grundsatz der Kapitalerhaltung, insbesondere das europarechtlich abgesicherte Verbot des Erwerbs eigener Aktien ausgesetzt sind. Des weiteren ist die rechtliche Inpflichtnahme von Konsortialbanken sowohl in bezug auf die Prävention von Schäden aus Emissionen als auch in bezug auf deren Verteilung ökonomisch sinnvoll.

Die Untersuchung hat gezeigt, daß das Gewährleistungsrecht im Hinblick auf eine Haftung für fehlerhafte Kapitalmarktinformationen nur sehr begrenzt weiterhilft. So können fehlerhafte Informationen allenfalls am organisierten Primärmarkt gewährleistungsrechtliche Rechtsbehelfe nach sich ziehen. Diesbezüglich existieren aber vor allem mit der börsengesetzlichen Prospekthaftung (§§ 44, 45 BörsG) Vorschriften, welche in ausreichender Weise eine Haftung von Prospektverantwortlichen sicherstellen. Dies spiegelt sich auch darin wider, daß die Aufmerksamkeit des Gesetzgebers und der einschlägigen Literatur sich in jüngster Zeit auf den organisierten Sekundärmarkt sowie den nicht-organisierten Kapitalmarkt richtete. Ausgerechnet zur Lösung der auf diesen Märkten rechtspolitisch drängendsten Fragen fehlerhafter oder fehlender Kapitalmarktinformationen kann das Gewährleistungsrecht im Ergebnis aber nichts beitragen. Insofern erweist sich die den Rufen nach dem Gesetzgeber respektive die seinen Aktivitäten implizit zugrundeliegende Annahme, es bestehe eine regelungsbedürftige Lücke, trotz der Bestimmung des § 434 I 3 BGB als zutreffend.

Die Anknüpfung des Gewährleistungsrechts an kaufvertragliche Beziehungen wird den tatsächlichen Verhältnissen am Kapitalmarkt also nur unzureichend gerecht. Dem entspricht es, wenn in der Literatur die Prospekthaftung dogmatisch aus dem Vertragsrecht herausgelöst wird. So resümiert *Merkt* zu Recht: *„Bei allen Unterschieden im Detail ist diesen Ansätzen die Erkenntnis gemeinsam, daß die im Kern unverändert auf inter-partes-Verantwortlichkeit zweier individualisierter Parteien gegründete Vertrauenshaftung mit der Bewältigung des Phänomens der Haftung für unvollständige oder fehlerhafte Prospektangaben beim Massengeschäft auf anonymen Märkten überfordert ist".*[1089]

Deshalb empfiehlt es sich, beherzt auf dem Weg zu einem rechtsformunabhängigen, vertriebsbezogenen Kapitalmarktrecht[1090] voranzuschreiten. Wie die im Zuge des AnSVG erfolgten Änderungen des WpHG und des VerkProspG belegen, scheint sich der Gesetzgeber dieser Erkenntnis mittlerweile zumindest im Grundsatz angeschlossen zu haben. So verweist die Regelung über die Haftung für fehlerhafte Verkaufsprospekte (§ 13 VerkProspG n.F.) auch bei öffentlich angebotenen, nicht in Wertpapieren verbrieften Vermögensanlagen auf die Vorschriften der börsengesetzlichen Prospekthaftung. Nicht zuletzt deshalb[1091] könnte es gelingen, den häufig beklagten Dualismus von organisiertem und nicht-organisiertem Kapitalmarkt im deutschen Kapitalmarktrecht zu überwinden. Gleichwohl müssen tatsächlich (noch) bestehende Unterschiede wie das Fehlen eines entwickelten Sekundärmarktes für nicht wertpapiermäßig verbriefte Vermögensanlagen zur Kenntnis genommen und berücksichtigt werden. Daher verbieten sich allzu schematische Lösungen.[1092] Insofern bleibt abzuwarten, inwieweit das AnSVG die Fungibilität dieser Vermögensanlagen zu fördern vermag.

1089 Merkt, S. 280. Ähnlich Assmann, S. 224; Assmann/Schütze-Assmann, § 1, Rn. 66; Sauer, S 20 f.; Micklitz/Träger, S. 76; allgemein Kalss, S. 12. Ebenso speziell zur Beteiligung an einer Publikums-Kommanditgesellschaft Köndgen, AG 1983, 85, 94, der aber gleichwohl ein rechtsgeschäftliches Konzept der Prospekthaftung verfolgt (AG 1983, 85, 90 ff.).

1090 Dafür jüngst Assmann, P 17 f.; ders., AG 2004, 435, 445; so auch bereits Kohl/Kübler/Walz/Wüstrich, ZHR 138 (1974), 1, 16 f., 31.

1091 Zu anderen Aspekten, die eine Entwicklung zu einem Kapitalanlagegesetz erwarten lassen: A/S-Assmann, Einl., Rn. 10.

1092 So schon früher Assmann, FG Kübler, S. 317, 340. Einen konkreten Vorschlag de lege ferenda unterbreitend Hopt/Voigt, WM 2004, 1801, 1802 f.

Frankfurter wirtschaftsrechtliche Studien

Herausgegeben von
Theodor Baums, Andreas Cahn, Friedrich Kübler, Hans-Joachim Mertens,
Eckard Rehbinder, Gunther Teubner

Band 1 Tomas Brinkmann: Unternehmensinteresse und Unternehmensrechtsstruktur. Aufgaben und Grenzen eines normativen Regulativs unternehmenspolitischer Prozesse. 1983.

Band 2 Rüdiger Hahn: Behinderungsmißbräuche marktbeherrrschender Unternehmen. Eine Untersuchung der Beeinträchtigung von Wettbewerb und Marktstruktur durch horizontalen Nichtleistungswettbewerb als Gegenstand der Mißbrauchaufsicht nach § 22 Abs. 4 S. 2 Nr. 1 GWB. 1984.

Band 3 Peter Buchmann: Registerpublizität und Gläubigerschutz bei der Einmann-Gesellschaft. 1984.

Band 4 Christian Joerges/Eugen Hiller/Knut Holzscheck/Hans-W. Micklitz: Vertriebspraktiken im Automobilersatzteilsektor. Ihre Auswirkungen auf die Interessen der Verbraucher. 1985.

Band 5 Annette Boerner: Die Haftung des herrschenden Kommanditisten. 1985.

Band 6 Dirk H. Mahler: Rechtsmißbrauch und einstweiliger Rechtsschutz bei Dokumentenakkreditiven und "Akkreditiven auf erstes Anfordern": Eine rechtsvergleichende Untersuchung. 1986.

Band 7 Brigitte Kratz: Ausländische Eingriffsnorm und inländischer Privatrechtsvertrag. 1986.

Band 8 Dimitris Tsibanoulis: Die genossenschaftliche Gründungsprüfung. 1987.

Band 9 Jürgen Braun: Rechtsfragen des Transport-Unfall-Informations- und Hilfeleistungs-Systems der deutschen chemischen Industrie. 1987.

Band 10 Thomas Pfeiffer: Die Bedeutung des privatrechtlichen Immissionsschutzes. Eine Untersuchung zu §§ 1004, 906 BGB. 1987.

Band 11 Michael Bothe/Josef Brink/Christian Kirchner/Albrecht Stockmayer: Rechtsfragen der internationalen Verschuldungskrise. Voraussetzungen, Formen und Verfahren internationaler Umschuldungsmaßnahmen und Umschuldungsvereinbarungen. 1988.

Band 12 Felix Dörr: Die fehlerhafte GmbH. 1989.

Band 13 Rolf Trittmann: Anwendungsprobleme des Haager Beweisübereinkommens im Rechtshilfeverkehr zwischen der Bundesrepublik und den Vereinigten Staaten von Amerika. Exklusive Regelung zur Überbrückung der Unterschiede zwischen dem kontinental-europäischen und anglo-amerikanischen Zivilprozeßrechtssystem? 1989.

Band 14 Margaretha Sudhof: Dreieckige Rechtsverhältnisse im Wirtschaftsverwaltungsrecht - Am Beispiel von Konkurrentenklagen. 1989.

Band 15 Michael Weigel: Schriftformklauseln in Allgemeinen Geschäftsbedingungen. 1989.

Band 16 Hans-Peter Schröder: Der sichere Weg bei der Vertragsgestaltung. 1990.

Band 17 Matthias Haas: Haftungsfreizeichnungsklauseln in Allgemeinen Geschäftsbedingungen. Eine rechtsdogmatische und ökonomische Analyse. 1991.

Band 18 Andreas Hahn: Instandhaltungsverträge. Begriffe, Einordnung, Rechtsfolgenbestimmung, Auswirkung auf die Kautelarpraxis. 1991.

Band 19 Jürgen Götz: Der Entherrschungsvertrag im Aktienrecht. 1991.

Band 20 Friedrich Wächtershäuser: Das Gesellschaftsrecht des internationalen Joint Ventures. 1992.

Band 21 Christina Escher-Weingart: Nutzungsausfall als Schaden und sein Ersatz. 1993.

Band 22 Jean-Claude Zerey: Rechtliche Probleme der Finanzierung von *Leveraged Buyouts* und *Tender Offers* durch Banken in den USA und in der Bundesrepublik Deutschland. Eine rechtsvergleichende Studie über die Rolle der Banken bei Unternehmenskontrolltransaktionen in den USA und in der Bundesrepublik Deutschland. 1994.

Band 23 Markus Bauer: Gläubigerschutz durch eine formelle Nennkapitalziffer - Kapitalgesellschaftsrechtliche Notwendigkeit oder überholtes Konzept? Eine rechtsvergleichende Untersuchung der Gläubigerschutzkonzepte des amerikanischen und deutschen Kapitalgesellschaftsrechts. 1995.

Band 24 Marion Vollmann: Minderheitenschutz im aktienrechtlichen Beschlußmängelrecht. Eine Bestandsaufnahme und Vorschläge zu einer rechtspolitischen Reform. 1997.

Band 25 Lydia Klose-Mokroß: Gläubigerschutz im Kapitalgesellschaftsrecht am Beispiel der Lehre von der verdeckten Sacheinlage. 1997.

Band 26 Stephan Aubel: Der vereinfachte Bezugsrechtsausschluß. Aktionärs- und Gesellschaftsinteressen beim vereinfachten Bezugsrechtsausschluß nach Maßgabe des § 186 Absatz 3 Satz 4 AktG. 1998.

Band 27 Kurt Peter Dittrich: Die Privatplazierung im deutschen Kapitalmarktrecht. Eine Untersuchung der Vorschriften des Auslandinvestmentgesetzes, des Wertpapier-Verkaufsprospektgesetzes und des Gesetzes über Kapitalanlage-Gesellschaften unter Berücksichtigung des Rechts der Vereinigten Staaten von Amerika und des Vereinigten Königreichs. 1998.

Band 28 Viola Sailer: Aktienrechtliche Minderheitskompetenzen zwischen Mißbrauch und unternehmerischer Entscheidungsfreiheit. 1999.

Band 29 Marc Zimmerling: Kapitalerhaltung und Konzernfinanzierung. Eine Untersuchung der kapitalerhaltungsrechtlichen Problematik aufsteigender Sicherheiten im Konzern. 1998.

Band 30 Joachim Wichert: Die Finanzen der Kommanditgesellschaft auf Aktien. 1999.

Band 31 Kerstin Andrea Müller: Produktverantwortung und ihre Durchsetzung. Eine kartellrechtliche Beurteilung von Selbstverpflichtungen im Umweltrecht aus deutscher und europäischer Sicht unter besonderer Berücksichtigung der Altautoentsorgung. 1999.

Band 32 Bettina Friedrich: Konvergenzen im Gesellschaftsrecht. Recht-Fertigung durch Status- und Befundsicherung. 2000.

Band 33 Rudolf Lemke: Haftungsrechtliche Fragen des Ratingwesens – ein Regelungsproblem? 2000.

Band 34 Klaus R. Roller: Die Vergütung des Aufsichtsrats in Abhängigkeit vom Aktienkurs. 2000.

Band 35 Bettina Bokelmann: Personelle Verflechtungen über Aufsichtsräte. Aufsichtsratsmitglieder mit hauptberuflicher Vorstandsfunktion. 2000.

Band 36 Kai-Uwe Steck: Regulierung von US-amerikanischen Investmentgesellschaften (Investment Companies). Unter besonderer Berücksichtigung des National Securities Markets Improvement Act of 1996 (NSMIA) und anderer aktueller Rechtsanpassungen. 2000.

Band 37 Kristofer Bott: Wissenszurechnung bei Organisationen. 2000.

Band 38 Ursula Lenzen: Unerlaubte Eingriffe in die Börsenkursbildung. 2000.

Band 39 Martin Schulz: Verfassungsrechtliche Vorgaben für das Kollisionsrecht in einem Gemeinsamen Markt. Eine rechtsvergleichende Untersuchung zu den Grenzen einzelstaatlicher Anknüpfungsmethoden im internationalen Vertrags-, Delikts- und Gesellschaftsrecht am Beispiel der Vereinigten Staaten von Amerika. 2000.

Band 40 Maximilian Koch: Diversifizierung und Vorstandskompetenzen. 2001.

Band 41 Corrado Wohlwend: Die Hauptversammlung im Wandel der Kommunikationsformen. 2001.

Band 42 Michael Rozijn: Der Unternehmensmaklervertrag. Zur Anwendung des allgemeinen Maklervertragsrechts auf Mergers & Acquisitions-Dienstleistungen. 2001.

Band 43 Konstantinos N. Kyriakakis: Die Überwachung einer US-amerikanischen Aktiengesellschaft durch institutionelle Anleger. 2002.

Band 44 Uta Fredebeil: Aktienemissionen. Das underwriting agreement (der Übernahmevertrag) und seine spezifischen Klauseln. 2002.

Band 45 Michaela G. Döbler: Die Einführung des WTO-weiten Erschöpfungsgrundsatzes in das Markenrecht der EU und der USA. 2002.

Band 46 Jan Liersch: Regulierung des Blockhandels an den organisierten Aktienmärkten der Vereinigten Staaten, Großbritanniens und Deutschlands. 2002.

Band 47 Sascha Lotze: US-amerikanisches Kapitalmarktrecht und Internet. Aufsichts- und haftungsrechtliche Fragen des Internet-Einsatzes bei Wertpapieremissionen und im Wertpapierhandel. 2002.

Band 48 Boris Trautmann: Die Konkurrenz von Haftpflicht- und Versicherungsanspruch. Ein Beitrag zur ökonomischen Analyse des Rechts unter Berücksichtigung von Unsicherheit und Verhaltensanomalien. 2002.

Band 49 Matthias Möller: Rechtsformen der Wagnisfinanzierung. Eine rechtsvergleichende Studie zu den USA und zu Deutschland. 2003.

Band 50 Heiner Feldhaus: Die Eignung zur erheblichen Kursbeeinflussung bei der Ad-hoc-Publizität. Eine rechtsvergleichende und interdisziplinäre Untersuchung unter Berücksichtigung der europarechtlichen Vorgaben. 2003.

Band 51 Matthias Janke: Gesellschaftsrechtliche Treuepflicht. Neubewertung der richterrechtlichen Generalklausel im Rahmen einer rechtsvergleichenden und ökonomischen Analyse. 2003.

Band 52 Katrin Thoma: Eigengeschäfte des Vorstands mit der Aktiengesellschaft. Eine vergleichende Untersuchung zum englischen, U.S.-amerikanischen und deutschen Recht. 2003.

Band 53 Mathias Stöcker: Rechtsfragen grenzüberschreitender Unternehmenszusammenschlüsse - unter besonderer Berücksichtigung des Falles Daimler/Chrysler - 2003.

Band 54 Otto Korte: Zur mißbräuchlichen Wahrnehmung der aktienrechtlichen Anfechtungsbefugnis. 2003.

Band 55 Wilhelm Wilderink: Die Auflösung, die Übertragung und die Verschmelzung von Investmentfonds. 2003.

Band 56 Anja Birkenkämper: Rechtsfragen feindlicher Übernahmen. Jurisitische Nachlese zum Fall Krupp/Thyssen. 2003.

Band 57 Manuel Lorenzo Alonso: Die Neuausrichtung der Zwischenstaatlichkeitsklausel der Art. 81, 82 EG. Folgen der neuesten Entwicklungen des Gemeinschaftsrechts für die Zwischenstaatlichkeitsklausel - unter besonderer Berücksichtigung des Bankenbereichs. 2003.

Band 58 Dirk Kocher: Kapitalgesellschaft & Co. KG in Finnland. Eine Untersuchung zur Frage der Übertragbarkeit der deutschen Grundtypenvermischung auf das finnische Recht. 2003.

Band 59 Ruiting Qin: Parteiautonomie: Eine rechtsvergleichende Untersuchung. Versuch zur Entwicklung einer Gerechtigkeitsjurisprudenz im IPR. 2003.

Band 60 René Runte: Walter Julius Derenberg – Leben und Werk. 2004.

Band 61 Udo Prinz: Umstrukturierung durch *Schemes of Arrangement* mit Gesellschaftern im englischen Recht. – Ein Vorbild? 2004.

Band 62 Rainer Schmitz: Die Haftung des Vorstands gegenüber den Aktionären. Eine rechtsvergleichende Untersuchung nach deutschem und US-amerikanischem Recht. 2004.

Band 63 York Oehlschläger: Die typische und atypische stille Beteiligung an einer Aktiengesellschaft. Möglichkeiten und Grenzen der Gestaltung für die stille Gesellschaft zwischen Personengesellschaftsrecht, Aktienrecht, Konzernrecht und Umwandlungsrecht. 2004.

Band 64 Stefan Klein: Die Rechtsstellung auswärtiger Gesellschaften im deutschen und US-amerikanischen Recht. Ein Beitrag zur Neuausrichtung des deutschen internationalen Gesellschaftsrechts unter besonderer Berücksichtigung des Europäischen Gemeinschaftsrechts. 2004.

Band 65 Knut Sauer: Haftung für Falschinformation des Sekundärmarktes. 2004.

Band 66 Michael Senger: Bankenaufsicht, Unternehmensverbindungen und Bankengruppen. 2004.

Band 67 Maximilian Rittmeister: Gewährleistung beim Unternehmenskauf. Die Gewährleistungshaftung des Verkäufers bei einem Unternehmenskauf seit In-Kraft-Treten des Schuldrechtsmodernisierungsgesetzes. 2005.

Band 68 Ole Ziegler: Der Anteilserwerb am Kapitalmarkt nach der Schuldrechtsreform. 2005.

www.peterlang.de